LES TRANSPORTS PAR TERRE

ET PAR MER

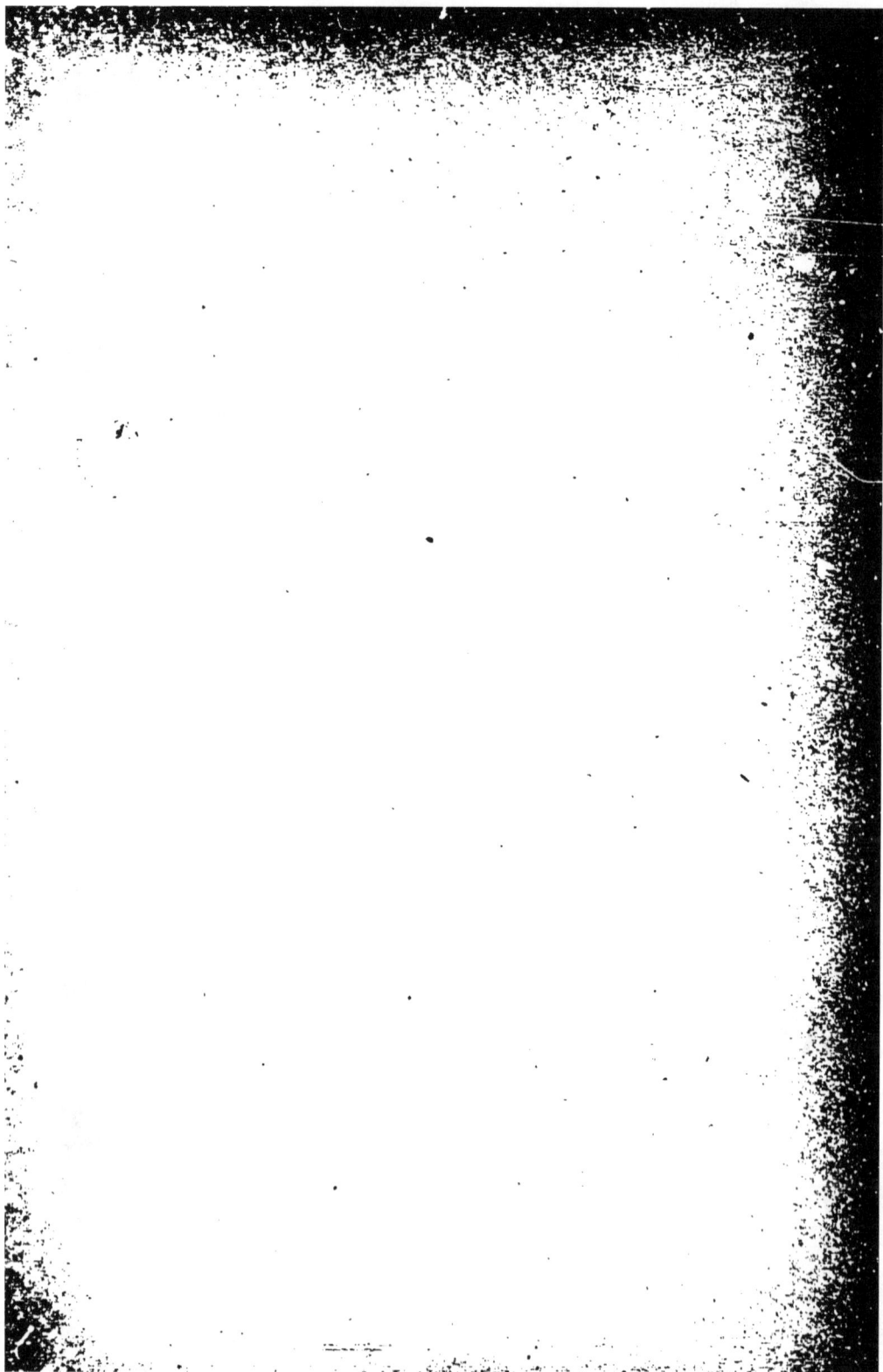

LES TRANSPORTS

PAR TERRE ET PAR MER

Documents pour servir à l'Histoire Economique de la Troisième République

THÈMES DE CONFÉRENCES

PAR

PAUL VIBERT

(THÉODORE VIBERT FILS)

ILLUSTRATIONS DE JULES BENOIT-LÉVY

La République sera coloniale
ou ne sera pas.

TOME II

BERGER-LEVRAULT & Cie, ÉDITEURS

PARIS	NANCY
Rue des Beaux-Arts, 5	Rue des Glacis, 18

1897

PREMIÈRE PARTIE

LES TRANSPORTS PAR TERRE

Partie Économique

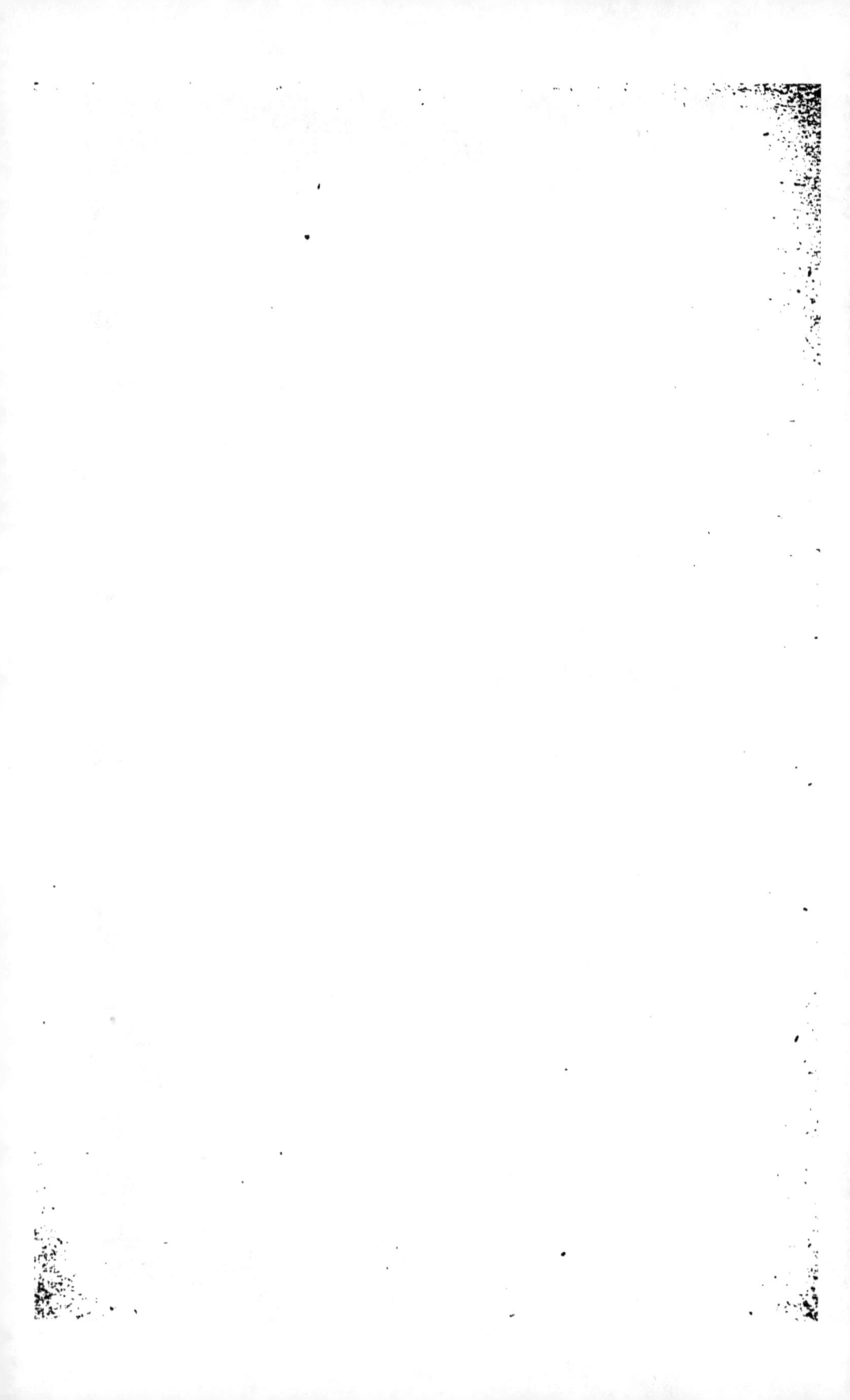

LES CHEMINS DE FER

A L'ÉTRANGER

LES CHEMINS DE FER en ALSACE-LORRAINE [1]

I

J'ai là sous les yeux deux petites brochures qu'il est utile à l'heure présente de comparer entre elles au point de vue des renseignements et surtout des cartes qu'elles renferment.

La première, signée Gustave Voulquin, est intitulée : *Guide-Poche de nos forts et places fortes*, avec quatre cartes inédites, dessinées par E. Delaune, géographe du ministère.

Une lettre d'un général et une préface d'un lieutenant-colonel encouragent fort cette petite publication et affirment qu'elle est appelée à rendre les plus grands services et qu'elle doit se trouver dans la main des sous-officiers, brigadiers et caporaux.

Ce serait parfaitement vrai, si les cartes renfermées dans l'opuscule étaient à jour au point de vue des chemins de fer ; malheureusement, elles ne le sont pas, et pour ne m'en tenir aujourd'hui qu'à notre frontière de l'Est, la carte qui indique nos chemins de fer porte ceux de l'Alsace-Lorraine d'une manière très sommaire.

De deux choses l'une, ou il ne fallait pas les indiquer du tout, ou il fallait les indiquer tous exactement, car enfin, ce livre entre les mains de nos soldats peut offrir le gros

---

(1) J'ai placé les chemins de fer d'Alsace-Lorraine à *l'étranger*, pour que mes jeunes lecteurs ne l'oublient pas et qu'ils sachent ce que l'on peut leur demander un jour et quelles doivent être les irréductibles revendications de la patrie démembrée : dire la vérité est le meilleur moyen de connaître ses devoirs.

P. V.

péril de leur donner des notions absolument fausses sur les voies ferrées des deux provinces perdues et que demain la guerre éclate, ils se trouveront à la frontière en face d'un inextricable réseau de chemins de fer allemands dont il n'auront jamais entendu parler; il y a là évidemment un grand danger sur lequel il suffit d'attirer l'attention pour que l'on y remédie de suite.

La seconde brochure est tout uniment un modeste « Indicateur des chemins de fer de l'Alsace-Lorraine et des principales lignes suisses, badoises et françaises », publié en français et en allemand; on le vend dans toutes les gares de l'Alsace-Lorraine, il en est, hélas! à sa vingt-cinquième année et il renferme une seule carte des chemins de fer, claire, simple et complète. Pourquoi M. Voulquin ne l'a-t-il point copiée? On ne saurait m'objecter qu'il s'agit là d'une mesure de prudence, je parle des provinces perdues momentanément, et plus nous serons renseignés exactement sur les moyens de transport qu'elles renferment et plus cela sera utile pour nous, quand ça ne serait qu'au point de vue purement commercial, comme je le démontrerai plus loin.

J'arrive à la comparaison des cartes: autant celles du Guide-Poche de nos forts et places fortes indiquent les chemins de fer avec des traits insuffisants, autant celle du petit indicateur allemand est précise, en indiquant toutes les lignes avec, en même temps, toutes les gares.

Ainsi, par exemple, pour ne parler que de la Haute-Alsace, la carte française indique la ligne de Bâle à Mulhouse, Colmar et Strasbourg, la ligne de Belfort à Mulhouse, la ligne de Colmar à Neuf-Brisach, puis celle de Schlestadt à Saverne et c'est tout.

Ainsi donc les lignes de Mulhouse à Müllheim, de Mulhouse à Wesserling, de Cernay à Massavaux, de

Bollwiller à Guebwiller, de Colmar à Munster, de Schlestadt à Sainte-Marie-aux-Mines sont passées sous silence; on avoûra que voilà un singulier moyen de renseigner nos sous-officiers, avides d'apprendre ce que fait l'étranger, pour s'outiller en vue des prochaines éventualités.

Je constate d'ailleurs avec plaisir que la partie consacrée à la Basse-Alsace est moins défectueuse, mais cela ne suffit pas.

A l'heure présente, les Allemands couvrent l'Alsace-Lorraine de voies nouvelles ferrées, voilà ce qu'il faut savoir et ce qu'il faut indiquer avec un soin jaloux.

Il faut sur ces petits volumes populaires, non-seulement indiquer exactement tous les chemins de fer existant au trait noir, solide et gras, comme on le fait sur les cartes allemandes, mais il faut encore indiquer au trait rouge tous ceux qui sont en construction et ils sont nombreux.

Je ferai remarquer que je ne parle pas ici des cartes relativement chères et qui circulent nombreuses en Alsace-Lorraine par les soins des Allemands, mais seulement des cartes qui se vendent quelques sous avec un indicateur ou un guide-poche. Eh bien, à ce point de vue, il importe que nous soyons les égaux des Allemands, si nous ne voulons point laisser nos enfants dans une ignorance d'autant plus dangereuse que l'on se fie à des documents incomplets.

Je tenais à citer cette lacune grave, c'est fait, maintenant si mes lecteurs n'y trouvent pas d'inconvénient, je reviendrai bientôt sur ces lignes d'Alsace-Lorraine au point de vue commercial — le seul dont j'ai accoutumé de m'occuper — et plus d'un sera peut-être étonné d'apercevoir à travers les chiffres froids de la statistique, la seule explication de plus d'un problème de la politique internationale du moment.

Je parlais, dans le précédent chapitre, des nombreux chemins de fer ouverts en Alsace-Lorraine depuis la guerre, surtout en Alsace, pays essentiellement industriel ; ce n'est rien, on peut le dire, en comparaison des innombrables lignes de chemins de fer en construction en ce moment dans les deux provinces. (1)

On travaille avec une activité fébrile et, non content de construire tant de voies ferrées nouvelles, les Allemands y font aboutir, de village à village, sur chaque route de quelqu'importance, tout un autre vaste système de tramways.

Il y a là tout un plan conçu et exécuté avec une énergie et une promptitude rares, et il est plus que jamais indispensable de nous en rendre un compte exact.

Dans sa séance du 5 décembre 1889, le Reichstag a voté les demandes de crédit pour les différents chemins de fer à construire en Alsace-Lorraine. Il s'agissait des lignes d'Altkirch à Ferrette, de Colmar à Markolsheim, de Hagueneau à Rœschwoog et de Wallerysthal à Sarrebourg ; aujourd'hui, à peine est-il besoin de le dire, on s'est partout mis à l'œuvre et l'on peut la considérer comme terminée.

Le chemin de fer d'Altkirch-Pfirt (Ferrette) est à l'heure présente en pleine construction et, il ne faut pas se le dissimuler, c'est la transformation et la mise en valeur de

(1) Aujourd'hui ils sont tous achevés et livrés à la circulation.

cette partie si riche et si intéressante de la vallée de l'Ill.

La ligne de Hagueneau à Rœschwoog a également une importance stratégique et commerciale qui ne saurait échapper à personne ; en effet, elle est la continuation directe des deux grandes lignes qui conduisent au cœur même de la Lorraine, à Metz et à Thionville.

Chemins de fer houillers, forestiers et agricoles, tel est le programme adopté ; c'est ainsi qu'à propos du chemin de fer à voie étroite, destiné à relier la scirie de Salm à la gare de Schirmeck, le député Valette faisait ressortir la grande utilité des chemins de fer forestiers et que le sous-secrétaire d'Etat Schraut s'empressait d'affirmer que le gouvernement avait l'intention de leur donner le plus grand et le plus rapide développement possible.

Enfin, voici ce que je trouve dans le compte-rendu d'une des premières séances du mois de mars 1890 au Reichstag : MM. de Schauenbourg, Adam, Back, Bœgen, baron Charpentier, Erhard, Fischbach, Fuchs, Gunzert, Heutch-Dudrap, Heydt, Hochapfel, Kecker, Klein, Kœchlin, Mieg-Kœchlin, Petri et Spies ont déposé un projet de résolution ainsi conçu :

« Plaise à la délégation de décider : la somme de 473.590 marcs portée au budget (chapitre I. titre V des dépenses extraordinaires) pour un chemin de fer à voie normale de Selz à Walbourg est ramenée, comme premier à-compte à 300.000 marcs. Le titre VI, concernant un chemin de fer à voie normale de Hagueneau par Soufflenheim à Rœschwoog (celui dont je parle plus haut), est rétabli et un premier à-compte de 217.841 marcs est inscrit au budget..... »

De son côté, le *Journal de Francfort* s'étend longuement sur la nécessité d'envoyer de nouvelles troupes et de fortifier le plateau de Dordot ; c'est, dit-il, une position très importante, d'où la vue s'étend jusqu'au-delà de Pont-à-Mousson et d'où l'on peut découvrir à une grande distance l'approche de l'ennemi.

De là à construire un nouveau chemin de fer stratégique et commercial tout à la fois, il n'y a qu'un pas, et soyez assuré que le pas sera vite franchi.

Ce fameux plateau de Dordot touche à Novéant, qui est précisément la dernière station frontière en face de Pagny, sur la ligne de Nancy à Metz.

J'espère pouvoir tirer facilement de cet ensemble de faits rapidement exposés et à coup sûr bons à retenir, les conclusions économiques qu'ils comportent.

III

J'ai indiqué rapidement, dans mes deux premiers chapitres, comment l'Allemagne vient de couvrir, dans ces
dernières années, les deux provinces de voies ferrées et
comment elle était à la veille d'avoir terminé ce gros
effort ; il convient de ne pas oublier non plus les tramways, qui sillonnent le pays en tous sens, à côté des
chemins de fer, avec des modes divers de traction, —
chevaux, vapeur comprimée, électricité, etc.

Maintenant, il est intéressant de rechercher quel est le
but poursuivi avec tant de tenacité par celui qui était
encore hier le Chancelier de fer.

Le but apparent, nous l'avons vu : doter la region de
chemins de fer houilliers, agricoles et forestiers ; toutes
les nations désirent mettre en valeur leurs richesses naturelles, mais, là, ces qualificatifs modestes cachent un
double but dont on s'est bien gardé de parler en Allemagne, naturellement.

Le premier est purement militaire et stratégique, à
peine est-il besoin de le dire : plus on aura de lignes à sa
disposition, plus il sera facile de concentrer rapidement,
sans à-coups et sans encombrements, une armée considérable sur un même point, je n'insiste pas.

Le second est *purement commercial* et, quoique l'on
puisse dire et penser, il a été poursuivi avec une rare
énergie par Bismarck, par cette bonne raison qu'il y
attachait un prix considérable, si considérable que ce but
entrevu a été, dès 1871, le motif impérieux qui, dans son

esprit, lui a fait exiger de nous la cession de l'Alsace-Lorraine.

Il aurait pù se contenter des cinq milliards, il aurait pu en demander huit et on les lui aurait donnés avec empressement pour garder nos provinces ; de plus, il n'ignorait pas qu'il attachait ainsi un boulet bien lourd aux pieds du jeune empire germanique. Cependant, lui, le grand homme d'Etat, n'a point reculé devant ces redoutables éventualités.

Il a passé outre, exigé le sacrifice inoubliable, pourquoi ?

Parce qu'il voulait faire de l'Alsace-Lorraine le grand axe commercial de la moderne Europe.

En effet, partez d'Anvers — son œuvre — où les Belges viennent de dépenser 300 millions, suivez par Aix-la-Chapelle, Luxembourg, Strasbourg et Bâle, vous arriverez au tunnel du Saint-Gothard — encore son œuvre — pour tomber en ligne droite sur Milan et Gènes, le grand port de la Méditerranée.

Voilà ce que l'on ne dit pas, ce que l'on ne sait pas assez, car là, bien plus que dans une vaine gloriole, réside le besoin de garder l'Alsace-Lorraine qui ne nous reviendra que par la force, comme elle nous a été enlevée.

A quoi bon nourrir de si dangereuses utopies sur la sentimentalité plus que problématique de la diplomatie européenne ; je touche rarement à ces questions douloureuses qui mettent du sang au bout de votre plume, mais j'estime qu'on ne saurait le faire sans dire toute la vérité.

Quelle erreur de penser que M. de Bismarck n'était qu'un homme de guerre, il était aussi un habile commerçant dans le sens le plus élevé et le plus large du mot, pour notre malheur. N'a-t-il pas fait creuser Anvers, n'a-t-il pas fait trouer le Saint-Gothard, n'a-t-il pas inventé la politique coloniale de l'Allemagne, réformé son corps consulaire, imposé à la France l'article 11 du Traité de Francfort et des tarifs de pénétration aussi désastreux pour nous ?

N'a-t-il pas soutenu en Allemagne les industries nationales, de sa bourse parfois, de sa protection toujours, depuis les journaux de mode jusqu'aux distilleries, mettant lui-même la main à la pâte ?

De toutes ces armes économiques forgées contre nous, uniquement contre nous, la plus redoutable, la plus meurtrière, est certainement ce grand fleuve commercial dont l'axe se trouve en Alsace.

Il a opposé Anvers à Boulogne, au Havre, Gênes à Marseille, et du coup il a tenté de ruiner nos lignes du Nord et de l'Est. Le Sedan commercial, dans sa bouche, n'a jamais été une fanfaronnade, mais un but poursuivi avec la cruelle lucidité de son esprit.

Mais on nous dira que cela n'explique pas toutes les petites lignes dont je viens de parler à propos de l'Alsace-Lorraine. En partie, si, parce qu'il faut bien savoir qu'une grande ligne commerciale de voies ferrées est d'autant plus riche, d'autant plus sûre de vaincre, qu'elle a plus d'embranchements venant se souder à elle : telles les rivières viennent grossir les fleuves. Ainsi, par exemple, le grand Transcontinental canadien est prospère dès maintenant, il le sera dix fois plus quand cent lignes viendront se greffer sur son tronc immense et lui apporter la vie, l'activité et la fortune.

Je crois avoir fait toucher du doigt le double danger stratégique et commercial de cet énorme réseau braqué sur notre frontière de l'Est, toujours prêt, toujours outillé pour l'humaine inondation des jours suprêmes.

Maintenant, restant sur le terrain économique, y a-t-il

un moyen de reconquérir cette suprématie commerciale, y a-t-il possibilité d'ouvrir chez nous une grande ligne économique qui détruise la grande ligne commerciale d'Anvers au Saint-Gothard, en passant par les provinces perdues ?

Oui, mille fois oui, si l'on veut enfin ouvrir les yeux et comprendre où est le danger : à Anvers répondons par Paris Port de mer, à la ligne entière répondons par le Canal des Deux-Mers.

Le salut est là et pas ailleurs, ce qui prouve, une fois de plus, qu'il faut s'outiller et vaincre sur le terrain économique comme sur l'autre, si l'on ne veut pas périr.

IV

Comme il fallait s'y attendre lorsqu'il est question d'un sujet aussi grave pour tous les patriotes français, ma campagne, à peine entreprise, m'a déjà valu de nombreuses lettres des personnes qui ont la bonté de suivre avec intérêt mes travaux, je vais donc tâcher d'y répondre le mieux possible, point par point, en les groupant, lorsque les lettres se rapportent à des faits à peu près identiques.

1° Les travaux du chemin de fer de Rothan à Saales sont poussés avec la dernière activité ; la sortie de Rothan, qui constituait la plus grosse difficulté, est presqu'achevée, les trois ponts en fer qui se suivent de près sur la Rothaine, sur l'étang de l'usine Steinheil, Dieterlen et Cie et sur la Bruche sont terminés, enfin la grande tranchée et les gares de Fouday et Saint-Blaise sont également terminées et la ligne sera vraisemblablement prête à l'automne. On sait que cette ligne a une grande importance, en ce sens qu'elle est la suite de la ligne directe de Rothan à Strasbourg et Appenweier. (1)

2° En effet, après une assez vive discussion devant le Reichstag, les députés ont reconnu qu'il fallait procéder de suite à la construction des lignes de Haguenau à Rœschwoog et de Walbourg et Merzwiller, « parce que ces lignes ne devaient pas être considérées isolément, mais bien comme le point de départ d'une voie ferrée qui reliera l'Alsace à la Lorraine (Rœschwoog-Haguenau-Merzwiller-

---

(1) Je répète, une fois pour toutes, qu'à l'heure présente toutes ces lignes sont livrées au public et au transit commercial.

Ingwiller-Sarralbe-Sarreguemines) et par conséquent aussi en ligne directe, Thionville et Metz. »

Je cite à peu près textuellement les paroles très pressantes qui ont été prononcées, lors de la discussion devant le Parlement Allemand à ce propos par M. de Kœller ; ces paroles sont bonnes à retenir, car elles nous montrent une fois de plus quelle importance on attachait en Allemagne à la prompte réalisation de ces nouvelles lignes.

3° Les Chambres badoises ont bien été saisies d'un projet de loi concernant la construction du chemin de fer du Kaiserstuhl. La ville de Vieux-Brisach a demandé la prolongation jusqu'à elle ; les pétitions circulent dans toutes les communes et le gouvernement est favorable au projet, c'est dire que l'exécution sera prompte.

Là encore, il convient de ne pas perdre de vue que ce sera la prolongation naturelle de la ligne existant de Vieux-Brisach à Colmar et Munster, et par conséquent la jonction avec la grande ligne alsacienne de Mulhouse à Strasbourg et Lauterbourg.

Pendant que les Allemands travaillent avec cette activité fiévreuse au grand réseau stratégique et commercial d'Alsace-Lorraine, leurs espions inondent nos départements frontières et suivent *au jour le jour* la construction de nos lignes ferrées ; on sait que tous les officiers allemands, renvoyés de l'armée pour dettes, sont employés à ce joli métier : c'est une façon comme une autre d'entendre le patriotisme et les révélations de l'espion d'Audun-le-Roman, le nommé Niemeyer, ne laissent subsister aucun doute à cet égard, c'est à nous à veiller au grain.

4° Plusieurs correspondants me supplient d'inviter le Service géographique de l'armée à corriger de suite toute la carte de France au 1/80.000, qui est criblée d'erreurs, et sur laquelle la plupart des routes manquent.

Hélas ! je le sais aussi bien qu'eux ; dans cet ordre d'idées tout est à refaire, des routes qui existent depuis dix ans et qui ont la plus grande importance au point de vue de la défense nationale sont omises, c'est très regrettable et j'espère que M. le Ministre de la Guerre saura combler, avant longtem: ', cette lacune, car il ne faut pas que nous restions toujours dans cette ignorance légendaire de la géographie, comme avant la guerre.

Voici un exemple de ce que j'avance, bien curieux, encore plus triste, et qu'il est bon de retenir pour éviter aux Français de tomber dans ces mêmes erreurs.

Voici ce que Cortambert — un géographe connu — écrivait dans sa *Géographie de la France*, en un volume, édition nouvelle, année 1867, c'est-à-dire trois ans avant la guerre, page 15 :

« Le Rhin offre une excellente barrière, soutenue par *une belle ligne* de places fortes qui ont derrière elle les Vosges comme une seconde ligne stratégique ; les places fortes sont : *Wissembourg*, *Lauterbourg*, qui servent aussi, comme nous l'avons vu, à la défense de la frontière Nord-Est, *Haguenau*, *Strasbourg*, *Schlestadt*, Neuf-Brisach, admirablement fortifié par Vauban.

« Dans l'intérieur, pour protéger le col de Bussang, dans les Vosges, *on a fortifié Thann !* »

En lisant ces lignes, on ne sait si l'on doit se laisser emporter par l'indignation ou la pitié ; voilà ce que l'on enseignait à la jeunesse à la veille de l'Année terrible !

Non, il ne faut plus commettre un pareil crime.

Ma conclusion sera simple : les Allemands couvrent l'Alsace-Lorraine de chemins de fer, et il faut le savoir d'abord, ensuite en faire autant chez nous pour être prêts à leur répondre, le cas échéant, victorieusement.

V

PLAN PRUSSIEN D'ALSACE

Un grand péril menace la France par l'organisation d'un vaste plan prussien dans nos chères provinces d'Alsace-Lorraine.

Le chemin de fer de Rothau à Saales vient d'être livré à la circulation.

La ligne n'a qu'une seule voie et naturellement, inoffensive, elle rentre dans la catégorie des voies forestières, agricoles, minières, etc.; nous connaissons depuis longtemps la formule.

Ce qui est vrai, c'est qu'elle est, comme toutes ses sœurs, essentiellement stratégique et militaire.

Ce qui est grave, c'est qu'elle arrive à 200 mètres du poteau-frontière français et qu'elle n'est que le prolongement du chemin de fer de Strasbourg à Rothau, soit maintenant la ligne de Strasbourg à Saales.

Supposez que les Allemands veuillent exécuter un coup de main sur Saint-Dié, rien ne leur serait plus facile. Et nous, qu'avons-nous fait pour répondre à tant d'audace et je dirai même à une pareille provocation morale? Rien, absolument rien, c'est triste.

A partir de Rothau, les nouvelles stations sont : Fondoy, Saint-Blaise, Pontoy, Saulxures, Bourg-Bruche et Saales.

Les habitants de Saint-Dié sont stupéfaits, comme des

gens que l'on attacherait aimablement à la gueule d'un
·canon.

Une pareille constatation impose de grands devoirs à
qui de droit; nous voulons croire qu'on n'y faillira pas.

Novembre 1890.

INFLUENCE DES CHEMINS DE FER
SUR LES FINANCES RUSSES

MOYENS DE RELEVER LES COURS DU ROUBLE — NÉCESSITÉ DE CONSTRUIRE DES VOIES DE PÉNÉTRATION — UNE CONSULTATION REMONTANT A SEPT ANS — COMMENT LES ÉVÉNEMENTS M'ONT DONNÉ RAISON.

A la fin de 1888 ou au commencement de 1889 l'empereur de Russie avait envoyé en mission à Paris un jeune prince russe dont on me permettra de taire le nom, dans le but de rechercher les moyens pratiques de relever les cours du rouble et, en même temps, de leur donner plus de fixité.

Nous nous rencontrâmes et il eut l'amabilité de me demander une consultation, et voici très exactement la note que je lui adressai le lendemain et que je retrouve dans mes papiers fort à propos, puisque la question de l'alliance franco-russe est de plus en plus à l'ordre des préoccupations du moment :

« En Russie, le rouble argent est véritablement du rouble papier, autrement dit c'est le cours forcé.

« Les exportations de la Russie ne balancent pas les sommes qu'elle a à payer en or pour les intérêts de ses emprunts contractés à l'étranger.

« Le rouble vaut dans le pays 4 francs, cours fixe; il change de cours pour les opérations faites avec l'étranger et à la douane russe.

« Autrefois, il y a vingt-cinq à trente ans, il n'y avait pas de circulation métallique dans l'empire, en dehors de la menue monnaie.

« Les variations du rouble dans les négociations avec l'étranger sont considérables; elles ont été de 208 francs à 400 francs, c'est-à-dire le pair pour 100 roubles; actuellement le rouble oscille de 220 à 250 francs les cent roubles.

« Pour confirmer ce que nous avançons là, nous ne pouvons mieux faire que de citer les lignes suivantes du *Bulletin financier international* :

« En 1855, pendant la guerre de Crimée, cent roubles papier valaient 377 fr. 76; ils valaient l'année suivante 397 fr. 04. Le rouble papier avait par conséquent une valeur de 4 francs comme le rouble métal.

« Depuis lors, le cours du rouble a fléchi sans cesse, à tel point qu'en 1876 le rouble papier ne valait plus que 3 fr. 24 environ. Il est vrai de dire que l'émission des billets de crédit augmentait sans cesse.

« En 1885, la circulation du papier-monnaie montait à 511 millions de roubles; en 1876, elle avait atteint 790 millions de roubles. Pendant la guerre de 1877, l'émission des billets prit des proportions fabuleuses; la circulation du papier-monnaie s'éleva à cette époque à 1,039 millions de roubles, tandis que le cours du rouble tombait à 2 fr. 69.

« Après la guerre, au lieu de retirer de la circulation une partie des billets, le gouvernement russe, subissant l'influence des protectionnistes de Moscou, auxquels la dépréciation du rouble apportait un supplément de protection, commit la faute de l'augmenter encore en portant la circulation en 1878 à 1,188 millions de roubles, et en se bornant à la réduire à 934,720,000 en 1887, pour la faire remonter de plus belle à 957,720,000 en 1888. Cette émission énorme de papier-monnaie a exercé et exerce encore une influence désastreuse sur le cours du rouble, qui a continué à baisser dans des proportions effrayantes.

« En juillet 1887, pendant la campagne entreprise par l'Allemagne contre le crédit de la Russie, le cours du rouble sur les marchés allemands tomba à 177 marcks 25 pf. pour 100 roubles, soit à 211 fr. 56. Aujourd'hui le rouble papier est coté à la Bourse de Berlin 2 m. 07 à peu près, ce qui fixe le prix de 100 roubles papier à 258 fr. 75, soit 141 fr. 25 au-dessous de la valeur nominale. »

« Ces variations tiennent à la spéculation et aux besoins de paiments métalliques en or pour l'étranger.

« Plus la récolte de la Russie est considérable, surtout en blé, plus l'exportation est importante, moins elle a besoin d'or et plus le rouble est cher naturellement. Cependant la récolte peut être abondante et le rouble remonter peu, cela tient à la coalition des banquiers allemands sur la place de Berlin et aux motifs politiques qui font agir M. de Bismarck.

« Lorsque les banquiers de Berlin veulent faire baisser le rouble, ils vendent en masse à découvert les valeurs russes, très nombreuses et fort peu connues, pour ne pas dire tout à fait inconnues, sur la place de Paris.

« Comme il y a fort peu de marchés financiers en Russie, les Russes ne peuvent pas faire la contre-partie de leurs propres valeurs, lorsqu'ils en sont accablés par le découvert de Berlin.

« Ils font bien de nombreuses spéculations sur marchandises, mais font peu d'affaires de bourse, surtout à terme.

« Si les banquiers français prenaient en mains toutes les valeurs russes, et si ces dernières étaient connues et négociées sur la place de Paris, on échapperait ainsi aux exigences et aux lubies de la place de Berlin, et le rouble non seulement monterait, mais encore et surtout y gagnerait en fixité dans ses cours, parce qu'il serait arraché à la spéculation et aux préoccupations politiques des banquiers allemands.

« Une des causes du cours bas du rouble papier tient à ce qu'il est émis directement par la Banque impériale de Russie, qui est une administration d'Etat.

« Elle prévient bien le public, quand il y a une émission de rouble papier; mais, à tort ou à raison, la spéculation et la haute banque pensent que son caractère officiel même la soustrait, en quelque sorte, à tout contrôle, ce qui revient à dire que le contrôle des sommes émises est impossible.

« En ce moment, nous n'apprécions pas, nous constatons seulement.

« La grande cause des variations et des bas cours du rouble gît donc surtout dans la nécessité de payer en or les sommes dues à l'étranger.

« Si les moyens de transport dans l'empire étaient plus nombreux en chemins de fer, en canaux, en routes, etc., comme le pays renferme d'immenses richesses naturelles et est capable de produire beaucoup plus qu'il ne le fait à l'heure présente, il est certain que l'on pourrait augmenter le chiffre des exportations dans des proportions colossales.

« Il est à peine besoin d'ajouter que cela diminûrait d'autant les paîments en or à l'étranger et que, par conséquent, le cours du rouble ne tarderait pas à se relever dans une large mesure.

« Aujourd'hui les transports sont insuffisants et trop coûteux.

« Je cite encore le *Bulletin financier international* :

« Cette dépréciation, jointe à l'instabilité de la valeur du rouble, cause des dommages incalculables au commerce russe et à toutes les transactions que la Russie est obligée d'avoir avec l'étranger.

« Pour relever le cours du rouble et regagner le pair originaire de 4 francs argent, il faudrait, dit notre confrère, retirer de la circulation une somme de 160 millions. Nous avons dit regagner le pair originaire de 4 francs argent, car la Russie, on le sait, a conservé l'étalon d'argent. Seulement, il ne suffit pas de relever le cours du rouble, il faudrait encore le consolider, en rétablissant l'échange du papier contre le métal argent, c'est-à-dire en ouvrant, après le retrait préalable de l'excédent du papier, l'échange du rouble contre de l'argent en barres, à l'effet d'éviter le monnayage d'une quantité trop considérable de métal blanc. »

« Ces lignes nous paraissent très explicites ; beaucoup d'économistes, compétents en la matière, affirment même qu'il suffirait de retirer une somme de 100 millions de la circulation pour obtenir facilement le relèvement des cours.

« Conclusion : le jour où nous aurons arraché à Berlin le marché des valeurs russes, nous aurons accompli un acte doublement patriotique et rémunérateur.

« Que les banquiers donnent l'exemple et montrent un peu d'esprit de suite, le public ne demandera pas mieux que de les suivre. »

Puis suivaient les salutations d'usage. Aujourd'hui, en relisant ces courtes notes, je suis heureux de constater combien les événements m'ont donné raison. Les valeurs russes, populaires sur notre marché — trop peut-être — ont échappé complètement aux influences hostiles de la place de Berlin et, quant aux chemins de fer, je n'ai qu'à citer cette note qui vient de paraître dans les journaux du mois d'août 1896 pour montrer comment l'on marche en Russie :

« Les travaux du chemin de fer transsibérien sont poussés avec la plus grande activité. Une dépêche annonce que le premier train de voyageurs a fait son entrée dans la province de Tomsk, au milieu des hourras de la population, acclamant les ingénieurs.

« Or, la ville de Tomsk est éloignée de l'Oural d'une distance à peu près égale à celle qui sépare l'Oural de Saint-Pétersbourg même. Et ce n'est pas tout. On annonce que, vers le 15 septembre 1896, un nouveau tronçon de ligne sera livré à la circulation entre Tomsk et Krasnoiarsk. C'est encore une distance à peu près égale à celle qui sépare Saint-Pétersbourg de Moscou. Et ce n'est pas seulement la locomotive qui pénètre aujourd'hui au cœur de la Sibérie : c'est le téléphone. La première ligne téléphonique vient d'être établie aux environs d'Irkoustk, reliant cette ville à la grande fabrique de porcelaine Pérévalot.

« Ainsi voilà, dès aujourd'hui, la Sibérie centrale reliée par voie ferrée au grand mouvement européen. On peut aller par chemin de fer depuis Tomsk jusqu'à Cadix ! Et partout se multiplient les embranchements, les lignes nouvelles. En 1870, la Russie comptait à peine 10,000 kilomètres de voies ferrées; elle en compte aujourd'hui 43,000; elle en comptera 55,000 en 1900. Et, malgré l'énormité des distances, la largeur des fleuves à traverser, l'absence d'usines, ce travail de géant aura été accompli en moins de six années. »

Cette note n'a l'air de rien, eh bien elle signifie simplement, qu'avec ses voies de pénétration, la Russie va pouvoir exporter beaucoup plus de matières premières et surtout du blé, être payée en or et par conséquent obtenir une fixité relative du cours du rouble. La chose nous intéresse d'autant plus que c'est nous qui avons obtenu ces résultats avec nos milliards.

Cette théorie si simple qui consiste à lier intimement le crédit d'un pays au développement de ses voies ferrées n'a jamais reçu une consécration aussi éclatante qu'en ce moment en Russie et ce n'est pas sans une certaine joie que je constate que j'avais pu indiquer ces heureuses solutions à l'envoyé de l'empereur de Russie, dès le commencement de 1889.

En terminant je ferai remarquer, qu'en dehors des chemins de fer, pour arriver à la fixité absolue du cours du numéraire, il n'y a qu'un seul moyen : posséder une banque émettrice des billets, avec une encaisse, indiscutable comme celle de la Banque de France.

A ce propos il est encore bon de rappeler la petite note suivante qui paraît de temps en temps dans les journaux, en veine d'informations statistiques :

« Tout le monde ne sait pas quel est le prestige des billets de banque français. Cette réputation séculaire de la Banque de France porte sur la puissance de son encaissement métallique, qui atteint la somme fantastique de 3 milliards 322 millions de francs.

« Ce stock est le plus important qui ait jamais existé au monde ; il représente à lui seul plus de 30 0/0 des encaisses métalliques de toutes les banques d'émission européennes réunies. C'est ce qui fait que le billet de banque français de 100 francs vaut en Belgique 100 fr. 03 c., en Allemagne 100 fr. 08, en Autriche-Hongrie 100 fr. 09, en Angleterre 100 fr. 19, en Suisse 100 fr. 37, aux Etats-Unis 100 fr. 87, en Hollande 101 fr., en Italie 107 fr. 37, en Espagne 119 fr. 86, en Russie 150 francs, aux Indes

159 fr. 73, en Grèce 177 fr. 25, au Japon 187 fr. 15, en Chine 190 fr. 56, au Mexique 194 fr. 27, au Brésil 270 fr. 83, au Chili 274 fr. 72 et dans la République Argentine 284 fr. 50. »

Présentée ainsi la question est fausse, ce n'est pas notre billet qui vaut ces prix extraordinaires à l'étranger, ce sont les monnaies étrangères qui sont dépréciées, ce qui n'est pas du tout la même chose, et si, encore une fois, chez nous l'argent-métal numéraire et même le billet de la Banque de France conservent imperturbablement leur valeur au pair, c'est uniquement grâce à l'encaisse métallique de cette dernière.

Ceci dit, il est néanmoins fort intéressant de constater quel rôle de premier ordre jouent les chemins de fer sur le crédit, la prospérité et même les cours monétaires dans un grand pays comme la Russie, et il faudrait un volume pour en démontrer toutes les conséquences heureuses au point de vue de la répercussion économique.

Et que l'on ne s'y trompe pas, à tous les degrés, ce qui est vrai pour la Russie est vrai pour tous les Etats du monde entier !

LES CHEMINS DE FER
DANS L'AFRIQUE AUSTRALE

I

LA MISE EN VALEUR
DES RÉGIONS AURIFÈRES PAR LES ANGLAIS

Longtemps cantonnés dans leur colonie du Cap, ce n'est que dans ces dernières années, c'est-à-dire lorsqu'ils ont senti que le Canada, l'Australie allaient leur échapper virtuellement et que les Russes allaient les menacer en Asie, que les Anglais ont songé à créer un vaste *Dominion* au Sud de l'Afrique.

Pour la race anglo-saxonne, de la conception à la réalisation il n'y a qu'un pas. De là les nombreuses annexions de ces temps derniers, depuis le Zoulouland, le Tougoland, le Swasiland jusqu'au Bechuanaland ; de là le vate réseau de voies ferrées construit, en ce moment, d'accord avec l'Etat libre d'Orange *(Orange free Staat)* et la République Sud-Africaine *(Transwaal)*.

Aujourd'hui, je ne veux m'occuper que de la question purement commerciale et montrer comment les Anglais s'y prennent pour mettre en valeur ces régions aurifères, les plus riches du monde ; c'est pourquoi je me contenterai de parler seulement des chemins de fer.

Il y a là un exemple bon à retenir, meilleur à imiter et qui devrait nous montrer une fois de plus combien, nous, au nord, nous sommes coupables de ne pas relier l'Algérie au Haut-Niger et au Sénégal par le Transsaharien, qui est cependant pour nous une nécessité économique et stratégique de premier ordre.

Tout d'abord, les Anglais se sont contentés de construire une ligne du Cap, la capitale de la colonie, à Kimberley, dans la Griqua-Land-West, en passant par Beaufort, qui se trouve sur la rivière Gramtoos et Hopetown, sur le fleuve Orange.

Bientôt, partait une seconde tête de ligne de Port-Elisabeth qui, après avoir dirigé un embranchement sur Grahamstown et traversé la G^t Fish rivière, prolongeait son second embranchement sur Colesberg et se raccordait plus loin à la grande ligne, avant Hopetown.

Les autres têtes de lignes, partant de la mer, suivaient de près : celle d'East-London à Aliwal-Nord, celle de Durban à Ladysmith, en passant par Pietermaritzburg, centre important dans le Natal, et enfin, en remontant la côte, celle qui part de la baie Delagoa, pour aller s'amorcer sur le territoire de la République Sud-Africaine.

Ceci représente la première phase de la question, la plus longue et la plus laborieuse naturellement, je veux dire la création de toutes les voies de pénétration vers l'intérieur.

Comme il arrive toujours en semblable occurrence en pays neufs, surtout lorsqu'on a affaire à une race énergique comme la race anglo-saxonne, comme il arrive aujourd'hui, par exemple, à la République Argentine ou au Brésil, après les voies de pénétration devaient fatalement arriver les voies de raccordements — à longue distance souvent, — c'est la seconde phase de la question et le Gouvernement du *Dominion*, d'accord avec les deux Etats voisins, vient d'y entrer résolument.

La ligne du Cap à Kimberley va être poursuivie par

une pointe hardie à l'intérieur, jusqu'à Shoshong, dans le Khama, en passant par Vryburg, Mafeking et enfin, dans le Bechuanaland, Kanya et Molopatole.

La ligne de Port-Elisabeth, en passant par l'embranchement de Colesberg, va être poussée jusqu'à Prétoria, la capitale du Transwaal, en coupant en deux l'Etat libre d'Orange et en passant par sa capitale, Bloemfontein ; dans le Basoutoland, un peu avant Prétoria, elle passera également à Johannesburg, en plein district de Witwatersrand, c'est-à-dire dans le centre aurifère le plus riche, inconnu il y a quatre ans, et qui produit aujourd'hui 5 millions d'or par mois.

La ligne de Durban, à partir de Ladysmith, ira se raccorder à la précédente, à Johannesburg, en passant par Heidelberg.

Enfin, l'amorce de la baie Delagoa sera poursuivie également à travers la République Sud-Africaine, jusqu'à Prétoria, en passant par Barberton et Middelburg.

A l'heure présente, il est déjà question de poursuivre la ligne de Prétoria jusqu'à Lydenburg, Marabastad et Zoutpansberg, pour procéder à une exploitation plus rapide et moins coûteuse du minerai de ces riches contrées.

A la dernière heure, un câblegramme assez détaillé me permet de compléter les renseignements ci-dessus.

La construction de la ligne directe entre Bloemfontein et Johannesburg est autorisée et l'on va se mettre de suite à l'œuvre dans la République Sud-Africaine.

Le Gouvernement du Cap construit à l'heure présente une ligne qui relie Bloemfontein avec son propre réseau, ce qui met Johannesburg directement en communication avec la mer.

D'un autre côté, la construction du chemin de fer de

Kimberley à Fourteen-Streams sera terminée dans deux mois et la ligne livrée à l'exploitation.

La section de Bloemfontein sera livrée à la fin de l'année et la ligne d'Eerstefluss à Sir-Lowrys-Pass est déjà en exploitation, tandis que la construction de celle de Kalk-Bay à Sienons-Town avance rapidement.

Il résulte donc de ces derniers renseignements qu'à la fin de la présente année le seul réseau de la colonie du Cap, en exploitation, représentera 2,720 kilomètres.

Enfin, on compte que le chemin de fer de Fourteen-Streams à Vryburg, dans le Bechuanaland, sera livré au trafic au commencement de l'année prochaine.

Comme on le voit, il y a là tout un plan grandiose, dont une grande partie est déjà réalisée, dont la fin ne tardera pas à être également terminée.

C'est ainsi que l'on fait de la politique coloniale fructueuse, en envoyant les capitaux de la Métropole enrichir et mettre en valeur les colonies, cela vaut cent fois mieux que de prêter son argent aux Turcs ou au Panama.

Les Anglais, chaque jour, sur tous les points du globe, nous donnent l'exemple de la politique financière coloniale, rémunératrice et sage.

Imitons-les sans plus tarder et jetons le Transsaharien à travers le désert, en passant par Tombouctou.

En un mot, faisons au Nord de l'Afrique ce que les Anglais font si bien au Sud.

Nous le pouvons, nous le devons.

II

Dans la colonie du Cap, aux Anglais, comme dans le Natal qui leur appartient également, dans l'état libre d'Orange, comme au Transvaal, on se trouve en face de contrées riches par leurs cultures, leurs pâturages et par leurs mines d'or, de cuivre et de diamant, c'est entendu, mais cela ne suffit pas, et si toutes ces richesses sont mises aujourd'hui en valeur et si elles le seront davantage chaque jour, c'est grâce à l'admirable réseau de chemins de fer que l'on possède déjà dans ces pays neufs et que l'on doit, il faut bien le reconnaître, à l'énergie des colons et à l'esprit d'entreprise des Anglais.

Du reste le meilleur moyen de se rendre compte de cet immense effort dans ces 25 dernières années, est encore de donner ici un rapide résumé des lignes existantes.

A tout seigneur tout honneur, commençons par le Cap de Bonne-Espérance.

Une première ligne part de *Capetown*, avec trois embranchements rayonnant aux environs de la ville, puis la ligne s'enfonce presque perpendiculairement dans l'intérieur du continent noir, en passant par *Towe* et *Kimberley*, la patrie légendaire des diamants, pour aller en ligne droite jusqu'à *Palapye*, bientôt elle sera poursuivie, à travers le *Matabe-*

léland et le *Mashonaland* jusqu'à *Salisbury*. C'est là la plus grande voie de pénétration directe vers l'intérieur et qui va représenter bientôt plus de 2.000 kilomètres.

Maintenant en suivant la côte à partir de Capetown, sur l'Océan Indien, nous allons voir que *tous les ports* sont admirablement desservis par des voies de pénétration vers l'intérieur et allant tous se souder sur le grand réseau intérieur, à travers les possessions anglaises et les deux Républiques indépendantes.

Voici d'abord *Aliwal* qui va être mis en communication avec Capetown par un embranchement aux trois quarts terminé.

Voici *Port Elizabeth* d'où partent trois lignes, l'une sur *Reinet*, l'une sur *Port Alfred* et la troisième qui forme le second grand central de l'Afrique Australe ; par un embranchement il rejoint le premier grand central, dont je parlais tout à l'heure, à Towe, puis s'enfonçant directement, il passe à *Bloemfontein*, vers l'Etat d'Orange pour atteindre *Johannesburg* et *Prétoria*, la capitale du Transwaal. Actuellement la ligne est en construction jusqu'à *Pietersburg*, en passant près de *Nylotroom*. De Johannesburg partent deux embranchements, l'un à grande distance sur *Potchefstroom* et le *Klerhsdorp gold fields* et qui plus tard ira s'embrancher sur le premier grand central, l'autre plus court, à l'opposé, c'est-à-dire dans la direction de l'Océan Indien pour desservir les mines.

J'apprends à la dernière heure que le gouvernement du Cap vient de déposer sur le bureau du Parlement colonial un projet de loi qui sera discuté prochainement, en vue de la construction de deux lignes de chemins de fer.

La première de ces lignes ira de Sommerset au port de Last London, la seconde partira de Sluval South dans la

Massel Bay et ira rejoindre, en passant par Oudtshorn, la ligne actuelle de Port Elizabeth à Graaf Revernet.

Si l'on veut bien s'en rapporter à ce que je viens de dire à propos de Port Elizabeth qui est la tête de ligne du second grand central de l'Afrique Australe, l'importance de ces deux nouveaux tronçons ne saurait échapper aux personnes au courant du développement de ces régions.

Reprenons la côte. Voici Port Alfred qui rejoint la grande ligne par son embranchement, comme nous venons de le voir, en partant de Port Elizabeth.

Plus loin, nouvelle ville et nouveau port ; *East London* qui rejoint également la grande ligne par un double embranchement.

Nous arrivons à l'un des ports les plus importants de la côte, à *Durban*, la ligne qui en part passe par *Piéterma-ritzburg*, la capitale du Natal, et va par un double embranchement, rejoindre la grande ligne en passant d'un côté par *Harrismith*, puis Johannesburg, en passant par *Heidelberg* de l'autre côté.

Enfin nous arrivons à *Lourenço-Marquez*, ce territoire portugais dont on a tant parlé, et nous trouvons là une amorce célèbre par les procès auxquels elle a donné lieu et à laquelle les Portugais tiennent beaucoup et à juste titre, étant donnée son énorme importance, comme voie de pénétration et comme clef économique du Transwaal. Aussitôt sorti du territoire Portugais qui ne forme qu'une bande étroite au bord de la mer, le chemin de fer se dirige par un triple embranchement, sur Prétoria, en passant par *Middelburg*, c'est la ligne principale ; puis sur *Barberton* au milieu d'un riche district minier ; puis enfin sur *Leydsdorp* en remontant sur le *Zoutpansberg*, où il est destiné à se relier un jour avec le second grand central qui s'arrête, comme nous venons de le voir tout à l'heure, à

Pietersburg ; ajoutons que cette ligne de *Komatie Poort*, sur la rivière du Crocodile à Leydsdorp, n'est pas encore livrée au trafic.

Plus haut la Compagnie du Mozambique, en territoire Portugais, au-dessus de *Sofala* qui était déjà célèbre au siècle dernier, a ouvert un tronçon qui s'amorce au port de *Beira* et doit être prolongé plus tard également jusqu'à Salisbury.

Si nous redescendions sur l'autre versant, c'est-à-dire sur l'Océan Atlantique, au-delà du Cap de Bonne-Espérance, nous ne pourrions trouver qu'un double petit tronçon partant de *Port Nolloth* pour *Cape Copper* qui renferme des mines de cuivre célèbres, mais jusqu'à présent ce chemin de fer n'est encore qu'une ligne minière.

Voilà en courant, la nomenclature écourtée des principales lignes de l'Afrique Australe, actuellement en exploitation, ou à la veille de l'être dans leurs points extrêmes, et je pense qu'elle suffit pour bien faire comprendre comment il faut s'y prendre pour mettre un pays neuf en valeur : encore une fois, il ne suffit pas qu'il soit riche et couvert de mines d'or, il faut aussi *qu'il soit couvert de voies ferrées ;* c'est ce que les Anglais et les Hollandais ont d'ailleurs su admirablement comprendre.

Quand on pense que le Bechuanaland, par exemple, était un pays perdu il y a 20 ans et qu'aujourd'hui les territoires de la *British South Africa, Chartered Company*, sont véritablement aux portes de Capetown, on ne peut que rendre hommage à tant d'énergie et, comme je l'ai déjà dit, éprouver un profond sentiment de tristesse, en pensant que nous autres Français, ne faisons rien, tandis qu'il y a longtemps que le Transsaharien aurait dû réunir l'Algérie au Sénégal par Tombouctou, au Lac Tchad et plus tard au Dahomey, puisque le golfe de Bénin représente la voie de pénétration la plus courte pour mettre en valeur le Soudan ; mais voilà, nous sommes Français et, par conséquent, incapables de faire rien de pratique, d'utile et de rémunérateur pour la grandeur de nos colonies et de la mère patrie : c'est triste !

Je reviens à l'Afrique Australe. Là-bas, qu'il s'agisse des colonies du Cap ou de Natal, des Républiques d'Orange ou du Transvaal, tous les chemins de fer sont dans les mains des Etats respectifs ; si une ligne appartient encore, au Transvaal, à une Compagnie Hollandaise, les gens du pays sont maîtres de la grande majorité des actions et comme je l'ai dit, les Portugais eux-mêmes se sont empressés de saisir une occasion pour déclarer déchue de ses droits la société du chemin de fer de Lourenço-Marquez, afin d'en prendre possession.

En Europe ces exploitations par l'Etat donnent des résultats déplorables et coûtent environ 83 0/0 au lieu de 53 0/0 par l'industrie privée.

En est-il de même dans ces jeunes Républiques ? Les chiffres que je possède ne sont pas assez précis pour que je puisse me permettre d'émettre de suite une opinion raisonnée sur cette intéressante question. Quoi qu'il en soit, que le procédé soit défectueux ou non, ce qu'il fallait avant tout, c'était avoir des moyens de transports et les Boërs du Transvaal et d'Orange, aussi bien que les Anglais du Cap, ont su les créer avec une énergie incomparable.

C'est un exemple pour nous à suivre dans le Nord de l'Afrique, s'il nous reste pour deux sous de patriotisme et de sens pratique. (1)

---

(1) Mon aimable confrère, Henry Dupont, rédacteur en chef de la *Revue Sud-Africaine*, a publié des cartes que l'on peut consulter utilement, à propos des chemins de fer de l'Afrique Australe.

III

INFORMATIONS COMPLÉMENTAIRES — CHERTÉ DES TARIFS —

POLITIQUE ÉCONOMIQUE PARTICULIÈRE AUX RÉPUBLIQUES

DE L'AFRIQUE AUSTRALE.

En parlant des moyens de transport, et par là j'entends les chemins de fer à la pointe australe de l'Afrique, on touche à tant d'intérêts que l'on est toujours assuré de retenir l'attention d'un grand nombre de personnes. C'est ainsi que ma dernière campagne économique contre et à propos des mines d'or — au point de vue de l'emballement, m'a valu beaucoup de lettres demandant des éclaircissements complémentaires et entrant dans le détail minutieux d'une foule de questions qui me forceraient à écrire toute l'histoire de ces contrées lointaines, si j'y répondais point par point.

Nonobstant les précautions oratoires prises dans mon dernier chapitre, je vais m'empresser de citer les quelques lignes en construction et qui avaient été omises à dessein. Parmi ces dernières on parle de celle à construire de *Harrismith* à *Kronstadt et Vierfontein*, dans l'Etat libre d'Orange.

Les travaux de la ligne de *Foutis-Villa à Beira*, en

territoire portugais, sont à la veille de commencer et je dirai, tout à l'heure, pourquoi on y attache une importance capitale au Transvaal, quoique la chose se passe en dehors de leur territoire, sinon peut-être tout à fait en dehors de leur sphère d'influence commerciale.

Ensuite au Natal, on commencerait avant peu de temps la construction de la ligne de *Vérulam à Zoulouland*.

Enfin, depuis quelques mois, la fameuse ligne, partant de Delagoa-Bay à Lourenço-Marquez pour aller à Prétoria, est ouverte et livrée à la circulation.

C'est là un fait capital pour le Transvaal, car s'il est toujours forcé d'emprunter pendant quelques kilomètres, une ligne portugaise, à partir de Komatie-Poort, pour parvenir à la mer et entrer directement en communication avec le monde extérieur, du moins il n'est plus forcé de passer à travers toutes les colonies anglaises, dont il était forcément le tributaire et à la merci desquelles il se trouvait absolument livré, ce qui n'a rien d'exagéré dans l'affirmation.

D'un côté, en passant par tous les ports anglais depuis Capetown, on avait un trajet très long, et des tarifs invraisemblables de cherté ; d'un autre côté, en passant par Lourenço-Marquez, on va avoir un trajet beaucoup plus court et des tarifs beaucoup plus abordables, puisqu'inévitablement la concurrence va se mettre de la partie.

Du reste, pour donner une idée de l'importance du trafic, qui doit abandonner, en grande partie, les voies anglaises pour passer à la nouvelle ligne de Prétoria à Delagoa-Bay, il me suffira de rapporter ici le tableau des importations du Transvaal pendant les quatre premiers mois de la dernière année :

	AVRIL		JANVIER-AVRIL	
	1894	1895	1894	1895
	Liv. sterl.	Liv. sterl.	Liv. sterl.	Liv. sterl.
De la colonie du Cap .	74.124	129.225	303.821	392.077
D'Outre-Mer par le port de Capetown .	220.214	320.308	942.050	1.316.743
Total par le Cap . .	294.338	449.533	1.245.271	1.708.820
De Natal	64.287	71.505	232.470	276.904
D'Outre-Mer par Natal	25.550	41.404	137.065	148.415
Total par Natal. . .	89.837	112.909	369.535	425.319
De Delagoa-Bay . .	15.443	14.258	42 535	58.583
D'Outre-Mer par Delagoa-Bay	9.542	87.440	43.119	189.964
Total par Delagoa . .	24.985	101.698	85.654	248.547
De l'Etat libre d'Orange en franchise .	21.185	64.874	110.240	246.121
Total général des importations	430.345	729.014	1.808.600	2.628.797
Droits de douanes perçus	66.850	79.405	254.987	299.110

Mais ce n'est pas tout, il ne faut pas perdre de vue que
le Volksraad — Chambre des députés de l'Etat libre
d'Orange — vient de voter un projet d'union avec le Transvaal et que, par conséquent, le jour n'est pas loin où ce sera
la clientèle tout entière des deux braves et héroïques
républiques de Boers — *Burghers* — qui échappera pour
toujours à la domination anglaise des deux colonies du
Cap et de Natal.

Sans aucun parti pris, simplement au point de vue
purement économique, je disais que la rapacité anglaise
n'aura qu'à s'en prendre à elle-même, si elle a poussé par
ses exigences insensées, le Transvaal et l'Orange *free*

staat, à se tourner du côté des Portugais et de l'Océan Indien, pour lui échapper.

Du reste, comme il n'y a là qu'à s'en rapporter à l'éloquence des chiffres, qui vaudra mieux encore qu'une longue démonstration ; que l'on me permette d'en citer quelques-uns pour la complète édification de mes lecteurs.

Aux Etats-Unis, le produit brut moyen par tonne et par kilomètre est de 3 centimes ; en France, je trouve qu'il est de 4 centimes 66 sur le Nord, à 6 centimes 203 sur le Midi, ce qui donne une moyenne, à peu de chose près rigoureuse, de 5 centimes 135 par tonne et par kilomètre.

Voilà, n'est-ce pas, des bases précises, qui ont derrière elles cinquante années d'expériences et qui peuvent être contrôlées sur les deux continents les plus commerçants et les plus industriels du monde. Voyons un peu à présent ce que coûtent les transports dans l'Afrique australe et comment les Anglais s'y entendent pour pressurer les gens qui ne peuvent pas se passer de leurs bons offices.

Maintenant citons quelques chiffres des tarifs anglais, on restera vraiment stupéfait : les marchandises de la première catégorie allant de *Port-Elisabeth* à *Viljoen's-Drift* en transit payent 7 sch. 9 pence par 100 livres ou 45 kilog.; le fer galvanisé et les produits bruts payent de *Est London* à *Viljoen's-Drift* en transit 4 sch. 8 pence et 3 sch. 4 pence respectivement pour 100 livres ou 45 kilos.

Ces prix sont exorbitants, tous non seulement sont maintenus, mais sont les résultats de récentes aggravations, parce que là les Anglais se sentent sans concurrence sérieuse.

J'insiste sur ce point, car avant même que la ligne de Lourenço-Marquez ne fut ouverte au trafic, les Anglais, se rendant compte du coup direct qui leur était porté, sentirent la nécessité de mettre les pouces.

Il suffit du reste de lire la note suivante que viennent de publier tous les journaux pour en être complètement convaincu :

« A la demande de la Chambre de commerce de Prétoria, la *Netherlands Railway* (Pretoria-Delagoa Bay) a consenti à supprimer le système de tarification qui existait et d'après lequel le prix de transport était calculé sur un poids minimum arbitrairement fixé et non sur le poids réel des marchandises.

D'autre part la direction des chemins de fer de la colonie du Cap informe les intéressés que depuis le 1er juin le prix de transport de la houille indigène est réduit de 50 0/0, à raison de 6 pence par tonne et par mille parcouru sur les points suivants : East-London à Port-Elisabeth et à Capetown (comprenant les embranchements de Malmesbury Sir Lownry'Pass et Simonstown) aux stations intermédiaires. Toutefois la nouvelle tarification ne sera pas applicable sur les lignes de Cyphergat à Stormberg Junction; de Mieddelburg Road à De Aar et de Alicedale à Grahamstown, ni des stations de la République d'Orange à Naawopoort Junction. Sur ces lignes le prix de transport reste fixé comme précédemment, c'est-à-dire 1 sch. par tonne et par mille. »

On voit d'après ces chiffres que, même après l'abaissement des tarifs, les Anglais prennent encore un prix de transport phénoménal et qui n'a aucun rapport avec les 3 centimes au kilomètre des Etats-Unis ou les 5 centimes 135 de la France.

.*.

Comme je l'ai déjà dit précédemment, tous les réseaux de chemins de fer dans l'Afrique australe, sont dans la main de l'Etat, c'est-à-dire du gouvernement colonial, pour les

colonies anglaises et portugaises ou du gouvernement de
la République pour l'Etat d'Orange et le Transvaal, car
même la compagnie hollandaise de cette dernière République a vu la majorité de ses titres rachetée par le gouvernement, de manière à ne laisser aucune prise à l'immixtion étrangère, même quand elle pourrait se produire de
la part de membres de l'ancienne métropole.

Est-ce parce que l'on a peur de l'étranger dans ces pays
neufs, est-ce parce que l'on redoute une atteinte possible à
son indépendance et a son autonomie ? Oui et non ; c'est
cela en partie et cependant la question a besoin d'être précisée : *c'est surtout parce que l'on a peur du voisin et dans
l'espèce, le voisin, c'est l'ennemi séculaire qui rappelle les
luttes héroïques du passé, c'est l'Anglais.*

Certes les Boërs ont aujourd'hui leur indépendance et
elle n'est plus menacée ; le Transvaal aussi bien que l'Etat
d'Orange, aussi bien que le Portugal pour sa compagnie
de Mozambique, dont Sofola est restée le centre, savent
bien que l'on ne porte plus si facilement une main criminelle sur l'indépendance des peuples. Mais aujourd'hui la
vieille lutte héréditaire n'en continue pas moins et elle
revêt la forme la plus ardente et la plus âpre, quoique
pacifique en apparence, la forme économique.

L'ouverture de la ligne directe de Lourenço-Marquez à
Prétoria est le dernier acte de cette lutte et certes c'est un
coup très grave porté au rêve d'hégémonie caressé depuis
si longtemps par la race anglo-saxonne dans cette partie
lointaine du continent noir.

Sur l'autre versant, c'est-à-dire sur l'Atlantique, le *Sud-Ouest Africain Allemand* semble dire également aux Anglais : vous n'irez pas plus loin.

Il est vrai qu'il leur reste au centre l'*Interland* et sur ce
terrain nous pouvons ne pas trop nous apitoyer sur le sort

des Anglais : nous sommes certains que la *British South Africa Chartered Company* fera le possible et même l'impossible pour étendre les possessions de sa Gracieuse Majesté dans la direction des grands lacs, à commencer par *Bangouéolo* et *Tanganyka*. Du reste la trop célèbre expédition de l'*Ougounda* n'a pas eu d'autre raison d'être. (1)

Mais enfin il était intéressant d'exposer brièvement les situations respectives de ces jeunes Républiques et les appétits britanniques, et c'est ce que je viens de m'efforcer de faire sincèrement, en quelques mots, sans passion et avec autant d'impartialité et de franchise que possible, car, il ne faut pas se le dissimuler, ce sont des intérêts considérables qui sont en train de se discuter, à l'heure actuelle, en Afrique australe et tous nos vœux doivent accompagner les efforts du Transvaal et de l'Etat libre d'Orange qui marchent rapidement vers la prospérité et qui représentent si dignement et si courageusement là-bas le progrès et la civilisation.

(1) A l'heure présente, on travaille avec acharnement à mettre en valeur la *Rhodésia*, le nouvel avatar ou la nouvelle extension de la trop célèbre *Chartered*, et l'on construit *un kilomètre par jour* du chemin de fer de Beira à Salisbury !

CHEMIN DE FER CENTRAL DOMINICAIN

On sait que deux républiques se partagent aujourd'hui notre ancienne colonie de Saint-Domingue : Haïti et la république Dominicaine. La première ne possède pas encore de lignes de chemin de fer, tandis que la seconde commence à s'outiller, grâce à l'esprit d'initiative de son président et à la pratique audace des capitaux américains.

Lors de mon passage à Puerto-Plata sur la côte nord de l'île, les habitants m'avaient montré avec orgueil leur gare en tôle gaufrée, établie non loin du rivage, mais bien déserte encore, car les travaux de prolongement de la ligne venaient à peine de reprendre comme nous allons le voir.

Depuis, on a marché avec énergie, on est à la veille de l'inauguration d'un premier tronçon qui, cette fois, est mieux qu'une amorce, et, comme les conséquences économiques en seront incalculables dans un avenir prochain pour l'île tout entière, je pense que je ne pourrai pas choisir un meilleur moment pour en entretenir mes lecteurs français.

En 1890 le gouvernement Dominicain avait accordé la concession d'un chemin de fer devant partir de Puerto-Plata vers l'intérieur à une maison de banque hollandaise, qui en confia l'exécution à des ingénieurs belges : ils achevèrent environ onze milles de la ligne, mais des difficultés financières survinrent et la construction fut suspendue jusqu'en 1893, époque à laquelle un syndicat de capitalistes américains fonda la *San-Domingo, impro-*

vement Company et reprit en main l'entreprise tout entière, en en confiant la direction à un ingénieur américain, qui avait fait ses preuves, M. Edward Hall.

Les travaux ne furent guère repris sérieusement qu'en 1894. Sur un parcours de 42 milles de la mer à Santiago, les travaux de terrassement de la ligne furent achevés ; à l'heure présente plusieurs nouvelles sections sont déjà ouvertes au trafic, la pose des rails est à peu près terminée et toute la ligne vient d'être ouverte au trafic des marchandises et aux voyageurs.

Alors on a entrepris immédiatement la construction d'un nouveau tronçon pour conduire la ligne 18 milles plus loin, jusqu'à Moca, qui est lui-même un centre important.

Le chemin de fer qui avait été commencé par .les ingénieurs belges sur le type de la voie étroite de 0,80 centimètres, a été continué dans les mêmes conditions par les Américains.

Ils avaient d'ailleurs deux excellentes raisons pour agir de la sorte ; la première est qu'il convenait de ne pas refaire les 11 milles déjà achevés ; la seconde que la voie étroite est un instrument parfaitement suffisant pour répondre aux besoins du trafic local, qui peut cependant devenir relativement fort important dans un avenir prochain.

Néanmoins, par une inconséquence singulière, et que l'on ne peut guère expliquer que par leur esprit aventureux, au lieu de s'engager dans l'intérieur en courant au thalweg des vallées, les ingénieurs américains firent l'ascension des montagnes, en se servant des crémaillères. Il est évident que si ces dernières rendent des services en Europe, pour gravir des montagnes, ce n'est jamais que sur des points déterminés et des distances très courtes.

Les crémaillères sont difficiles et coûteuses à manœuvrer, et il ne saurait venir à l'idée d'aucun ingénieur pratique d'en émailler une ligne d'une longueur considérable, comme le sera un jour le Central Dominicain achevé.

Il est juste d'ajouter que l'on n'a point tardé à s'apercevoir de l'erreur dans laquelle on était tombé ; partout, où la chose était possible, on a refait la ligne avec quelques détours, en passant dans les vallées, ou plutôt dans les gorges, — ce que les Américains appellent si justement, d'après les Espagnols eux-mêmes, des Cañons ; — là où ce n'était pas possible on s'est décidé à construire un tunnel de 270 mètres, comme nous le verrons tout à l'heure, de sorte que bientôt il ne restera plus que le souvenir de ces regrettables tâtonnements de la première heure, et il ne restera plus que des pentes ne dépassant pas trois centimètres par mètre sur toute la ligne. Du reste, il en résultera une économie de temps et de dépenses dans les transports, et puis, comme je le disais plus haut, on ne peut pas garder des crémaillères sur une grande ligne. Mais n'est-il pas curieux de voir cette série d'écoles ou d'erreurs commises par des ingénieurs belges ou américains, et ce doit être pour nous un avertissement et un exemple..... à ne pas suivre, lorsque nous voudrons établir des chemins de fer en Haïti.

Ceci dit bien sommairement au point de vue des considérations techniques d'un ordre général, je vais tâcher de donner une faible idée de la ligne actuelle ; si la place ne me faisait pas défaut dans ce chapitre, la chose me serait facile, car il suffit d'avoir parcouru seulement une fois cet admirable pays pour en garder un ineffaçable souvenir.

Le point de départ du chemin de fer sur la côte est, comme nous l'avons déjà vu, Puerto-Plata, une des plus jolies villes de la grande Ile et surtout une des plus propres ; elle est construite sur un terrain qui s'élève en pente douce, entre une baie assez vaste, mais dont la passe est assez dangereuse et aurait besoin d'être améliorée, ce qui, d'ailleurs, serait facile, et la mer. Il y a donc là une espèce de promontoire, de *morne* bas d'un effet charmant aux pieds des premiers contreforts qui s'élèvent jusqu'à la montagne qui semble abriter la ville de son ombre tutélaire et dont les cimes restent presque toujours enveloppées d'un blanc brouillard semblable à un voile de jeune mariée ; c'est, du reste, ce qui lui a valu son nom poétique de Puerto Plata, que l'on prononce dans le pays *Porto-Plate*, ce qui signifie comme l'on sait : Port d'argent. L'écoulement des eaux y est facile, et la côte étant toujours balayée par le vent de mer ou la brise des montagnes, on peut dire qu'il y a peu de villes plus saines sous les tropiques. Les épidémies y sont très rares et la fièvre jaune y est, de fait, inconnue.

Si par hasard, on en constate un cas en été, c'est à bord d'un navire étranger et l'épidémie ne s'étend point à terre.

La ville compte une dizaine de mille d'habitants, descendants d'Espagnols pour la plupart et en parlant la langue, mais à côté, il y a une nombreuse population de couleur et de noirs, qui assurent la main d'œuvre et représentent la base de prospérité, de travail et d'intelligence sur laquelle on pourra s'appuyer dans l'avenir.

Cependant on comprend, dans les magasins, presque couramment le français et l'anglais ; le français, parce qu'il ne faut pas oublier que nous sommes à Saint-Domingue, ancienne colonie française et si en Dominicanie, dans la la partie de l'Est, l'espagnol est devenu la langue officielle, tandis que le français est resté la seule langue parlée et comprise en Haïti, néanmoins, notre langue est encore assez pratiquée et surtout comprise dans les principales villes dominicaines. Quant à l'Anglais, cela se comprend, car un assez grand nombre de domestiques ou d'ouvriers agricoles employés dans cette partie de l'île viennent de la colonie anglaise voisine : les Iles Turques.

Une longue plage, d'un accès facile, s'étend en demi-cercle dans la baie, à telle enseigne que l'on peut l'embrasser d'un seul coup d'œil et suivre un homme à cheval qui en fait le tour. La gare est à deux pas et l'on pourrait facilement établir là un warff pour l'embarquement des marchandises et même des voyageurs qui ne s'en plaindront pas.

Si donc, l'intérieur de la grande île d'Haïti est encore peu connu du monde extérieur, le grand central Dominicain qui s'enfonce vers le sud, en quittant Puerto-Plata, va faciliter singulièrement les rapports entre ce que l'on appelle communément le Cibao, c'est-à-dire le groupe des hautes montagnes et plateaux intérieurs, avec la côte.

En quittant la ville, il gravit ou contourne les montagnes qui enserrent une grande vallée intérieure, traverse le sommet par un tunnel d'environ 270 mètres et redescend vers la plaine, à travers laquelle il passe sur une ligne presque droite, longue de 12 milles environ, pour aboutir à la vieille cité de Santiago de los Cabelleros.

Ici nous sommes en face d'une ville véritablement fort intéressante et fort curieuse à tous les points de vue. En effet, elle ne possède pas moins de 20.000 habitants et remonte aux temps où quelques compagnons de Christophe Colomb construisirent dans cette vallée un fort autour duquel se réunit une petite colonie.

L'immense pays qui s'étend à l'Est vers l'incomparable baie de Samana, à qui est réservé le plus bel avenir commercial, et à l'Ouest, vers Monte-Christe, c'est-à-dire

jusqu'auprès de la frontière de la République d'Haïti, est
d'un si bel aspect et si fertile que le grand explorateur,
dans un mouvement d'enthousiasme castillan — d'ailleurs
ratifié par l'approbation de la postérité, — l'appela *la Vega
Réal*, la Vallée Royale.

Voilà quatre siècles que ces événements se sont passés
et voilà quatre siècles que cette vallée est restée isolée du
reste de l'île par les montagnes qui l'enserrent au Nord et
au Sud ; ses nombreux produits ne pouvaient être apportés
sur les marchés que par des sentiers de mules, dans les
montagnes qui, naturellement, deviennent impraticables
pendant la saison des pluies.

Cette grande plaine fertile, dont Santiago est la capitale,
est communément appelée sur la côte, à Puerto-Plata,
comme à Macoris, comme à Sanchez, au fond de la baie
de Samana, *le Cibao* ; c'est une erreur, car au point de
vue géographique, on doit entendre par Cibao, tout le
massif montagneux et central de l'île qui court de l'Est à
l'Ouest sur plus de 800 kilomètres de longueur, sur 100 et
même 200 kilomètres de largeur, au centre.

Quand on est à Santiago de los Caballeros, à 42 milles
de la mer, on est donc bien loin encore de Santo-Domingo ;
le Cibao n'est point traversé et nous n'avons devant nous
qu'une simple amorce du chemin de fer Central Dominicain.
Mais il importe peu, le principal, c'est qu'il soit commencé,
que ce premier tronçon soit en exploitation et que l'on ait
dépassé la période des hésitations de la première heure.

Aujourd'hui, l'énergie, la volonté, la ténacité et le
patriotisme du Président nous sont de sûrs garants que
l'œuvre sera poursuivie sans défaillance et achevée dans un
temps relativement court.

Quoi qu'il en soit et ceci dit pour ramener les choses
au point, ce qui m'est d'autant plus facile que j'en arrive

presque, cette belle plaine a environ 140 milles de long sur 12 à 20 de large (1), ce qui donne tout de suite une idée des cultures que l'on y peut faire.

On y rencontre quelques villes importantes et les terres, en majeure partie alluvionnaires, y sont d'une très grande fertilité. Depuis quatre siècles, si les progrès de la civilisation y ont été lents, ils ont du moins été assez réguliers dans cette grande vallée perdue jusqu'à ce jour, mais habitée par une population très fière de ses ancêtres espagnols.

Pour la première fois, le pays va être mis en communication directe avec l'extérieur, c'est-à-dire avec la mer, par des moyens rapides et économiques.

On cultive dans toute la région le café, qui y vient admirablement et qui est, comme l'on sait, le premier du monde, comme dans toute l'île d'ailleurs, après le Moka introuvable, mais bien avant ceux du Brésil. On y trouve également en abondance, des cacaoyères qui pourraient alimenter toutes nos fabriques de chocolat, car l'arbre peut être élevé partout où on le trouve déjà à l'état naturel et le tabac, si l'on prend la peine de le cultiver avec quelques soins, ne tardera pas à rivaliser avec les célèbres produits cubains de la *Vuelta Abajo*.

Les légumes, les bananes, les oranges et toutes les espèces de fruits des pays intertropicaux y viennent en abondance. Comme je l'ai dit si souvent, il suffit de s'élever un peu dans l'intérieur des montagnes, pour pouvoir y cultiver simultanément, avec succès, tous les fruits et tous les légumes d'Europe ; ce n'est qu'une question d'altitude.

Il ne manquait que des moyens de communications

(1) Ici, il s'agit du mille anglais qui est de 1609 mètres ; le mille marin est de 1852 mètres. J'ai tenu à garder les mesures usitées dans la République.

rapides et peu coûteux pour faire de cette vallée vierge un énorme jardin : A la fin de l'année dernière l'ouverture de la ligne de Puerto-Plata à Santiago a fait de ce rêve longtemps caressé la réalité féconde de demain.

Déjà tout le long de la côte et sur les premières hauteurs, on rencontre des jardins ou plutôt des plantations, où l'on peut toujours récolter les plus belles oranges et où les arbres à fruits intertropicaux poussent abondamment et cependant il n'y a encore qu'une très faible partie des terres cultivée.

A l'heure même où j'écris ces lignes, on vient de conclure des arrangements pour l'établissement d'une grande plantation d'arbres fruitiers dans les vallées adjacentes à Bajaleonico, où la ligne traverse une magnifique rivière sur un pont de 50 mètres environ.

Auprès de Santiago, il y a également deux importantes plantations de cannes à sucre en préparation et l'on est en train de planter du tabac sur de vastes étendues.

Partout on rencontre, au flanc des montagnes, des forêts de campèches, d'acajou, de bois rares pour l'ébénisterie, et dans ces vallées fertiles on voit au loin des bouquets d'arbres qui forment comme des oasis de verdure, comme cela se rencontre dans les *pampas* de l'Amérique du Sud. Enfin le Président de la République encourage l'exploitation du caoutchouc et des bois d'ébénisterie, tel que l'acajou, sur une grande échelle.

Le point capital, c'est que par ce commencement du grand Central on va, du même coup, atteindre les sources des deux grandes rivières, celle du *Nord* qui va se jeter dans la mer à la frontière même d'Haïti, au-dessous de Monte-Christe, et celle qui va se jeter au fond de la baie de Samana. De la sorte, on pourra mettre facilement en valeur près d'un tiers de la surface de la République.

Mais comme je l'ai dit dans mon volume sur la *République d'Haïti* et comme je ne saurais trop le répéter : voilà un heureux début, mais il convient de ne pas s'arrêter en si beau chemin. D'un côté il importe de pousser de suite cette ligne de Puerto-Plata à Santiago jusqu'à Santo-Domingo pour aller retrouver l'autre versant, en même temps que la capitale, car alors seulement le grand Central Dominicain justifira son titre et il convient surtout pour l'avenir, la grandeur et la prospérité des deux jeunes républiques d'Haïti et de Dominicanie que leurs capitales, soient réunies par une voie ferrée directe de Port-au-Prince à Santo-Domingo. Ce n'est pas impossible et c'est indispensable si elles veulent mutuellement mettre en valeur les immenses richesses naturelles de leur sol.

J'ai l'honneur de connaître les deux Présidents, je sais l'énergie du Président Ulysse Heureaux et la bonne volonté du général Tirésias Simon-Sam et j'espère qu'ils tireront tous deux, dans leur patriotisme, le courage et les moyens pratiques pour accomplir cette grande œuvre qui sera, dans l'avenir, pour l'Ile tout entière, un gage fécond de sécurité certaine et de prospérité indéfinie !

DILIGENCES, OMNIBUS

TRAMWAYS ET AUTOMOBILES

LES DILIGENCES

La grève des omnibus est terminée, heureusement terminée et, à ce propos, je pense qu'il n'est peut-être pas inutile de sacrifier ici même un peu à l'*actualité rétrospective*, si ces deux mots ne hurlent pas trop de se trouver accouplés, en parlant des diligences.

Aussi bien, la diligence de toute éternité a eu son berceau, a crû, est devenue grande fille et est morte dans le Ier arrondissement ; c'est une enfant du quartier et je lui dois bien, à travers les récits charmants et déjà lointains de mes grands parents, ce souvenir attendri que l'on accorde à tous ceux qui ne sont plus.

Je relisais dernièrement quelques lettres de l'immortelle marquise, suivant le cliché consacré, et cette phrase m'a parue délicieuse d'archaïsme :

« J'ai vu passer les diligences ; je suis persuadée plus que jamais qu'on ne peut point languir dans une telle voiture ».

Eh ! la pauvre, que dirait-elle maintenant, si on l'emmenait dîner à Bordeaux après avoir tranquillement déjeuné en wagon-restaurant ? Et Napoléon Ier lui-même qui affirmait qu' « on peut mesurer les progrès de la prospérité publique aux comptes des diligences », nous paraît bien rococo ; en voilà un qui n'est plus dans le train !

Je ne veux pas faire ici l'histoire des diligences, il y a longtemps que la direction des ballons serait trouvée avant que je n'aie fini, mais simplement rappeler les noms des plus célèbres de celles dont les syllabes chantantes, sonores et pittoresques évoquent encore dans notre esprit les images d'antan, avec, en même temps, un bon et doux parfum de sympathiques vieilleries.

Les turgotines, lourdes, lentes, laides, furent remplacées en 1794 par les diligences, lorsqu'une loi se décida enfin à déclarer libre l'industrie des messageries ; alors, pendant cette période tourmentée, beaucoup d'entreprises surgirent comme des champignons ; grandes et petites étaient les bienvenues, elles n'avaient qu'un faible inconvénient, celui de tuer les voyageurs dans de larges proportions.

Aussi le décret impérial du 20 mars 1805 — saluez le marronnier — soumet toutes les entreprises de diligences à une autorisation préalable avec une indemnité aux maîtres de poste.

Il n'y allait pas de main morte, le Corse aux cheveux plats ; cette fameuse indemnité aux maîtres de poste atteignait 12 millions en 1840 et toutes les compagnies tombèrent comme des capucins de carte.

Une seule, fondée avant la Révolution, put résister aux exigences du nouveau décret, ce qui constitua pour elle une espèce de monopole de fait qu'elle garda longtemps. Elle était établie dans le IIe arrondissement, rue Notre-Dame-des-Victoires, sous le nom de messageries royales et dans les villes de province on l'appelait simplement : le *grand bureau.*

Vers ce temps, c'est-à-dire entre 1810 et 1845, un seul voyageur périssait sur 350.000 et l'on trouvait cela idéal ; aujourd'hui en chemin de fer il en périt un sur 16 millions et l'on se plaint.

Mais à part cette grande compagnie des Messageries de la rue Notre-Dame-des-Victoires, toutes les entreprises similaires avaient leurs bureaux, leurs remises, leurs écuries, leurs points d'arrivée et de départ dans des cours immenses que nous avons tous connues, disparues depuis peu de temps, emportées en partie par la rue du Louvre et qui se trouvaient dans le I⁰ʳ arrondissement, c'est-à-dire rues Saint-Honoré, J.-J. Rousseau, du Bouloi, etc. Dans cette dernière rue, la Ville de Paris avait même installé un bureau central pour la visite des bagages et que l'on descendît des messageries, des Laffitte et Caillard, des Françaises ou des Gondoles, il fallait bien passer par là.

Toutes ces allées et venues des voyageurs inquiets, affairés, pressés, jetaient une animation extraordinaire dans ces rues étroites où les postillons faisaient claquer leurs fouets et les chevaux sonner leurs grelots ; l'un attendait avec impatience la *poule noire* et celui-là venait assister au départ de la *poule grise*... Qui étaient alors la poule aux œufs d'or pour les entrepreneurs ! Depuis, les chemins de fer ont tué tout cela, les cours elles-mêmes ont disparu sous la pioche des démolisseurs et ont fait place à des maisons de rapport ; mais cependant le I⁰ʳ arrondissement n'a point à se plaindre, il a les Halles Centrales, la Bourse du Commerce, la Poste et mille autres choses, et les chemins de fer, en centuplant l'importance de Paris, en ont fait le premier arrondissement de la première ville du monde !... je l'ai déjà dit, mais c'est une constatation utile qu'il est bon de refaire de temps en temps.

En 1870, l'ancienne Compagnie des Messageries royales avait encore son bureau dans l'immense local de la rue Notre-Dame-des-Victoires, occupé en majeure partie par les Messageries maritimes et de là quelques employés géraient les derniers vestiges de diligences de la Compagnie qui existaient en Auvergne ou au Mont-Cenis..... Aujourd'hui la dernière diligence est morte aussi bien en province qu'à Paris, et les pataches que je suis allé voir l'année dernière au cœur même de la Bretagne ne méritent plus ce nom ; le chemin de fer passe partout et nous en sommes fort heureux.

.˙.

Mais autrefois, à Paris, naissant toujours dans les rues du Ier arrondissement, il y avait les voitures, moitié omnibus, moitié diligences, faisant le service de Paris et des environs, dont je dois dire aussi un mot ; si j'en crois les bouquins du temps, voici quels étaient les principales entreprises de ce genre en 1835 : les Favorites, les Tricycles, les Dames Blanches, les Orléanaises, les Béarnaises, les Citadines, les Batignollaises et les Ecossaises ; puis plus tard viennent les Hirondelles, les Gazelles, les Excellentes, les Constantines, les diligences proprement dites, etc.

Parmi ces entreprises, beaucoup existaient depuis longtemps et un beau matin, dans un coup de joie, de folie ou d'enthousiasme, la population parisienne procédait au baptême de l'une d'elles ; c'est ainsi que les Constantines furent appelées de la sorte au lendemain de la victoire de 1837, et les Dames Blanches au lendemain d'un triomphe de Boïeldieu ; ces dernières, toutes blanches, avec leurs chevaux blancs, étaient coquettes et fringantes au possible.

Du reste, toutes avaient leur livrée, leurs couleurs, si l'on peut dire, comme les jockeys d'aujourd'hui, les Parisiennes étaient vertes, les Béarnaises couleur chocolat, les Ecossaises étaient rayées et bariolées comme le tartan d'une vieille anglaise, les Hirondelles étaient semées d'*arondes* sur un fond jaune, etc.

La correspondance entre les lignes de Paris fut inventée en 1836, ce fut un trait de génie.

Les impériales à 15 centimes furent créées en 1853.

La fusion des compagnies en une seule, telle qu'elle existe maintenant, s'est faite en 1855.

En voilà assez. Voulez-vous des renseignements sur les omnibus, les tramways, nord ou sud, d'aujourd'hui, allez trouver notre ami Mesureur, c'est un homme charmant, tout à fait dans le... tram, comme disent les Belges.

Pour moi, j'ai constaté que l'histoire des diligences en France et celle du Ier arrondissement sont intimement liées et ne forment qu'une seule et même histoire, j'en suis fier, comme étant né natif du quartier et ça me suffit.

LA COMPAGNIE GÉNÉRALE DES OMNIBUS
DE PARIS

I

Tout comme les diligences d'antique mémoire, dont je parlais dans mon précédent chapitre, les omnibus ont tenu à ne point rompre les séculaires traditions et à garder leur siége en plein premier arrondissement, sur la place du Théâtre-Français, au numéro 155 de la rue Saint-Honoré, dans un petit entresol bien connu des nombreux voyageurs qui ont eu à porter des plaintes contre les procédés ultra-fantaisistes de la vénérable compagnie.

Elle nous appartient donc à plus d'un titre, actualité à part, et c'est pourquoi je lui consacre le présent chapitre.

Hier même samedi 20 juin elle offrait (?) au public 129,498 obligations rapportant, d'après ses calculs mêmes, 4.06 0/0, impôts non déduits ; si l'on songe que l'on se trouve en face d'une entreprise industrielle à la merci de la cherté des fourrages, d'une épidémie sur ses chevaux, de grèves et du retrait de son monopole, — qui n'a jamais existé que dans son esprit — et qu'elle fait tout d'ailleurs pour se faire retirer, on conviendra sans peine que peu d'affaires offrent autant de dangers aux capitaux bénévoles et que la plaisanterie du 4.06 0/0 sans l'impôt, est assez forte... de marc de café, comme disait Balzac.

10 0/0, je ne dis pas, et encore se serait à voir, mais, au

fait, ce n'est pas de cela dont je veux parler aujourd'hui, le public connaît depuis longtemps le tonneau des Danaïdes et c'est à lui à savoir s'il se sent enfin de force à le remplir.

Si ce bon public répond à l'appel en question, les omnibus ne seront que fort heureux ou très habiles et cela ne me regarde point, je n'en ai cure ; mais où la chose devient tout à fait grotesque, c'est lorsqu'ils ont la prétention grande d'empêcher *tout transport en commun dans Paris.*

Vous avez bien lu ? je n'invente rien, quoique que cela puisse paraître phénoménal ; ainsi de braves gens ramènent le matin des Halles les fruitières de Paris chez elles avec leur cargaison de carottes et de limandes, transport en commun vous dis-je, la compagnie générale des omnibus s'y oppose et attaque ces pauvres gens qui n'en peuvent mais... mais vous ne transportez point les légumes, les fruits, le poisson et les mollusques, aimable compagnie, mais vous n'allez point à domicile et encore moins aux Halles à 4 heures du matin.

Ça ne fait rien, réplique-t-elle, JE NE VEUX PAS de transports en commun dans Paris, en vertu de mon monopole. En vérité c'est à pouffer de rire, s'il n'y avait pas tant d'intérêts sacrés — ceux des humbles — menacés par ces prétentions funambulesques.

Attendez, ce n'est pas tout ; une voiture ceuille les gosses pour les conduire au lycée, le matin, de porte en porte et les rend le soir à leur respectives et respectables familles, c'est encore du transport en commun, les omnibus interviennent et mettent le holà !

Un monsieur meurt et sa famille veut le faire transporter en dehors des fortifications dans une longue voiture *ad hoc,* la compagnie universelle, générale et géniale des omnibus intervient encore, car il y a dans le coupé, par devant, un prêtre, un enfant de chœur et la veuve du défunt : c'est du transport en commun au premier chef cela, mossieu. Vive le monopole ! que le machabée voyage seul ou non, moi, compagnie des omnibus, je m'y oppose.

N'allez pas répliquer par les convenances, le respect dû aux morts, la famille, la religion, la liberté de chacun... et le monopole des transports en commun !

C'est beau la forme, le capital, la puissance de l'argent, de la routine et du monopole, mais enfin il ne faudrait cependant pas pousser cette démonstration par l'absurde, entreprise par la compagnie elle-même depuis quelques temps, par trop loin, car le conseil municipal de Paris, aussi débonnaire qu'il soit, aussi bien que la population, pourrait bien finir par se réveiller et par envoyer promener les omnibus et leur fameux monopole d'un revers de main.

Aussi bien les commerçants, les petits boutiquiers de tous les quartiers excentriques de Paris, affolés par les menaces de la compagnie, rédigent-ils en ce moment des pétitions où les signatures s'alignent par milliers ; au nom du bon sens et de la justice, espérons que le conseil municipal les écoutera d'une oreille favorable.

J'allais clore ces courtes notes, écœuré de tant de bêtise jointe à tant d'arrogance de la part de la compagnie générale des omnibus, lorsque l'on me dit à l'instant que la dite compagnie va demander la suppression du chemin de fer de ceinture : concurrence déloyale à son monopole, transport en commun, etc., etc., je vous fait grâce du reste, vous connaissez la litanie.

Ça me fait rire, mais je cours voir si c'est vrai et je termine en disant : pour une compagnie qui a un fier toupet, on peut dire que celle des omnibus a un fier toupet !

II

Quand, par hasard, une amélioration se produit dans nos moyens de transport, on fait tout ce que l'on peut pour la rendre inutile ou à peu près.

Un exemple entre mille : on décide la création d'une ligne entre la place Saint-Augustin et Vincennes ; on construit la ligne, le public est enchanté, mais il est loin de pouvoir en jouir.

La ligne finie, on met un an à la livrer à l'exploitation. Enfin, la voilà ouverte, mais elle ne prend pas la correspondance des tramways montants et descendants à Saint-Augustin, venant soit de la Madeleine, soit de Courbevoie, de Bineau, de la Jatte, du parc de Neuilly ou de Levallois. Pourquoi ? C'est un mystère.

J'interroge un employé.

— Pourquoi ne prenez-vous pas les correspondances des tramways passant à Saint-Augustin.

— Nous sommes tête de ligne.

— Mais les têtes de lignes prennent les correspondances.

— Ce n'est pas la même chose. (?)

Je m'adresse à un autre plus naïf :

— Voyez-vous, monsieur, notre tramway de Saint-Augustin à Vincennes est toujours comble au départ,

nous n'avons pas besoin des correspondances, ça serait
une perte pour la Compagnie des omnibus.

— Et le cahier des charges ?

L'employé m'a regardé avec un air de commisération,
j'étais fixé de ce côté, je jetai ma correspondance et
donnai de nouveau mes 30 centimes.

Depuis ce jour, je me suis amusé souvent à écouter les
lamentations, les imprécations, les cris du public ; les
scènes se renouvellent du matin au soir et naturellement
on rabroue de la belle manière tous les malheureux qui
arrivent sans penser à mal de Levallois, de Neuilly ou de
Courbevoie, avec une correspondance à la main.

Décidément, les Parisiens forment un drôle de peuple :
ils gémissent tout le temps contre le manque de transports,
et quand par hasard ils en ont un nouveau sous la main,
dont ils ne peuvent se servir qu'en payant le double, grâce
aux chinoiseries arbitraires des compagnies, ils se con-
tentent de crier, mais ils paient toujours.

Il doit y avoir encore des juges à Paris comme à Berlin,
il serait donc infiniment plus sage de ne pas crier et de
ne pas payer.

CONFÉRENCE SUR LES TRANSPORTS
EN COMMUN DANS PARIS

L'IMPUISSANCE ET LA MAUVAISE VOLONTÉ DE LA COMPAGNIE
GÉNÉRALE DES OMNIBUS — COMMENT ON PEUT DÉTRUIRE
LES EFFETS DE SON MONOPOLE ET ÉTABLIR DE NOMBREUX
MOYENS DE TRANSPORTS AVEC PRIX DES PLACES A DIX
CENTIMES DANS PARIS — L'AVIS DE NOMBREUX CONSEIL-
LERS MUNICIPAUX ET DE CANDIDATS (1).

Citoyens,

A la veille des élections municipales, je viens faire
devant vous une conférence purement économique, tout à
fait étrangère à la politique et ne devant m'occuper que
d'intérêts purement parisiens et purement municipaux ;
d'ailleurs, c'est en économiste que je vous parle et non pas
en candidat.

---

(1) Le Comité de la Presse des Journaux des Arrondissements de Paris
a organisé, au mois d'avril 1896, une série de conférences dans les divers
quartiers de Paris.
M. Paul Vibert a, dans ces réunions, traité la question des transports
en commun dans Paris.
L'une de ces conférences, celle qui a eu lieu dans le IIIᵉ arrondissement, a été sténographiée : nous la publions dans son entier.
Nous faisons suivre cette publication de quelques-unes des déclarations
qui ont suivi les conférences de M. Paul Vibert.
Voici la liste des conférences qui ont eu lieu :
Le 2 avril, *Salle Thomas*, avenue de la Bourdonnais, 59, pour les VIIᵉ
et XVᵉ arrondissements.
Le 8 avril, *Salle Vantier*, 8, avenue de Clichy, pour les VIIIᵉ, IXᵉ, XVIIᵉ
et XVIIIᵉ arrondissements.
Le 9 avril, *Salle du Progrès*, 36, boulevard de l'Hôpital, pour les Vᵉ et
XIIIᵉ arrondissements.

Ceci dit, pour déblayer le terrain et pour qu'il n'y ait
aucun malentendu entre nous, je vais avoir l'honneur de
développer mon sujet, assez long et assez vaste, à la vérité,
de manière à vous faire bien comprendre quelle est exactement la campagne que je mène et pourquoi je demande
l'établissement de tramways à dix centimes dans Paris.

Vous savez ce qu'on entend par les transports en
commun dans Paris. A l'heure actuelle ils sont représentés
par la Compagnie générale des Omnibus, la Compagnie
des Tramways-Nord et celle des Tramwa, s-Sud. ces deux
dernières n'étant en somme que les tributaires de la
première.

Tout le monde connaît l'organisation de la Compagnie
des Omnibus, organisation dont nous jouissons ou plutôt
dont nous souffrons chaque jour et qui devient de plus en
plus insuffisante, au fur et à mesure des besoins sans cesse
croissants de la population parisienne.

Pendant longtemps, jusque dans ces derniers temps si
l'on veut, on a pu s'en contenter et penser que la Compagnie, avec son tarif de 15 centimes pour l'impériale et
30 centimes pour l'intérieur, permettant de traverser Paris
avec une correspondance, offrait des avantages suffisants
à la population parisienne. Or, aujourd'hui, l'insuffisance
de ces moyens devient de plus en plus flagrante. Non

Le 10 avril, *Salle du Commerce*, 94, rue du Faubourg-du-Temple, pour
les X*, XI*, XIX* et XX* arrondissements.
Le 13 avril, *Salle du Phénix*, 34, boulevard Sébastopol, pour les I*r et
IV* arrondissements.
Le 14 avril, *Salle Janton*, 118, avenue Kléber, pour le XVI* arrondisse-
ment.
Le 15 avril, *Salle de l'Eden du Temple*, 13, rue de Bretagne, pour le
III* arrondissement.
Le 16 avril, *Salle du Café du Centre*, 121, boulevard Sébastopol, pour le
II* arrondissement.
Le 18 avril, *Salle Clémence Isaure*, 119, rue de Rennes, pour le
VI* arrondissement.
Le 20 avril, *Salle de la Belle-Polonaise*, 21, rue de la Gaîté, pour le
XIV* arrondissement.
Le 21 avril, *Salle Saint-Fiacre*, 71, avenue de Saint-Mandé, pour le
XII* arrondissement.   (NOTE DE L'ÉDITEUR).

seulement vous risquez de prendre des rhumes de cerveau ou des fluxions de poitrine en hiver ou des coups de soleil en été sur l'impériale, non seulement vous êtes abrités d'une façon tout à fait insuffisante dans des bureaux trop restreints, et même vous ne l'êtes plus du tout comme sur la ligne de Saint-Augustin au cours de Vincennes, puisque la Compagnie a jugé à propos de supprimer les bureaux, mais de plus vous vous trouvez en face d'une Compagnie qui est dans l'impossibilité matérielle de transporter ses voyageurs. Elle a un nombre de lignes insuffisantes et sur celles qui existent, qu'il s'agisse de transporter les travailleurs et les employés qui se rendent le matin à leurs ateliers ou à leurs bureaux, qu'il s'agisse de les reconduire chez eux, elle ne peut satisfaire aux exigences de la population parisienne.

Enfin, si elle donne une correspondance qui, moyennant trente centimes, vous donne le droit de faire une longue course, ce droit devient de plus en plus illusoire puisque vous êtes obligés de faire des stations interminables dans ses bureaux sans pouvoir arriver à vous en servir. Il est bien évident que le matin comme le soir, aux heures des repas et même pendant toute la journée, dans le cœur de Paris, comme à la Madeleine, au Château-d'Eau, à la Bastille, au Palais-Royal ou aux Halles, par exemple, il vous est matériellement impossible de vous servir de la correspondance.

Vous vous trouvez donc en présence d'un monopole qui ne répond plus aux besoins du jour, qui n'a pas su se tenir à la hauteur de ses obligations et qui est incapable de rendre les services qu'on est en droit d'exiger de lui. Cet état de choses est absolument désastreux et il n'est point difficile d'énumérer rapidement les motifs principaux en vertu desquels il faut le faire disparaître pour le remplacer par un autre système infiniment plus simple, c'est-à-dire par le transport en commun des voyageurs dans Paris à 10 centimes des fortifications au centre et du centre aux fortifications.

Je pense que c· premier argument est le plus important de tous et qu'il su 'rait à lui seul pour légitimer la campagne que je fais en ce moment.

Le matin, si vous habitez dans des quartiers excentriques, à la périphérie, et à plus forte raison dans la banlieue, si vous êtes ouvrier ou modeste employé (et c'est la grande majorité de la population) vous avez besoin de prendre le tramway pour vous rendre à votre travail et de reprendre le même tramway le soir pour rentrer chez vous ; d'un autre côté, beaucoup de personnes ont besoin de circuler dans Paris toute la journée pour leurs affaires ; beaucoup de femmes dans la classe bourgeoise, qui ne sont pas absolument malheureuses, regardent cependant à prendre trois ou quatre tramways à 30 centimes, ce qui fait 1 fr. 20 de dépenses par jour, car si le mari est obligé d'en prendre autant de son côté, on arrive à un total de 2 francs, et même plus, de dépense de transport par famille, ce qui est onéreux pour tout le monde, à moins qu'on ne soit riche et qu'on ait les moyens de prendre des fiacres, ce qui n'est en somme qu'à la disposition d'une faible minorité.

Eh bien, lorsque vous aurez mis à la disposition des travailleurs, qu'ils soient de simples ouvriers ou des employés, la facilité de circuler matin et soir pour 10 centimes et mis à la disposition des dames la facilité de prendre les tramways l'après-midi pour leurs promenades ou leurs occupations également à 10 centimes, j'ai la conviction que vous aurez rendu à la population parisienne un service considérable. Non seulement ce sera un véritable bienfait pour l'ensemble de la population, mais il en résultera un développement du nombre des voyageurs dans des proportions incalculables.

Il arrivera alors ce qui s'est déjà produit, lorsque l'administration des Postes a abaissé l'affranchissement des lettres de 25 à 15 centimes ; vous ne regardez plus à dépenser 15 centimes pour une lettre, vous ne regarderez pas davantage à dépenser 10 centimes pour prendre un tramway ; vous pourrez en prendre plusieurs dans la journée sans dépenser une somme considérable et vous arriverez à circuler souvent et à peu de frais. Aujourd'hui, vous regardez parfois à dépenser 30 centimes pour faire une petite course, alors, vous n'y regarderez plus. Et si beaucoup de gens ne réalisent pas de ce chef une économie considérable, du moins ils auront la satisfaction d'user toute la journée de moyens de transports faciles et rapides, sans augmentation de charge pour eux.

Je le répète, voici le premier point à obtenir, le plus important de tous : tous les transports à 10 centimes dans Paris.

Je suis heureux de saluer l'entrée d'un conseiller municipal ; je le prie de vouloir bien se faire au sein du prochain Conseil municipal, s'il y rentre (ce dont je ne doute pas un instant), l'interprète et le défenseur des idées que j'ai l'honneur d'exposer en ce moment devant vous.

M. Foussier. — Je ne demande pas mieux que de vous entendre et de me faire l'interprète de ce que j'aurai entendu, car je suis convaincu que vous direz des choses saines, justes et dans l'intérêt de tous.

M. Vibert. — Le second argument, citoyens, en faveur des transports à 10 centimes est certes d'une importance capitale et ne le cède guère au premier, parce qu'il s'agit de l'Exposition universelle de 1900.

Il est évidemment fort intéressant de savoir ce que sera
cette grande manifestation de la fin du siècle ; si l'Exposition se fera sur la rive gauche seulement ou sur la rive
droite, ou à cheval sur les deux rives de la Seine ; si nous
aurons le pont monumental de M. Picard, deux palais
dans les Champs-Elysées, etc. ; mais permettez-moi de
vous dire que tout cela est en réalité de fort peu d'importance à côté même de la grosse question des moyens de
transports pendant sa durée. Elle sera une grande et
merveilleuse Exposition, si elle peut offrir aux provinciaux
et aux étrangers venant nous voir pendant plusieurs mois,
des moyens de transports rapides et peu coûteux. Si ces
provinciaux et ces étrangers ne les trouvent pas, ils resteront chez eux, et vous n'aurez alors qu'une Exposition
mesquine, réduite et, permettez-moi le mot : absolument
ratée. Et, qu'on ne s'y trompe pas, il ne pourrait pas en
être autrement avec les moyens d'informations rapides
que nous possédons : la presse, le télégraphe vous diront
le lendemain même de l'ouverture ce qu'est cette Exposition et comment l'on peut vivre à Paris. Si l'on savait
qu'on ne peut pas circuler à bon marché et facilement
dans l'intérieur de Paris, chacun resterait chez soi. Si l'on
vous disait : pour aller ou revenir de l'Exposition vous ne
trouverez que des fiacres qui vous demanderont cinq francs
pendant le jour et dix francs pendant la nuit, ou des tapis-
sières insuffisantes à un ou deux francs par tête, ou enfin
la Compagnie des Omnibus, encore plus insuffisante pour
transporter sa clientèle, puisqu'elle l'est d'ores et déjà, et
qu'à bien plus forte raison elle ne pourra pas transporter
trois ou quatre cent mille voyageurs de plus par jour,
vous ne viendriez pas alors et l'on se trouverait en face
d'un véritable désastre, comme il s'en est produit trop
souvent dans les expositions précédentes à l'étranger,

dans les villes qui ne possédaient pas l'énorme population de Paris.

Mais si cette considération est importante pour les provinciaux et les étrangers qui viendront nous voir, elle n'en est pas moins importante pour nous autres Parisiens. Si les moyens de transports continuent à être absolument insuffisants, à la fin de ce siècle nos hôtes scront obligés de passer leurs journées dans l'Exposition, d'y déjeuner, d'y diner et par conséquent de ne donner aucune vie à la ville de Paris elle-même et le soir, quand ils rentreront en voiture, ils n'auront ni l'idée ni la possibilité d'aller plus loin que l'hôtel, ils y resteront et ne sortiront plus.

Tout cela constitûra une perte de plusieurs centaines de millions pour la ville de Paris tout entière.

Si, au contraire, vous trouvez des transports rapides et peu coûteux, ce sont tous les quartiers de Paris qui profiteront de la présence des provinciaux et des étrangers qui seront heureux de trouver dans toutes les parties de la capitale des hôtels, des cafés, des restaurants où ils pourront vivre relativement à bon marché, chacun suivant sa fortune, ses habitudes de famille ou ses goûts personnels ; alors, on ne regardera plus à traverser Paris plusieurs fois par jour, à s'en aller loger à Montrouge aussi bien qu'à Belleville, puisque l'on sera certain de se rendre d'une façon rapide et peu coûteuse à l'Exposition et d'en revenir de même.

Il est bien certain qu'à n'importe quel point de vue que nous envisagions la question, nous devons offrir aux provinciaux et aux étrangers des moyens rapides et certains pour se rendre à l'Exposition, ou sans cela cette dernière n'aura pas le grand succès sur lequel nous sommes tous en droit de compter.

Enfin, une dernière considération qui a bien son importance parce qu'elle n'est, en quelque sorte, que le corollaire des précédentes, c'est que si nous n'assurons pas ces moyens de transports aux étrangers, si nous n'attirons pas sur notre propre ville les centaines de millions qu'ils désirent venir y dépenser, nous garderons pour nous toute la cherté de cette Exposition, la cherté des vivres, l'augmentation des loyers, sans aucune espèce de compensations pour nous. Voilà pourquoi, je le répète, les moyens de transports assureront le succès de l'Exposition de 1900 ou nous serons les premières victimes de notre incurie en matière de transports.

J'arrive au troisième point sur lequel j'attire plus particulièrement la bienveillante attention des conseillers municipaux et des candidats au Conseil municipal. Je veux dire la situation dans laquelle se trouvera le Conseil municipal de 1910 en face de la Compagnie des Omnibus arrivée au terme de son monopole. Je crois bien qu'on peut mettre en fait que quelle que soit la composition du Conseil municipal à cette époque, et nous souhaitons tous ardemment, nous sommes convaincus même, que ce Conseil municipal, marchant toujours dans la voie du progrès, sera républicain radical-socialiste, et si même il y avait dans son sein un certain nombre de représentants des partis plus avancés, de collectivistes ou de révolutionnaires qui poursuivent des solutions certainement trop hâtives, mais qui méritent qu'on respecte leur opinion, je crois, dis-je, que quelle que soit la composition du Conseil municipal à cette époque, et je veux même bien le supposer un instant très avancé, il se trouvera absolument incapable de faire quoi que ce soit, s'il est en face de cette éternelle Compagnie des Omnibus, telle qu'elle existe aujourd'hui.

Le monopole n'existera plus de fait, il est vrai, mais le

Conseil saura bien qu'il ne peut pas priver la ville du jour au lendemain de ses moyens de transports et, de ce fait même, il se trouvera le prisonnier de la Compagnie, quoiqu'elle n'ait plus de droits officiels à faire valoir.

Si d'ici là, au contraire, la Ville de Paris et le Département de la Seine peuvent se trouver en face d'une multiplicité de moyens de transports, d'un certain nombre de compagnies concurrentes, quinze ou vingt si vous le voulez, plus il y en aura et mieux cela vaudra, le Conseil municipal ne sera pas désarmé vis-à-vis de la Compagnie des Omnibus, il pourra traiter avec elle sur le pied d'égalité et la mettre à la raison, parce qu'il sentira qu'à côté d'elle il aura dans les autres compagnies rivales les moyens d'assurer le transport de la plus grande partie des Parisiens. C'est pourquoi il est bon de rechercher dès maintenant les moyens de créer des concurrences nombreuses à la Compagnie des Omnibus, parce que là est le seul moyen, la seule façon pratique d'échapper virtuellement à son monopole.

La première objection qui se présente à l'esprit de beaucoup de mes auditeurs, soit qu'ils la formulent tout haut, soit qu'elle se pose dans leur esprit, est celle-ci : nous sommes en face du monopole de la Compagnie des Omnibus, on a déjà cherché à l'attaquer, le Conseil municipal a déjà voté plusieurs fois sa déchéance et jusqu'à présent cette déchéance a toujours été arrêtée ; elle n'a jamais eu de sanction effective, nous ne pouvons pas priver les Parisiens du jour au lendemain de moyens de transport et nous demandons surtout si le Conseil municipal est assez armé pour détruire ce monopole.

Il est facile de démontrer que cette objection est plus spécieuse que réelle et qu'elle constitue une des légendes que la Compagnie des Omnibus a tout intérêt à maintenir.

Tout d'abord, il est bon de remarquer que les concessions sont accordées par le Gouvernement et le Département de la Seine et que, par conséquent, le Conseil
municipal n'a rien à voir avec le monopole. Cependant,
je ne viens même pas vous dire : il faut l'anéantir, ce monopole ! non, je viens simplement vous dire : il est facile
de passer à côté, de l'abandonner à lui-même, de ne plus
lui permettre aucune extension, en ne lui accordant pas
de nouvelles concessions de lignes, de laisser développer
toutes les concurrences qui pourraient surgir autour de
lui, il sera de la sorte enserré de plus en plus dans une
maille étroite de Compagnies rivales et par ce fait même
la Compagnie des Omnibus ne possèdera plus qu'un monopole aussi illusoire que l'usage même de ses correspondances l'est aujourd'hui. D'ailleurs, le Conseil municipal
échappera aux conséquences du monopole en autorisant
les lignes de banlieue à entrer dans Paris, les exemples
sont d'ores et déjà nombreux autour de nous ; est-ce que
les Compagnies de chemins de fer et la ligne de ceinture
n'existent pas dans Paris ? Est-ce qu'elles n'y ont pas des
gares ? La Compagnie des Omnibus n'a jamais eu, je
suppose, la prétention d'exercer contre elles son monopole ! Est-ce que les bateaux-mouches et les hirondelles
fusionnés ne traversent pas Paris également ? Est-ce
qu'ils n'ont pas sur les deux rives de la Seine des appon-
tements, des stations à chaque instant ? Et pourtant la
Compagnie des Omnibus n'intervient pas. Est-ce qu'enfin
le funiculaire de Belleville ne transporte pas 13 à
14.000 voyageurs par jour sans que jamais la Compagnie
des Omnibus ait songé à formuler la moindre observation
contre son libre fonctionnement ? Est-ce que demain nous
n'allons pas voir un nouveau funiculaire à Montmartre ?
Est-ce que, enfin, la Compagnie des Omnibus peut empê-

cher la construction de nouvelles lignes ? — Certainement non.

Il y a donc, comme vous le voyez, une foule de moyens
d'établir des lignes concurrentes à côté de celles de la
Compagnie des Omnibus qui n'a rien à y voir et cela d'autant mieux qu'elle s'est constamment mise elle-même en
dehors de son cahier des charges. Pour nous en convaincre, il me suffira de vous lire un passage de ce cahier
des charges, en vertu duquel la Compagnie des Omnibus
se trouve dans l'obligation de remplacer sa traction animale par la traction mécanique au fur et à mesure des
progrès de la science moderne et des besoins de la population.

L'article 7 du traité de la Compagnie dit en effet :

« Si l'adoption d'un système nouveau avait pour résul-
« tat un accroissement notable dans les produits nets de
« l'exploitation, la Société serait obligée de faire participer
« le public et la Ville de Paris à cet avantage au moyen
« d'*un abaissement de tarif* ou d'une augmentation stipu-
« lée en faveur de la Ville. »

Jusqu'ici la Compagnie des Omnibus a fait porter les
frais généraux sur l'ensemble de son exploitation, de sorte
que les tramways à traction mécanique supportent les
frais des immeubles et des ateliers qui sont énormes ; si
la Ville faisait établir les frais propres à l'exploitation des
tramways, on trouverait, qu'en supprimant la correspondance, le prix de 10 centimes serait encore rémunérateur
pour un trajet qui, du centre aux fortifications, n'excéde-
rait pas trois kilomètres en moyenne. Ceci étant démontré,
la Ville aurait le droit d'imposer cette création à la Compagnie et sur son refus elle pourrait concéder ces nouveaux
services à qui bon lui semblerait.

Voilà, je crois, des indications très précises et un texte

fort clair qui ne laisse place à aucun doute. Il est certain que les progrès de la science permettent aujourd'hui d'établir des tramways à traction mécanique et il est évident que cette traction mécanique permet d'établir le prix des transports à 10 centimes. Il est non moins certain enfin que la Compagnie des Omnibus se refuse à opérer cette transformation, et que si elle a tenté de l'opérer, elle ne l'a fait que d'une façon fragmentaire, je dirai presque infinitésimale, absolument insuffisante et dans des conditions de mauvaise volonté, telle comme par exemple, la ligne de Saint-Augustin au cours de Vincennes, où elle n'a mis que d'énormes voitures qui ont l'air de machines de guerre, alors qu'elle savait parfaitement qu'il était facile d'établir des tramways avec impériales couvertes, légères, simples, gracieuses et pouvant passer sur toutes les voies.

Voilà ce qu'elle a réalisé, de parti pris, dans les conditions les plus désastreuses et les plus défectueuses du monde.

Du reste, ses administrateurs, et M. Cuvinot lui-même, quand ils se sont rendus à la Commission des transports, au sein du Conseil municipal, n'ont pas nié l'obligation dans laquelle la Compagnie se trouvait de transformer sa traction animale en traction mécanique, mais ils ont affirmé que cette transformation leur coûterait 54 millions au minimum et que la Compagnie n'ayant plus que 14 ans devant elle, il leur était impossible d'amortir une pareille somme dans un laps de temps aussi court et que, par conséquent, elle ne pouvait apporter la transformation demandée qu'avec une prolongation du monopole.

Eh bien, quelle que soit la composition du Conseil municipal en 1910, en face des abus de toutes sortes de la Compagnie des Omnibus, je veux croire qu'il ne se trouvera jamais un seul Conseiller municipal, manquant assez de pudeur, pour voter une pareille prolongation. *(Applaudissements prolongés)*.

Je vous dirai tout à l'heure comment on devrait établir, suivant moi, la traction mécanique avec des tramways légers, petits, d'une circulation facile, épousant toutes les courbes et pouvant passer librement dans les rues les plus étroites, sans gêner la circulation.

La Compagnie des Omnibus s'est appliquée à démontrer que la traction mécanique n'était pas possible, en mettant des voitures absolument impraticables, mais, comme on ne pense pas à tout, elle a trouvé le moyen de se faire condamner par ses propres armes.

Lorsque j'ai lu dans l'article 7 du cahier des charges, qui est très précis, comme nous venons de le voir, que la Compagnie était forcée de transformer sa traction animale en traction mécanique, puis, lorsque cette traction donne de bons résultats, d'en faire participer les voyageurs et la Ville de Paris — ce qu'elle ne fait pas — j'ai cherché à me rendre un compte exact de la situation, et je me suis procuré, ce qui n'est pas facile, le rapport de la Compagnie pour l'année 1895.

Il n'est, paraît-il, qu'un court extrait et, cependant, il représente 56 grandes pages de texte serré et de chiffres.

Etant donné, comme je vais l'expliquer plus loin, que la traction animale coûte toujours 1 franc par kilomètre d'après les propres données de la Compagnie des Omnibus et que la traction mécanique, quelle qu'elle soit, coûte toujours moins de 50 centimes par kilomètre, c'est-à-dire 50 0/0 exactement meilleur marché ; il en résulte que la traction mécanique, quelque timidement qu'elle ait été faite par la Compagnie des Omnibus, a de suite procuré une exploitation moitié moins cher que la traction animale.

Comment se fait-il alors que les voyageurs ne profitent pas de cet avantage et que les prix sont toujours de 15 et 30 centimes ? Comment se fait-il que la Ville de Paris n'en profite pas davantage ?

Quand j'ai eu entre les mains le rapport de 1895, j'ai cherché à m'en rendre compte, ce qui n'est pas un travail facile, il y a là des tableaux extrêmement longs et compliqués qui sont dressés précisément avec un art infini pour amener à maintenir l'obscurité dans l'esprit du lecteur et qui sont dressés de façon à ce qu'il soit impossible d'y comprendre quelque chose, à moins d'être rompu à l'étude de ces questions.

Il y avait cependant un moyen très simple qui aurait dû être employé depuis de longues années par la Compagnie des Omnibus et qui consiste à établir deux comptabilités, une pour la traction animale, une autre pour la traction mécanique.

Je ne mets pas en doute la régularité absolue de la comptabilité de la Compagnie des Omnibus, seulement j'affirme qu'elle mélange de parti pris et volontairement les deux comptabilités, de façon à ce qu'il soit à peu près impossible, aussi bien au Conseil municipal qu'à la Ville de Paris, de se rendre compte des différences de prix de revient entre les deux exploitations.

Mais, s'il est difficile d'éplucher cette comptabilité, il est très facile de se rendre compte du procédé employé par la Compagnie. Vous savez qu'elle a l'honneur d'être dirigée par un homme considérable : M. le sénateur Cuvinot, la présidence revenant de droit dans la maison à un sénateur. J'en suis donc réduit à supposer que M. Cuvinot a apporté avec lui du Sénat des procédés tout à fait particuliers de comptabilité. Néanmoins, j'ai cherché à m'en rendre compte, et je suis arrivé à un résultat beaucoup plus surprenant que celui auquel j'étais en droit de m'attendre.

En étudiant de près la question, j'ai pu relever, dans une des dernières assemblées de la Compagnie des Omnibus, un aveu extrêmement précieux de M. Cuvinot lui-même :

« La traction mécanique sur la ligne de Saint-Augustin
« au cours de Vincennes revient actuellement à 37 cen-
« times par voiture et par kilomètre ; elle revenait d'abord
« à 45 centimes, l'adjonction d'une seconde voiture n'aug-
« mentant le prix que d'un tiers. »

Voilà ce que M. Cuvinot a eu l'imprudence de déclarer dans une assemblée ; il en résulte donc que la Compagnie des Omnibus s'est placée en dehors de l'esprit même de son cahier des charges avec la Ville de Paris.

Lorsqu'elle avoue elle-même qu'elle exploite à 37 centimes au lieu de 1 franc sur la ligne de Saint-Augustin au cours de Vincennes, je vous demande si oui ou non elle est restée dans les conditions dudit cahier des charges et si elle n'aurait pas dû opérer la transformation qu'elle était forcée de faire ?

On recherche vainement en vertu de quelle aberration singulière un tel état de choses peut continuer ? Il y a pourtant un commissaire du Gouvernement près de la Compagnie des Omnibus, mais il faut croire qu'il est aussi myope que Monsieur Cuvinot ; il y a bien également un préfet de police et un préfet de la Seine, Monsieur Poubelle, qui pourraient et devraient avoir pour mission de signaler de pareils abus, mais il faut croire que Monsieur Poubelle est encore plus ignorant que le commissaire du Gouvernement, que le Préfet de police, que Monsieur Cuvinot lui-même, puisqu'il n'est pas venu à l'idée des représentants du Gouvernement de dire à la Compagnie des Omnibus : vous devez établir deux comptabilités, l'une ayant trait à la traction animale. l'autre se rapportant à la traction mécanique. Or, nous voyons que vous exploitez à 37 centimes avec la traction mécanique et à 1 franc avec la traction animale, il vcus serait donc facile de faire participer la ville de Paris dans une forte proportion aux bénéfices que comporte la traction mécanique ; il vous serait également très facile d'établir des lignes allant des fortifications au centre et du centre aux fortifications au prix de 10 centimes.

Pour cela, il faudrait un Préfet de la Seine actif et dévoué aux intérêts de la population parisienne et nous paraissons autorisé à croire que ce n'est pas absolument le fait de Monsieur Poubelle, qui doit compter de nombreuses sympathies parmi les pères conscrits.

Mais, citoyens, ron seulement la Compagnie des Omnibus ne fait rien pour la population parisienne, mais elle est encore la propre victime de son entêtement, car je trouve d'autre part, dans son rapport, qu'en 1895, par rapport à 1894, elle a transporté 125.187.897 voyageurs au lieu de 126.600.352 transportés l'année précédente ; si nous prenons le nombre maximum des voitures-tramways mis en service en 1895 — dont une très faible partie à traction mécanique — nous retrouvons, comme en 1894, le chiffre de 318 voitures, ce qui prouve bien que, de parti pris, la Compagnie des Omnibus ne veut faire aucune amélioration.

C'est la justification de ce que je vous disais tout à l'heure : on commence à être si fatigué de la correspondance et des longues stations, sans pouvoir arriver à s'en servir, que l'on cherche à se passer de plus en plus des services de la Compagnie et que l'on va à pieds.

Pourquoi pendant l'espace d'une année la Compagnie n'a-t-elle point réalisé l'ombre d'un progrès sur sa trac-

tion mécanique, qui lui coûte cependant moitié moins cher
que sa traction animale ?

Cela tient à deux causes bien faciles à comprendre.

La première, c'est qu'elle devient de plus en plus une
puissante société immobilière, ne cherchant plus qu'à
accumuler ses capitaux dans la possession de vastes
terrains au cœur de Paris, ce qui doit lui assurer d'énormes bénéfices, lors d'une liquidation possible à la fin de sa
concession, en 1910.

La seconde, c'est qu'en vertu même de cette énorme
accumulation de richesses territoriales, elle joue le tout
pour le tout et préfère manquer de bénéfices relativement
modestes dans le présent, dans l'espérance d'extorquer de
haute lutte à la Ville une nouvelle prolongation de monopole.

Dans un cas comme dans l'autre, ce sont les Parisiens
qui en sont les victimes et ils ne doivent point, par leur
indifférence, se faire les complices de pareilles manœuvres.

Il est donc bien établi que nous nous trouvons en face
d'une Compagnie qui ne veut rien faire, qui possède une
comptabilité obscure, dans laquelle il est impossible de
s'y reconnaître, et qui a pour elle, sinon la complicité,
tout au moins l'ignorance en matière comptable de son
président, Monsieur le sénateur Cuvinot, du vérificateur
des comptes, délégué par le Gouvernement, et des deux
préfets de police et de la Seine, qui professent une bienveillance tout à fait particulière à l'égard des monopoles,
qu'il s'agisse des Omnibus, du Gaz ou des Pompes
funèbres.

Tout ceci vous montre ce qu'est la Compagnie des
Omnibus et vous prouve qu'il est impossible de rien
obtenir d'elle, que nous sommes peut-être obligés de la
laisser encore pendant 14 ans jouir de son reste de mono-

pole, mais qu'il est de la plus urgente nécessité de chercher dès maintenant à construire des lignes à côté des
siennes, en lui créant de multiples concurrents.

J'arrive à la comparaison entre les deux modes de traction animale et mécanique, et il ne me sera point difficile
de vous démontrer rapidement quelle est la différence qui
les distingue, quels sont pour la traction animale les
nombreux aléas et quels sont pour la traction mécanique
les nombreux avantages.

La Compagnie des Omnibus s'en tient à sa traction
animale et ne veut pas en sortir, comme nous venons de
le voir ; elle a une cavalerie qui n'est pas inférieure à
14.000 chevaux, qui sont toujours à la merci de la première épidémie venue ; le jour où elle perd 500 ou
1.000 chevaux, c'est pour elle une perte considérable, c'est
déjà là un gros aléa qu'elle ne saurait nier ; elle a, de plus,
d'énormes dépenses, car elle est obligée de loger son
matériel roulant et sa cavalerie, et ça la met dans la
nécessité d'avoir de vastes terrains fort coûteux à Paris
et dans la banlieue et de non moins vastes écuries. C'est
peut-être ce qui lui a donné un goût immodéré pour la
propriété immobilière.

De plus, suivant les années bonnes ou mauvaises, il y a
de grandes différences sur le prix des fourrages, de l'orge,
du maïs, du foin, de la paille, des tourteaux, en un mot,
sur tout ce qui constitue la nourriture de sa cavalerie ; il
en résulte donc de graves dépenses pour la Compagnie des
Omnibus et par contre-coup pour la ville de Paris, graves
dépenses à cause de la nourriture des chevaux, à cause des
épidémies, grosses dépenses de logement et comme conséquence toute naturelle, mirages de comptabilité, confusion
voulue entre les deux tractions, animale et mécanique, et
impossibilité pour la Compagnie des Omnibus elle-même

de se rendre un compte exact des dépenses et des charges de son exploitation.

Prenons la traction mécanique ; quoique je ne sois pas ingénieur, je suis bien obligé de me tenir au courant des progrès réalisés si rapidement dans cet ordre d'idées. Nous avons à l'heure actuelle des moyens aussi nombreux que variés, allant se perfectionnant chaque jour, pour transporter les voyageurs : d'abord la vapeur surchauffée à l'état sphéroïdal par le système Serpollet, l'eau chaude avec vapeur condensée d'après le système Lam et Frank, l'air comprimé, tous les systèmes qui reposent sur la combustion du pétrole et des gaz pauvres, et enfin les innombrables systèmes électriques qui fonctionnent, soit par accumulateurs, soit par trolleys ; avec tous, quels qu'ils soient, on arrive toujours à un chiffre inférieur à 50 centimes d'exploitation par kilomètre, et alors vous vous trouverez non seulement avec 50 0/0 d'économie au minimum sur la traction animale, mais encore en face d'une exploitation absolue, précise, qui n'offre que fort peu d'aléas, si ce n'est celui du prix de la houille pour obtenir la force initiale, ce qui ne saurait faire varier le coût du kilomètre que d'une quantité infinitésimale, tandis que de l'autre côté vous avez, avec une exploitation animale très difficile à contrôler et qui ne présente pas d'économies, des aléas considérables.

Nous voici donc en face d'un point très nettement établi : il faut concéder des lignes de tramways à 10 centimes avec la traction mécanique de façon à ce qu'elles puissent être rémunératrices, car autrement on ne pourrait trouver des concessionnaires qui veuillent bien se charger de les construire. Tel est le problème posé.

De toutes les tractions mécaniques quelle est la meilleure et la plus économique dans l'état actuel de la science?

— Je crois que le système électrique est de beaucoup le plus préférable.

Quel est le meilleur des accumulateurs ?

Il y en a tant aujourd'hui que je ne me permettrais pas de donner mon opinion, d'abord parce que je risquerais fort d'être trop incompétent et ensuite parce que je pense que le choix du meilleur mode sera l'œuvre des Commissions spéciales du Conseil municipal.

Cependant, je crois que d'ores et déjà on peut s'arrêter à un système mixte : on aurait la traction par accumulateurs dans l'intérieur de Paris, par cette excellente raison que le Conseil municipal, en dehors peut-être des chemins de ronde, des boulevards extérieurs, le long des fortifications, s'est toujours opposé et s'opposera toujours à l'établissement de trolleys, c'est-à-dire de lignes mues par des fils. On sait que le Conseil municipal est très jaloux de ne point porter atteinte à la beauté de Paris, de conserver ses perspectives, et pour moi il a absolument raison, nous ne pouvons que l'engager à persévérer dans cette voie et à ne point permettre l'établissement de fils dans la Capitale. Mais dans le département de la Seine on peut établir des trolleys, d'abord parce que c'est le système le plus économique à coup sûr, ensuite parce qu'à l'heure présente, grâce aux derniers perfectionnements, on n'est plus obligé de les établir en l'air, au centre de la voie, le tramway courant perpendiculairement dessous, mais sur d'élégants piliers en bronze, courant le long des trottoirs et permettant de dissimuler le fil électrique dans les arbres.

On peut de la sorte réaliser une économie d'autant plus sensible que le tramway circulant dans le département de la Seine arrivant à Paris possédera ses accumulateurs tous chargés par l'action même du trolley, ce qui lui permettra d'aller au centre de la Capitale et de revenir aux fortifications avec ses mêmes accumulateurs ; cela sera d'ailleurs, je le répète, à examiner par la Commission compétente du Conseil général de la Seine.

Un point qu'il est, je pense, nécessaire d'éclaircir et qu'on ne pourrait pas passer sous silence dans une étude purement économique comme celle-ci, c'est de savoir si cet établissement de tramways à 10 centimes dans Paris est possible et comment il est possible.

A ce point de vue, je crois m'être livré à l'étude la plus approfondie qu'on puisse faire sur les lignes qui fonctionnent en province aussi bien qu'à l'étranger et pouvoir répondre de la façon la plus nette et la plus absolue.

Non, je ne viens pas vous exposer des *desiderata* de Parisien, vous dire qu'il serait très intéressant, très bien que les Parisiens puissent voyager à 10 centimes ; je viens dire : la chose est absolument possible et je dis en même temps aux candidats au Conseil municipal : le procédé n'est pas très compliqué, vous n'avez qu'à étudier les compagnies à 10 centimes qui fonctionnent dans les diverses villes de France par l'électricité, qu'à leur demander leurs bilans — et elles vous le communiqueront avec beaucoup plus de bonne grâce que la Compagnie des Omnibus, — à établir des statistiques, des moyennes et à vous rendre compte que cette exploitation est fort rémunératrice.

De plus, vous arriverez à cette constatation, certes peu à l'honneur de la ville de Paris, que de toutes les villes en pays civilisé, Paris occupe le dernier rang au point de vue des transports en commun.

Voici quelques villes de France où les tramways à traction mécanique à 10 centimes sont établis :

Le Havre, Rouen, Roubaix-Tourcoing, Dijon, Lyon,

Clermont-Ferrand, Marseille, Bordeaux, Saint-Quentin, Raincy-Montfermeil.

Enfin, ces mêmes tramways électriques sont à la veille d'ouvrir à Châlons-sur-Marne, Soissons, deuxième réseau à Rouen, deuxième réseau au Havre, Enghien, Montmorency, Elbeuf, Montpellier, Béziers, Sedan, Le Mans, Limoges, Angers, Cette, Bordeaux-Pessac, Tulle, etc., car certainement j'en oublie un certain nombre qui ne me reviennent pas à la mémoire. (1)

Vous voyez donc que nous nous trouvons en face de nombreuses villes de France où le trajet à 10 centimes existe et où il est facile de se rendre compte des résultats obtenus.

Je ne puis pas vous indiquer ici tous les calculs auxquels je me suis livré, mais je veux cependant vous citer encore les chiffres d'exploitation de deux lignes en province qui vont vous montrer quelles sont les proportions sur lesquelles il est permis de formuler ces calculs pour l'établissement de tramways à 10 centimes.

Au Havre, en 1891, avec la traction par chevaux, nous avons 4.378.276 voyageurs ; en 1895, avec la traction électrique, 9.500.000 voyageurs. Les kilomètres parcourus pendant le même laps de temps ont passé de 982.992 à 1.327.603 et les recettes de 684.737 francs à 1.050.000 fr.

De plus, il ne faut pas perdre de vue que tandis que les recettes augmentaient dans cette proportion énorme, le tarif était abaissé de 20 à 10 centimes par voyageur. Cependant, il a été conservé une première classe, qui explique la majoration des chiffres.

A Marseille, de 1893 à 1895, c'est-à-dire pendant un laps de temps de trois ans, les chiffres paraissent encore

(1) A l'heure présente ces diverses lignes et beaucoup d'autres fonctionnent dans toute la France, sauf..... à Paris.

plus concluants. Les voyageurs, de la traction animale à la traction électrique, ont passé de 1.584.617 à 4.783.809. Les kilomètres parcourus, de 230.107 à 982.315 et les recettes, de 232.263 francs à 669.770 francs, c'est-à-dire qu'elles ont à peu près triplé, alors que toujours on a demandé exactement moitié prix aux voyageurs.

Voilà des chiffres qui me paraissent d'autant plus concluants que l'on peut les corroborer par tous ceux de tous les autres réseaux en exploitation, dans les mêmes conditions, en France et à l'étranger.

Et il convient de ne pas perdre de vue que ces résultats obtenus dans des villes de province qui ont des populations relativement modestes à côté de Paris, devront être beaucoup plus considérables pour le département de la Seine et pour son chef-lieu, qui doivent représenter une population que le dernier recensement doit nous révéler à 3.300.000 habitants au minimum.

Du reste, tout le monde sait qu'en province même on ne peut établir des lignes de tramways à traction animale que dans les villes supérieures à 45.000 habitants, tandis qu'on peut établir des lignes de tramways à traction mécanique dans les villes qui ne possèdent que 15.000 habitants ; dans des conditions telles, il est facile de conclure que le développement de la clientèle pour les tramways à 10 centimes dans le département de la Seine et à Paris devrait être presque indéfini.

Tout à l'heure, citoyens, je vous disais quelles seraient, énumérées rapidement, les conditions qui faisaient que l'on pouvait échapper provisoirement au monopole de la Compagnie des Omnibus et passer à côté ; il n'y a pas à dire : nous allons prendre les mêmes voies qu'elle, prendre ses rails ou les lui louer, il y a simplement à faire des voitures couvertes dessus, légères, élégantes, pouvant circuler à peu près dans toutes les rues de Paris et se suivant d'autant plus rapidement qu'il n'y aura plus l'embarras des chevaux et alors les nouvelles compagnies pourront établir des rails à leur compte et y faire passer leurs tramways.

Et à ce propos il y a un moyen qui fait que la Compagnie des Omnibus n'aura rien à dire, ne pourra rien dire et sur lequel je vous demande la permission d'insister de nouveau.

Entendons-nous bien, on ne créera pas des lignes de tramways dans Paris, dépendant de la ville de Paris, mais simplement des lignes départementales relevant du Conseil général du département de la Seine et par conséquent du Ministère des Travaux publics et du Gouvernement. Ces Compagnies n'auront qu'à faire pénétrer leurs lignes dans Paris, et il me semble que de la sorte, le monopole de la Compagnie des Omnibus devra apporter de la bonne volonté pour pouvoir protester efficacement.

Telle est ma conviction et c'est là ce que le futur Conseil municipal devra faire prévaloir, lorsqu'il se trouvera réuni, à l'Hôtel de Ville.

Il me reste une dernière question à examiner.

Je vous avais promis au début de cette conférence de ne pas faire de politique. Je ne veux point m'y laisser entraîner, mais enfin il est fort difficile, lorsque l'on s'occupe d'une question municipale intéressant Paris et touchant à la Ville tout entière, de ne pas expliquer sous quelle forme on désirerait voir s'établir une concession ou un nouveau service de transports en commun.

Il est certes fort difficile pour un homme qui a des opinions politiques connues, qui les a exprimées à maintes reprises au cours même des luttes électorales, de ne pas les exprimer très nettement et de ne pas chercher à en trouver une application immédiate, en disant, quel serait suivant lui, le meilleur moyen à employer.

Eh bien, je pense que le Conseil général, en ce qui le concerne et le Conseil municipal de Paris, en ce qui le touche pour les voies de pénétration, ne devraient accorder de concessions pour lesdites voies qu'en stipulant les clauses extrêmement précises suivantes : ces clauses ne sont pas très compliquées, je vais vous les énumérer. Mais pour mon compte personnel j'y tiens beaucoup, j'y tiens pour la sécurité de Paris, pour le triomphe des idées qui nous sont chères et pour empêcher le retour de toute exploitation par un monopole éhonté, comme nous ne l'avons que trop subi jusqu'à ce jour.

On m'a déjà objecté que la concession a des syndicats, a des capitalistes, a des constructeurs, sous quelque forme que ce soit, pourrait arriver à reconstituer de nouveaux monopoles, comme certaines Compagnies pourraient arriver tout à coup à une très grande extension et devenir par cela même dangereuses ; ou que d'autres moins heureuses pourraient arriver à fusionner avec d'autres et devenir ensuite redoutables par des voies détournées.

Je ne le pense pas et je crois que les concessions, par le fait même qu'elles seraient nombreuses, détruiraient virtuellement le monopole de la Compagnie des Omnibus et qu'il n'y aurait plus, en quelque sorte, de monopole du jour où il y aurait de nombreuses concurrences rivales.

Citoyens, lorsqu'en 1910 le monopole aura touché à sa fin, s'il y a un certain nombre de compagnies, il est fort possible que la concurrence seule aura détruit le monopole des Omnibus, cela est conforme aux théories reçues mais, néanmoins, je pense que le Conseil municipal, pour éviter tout retour aux monopoles, soit par fusion ou autrement, est en droit d'exiger des garanties et s'il accorde des con-

7

cessions, de s'entourer de toutes les sécurités possibles et d'introduire la clause de rachat des lignes concédées par la Ville ou le département de la Seine, suivant qu'il lui plaira ou suivant que cela plaira au Conseil général.

Vous devez toujours rester les seuls maîtres des moyens de transport en commun.

On nous objectait dernièrement que la Ville et le département de la Seine ne trouveraient pas de capitaux dans de pareilles conditions et que ça serait de la part de l'administration un véritable acte de spoliation, de reprendre les lignes à n'importe quelle époque, si elles gagnent de l'argent. Eh bien, c'est là encore une grave erreur. Remarquez bien que lorsque le Conseil général du département de la Seine ou la Ville de Paris établissent des clauses restrictives dans leurs contrats, c'est aux concessionnaires à les accepter ou à les refuser. Un contrat de concession est toujours librement consenti, c'est un contrat synallagmatique ; on ne peut pas dire qu'il y ait surprise au détriment d'une des parties contractantes.

Je trouve que lorsqu'on donne un revenu suffisant aux actionnaires, ils n'ont pas à se plaindre de la clause de rachat ; du reste, j'arrive à la seconde clause que je désirerais voir insérer dans tous les actes de concessions accordés par la Ville et qui fera mieux comprendre les explications que je viens de vous donner.

La seconde clause à insérer devra établir qu'après un service d'intérêt à 6 0/0 au capital, après prélèvement du fonds de réserve et d'amortissement, ce qui est absolument statutaire et obligatoire d'après la loi, tous les bénéfices qui resteraient devraient être distribués pour un tiers à ce même capital, pour un tiers au personnel et pour un tiers au Conseil général de la Seine, avec affectation spéciale.

Quand je dis un tiers au personnel de la Compagnie, j'entends un tiers donnant une part égale pour chaque tête d'employé ou d'ouvrier, qu'il s'agisse d'un ingénieur, d'un mécanicien ou d'un employé subalterne, en un mot il faudrait que ce tiers fut partagé d'une façon égale entre tous les employés de la Compagnie qui aurait l'exploitation.

Enfin, le dernier tiers des bénéfices serait affecté au Conseil général qui s'en servirait pour faire des travaux d'embellissement ou simplement d'entretien et de réfection des routes de la banlieue, car tout le monde sait combien la voirie et le service d'édilité laissent à désirer lorsqu'on a franchi les fortifications. Ce serait, je crois, de l'argent bien dépensé non seulement dans l'intérêt des habitants de la banlieue, mais encore dans l'intérêt même de la population parisienne qui s'y rend tous les dimanches.

Nous commencerions donc ainsi, citoyens, à faire du socialisme pratique, en intéressant le capital au travail et en arrivant à faire une juste répartition des bénéfices entre ce même capital et ce même travail. *(Applaudissements prolongés).*

Je reviens à l'objection qui m'était faite : si vous introduisez une clause de rachat à toute époque par la Ville ou par le Conseil général, vous commettrez un acte de spoliation.

Pas le moins du monde, car d'abord une concession représente un traité librement consenti comme je viens de l'indiquer, mais ensuite si vous venez dire à un capitaliste quelconque : la Compagnie vous donnera 6 0/0 d'intérêts de votre capital, il sera enchanté, car à l'heure présente les valeurs étrangères ne rapportent guère que 2.70 à 2.80 et jamais 3 0/0. Quant aux valeurs de la Ville de Paris elle-même, elles sont si sûres qu'elles finissent par ne presque plus rien rapporter et que lorsqu'une obligation tombe au remboursement, bien au-dessus du pair, c'est un véritable désastre pour celui qui en est la victime, à moins qu'il ne paie une prime à une Compagnie d'assurances, ce qui lui enlève presque la totalité de son revenu.

Par conséquent, la petite épargne ou le capitaliste qui auront mis de l'argent dans ces Compagnies de tramways et qui auront un revenu de 6 0/0 devront s'estimer fort heureux le jour où, et cela est à souhaiter, ces Compagnies pourront donner 10, 12 et même 15 0/0 à leurs actionnaires. C'est alors que la Ville interviendrait en vertu de sa clause de rachat. La Ville rachète alors les lignes à dire d'expert et les Compagnies n'ont pas à s'en plaindre pas plus que les actionnaires, puisque tout le temps que leurs capitaux ont été engagés dans l'entreprise, ils ont touché un minimum de 6 0/0, ce qui est encore un intérêt enviable de son argent à l'heure présente.

Par conséquent, je crois que la clause de rachat pourrait parfaitement être adoptée par les concessionnaires et même par ceux qui fourniraient les capitaux, puisque, en aucun cas, ils ne sauraient être le moins du monde lésés.

Je vous ai tout à l'heure indiqué les principales villes de France où les tramways sont établis à 10 centimes ; je vous ai montré la progression constante du nombre de kilomètres parcourus, du chiffre de voyageurs transportés et, en me basant sur ces chiffres, je suis arrivé à cette conclusion et à cette certitude qu'on pouvait établir les tramways dans Paris, avec des chances assurées de bénéfices et voici pourquoi : il était reconnu en fait qu'on ne pouvait pas se servir de la traction animale pour l'exploitation des tramways en province dans les villes qui avaient une population moindre de 45,000 habitants, parce qu'on ne trouvait pas une clientèle suffisante pour faire vivre la Compagnie qui aurait demandé la concession. Mais, avec la traction mécanique, on peut établir des tramways dans des villes de 15,000 habitants et même, dit-on, de 10,000 habitants, étant donné que l'on peut compter sur 1/7 de la population ordinaire comme clientèle.

Or, nous sommes au lendemain du recensement qui va nous révéler que la ville de Paris possède une population qui ne sera guère inférieure à 2,500,000 habitants, et pour le département de la Seine nous devrons relever environ 800,000 habitants.

Nous nous trouverons donc en face d'une population de 3,300,000 habitants et, par conséquent, les lignes de tramways que je demande après un examen approfondi de toutes les concessions de province et de l'étranger, pourront parfaitement transporter les voyageurs de la périphérie, des fortifications au centre de Paris et *vice-versa* ; elles pourront parfaitement transporter des fortifications à 3 ou 4 kilomètres en dehors de Paris au prix de 10 centimes les mêmes voyageurs, c'est-à-dire que si l'on vous mène à 4 kilomètres vous paîrez 10 centimes, et si l'on vous mène à 8 kilomètres vous paîrez 20 centimes, ce qui fait que du cœur de Paris à 8 kilomètres des fortifications on pourrait rayonner ou revenir pour une somme de 30 centimes, sur les bases que j'ai indiquées de 6 0/0 d'intérêt du capital et avec prélèvement du fonds de réserve et d'amortissement indispensables.

J'estime qu'avec un capital de 40 millions environ on pourrait réaliser un bénéfice net de 3 millions qui seraient distribués par tiers aux employés, par tiers aux actionnaires et par tiers au Conseil général, comme je viens de l'indiquer, bien entendu, en dehors même du revenu de 6 0/0 et du fonds de réserve.

Ces données sont parfaitemrnt certaines parce que, je le répète, elles sont basées sur l'examen attentif de 40 ou

50 Compagnies de province ou de l'étranger, fonctionnant dans des conditions identiques ou qui plutôt ne sauraient être qu'inférieures, puisque la population des villes en question est moindre que celle de Paris et du département de la Seine.

Je me résume ; je ne veux pas abuser plus longtemps de votre bienveillante attention et je pense avoir exposé clairement les lignes principales de mon projet.

Il est absolument indispensable, aujourd'hui que la Compagnie des Omnibus est impuissante à transporter les voyageurs, d'offrir à toutes les personnes venant de la banlieue le matin pour se rendre à leur travail, circulant dans Paris pour leurs affaires dans la journée et rentrant chez elles le soir après leur travail, des moyens de circuler toujours avec le tarif de 10 centimes.

Il est nécessaire enfin de leur assurer des moyens de locomotion commodes et à bon marché ; il est également nécessaire à tous les provinciaux et à tous les étrangers qui viendront en 1900 nous voir qu'ils aient tous les moyens de transports désirables, afin que l'Exposition soit grande et prospère, qu'elle puisse être une source de bénéfices pour la Ville de Paris ; il est nécessaire encore de créer la concurrence dans la mesure la plus large possible, si l'on veut arriver à lutter contre le monopole de la Compagnie des Omnibus.

Je crois vous avoir montré que le projet repose sur des bases absolument certaines, sur des statistiques qui ne sauraient m'avoir trompé et qu'enfin en donnant le tiers des bénéfices aux employés de compagnies concessionnaires, quelle que soit leur situation, et le dernier tiers pour le Conseil général et la Ville de Paris, ce serait là un moyen d'appliquer et de faire véritablement du socialisme pratique, et qu'il est fort intéressant de tenter cette épreuve.

Voilà pourquoi je me suis permis de convoquer les conseillers municipaux et les candidats au Conseil et je remercie ceux qui sont venus m'entendre pour leur dire : voici ce que j'ai fait, ce n'est qu'une ébauche, c'est à vous de poursuivre cette enquête, de chercher à réussir et à donner à la population de Paris les moyens de se transporter à bon marché, ce dont elle a un si grand besoin.

Je vais chaque soir, citoyens, faire cette conférence dans les divers arrondissements de Paris, parce que je suis convaincu qu'en poursuivant cette campagne, je fais une œuvre socialiste et républicaine, utile entre toutes. Si je réussis, ce sera un encouragement pour la population parisienne et en même temps une récompense pour l'économiste.

Cette conférence n'est pas contradictoire, mais cependant je serais heureux d'entendre des objections s'il s'en présentait, plus heureux encore d'enregistrer les adhésions des Conseillers municipaux et des Candidats qui se trouvent dans cette salle. (Applaudissements prolongés. — *Vive la République !*)

---

(1) Voir notes à la fin du volume.

LA FIN D'UN MONOPOLE

La compagnie des Omnibus de Paris a toujours eu la prétention de posséder le monopole exclusif du transport en commun des voyageurs à Paris ; ce n'était qu'une mauvaise plaisanterie, mais, chose curieuse, à force de le lui entendre crier par-dessus les toits, le bon public avait fini par croire que c'était vrai.

Heureusement que ma dernière campagne sur les tramways à 10 centimes dans Paris, *comme dans toute la France*, est venue réduire ces prétentions à néant.

Mais voilà que mon éminent confrère J.-J. Roche, le directeur des journaux d'arrondissement de Paris, vient de donner le coup de grâce à la trop puissante compagnie, en exhumant fort à propos le trop fameux et trop inconnu traité qui lie la compagnie à la ville et qui remonte, comme l'on sait, à 1860.

Ecoutez plutôt ces citations foudroyantes de mon confrère :

« Au cahier des charges de la compagnie des Omnibus, relatif aux tramways, nous lisons :

ARTICLE PREMIER. — La traction aura lieu par chevaux. Cependant, à toute époque de la concession, le ministre des travaux publics pourra, le concessionnaire entendu, et après enquête, lui prescrire de substituer, sur certaines de ces lignes, or tronçons de lignes, ou même sur leur ensemble, la traction mécanique à la traction par chevaux.

Examinons maintenant le traité de la compagnie des Omnibus avec la ville de Paris.

Il est bon, pour cela, de lire le registre des procès-verbaux du Conseil municipal, séance du 28 décembre 1860, approuvant le traité du 18 juin 1860 et dont voici certains considérants :

Considérant que la somme de 650,000 francs payée à la Ville pour les Omnibus desservant l'ancien Paris *était un droit représentatif* DE LA LOCATION DES PLACES DE STATIONNEMENT prises sur la voie publique ;

Qu'en élevant à un million cette redevance, *on n'en change en rien le caractère*, puisque cette agmentation demeure proportionnelle à la surface nécessairement plus grande des terrains de stationnement des voitures plus nombreuses employées par la compagnie dans l'ancien et le nouveau Paris ;

Qu'il était impossible de préciser, dans le traité, quels avantages il y aurait lieu de préciser pour l'avenir, au profit de la population parisienne, dans le cas où le nombre des voyageurs continuant de s'élever, la prospérité de la Société irait toujours en progressant ;

Que, dès lors, il était naturel d'appliquer à la compagnie des Omnibus le principe conservateur du partage des bénéfices annuels ;

Qu'une stipulation de cette nature ne saurait être envisagée comme ayant un caractère fiscal ;

Que tel n'a pas été le but de l'administration municipale et qu'elle *a eu en vue avant toutes choses* d'avoir entre les mains un puissant moyen d'action qui lui permit d'obtenir ultérieurement de la Société des omnibus, *tous les avantages*, *toutes les améliorations* AUJOURD'HUI IMPRÉVUES, IGNORÉES, tant sous le RAPPORT DU SERVICE QUE SOUS CELUI DU TARIF ;

Que, dans l'espèce, le traité passé avec la Société des omnibus a été consenti pour une durée semi-séculaire, mais que les charges comme les produits d'une grande entreprise de cette nature étant soumis à de nombreuses éventualités, la prudence commande de « réserver à la Ville », dans l' « avenir », LA FACULTÉ DE RECTIFIER LES BASES DU CONTRAT si des circonstances DONT AUCUN CALCUL NE PEUT EAIRE ÉVALUER L'IMPORTANCE VENAIENT A EN MODIFIER LES ÉLÉMENTS CONSTITUTIFS ;

Que le traité dont il s'agit a eu principalement en vue de satisfaire, par un service régulier « à tous les besoins de la capitale agrandie », tout en réservant à l'administration municipale le droit d' « EXIGER » ultérieurement des concessionnaires les « modifications » et les « développements » dont l'expérience et l'avenir pourraient révéler l'utilité.

ARTICLE PREMIER du traité. — Concède à la Société générale des Omnibus, le droit exclusif de faire circuler, « avec faculté de stationnement », sur la voie publique dans l'enceinte de Paris, et conformément aux règlements, les voitures dites OMNIBUS employées au transport en commun des personnes tant dans la dite enceinte qu'entre Paris et les communes de Courbevoie et de Vincennes.

Cette concession ne comprend pas le service des voitures faisant le transport en commun des voyageurs partant ou arrivant par les chemins de fer.

Ni celui des voitures faisant le transport des personnes dans les communes situées en dehors de l'enceinte de Paris, ni enfin le service des omnibus sur rails que le sieur Loubat, au droit duquel la Société des Omnibus est substituée, a été autorisé à créer de Vincennes au pont de Sèvres et au rond-point de Boulogne, par décret impérial du 18 février 1854.

La présente concession ne fait pas obstacle au droit que possède le gouvernement d'AUTORISER SOIT TOUTE AUTRE ENTREPRISE DE TRANSPORT USANT DE LA VOIE ORDINAIRE, soit L'ÉTABLISSEMENT DE NOUVELLES VOIES FERRÉES S'EMBRANCHANT SUR CELLE déjà autorisée ou TOUTES AUTRES qui seraient concédées.

ART. 2. — Dans le cas où, après avoir entendu la Société, le préfet de la Seine, de concert avec le préfet de police, jugerait que les besoins du service exigent la mise en circulation journalière d'un plus grand nombre de voitures, la Société serait tenue de les établir dans le délai qui lui serait assigné.

Voilà qui est très clair, et la lecture de ces documents doit être suffisante pour montrer à nos lecteurs que la compagnie des Omnibus ne possède pas un monopole aussi complet qu'elle voudrait le faire croire, puisque le gouvernement a eu soin de conserver le droit d'autoriser tous les moyens de transport qu'il lui conviendra de concéder.

Nous avons donc absolument raison de demander la création de lignes nombreuses, administrées par des sociétés nouvelles, de façon à détruire les funestes effets du monopole dont jouit, sans en avoir le droit, la compagnie générale des Omnibus.

Pendant trop longtemps elle a montré son mauvais esprit rétrograde. Pendant trop longtemps elle a odieusement exploité la population parisienne ; il est temps que le Conseil municipal mette un frein à ses débordements.

La compagnie des Omnibus est, du reste, bien plus une Société immobilière et financière qu'une Compagnie de transports ayant le souci de sa clientèle. »

Voici une admirable démonstration à laquelle il n'y a rien à ajouter. Cependant je dirai que, puisque *la concession ne comprend pas le service des voitures faisant le transport en commun des voyageurs partant ou arrivant par les chemins de fer*, il est certain que les omnibus de gares qui payent bénévolement à la compagnie des Omnibus une redevance, ne lui doivent absolument rien et sont en droit de lui réclamer, par la voie des tribunaux, avec de forts dommages et intérêts, les sommes qu'elle s'est fait verser par eux et qu'elle a perçues indûment.

Voilà qui ramène les choses à leur véritable point et renverse les rôles : qu'en pense l'arrogante compagnie des Omnibus ?

.•.

Les nouvelles de l'établissement des tramways à 10 centimes dans toutes les villes de France sont excellentes, ce n'est plus un mouvement parisien, c'est un grand mouvement national qui se dessine nettement aujourd'hui et qui s'imposera impérieusement demain, grâce aux progrès vraiment miraculeux de la traction électrique.

Voilà, après vingt-cinq villes, Bordeaux qui va couvrir ses avenues et ses boulevards de tramways à 10 centimes.

Paris reste seul en arrière, grâce au soi-disant monopole de la Compagnie des Omnibus, mais ils vont bien
être forcés de capituler, devant l'énergique mise en
demeure des conseillers municipaux.

Du reste, après la campagne que nous menons depuis
six mois, la Compagnie des Omnibus n'a plus qu'à se soumettre ou à se démettre, comme Mac-Mahon.

Voici le texte exact de l'article premier du traité :

La présente concession ne fait pas obstacle au droit que pos-
*sède le Gouvernement d'*AUTORISER SOIT TOUTE AUTRE ENTRE-
PRISE DE TRANSPORT USANT DE LA VOIE ORDINAIRE, *soit*
L'ÉTABLISSEMENT DE NOUVELLES VOIES FERRÉES S'EMBRANCHANT
SUR CELLE *déjà autorisée eu* TOUTES AUTRES *qui seraient*
concédées.

Ce texte est clair, précis, sans aucune ambiguïté.

Maintenant, voici un extrait de la loi du 11 juin 1880,
touchant les tramways :

ARTICLE 6. — L'autorité qui a fait la concession A TOUJOURS LE
DROIT : D'autoriser d'autres voies ferrées à s'embrancher sur les
lignes concédées ou à s'y raccorder.

ARTICLE 8. — Aucune concession ne pourra faire obstacle à ce
qu'il soit accordé des concessions concurrentes, à moins de stipulation contraire dans l'acte de concession.

Cette loi a été suivie d'un règlement d'administration
publique en date du 6 août 1881. Ce règlement, à l'article 44, contient la prescription suivante :

L'autorisation d'établir ou de maintenir une voie ferrée sur le sol
des voies publiques peut être retirée à toute époque, en totalité ou
en partie, dans les formes suivies pour la concession, lorsque la
nécessité en a été reconnue dans l'intérêt public par le Gouvernement, après enquête ; le tout sous réserve de l'application des
articles 6 et 11 de la loi du 11 juin 1880.

Et maintenant, les conseillers municipaux de Paris,
bien armés pour le faire, n'ont plus qu'à accorder l'établissement des tramways à 10 centimes à des compagnies

concurrentes : la Compagnie des Omnibus ne tardera pas à baisser pavillon et à mettre les siens également à 10 centimes.

Nous avons lutté, mais nous sommes sûrs de remporter la victoire, et ce n'en sera pas une mince d'avoir pu enfin faire établir des tramways au prix unique de 10 centimes dans toutes les villes de France, étant donné que nous sommes bien le peuple le plus routinier du monde.

* *

Du reste comme tous les monopoles à l'agonie qui se sentent perdus, après avoir voulu terrifier ses concurrents et le Conseil municipal, la voilà maintenant qui veut terrifier les simples particuliers ; c'est tout à fait à mourir de rire. Jugez-en par ce court compte-rendu des tribunaux :

« La 10° chambre correctionnelle du tribunal de la Seine vient de rendre dans une affaire de diffamation un jugement appelé à un grand retentissement :

Voici le cas :

Un voyageur, estimant qu'il avait à se plaindre de l'absence d'urbanité d'un contrôleur d'omnibus, consigna ses critiques sur le registre des réclamations qui se trouve dans tous les bureaux de contrôle. Aussitôt l'employé poursuivit le voyageur en police correctionnelle sous l'inculpation de diffamation.

Dans les procès en diffamation, lorsque le plaignant est un simple particulier, le tribunal correctionnel est compétent et il n'est pas permis au prévenu de faire la preuve des faits allégués par lui, même lorsqu'il n'a rien avancé de contraire à la vérité. Au contraire, s'il s'agit d'un citoyen chargé d'un service public, la preuve est admise et l'affaire est soumise au jury.

Le jugement de la 10° chambre déclare que le plaignant,

agent de la compagnie générale des Omnibus, Société
concessionnaire d'un service public, ne peut exercer ses
fonctions sans un permis délivré par une administration
publique.

Il ajoute :

Attendu que le registre des réclamations, mis dans les bureaux
de contrôle à la disposition des voyageurs, en vertu des arrêtés pré-
fectoraux, n'aurait aucune utilité et serait même nuisible, si le pré-
posé qui fait l'objet d'une réclamation de la part d'un voyageur, au
sujet du service, pouvait voir en cette réclamation, très juste quelquefois, une diffamation envers un particulier et traduire son auteur
devant le tribunal correctionnel, où il n'aurait pas à craindre la
vérité du fait imputé ; qu'en comprenant dans la même catégorie les
fonctionnaires et les citoyens chargés d'un service public, le but du
législateur a été d'assurer la parfaite régularité des services publics,
en permettant de dénoncer et de prouver en justice tout acte de
mauvaise administration préjudiciable à l'intérêt public ; que ses
dispositions à cet égard sont générales et qu'il ne faut pas les res-
treindre à des cas exceptionnels ; que dès lors le prévenu en men-
tionnant sur le registre des réclamations de la Compagnie des critiques à l'adresse du contrôleur, pour des faits de service, a visé un
citoyen chargé d'un service public ;

Que, d'autre part, l'écrit que le plaignant prétend diffamatoire et
injurieux n'impute aucun fait à sa personne privée ; qu'il n'y est
même pas nommément désigné ;

Attendu, dès lors, que la preuve des faits imputés au plaignant
peut-être réservée au prévenu et que le tribunal correctionnel ne
saurait connaître des faits de la cause,

Par ces motifs :

Se déclare incompétent et renvoie devant la juridiction appelée à
en connaître.

La juridiction compétente, c'est donc la cour d'assises. »

Ainsi voilà qui est entendu, vous ne pouvez plus vous
plaindre d'un employé de la compagnie des Omnibus,
même sur un registre ad hoc, sans être entraîné en cour
d'assises pour diffamation.

Non, c'est trop drôle, et la Compagnie voulant terroriser
le public le croit, en vérité, plus bête qu'il ne l'est.

Non, les Parisiens ne se laisseront pas intimider par les Omnibus, ils sauront résister, le Conseil municipal saura faire son devoir, tout son devoir, et nous allons avoir enfin, *comme toutes les villes de France*, des compagnies multiples qui vont nous donner partout des tramways à 10 centimes, tarif unique.

Les travailleurs, les affaires y gagneront ; ce sera le succès de l'Exposition de 1900 et maintenant qu'il est bien démontré que la Compagnie des Omnibus n'a qu'un monopole des plus restreint et tout à fait illusoire, ce qu'elle aura encore de mieux à faire, ce sera de se tenir tranquille, car autrement le Conseil municipal de Paris pourrait finir par se fâcher et par la rappeler à un peu plus de pudeur.

INSUFFISANCE DES OMNIBUS

Tout le monde a pu constater une fois de plus pendant la visite des souverains russes combien la Compagnie des Omnibus de Paris avait été au-dessous de sa tâche, et pour être juste, combien elle s'était trouvée dans l'impossibilité matérielle de faire mieux. Cela tient simplement à son refus de transformer sa traction animale en traction mécanique, puisqu'elle ne peut pas augmenter le nombre de ses voitures.

Mais c'est là un point que j'ai suffisamment démontré et je veux simplement m'en tenir à quelques chiffres qu'il me paraît intéressant de retenir.

Voici les indications de première heure — approximatives sans doute, mais à peu près exactes — que les compagnies de chemins de fer ont données au lendemain même du départ du Tsar de France :

« A la compagnie d'Orléans, l'excédent des voyageurs paraît avoir été de 100.000, en prenant comme point de comparaison les chiffres de la période correspondante en 1895. Au chemin de fer de l'Est, cet excédent a été de 140.000 voyageurs environ ; sur le P.-L.-M. de 270.000 ; à la compagnie du Nord de 128.000. Sur la ligne de l'Ouest, le mouvement a été au delà de tout ce qu'on peut imaginer :

les lignes de banlieue transportaient, en effet, chaque jour, 50.000 voyageurs de plus qu'en temps ordinaire.

« On a compté parmi les voyageurs internationaux 5.000 personnes de plus que l'an dernier.

« Sur ces 5.000, les Allemands sont dans une proportion de 40 0/0. Les Belges viennent ensuite. Les Russes sont en moindre nombre. Celui des Anglais n'a pas sensible-ment varié. Il n'en est pas plus venu cette année qu'en 1895.

« Les voyageurs de grande ligne étaient, l'an dernier, au nombre de 32.000. Il a été plus que doublé, puisque la grande ligne a fourni pendant les fêtes russes 68.000 voyageurs. »

Ainsi voilà la compagnie de l'Ouest qui, a elle seule, sur sa banlieue, trouve le moyen de transporter 50.000 voyageurs en plus chaque jour et il ne faut pas perdre de vue que sa banlieue ne comprend que l'Ouest, c'est-à-dire deux ou trois lignes comme Saint-Germain, Versailles et Argenteuil.

Voilà l'effort considérable et sauf l'Est qui s'est trouvée emprisonnée pour le départ à Châlons par les exigences du protocole, on peut dire qu'il a été accompli partout sans difficulté et avec un ordre parfait.

Voyons un peu, à côté de cela, les chiffres qui nous ont été également fournis par la compagnie des Omnibus elle-même et qui, par conséquent ne peuvent pas passer pour suspects :

Voici les totaux de recettes du 30 septembre au 6 octobre; comparés à ceux de l'année dernière, ils accusent un bénéfice de 88.192 francs.

La Compagnie a réalisé pour la journée du 6 octobre une recette de 159.000 francs. C'est le plus gros chiffre de l'année. Elle représente un mouvement de 883.335 voyages. La recette précédente la plus forte est celle du jour de l'An, qui s'élevait à 150.000 francs, représentant 833.000 voyageurs environ.

Si nous consultons la période de la venue à Paris de l'amiral Avelan et des marins russes, comprenant du 17 au 24 octobre 1893, nous relevons les chiffres suivants :

Mardi	692.344	voyageurs
Mercredi	450.477	—
Jeudi	721.384	—
Vendredi	472.048	—
Samedi	720.807	—
Dimanche	762.835	—
Lundi	766.681	—
Mardi	688.692	—

Ainsi la Compagnie des Omnibus a pu un jour — un seul jour — transporter 50.000 personnes de plus qu'au 1er janvier, c'est-à-dire qu'un jour de fête ordinaire, à peine ce que l'Ouest pouvait faire tous les jours sur sa banlieue.

Etant donné qu'il devait y avoir une population flottante de plus de 1 million et que sur la population parisienne il y avait également plus d'un million de personnes circulant, pour ne pas dire deux millions, étant donné que ce million d'étrangers et de provinciaux devaient faire en moyenne plus d'un voyage par jour dans Paris, aller et retour, on aurait dû contrôler au bas mot *quatre millions* de voyageurs par jour dans les omnibus.

Mais, je le répète, ces chiffres sont à coup sûr beaucoup trop modestes, car les provinciaux et les étrangers auraient été toute la journée en tramways et en omnibus pour leurs courses et leurs plaisirs, de sept heures du matin à minuit et plus, s'ils avaient pu trouver de la place. Ce n'est donc pas 883.000 voyageurs, ni même quatre millions, mais bien HUIT A DIX MILLIONS de voyageurs que la Compagnie des Omnibus aurait dû transporter, si elle avait eu au moins des moyens de transport nombreux et faciles à offrir à la foule.

En effet, ce sont deux millions de voyageurs qui auraient pris au moins deux fois l'omnibus par jour, ce qui n'aurait fait encore que deux sorties, et ce qui aurait déjà produit le joli chiffre de huit millions de voyageurs.

Je reste donc au-dessous des calculs de probabilité les plus élémentaires et si la Compagnie des Omnibus n'a pas transporté un voyageur sur dix de ceux qui auraient voulu recourir à ses services, c'est tout uniment, je le répète, parce qu'elle est absolument incapable de transporter les voyageurs, même en temps ordinaire, avec sa traction animale antédiluvienne.

Là encore, il me suffira de citer quelques chiffres pour bien éclairer la question, et justement en voici qui me sont fournis bien à propos par mon confrère Meulemans :

Les tramways électriques européens ont présenté un grand développement pendant l'année 1895. Dans le cours de cette année le nombre des lignes exploitées a passé de 70 à 111 et leur longueur totale de 700 à 902 kilomètres. C'est l'Allemagne qui tient la tête des pays d'Europe pour le développement de cette industrie. La longueur de ses lignes est de 406 kilomètres, et le nombre de ses voitures automotrices de 857. Puis, vient la France, avec 132 kilomètres de voies et 225 voitures automotrices. L'Angleterre vient en troisième rang, avec 107 kilomètres de voies et 168 voitures. Enfin, la Suisse, malgré la petite étendue de son territoire, arrive quatrième, avec 47 kilomètres et 86 voitures.

La Bulgarie et le Danemark sont actuellement les seuls

pays en Europe ne possédant aucune ligne à traction électrique.

Parmi les divers systèmes employés, celui du conducteur aérien avec trolley est de beaucoup le plus répandu. On le trouve sur 91 lignes ; 3 lignes seulement utilisent un conducteur souterrain, 9 un rail central et 8 fonctionnent avec des accumulateurs. En France, nous avions une grande répugnance à employer le trolley, et c'est surtout chez nous que l'on emploie le système peu économique des accumulateurs.

Quant au rail central, on ne le trouve guère qu'en Angleterre et en France, dans quelques cas isolés.

J'ajouterai que fort heureusement, à l'heure présente, mon ami se trompe, car dans toute la France, comme je l'ai exposé dans les chapitres précédents, on n'établit plus que des tramways à trolley, à Paris on n'en veut pas ; je trouve que l'on a raison, c'est entendu, mais la question n'est pas là.

Ce qu'il faut retenir, ce qui est une véritable honte pour la France, c'est que l'Allemagne a 406 kilomètres de tramways électriques, tandis que la France n'en a encore que 132.

Tant que nous seront dans cet état navrant d'infériorité, tant que la Compagnie générale des Omnibus de Paris se refusera obstinément à remplacer sa traction animale par la traction mécanique, il arrivera ce qui vient d'arriver aux fêtes russes, c'est-à-dire que la ville-lumière, la capitale du monde civilisé — de grands mots — sera incapable d'offrir des moyens de transport, proportion gardée bien entendu, comparables à ceux des villes de province et restera bien au-dessous de Rouen ou du Havre, par exemple.

— En face d'une pareille situation, on pourrait croire

que la Compagnie des Omnibus va faire son *meâ culpâ* et promettra de faire mieux.

— Quelle erreur est la vôtre, elle offre simplement au Conseil municipal de *quadrupler* virtuellement le prix des places qu'elle fait payer aux voyageurs.

— Pas possible !

— C'est pourtant comme j'ai l'honneur de vous le dire et la chose est tellement extraordinaire qu'elle fera l'objet de mon premier chapitre ; en vérité, elle mérite bien d'être contée par le menu à mes lecteurs stupéfaits.

LES PRÉSENTS DE LA COMPAGNIE
DES OMNIBUS DE PARIS

ELLE OFFRE DE QUADRUPLER VIRTUELLEMENT LE PRIX DE
SES PLACES — LE CYNISME D'UN INTERVIEW — LA PAROLE
EST AU CONSEIL MUNICIPAL.

Dernièrement un rédacteur de la *Patrie* allait interviewer
M. le sénateur Cuvinot, directeur des Omnibus, qui, naturellement, a bien voulu le faire recevoir par son secrétaire
général qui, naturellement aussi, a bien voulu laisser tomber de ses lèvres les énormités suivantes :

« Je puis vous annoncer que la réduction des tarifs pour
tout le monde est à l'étude et que prochainement elle sera
résolue dans le sens que le public réclame depuis si longtemps.

« La place d'intérieur ne serait plus payée que 0.20,
celle d'impériale que 0.10 ; seulement on n'aurait plus droit
à la correspondance.

« Cette réduction sera basée sur la diminution que l'on
va faire subir aux lignes réellement trop longues entre
les deux points terminus.

« Ceux qui auront des longues courses à faire y perdront, c'est évident ; mais ceux qui ne monteront dans
l'omnibus que pour quelques minutes, et c'est le plus grand
nombre, y gagneront. »

A leurs tours, les journaux d'arrondissements de Paris

font suivre cette déclaration véritablement inconsciente, des réflexions suivantes :

« La Compagnie va baisser légèrement les prix des places et supprimer les correspondances, puis elle diminuera la longueur des parcours.

« Au lieu d'une ligne, elle en fera deux. Elle a déjà commencé ses coupures. La ligne de Ménilmontant-Gare Montparnasse a une doublure qui va de Ménilmontant au Châtelet seulement. Le tout est de savoir ce que dira le Conseil municipal de cette modification. Il ne nous paraît pas du tout téméraire de déclarer qu'il n'acceptera pas les propositions de la Compagnie.

« Au fond c'est peut-être ce qu'elle recherche.

« D'après ses propres calculs, la Compagnie des Omnibus, avec le système actuel, transporte des voyageurs qui ne lui reviennent qu'à 17 centimes, alors que sa traction animale lui coûte 1 franc par kilomètre voiture.

« Si elle transforme sa traction, elle fera économie de moitié. Ce qui lui coûte actuellement 1.000 francs, ne lui coûtera plus que 500 francs.

« Qui devrait profiter logiquement de cette différence due au progrès de la science ?

« — Le public, assurément.

« Ce serait conforme à l'équité en même temps qu'au traité qui lie la Compagnie à la Ville pour ses Omnibus et non pour les voitures circulant sur les voies ferrées.

« La Compagnie veut être seule à profiter des avantages. Elle va beaucoup plus loin nous pourrions dire : beaucoup trop loin ; elle demande que la ville de Paris ne laisse pas établir d'autres lignes que les siennes !

« D'avance elle se sent battue, aussi bien sous le rapport du confortable que sous celui du bon marché. »

Tout ce qui précède est la logique même et reproduit

avec une clarté lumineuse tout ce que j'ai été amené à dire, à constater et à déclarer moi-même, au cours de mes conférences, à travers Paris, comme on a pu s'en convaincre par celle — bien incomplète sans doute — que j'ai cru devoir reproduire plus haut pour éclairer la religion de mes lecteurs.

Aussi entraîné par la logique même du sujet, par l'invincible enchaînement des faits, comme je viens de le constater, mon excellent confrère des journaux des vingt arrondissements de Paris continue en ces termes :

« Nous disions plus haut que les voyageurs, actuellement, avec le système des correspondances ne rapportaient que 17 centimes à la Compagnie. Si on observe qu'il y a toujours deux tiers des places d'intérieur contre un tiers des places d'impériale, on arrivera à ce résultat : avec les prix nouveaux de 10 et 20 centimes, sans correspondance, la moyenne du prix des places sera toujours de 17 centimes, alors que la traction qui coûte actuellement 1.000 francs, ne coûtera plus que 500 francs !

« Il est bien joli le cadeau que la Compagnie des Omnibus veut faire aux Parisiens ! »

Je n'ai qu'un regret, celui de ne pouvoir citer ici tout entier son réquisitoire écrasant contre la Compagnie des Omnibus, car une fois de plus elle est confondue, ce qui du reste laisse froid M. le sénateur Cuvinot qui se flatte toujours de terrifier le Conseil municipal de la capitale et voire même le Conseil général de la Seine.

Ce qui reste à démontrer.

Mais cependant mon confrère me permettra de compléter sa pensée, en lui faisant remarquer que s'il a admirablement exposé la question, il n'en a pas assez rigoureusement déduit la conséquence unique qui en découle.

Suivez bien mon raisonnement, c'est extrêmement

simple : La Compagnie des Omnibus, en transformant sa traction animale en traction mécanique, comme elle nous le promet du moins, va diminuer ses frais de plus de moitié, donc elle devrait diminuer le prix de ses places de moitié, de ce chef seul.

Mais ce n'est pas tout, elle trouve les trajets actuels trop longs et avec les voies de pénétration nouvelles des chemins de fer dans Paris, comme les lignes d'Orléans à Médicis et de l'Ouest à l'Esplanade des Invalides, elle annonce qu'elle va pouvoir diminuer de moitié ses parcours, comme elle a déjà commencé à le faire.

Donc de ce chef, elle devrait encore diminuer le prix de ses places de moitié, puisqu'elle fera moitié moins de chemin.

Donc de ces deux chefs réunis, elle devrait logiquement diminuer des trois quarts le prix de ses places et en faire profiter les voyageurs et la ville, est-ce clair?

Or, comme elle offre de maintenir toujours ses prix à la moyenne de 17 centimes par voyageur, il en résulte donc virtuellement, en renversant la proposition, que toutes ses propositions, à elle, consistent à prendre à l'avenir quatre fois plus cher qu'à l'heure actuelle.

En effet, du moment qu'elle économise plus de moitié dans sa traction et qu'elle vous donne des parcours moitié moins longs, elle devrait prendre le quart des tarifs actuels, pour rester toujours au même prix ; car remarquez que ce ne serait pas encore une diminution, au point de vue de ses prix d'exploitation, c'est-à-dire au point de vue de sa comptabilité et du moment qu'elle offre simplement de garder sa moyenne actuelle de 17 centimes, elle vous offre tout uniment de prendre quatre fois plus cher.

Ce raisonnement, encore une fois, est absolument rigoureux et M. le sénateur Cuvinot en personne serait tout à fait dans l'impossibilité de le rétorquer.

Dans de semblables conditions, en face, je ne dirai pas d'une semblable mauvaise volonté, mais en face d'un pareil cynisme, ou d'une pareille inconscience, il est du devoir le plus strict pour le Conseil municipal et pour le Conseil général de la Seine qui, en définitive, représentent les intérêts, non seulement des Parisiens, mais encore de la France entière, étant donnés les milliers de provinciaux qui viennent tous les jours à Paris, de rompre tous pourparlers avec une Compagnie qui se moque audacieusement d'eux.

Le devoir des deux Conseils est tout tracé : qu'ils accordent immédiatement des concessions à tous les constructeurs, à toutes les Compagnies, offrant des garanties sérieuses et qui s'engageront à nous transporter au prix unique de 10 centimes.

C'est la Compagnie générale des Omnibus elle-même qui l'aura voulu et lorsque nous ne serons plus à sa merci, lorsque Paris et le département de la Seine seront sillonnés en tous sens de tramways élégants, rapides, nombreux et confortables à 10 centimes, lorsque la libre concurrence aura enfin accompli ce miracle — bien tardif — et nous aura arrachés pour toujours aux griffes du monopole, alors, mais alors seulement, Paris cessera d'être la dernière ville du monde civilisé, au point de vue des moyens de transports urbains !

TRACTION MÉCANIQUE DES TRAMWAYS

MOTEUR .·. ·APEUR SANS FEU OU A EAU CHAUDE
PROCÉDÉ ÉCONOMIQUE

On sait que les tramways, très répandus en Angleterre et en Amérique bien longtemps avant la guerre, ont mis infiniment plus de temps à s'acclimater en France et qu'à Paris même on en est resté pendant de longues années au tramway qui menait à Versailles.

Cependant, en 1872, sur la demande du Conseil général de la Seine, un projet était préparé pour l'établissement d'un réseau de tramways parisiens. Il fut adopté en 1873, mais une fois le principe adopté, on sentait parfaitement que l'on se trouvait en face d'un mode de locomotion nouveau qui ne devait être ni le railway, ni l'omnibus à traction animale et l'on fut tout naturellement amené à la recherche d'un moteur mécanique avantageux.

Il fallait que ce moyen mécanique fût simple, solide, facile à conduire, de peu d'entretien, économique, propre, sans danger, hygiénique et d'installation peu coûteuse.

En transcrivant ces points essentiels, il nous semble rapporter ceux mêmes que nous formulons ici-même, un peu plus loin, à propos des automobiles et à cela rien d'extraordinaire, car ce que l'on recherchait alors à propos des tramways, on est en droit de le rechercher encore et de l'exiger aujourd'hui des voitures automobiles qui ne sont en définitive que des tramways sans rails.

Dès 1873, un ingénieur bien connu, M. Francq, étudiait

le moteur à eau chaude ou à vapeur sans feu, plus généralement connu sous la dénomination de *locomotive sans feu*. C'est d'elle précisément dont nous avons à nous occuper ici.

M. Francq a publié sur la question une brochure très complète qui est de nature à intéresser et à convaincre la personne la moins compétente en ces matières un peu spéciales de locomotion ou plutôt de traction mécanique.

On trouvera précisément dans cette brochure tous les points de comparaison, soit au point de vue purement technique, soit au point de vue économique entre son système de moteur à eau chaude et tous les autres systèmes généralement connus ou employés aux Etats-Unis aussi bien qu'en Europe. Il n'est point besoin d'ajouter que nous ne pouvons pas le suivre ici dans le développement de toutes ces comparaisons ; cependant il convient de dire qu'il ne s'est arrêté à la *locomotive sans foyer*, au moteur à eau chaude qu'après avoir été intimement convaincu, preuves en mains, que ce système français serait, en général, infiniment plus pratique, dans la plupart des cas, suivant les situations et les pays, que tous les autres modes par la production directe, c'est-à-dire avec foyer, par l'électricité, soit par les accumulateurs, les trolleys, ou la canalisation souterraine, par le pétrole, par l'air comprimé, etc. (1)

Ce point établi, il nous reste à parler des moteurs à vapeur sans feu ou à eau chaude, d'après les systèmes L. Francq, Lamm et Mesnard ; c'est ce que nous allons faire aussi succinctement que possible et d'autant plus facilement que nous trouvons tous les éléments de démons-

(1) Depuis, on sait que rien ne peut lutter comme bon marché, avec le système à Trolleys, et l'on affirme que l'ingénieur Kriéger vient enfin d'inventer un accumulateur tout à fait supérieur, mais je ne l'ai point encore vu fonctionner.

tration nécessaires dans la brochure si complète et si claire de M. Francq lui-même.

A l'heure présente ce moyen de traction si simple et si économique est employé un peu partout à travers le monde et tous les jours on demande de nouvelles installations à M. L. Francq ; ce n'est plus seulement à Paris, c'est à Lyon, à Lille, en Belgique, en Allemagne et jusque dans les Indes néerlandaises, à Batavia, que les moteurs à vapeur sans feu ou à eau chaude rendent les plus grands services.

La description de la locomotive sans foyer, les détails de construction et la théorie même des machines sans foyer, en dehors même de leur technicité toujours fatalement quelque peu aride, nous entraîneraient à des développements que ne comporte point le caractère de notre ouvrage ; mais cependant nous ne pouvons pas passer sous silence les lignes suivantes, qui forment les conclusions formulées par la sous-commission ministérielle des travaux publics, à la suite des premiers essais qui avaient été réalisés en 1876 par une machine expérimentée sur la ligne des tramways, allant de Saint-Augustin, à Paris, au boulevard du Château, à Neuilly.

Pour quiconque connaît l'incontestable compétence, l'indépendance absolue de ces commissions officielles, la sorte de méfiance qu'elles apportent parfois à tout ce qui provient de l'initiative privée et leur parfaite honorabilité, on ne saurait nier qu'il s'attache une autorité incontestable à toutes leurs décisions.

Voici, d'ailleurs, ce que disait la sous-commission ministérielle des travaux publics sur la *circulation de la locomotive sans foyer sur la voie publique* :

« La Sous-Commission s'est naturellement préoccupée des dangers et des inconvénients qui pourraient résulter de la circulation de la locomotive sans foyer sur la voie publique.

« Une machine qui s'avance avec une vitesse modérée, sans émettre aucun bruit particulier, sans projeter aucune lueur inusitée, et qui, d'ailleurs, est munie d'un frein puissant permettant d'obtenir un arrêt presque instantané, ne saurait être considérée comme dangereuse.

« Une collision n'est pas plus probable avec ce moteur mécanique qu'avec un attelage. Aucun accident, du reste, ne s'est encore produit dans les essais de la locomotive sans foyer.

« Quand les chevaux rencontrent ce nouveau véhicule, ils manifestent, en général, une certaine inquiétude ; ne voyant pas d'attelage en avant, ils reçoivent la même impression qu'à la vue d'une voiture qui recule ; mais cette crainte est de courte durée. Le cheval se familiariserait promptement avec le nouveau moteur, cela ne fait pas de doute.

« On a élevé des objections à propos du panache de vapeur qui s'échappe de la cheminée de la locomotive sans foyer de M. Francq, surtout quand elle remonte une forte rampe. Cette vapeur est parfois rabattue sur la voie publique, par l'effet du vent. La condensation dans l'atmosphère est assez rapide quand l'air est chaud et sec, mais elle est très lente par les temps froids et humides.

« Il y a là un inconvénient, c'est incontestable ; mais il ne faut pas l'exagérer et le signaler comme un danger pour les chevaux. Est-ce que les chevaux qui passent sur les ponts de Paris et qui se trouvent parfois enveloppés dans le nuage de vapeur et de fumée lancé par les bateaux-omnibus, manifestent le moindre effroi ? Il convient donc d'écarter, tout d'abord, l'idée de danger. Ce qui subsiste, c'est un simple inconvénient, non pour les passagers de la voie publique, mais pour les voyageurs du tramway et surtout ceux de l'impériale.

« La vapeur d'eau pure est, par elle-même, inoffensive ; elle ne laisse aucune trace sur les vêtements.

« On pourrait craindre, au premier abord, qu'elle ne fût incommodante par son excès de chaleur ; mais cette crainte serait sans fondement : on sait, en effet, que la vapeur lancée dans l'atmosphère, même à haute pression, se refroidit très rapidement, et qu'on peut plonger impunément la main dans un jet de vapeur à moins d'un mètre de l'orifice. Or, quand il s'agit de vapeur détendue à la pression atmosphérique, l'excès de chaleur disparaît pour ainsi dire instantanément et ne saurait incommoder personne. Nous voyons tous les jours sur nos chemins de fer de banlieue les impériales des wagons garnies de voyageurs qui s'exposent volontairement aux rafales de la cheminée de la locomotive. Ces voyageurs reçoivent ainsi non seulement de la vapeur pure, mais de la fumée et souvent des escarbilles.

« Cet exemple suffirait à lui seul, pour rassurer les esprits les plus timorés, relativement aux inconvénients de la vapeur *pure* qui s'échappe d'une locomotive sans foyer dépourvue de condenseur.

« Il est d'ailleurs permis d'espérer que le problème de la condensation, que M. Francq n'a fait qu'ébaucher dans la construction de sa machine, sera résolu plus tard dans la construction de nouvelles locomotives sans foyer.

« Du reste, la Sous-Commission ne considère pas le condenseur comme un appareil indispensable pour une locomotive sans foyer.

« La Sous-Commission croit devoir se borner aux observations qui précèdent, laissant de côté d'autres questions dont l'étude serait assurément fort intéressante, mais qui sortiraient du cercle de ses attributions.

« Elle termine son travail en signalant à M. le Ministre des Travaux publics le grand intérêt que présente, au point de vue de la traction sur les tramways, l'application bien entendue de la force motrice considérable contenue dans l'eau surchauffée, et en lui proposant d'encourager l'emploi et le perfectionnement de la locomotive sans foyer.

« Elle fait observer pour cette machine, comme pour tout autre moteur mécanique, que la vitesse de marche lui paraît devoir être limitée entre 12 et 16 kilomètres à l'heure, suivant la largeur et la fréquentation des voies parcourues. »

. . . .

Une fois ces essais terminés, les machines furent construites par la Société Cail et Cie, avec de nouveaux perfectionnements ; ces machines ont été appliquées sur le chemin de fer américain de Rueil à Port-Marly, transformé en tramway à traction mécanique de Rueil à Marly-le-Roy. C'est là que le système a reçu le baptême d'une exploitation régulière en France, et dont on a conservé le souvenir des excellents résultats.

Notre savant collègue a consacré dans sa brochure un chapitre très complet et très concluant, aux conditions de fonctionnement des locomotives sans foyer, ainsi qu'à leurs avantages ; sans vouloir le suivre dans tous les détails de son intéressante démonstration, il nous semble cependant que les lignes suivantes sont à citer et à retenir, parce qu'elles éclairent bien la question et répondent par avance à toutes les objections que l'on pourrait être appelé à formuler, quand précisément on ne s'est pas donné la peine de l'étudier sérieusement.

Tout le mouvement de la machine est sous les yeux et sous la main du machiniste. Les réparations et le grais- sage sont faciles et commodes.

Les démarrages se font avec toute la douceur qu'on veut. L'arrêt se fait bien par le frein à pédale que le machiniste actionne avec son pied. En cas de besoin, l'arrêt est instantané en renversant la marche, qui n'a plus, pour les garnitures de ce système de machine, les inconvénients que présentent les machines à foyer.

Sur les fortes pentes de 60 $^m/^m$ par mètre, par exemple, la marche est aussi modérée qu'on veut, selon la position du levier de changement de marche. Les cylindres aspirent de l'air propre qui s'humidifie dans le condenseur, et ils le refoulent dans le réservoir à eau chaude. On s'aperçoit du travail de compression de l'air par la marche ascen- dante de l'aiguille du manomètre.

Le roulement de la machine se fait bien ; celle-ci passe dans les courbes de 20 mètres de rayon, sans aucune difficulté.

L'économie qui résulte du système provient, en résumé, du mode d'emploi original de la vapeur et de sa production en grande masse, avec des générateurs fixes qui utilisent le combustible, quelle que soit sa nature, dans des condi- tions bien meilleures que partout ailleurs. Il n'y a pas de perte de chaleur pendant le chargement, puisqu'on doit éviter toute dépression entre la locomotive et le générateur ; la perte par rayonnement du réservoir de la locomotive est réduite à sa plus simple expression, puisque c'est une con- dition essentielle à son emploi.

On doit en conclure que l'économie est beaucoup plus importante comparativement à la traction par chevaux.

A ces avantages économiques, il faut ajouter ceux pro- venant de la suppression du chauffeur sur chaque locomotive, de la suppression des laveurs de voiture, de la suppression des dépenses de renouvellement des tubes, de niveau d'eau, des réparations fréquentes des petites chaudières, du renouvellement des draps, garnitures et peintures de voitures, que nécessitent l'échappement de la fumée et l'usage des locomotives ordinaires. Quant aux charges d'intérêt pour l'établissement des générateurs fixes, si elles sont *légèrement* plus grandes au début, elles sont compensées, et au delà, par une plus grande durée des machines.

En outre, avec ce système, plus d'explosions possibles, plus d'avaries pour la chaudière, point de foyer lumineux pouvant effrayer les animaux, point de flammèches, point de causes d'incendie dans les campagnes, plus de bruit, plus d'escarbilles incandescentes sur la voie publique, plus d'odeur désagréable pour les voyageurs.

Un seul homme conduit facilement sa machine, en palier, en rampe, en courbe, en alignement, et cela avec la plus grande aisance ; il arrête promptement partout ; démarre rapidement et sans secousse. La manœuvre simple des leviers qu'il a sous la main lui permet d'obtenir très facilement ces résultats. La disposition symétrique du mécanisme fait que la machine marche indifféremment dans l'un ou l'autre sens sans qu'il soit besoin de plaques tournantes pour l'accrocher aux voitures. Lorsqu'elle rentre au chargement, opération qui dure de cinq à quinze minutes suivant le nombre et la surface de chauffe des générateurs, une fois la communication établie entre la machine et les générateurs, le mécanicien s'occupe à graisser et à visiter sa machine. Quand la charge est terminée, on ferme le robinet, on desserre le raccord à vis et la machine est prête à partir.

Ces manœuvres sont simples et bien plus faciles que

celles qui consistent à prendre de l'eau, du combustible, à décrasser la grille et les tubes des machines à foyer.

Ajoutons que dans une étude comparative des différents systèmes de traction mécanique très sérieuse et très complète, parue dans *le Bulletin de la société des Ingénieurs civils de France* de juillet 1894 nous relevons la conclusion suivante :

« Mais l'utilisation directe de la vapeur dans les locomotives sans foyer présente beaucoup d'intérêt et nous paraît fournir une des meilleures solutions pour la traction des trains de banlieue . . . .

Au point de vue purement économique — le plus intéressant pour beaucoup de municipalités qui ne sont pas riches — les résultats sont aussi favorables et sans vouloir donner ici des tableaux détaillés infiniment trop longs, qu'il nous soit, du moins, permis d'en condenser un, pour ainsi parler, dans les quelques chiffres suivants :

DÉPENSES TOTALES (y compris réserves)	Fil Aérien	Accumulateur	Air comprimé	Eau chaude
Par automobile de 50 pl.	18.000 f.	18.000 f.	35.000 f.	»
Par locomotive de 10 t..	»	»	23.000	4.500 f.
Par voiture de 50 places.	8.000	»	13.000	2.500

Enfin nous relevons toujours dans la même étude les lignes suivantes qui sont bien concluantes :

« En résumé, et autant qu'il est permis de tirer des conclusions absolues sur un sujet aussi complexe :

« L'emploi direct de la vapeur dans les locomotives sans foyer donnera, en général, la solution la plus économique sous le rapport des frais de premier établissement et d'exploitation, en tenant compte des charges d'amortissement. Elle conviendra très bien à la traction sur les lignes de banlieue et les petits chemins de fer d'intérêt local.

« L'air comprimé, par ses qualités spéciales, convient très bien à la traction des tramways dans l'intérieur des villes, quoique sous le rapport économique, il ne nous paraisse occuper que le troisième rang.

« Le système électrique à fil aérien se prête parfaitement aux deux services qu'il peut effectuer d'une manière très économique ; il donnera même souvent la solution la plus avantageuse sous tous les points de vue quand une chute d'eau (comme le cas s'en présente souvent dans les pays de montagne) ou une station centrale existante permettront d'obtenir la force motrice à bon marché, ou quand des installations connexes d'éclairage électrique permettront d'avoir une méilleure utilisation des machines et du personnel.

« Mais son emploi à l'intérieur des villes prête aux critiques que nous avons déjà énumérées.

« Les accumulateurs donneront presque toujours la solution la plus désavantageuse au point de vue financier. »

Nous avons dit plus haut les excellents résultats obtenus par les moteurs à vapeur sans feu ou à eau chaude appliqués à la traction mécanique dans toutes les Indes néerlandaises ; pour notre compte nous ne saurions trop insister sur cette face si intéressante des multiples applications auxquelles sont appelées les machines de M. L. Francq.

Dans les pays neufs, souvent il n'y a pas de houille, ou, s'il s'en trouve, elle n'est pas encore exploitée régulièrement et l'on ne saurait chauffer une locomotive qu'avec du charbon importé de loin et se vendant fort cher, tandis que l'on trouve toujours à bon compte le combustible

local, bois ou autre, pour chauffer la petite usine produc-
trice de la vapeur destinée à être emmagasinée.

Sur toutes les lignes à voies étroites, pour des trains
légers, autant dire par conséquent dans tous les pays
neufs, ce mode de traction mécanique est appelé à rendre
les plus grands services.

Le plus souvent il sera même capable d'amener la solution de l'établissement des chemins de fer, puisqu'il en
permet l'installation facile et peu coûteuse, même dans les
contrées où le charbon de terre est absolument inconnu ou
du moins beaucoup trop cher pour permettre l'exploitation
régulière d'un réseau de voies ferrées.

Ce sont là des avantages considérables qui, suivant
nous, sont appelés à rendre populaire à travers le monde
entier, avant qu'il soit longtemps, ce mode de traction
mécanique aussi bien que les Decauville, par exemple.

Au reste, à tout prendre, est-ce que le plus souvent
ceci ne sera pas le complément tout naturel et tout indiqué
de cela, pour le plus grand bien des populations privées
jusqu'à ce jour de moyens de locomotion rapides et
économiques ?

TRACTION ÉLECTRIQUE

Si le lecteur a la bonté de se souvenir de ce que j'ai écrit dans l'*Electricité à la portée des gens du monde* à propos des piles, il peut facilement en tirer la conclusion que le problème de la locomotion électrique va se trouver ainsi résolu et cela à un prix de revient fabuleusement bon marché.

A l'heure présente, avec des procédés défectueux, on compte déjà 35 chemins de fer électriques aux Etats-Unis et chacun sait que depuis six semaines il y a une voiture électrique qui fait le service de la place de l'Etoile à la Porte Maillot. C'est un heureux commencement et il faut espérer que l'on ne s'en tiendra pas là. (1)

Toute traction électrique repose sur les accumulateurs, or, jusqu'à présent le grand défaut des accumulateurs résidait dans leur lourdeur ; il faut une main d'œuvre considérable pour les mouvoirs, il faut les transporter et les rapporter quand ils sont épuisés, et ce moyen d'accumuler l'électricité, soit pour produire la lumière, soit pour produire la force motrice, reste encore un moyen de luxe.

Ce n'est pas que les accumulateurs manquent, au contraire, il y en a un grand nombre et naturellement chaque inventeur affirme que le sien est le meilleur.

Celui de Philippart est excellent, Jarriant en a un autre et Rousseau prétend que le sien est d'une puissance incomparable. Cependant M. de la Bastie réplique en affir-

---

(1) Il est à remarquer que depuis trois ans on a singulièrement marché dans cette voie, surtout en Amérique.

mant que la puissance de celui qu'il a inventé est absolument exceptionnelle et que, par conséquent, il reste sans rival.

En quoi les accumulateurs diffèrent-ils dans leurs points essentiels ? C'est là le côté délicat de la question ; il y a toujours quelque particularité que l'inventeur tient secrète avec un soin jaloux.

Souvent même il n'est question que d'un *tour de main*, comme disent les ouvriers, mais sans lequel tour de main on n'obtient pas les effets complets de l'appareil ?

Presque tous sont à base de minium ou d'eutoxyde de plomb, et celui qui s'écarte le plus de ces données générales est certainement celui de M. de la Bastie.

Il affirme que sous un volume un peu plus grand qu'un chapeau haut de forme il loge facilement la force d'un cheval ; jusqu'à preuve du contraire j'avoue que je ne suis pas convaincu.

Il faut bien reconnaître que si le volume est un des gros problèmes à résoudre dans les accumulateurs, surtout quand il s'agit de traction, le poids est non moins sérieux, car enfin on ne peut pas manier facilement ce qui est trop lourd ; enfin il reste la durée de la charge et il est clair que souvent on sera appelé à donner la préférence à l'accumulateur qui se déchargera le moins vite, si l'on a besoin d'un travail long et régulier.

Pour les fils on se sert depuis quelque temps de piles à écoulement, les éléments de pile sont superposés au lieu d'être juxtaposés ; on n'emploie pas de vase poreux, le liquide excitateur entre dans l'élément supérieur, se déverse de là dans le suivant et descend ainsi de suite dans les dix ou douze que l'on superpose, on obtient ainsi de grands effets, mais il faut une quantité considérable de liquide. Dans les piles ordinaires, dont chaque élément contient un vase poreux permettant à deux liquides différents de se mêler, on obtient des effets plus prolongés que par la pile à écoulement, sans changement de liquide. C'est précisément dans ce dernier genre de piles que M. Dion a introduit un nouveau liquide qui les rend absolument impolarisables.

Voilà pourquoi nous sommes bien près de toucher à la solution définitive.

Dans un tramways électrique, il faut comme pouvoir moteur, ou un dynamo, ou une batterie d'accumulateurs, ou des piles, il n'y a pas à sortir de là ; or, jusqu'à présent le prompt épuisement des liquides a fait rejeter ces dernières, il fallait une nouvelle pile impolarisable avec le nouveau liquide pour obtenir le résultat demandé.

Pour produire la force électro-motrice au moyen d'une batterie d'accumulateurs, il en faut malheureusement un nombre considérable et l'on se trouve en face de ce grand inconvénient d'un poids excessif en même temps que d'un espace énorme enlevé à la charge utile ou productive.

Si l'on a recours aux dynamos, il faut les faire mouvoir par un générateur à gaz ou à vapeur et dans ce cas il est plus simple d'employer directement leur force plutôt que de la faire passer par un dynamo.

Le problème est donc toujours le même, c'est un dilemme qui a trois faces dont on peut retrancher la dernière, les dynamos ; restent les piles et les accumulateurs.

On peut arriver à la formule suivante : pour obtenir cette traction des tramways à bon marché, il faut produire de l'électricité en quantité suffisante au moyen de *producteurs légers* et rendant beaucoup d'électricité sous un faible volume.

C'est ce qui n'avait pas encore été trouvé. Les wagons

ou tramways mûs par l'électricité dépensent plus que ceux
mûs par la vapeur.

Mais ils ont le grand avantage de pouvoir être conduits
par le premier venu. Pour conduire une machine à vapeur,
il faut un ingénieur ou tout au moins un habile mécanicien,
il en est de même pour les appareils à gaz, tandis qu'avec
une installation électrique sur un tramways, n'importe qui
peut manier le commutateur pour ouvrir ou fermer le
circuit.

Conclusion : il faut des piles impolarisables qui soient
puissantes, ou des accumulateurs également puissants,
légers et de *peu de volume* pour résoudre le problème de la
traction électrique. (1)

Je ne sais si je ne m'abuse, mais il me semble bien que
nous allons voir tout cela l'année prochaine.

---

(1) Il est bien entendu qu'il ne saurait être ici question du système à
Trolleys, toujours meilleur marché, mais seulement des cas où l'accumulateur est nécessaire, comme dans une grande ville telle que Paris.

L'ÉLECTRICITÉ ET LES TRAMWAYS

A PARIS — SOLUTION PRATIQUE — LES ACCUMULATEURS

PERFECTIONNÉS

Après trois longues séances de discussion du 9 au 11 janvier 1894, sur le projet métropolitain de M. Barthou, ministre des Travaux publics, le Conseil Municipal de Paris a repoussé le projet du Gouvernement sans rien décider. Entre temps, M. Berthelot avait demandé que le Métropolitain soit construit par la Ville de Paris, sous le fallacieux prétexte qu'il ne fallait pas laisser cette dernière à la merci des grandes Compagnies. (1)

Ce sont là de grands mots absolument vides de sens. La ville, pas plus que le Gouvernement, n'est à la merci des Compagnies, et, lorsque l'on a sous la main les capitaux de l'initiative privée, ce serait folie de les repousser pour se livrer à je ne sais quelle entreprise communale de mauvais aloi, dont les conséquences financières pourraient être grosses de périls pour la Capitale.

Obéissant toujours à la crainte chimérique de voir une partie de leurs électeurs leur échapper, les conseillers municipaux, en dehors de tout projet arrêté et, s'en tenant à des formules générales, ne veulent que d'un Métropolitain de Paris dans Paris, tandis qu'il n'a pas de raison d'être, s'il ne réunit pas le cœur même de la ville à la périphérie et à la banlieue. En un mot, il ne doit pas rappeler le fameux

(1) Voir dans le premier volume les chapitres à propos du Métropolitain.

anneau d'Eiffel, mais il ne doit être composé que de rayons remplissant le double but de pénétration et de sortie.

Ce sont là des vérités économiques et sociales d'un ordre général contre lesquelles les conseillers municipaux ont grand tort de s'insurger. Est-ce que le Métropolitain de Londres ne transporte pas chaque matin dans la Cité et ne rend pas chaque soir à l'immense banlieue les travailleurs et les gens d'affaires? Est-ce que le Métropolitain de Berlin, sur une plus modeste échelle, n'est pas le grand coup de sabre qui traverse toute la capitale?

Est-ce qu'enfin les ouvriers et les employés de Paris, désireux de payer le vin et le pétrole à bon marché, de se loger sainement et de donner un peu d'air à leur famille, iront demander à leurs conseillers municipaux respectifs la permission d'habiter en dehors des fortifications?

— Mais la propriété bâtie dans Paris y perdra considérablement, direz-vous, mais les octrois mêmes de la ville seront gravement menacés ; c'est possible, et cela prouve seulement que les octrois représentent une forme surannée d'impôts qui doivent disparaître, mais vous n'y pouvez rien, et rien au monde ne pourra entraver cette exode vers la banlieue, vers les champs, vers les horizons plus purs et plus salubres. A ce propos on s'est écrié, mais c'est le triomphe de l'idée d'Alphand :

« Le Métropolitain doit avoir pour seul objectif d'assurer la circulation de Paris pour Paris. »

Eh bien, malgré tout le respect que nous professons pour l'homme qui a tant contribué à la transformation de Paris, nous n'hésitons pas à dire qu'il s'est trompé lourdement : en effet, ce n'est pas tant le besoin de circuler dans Paris qui se fait sentir pour la grande masse des employés et des travailleurs, que le besoin de se rendre rapidement et à peu de frais le matin à son bureau ou à son atelier, que le besoin enfin de rentrer aussi facilement le soir dans sa famille.

Ceci dit, et laissant la question en l'état, nous ne voulons retenir ici que le désir nettement exprimé par le Conseil Municipal d'améliorer à bref délai, — en dehors même du Métropolitain qui ne saurait se faire que par étapes successives et avec le concours des grandes Compagnies comme le chemin de fer de Sceaux amené à la rue de Médicis, ou le chemin de fer des Moulincaux amené à l'Esplanade des Invalides, — les moyens de transport en commun dans l'intérieur de Paris.

C'est à ce point de vue spécial que les décisions, et je dirai surtout les tendances du Conseil Municipal doivent intéresser particulièrement mes lecteurs, car si, par dépit, par entêtement ou par conviction, les conseillers municipaux ne veulent pas d'un projet de Métropolitain d'ensemble — ce dont je les approuve fort pour mon compte personnel — il est bien évident qu'ils ne veulent plus davantage de la traction animale.

Comment arriveront-ils à s'entendre avec la puissante Compagnie des Omnibus qui possède une cavalerie de 15 à 16.000 chevaux? C'est à voir, et je suis de ceux qui pensent que l'on peut trouver un terrain d'entente, sans recourir aux mesures violentes qui seraient préjudiciables pour tous.

Mais enfin, du moment que le Métropolitain n'existe pas et que la traction animale est considérée comme insuffisante, en face des multiples besoins, grandissant chaque jour, de la population parisienne, je crois traduire fidèlement les idées et les espérances de tous les conseillers municipaux, en disant que pour eux la seule solution possible réside dans la traction électrique.

Du reste, depuis quelque temps, cette solution est dans

l'air, comme l'on dit, et tout le monde sent que l'avenir est là. N'avons-nous pas assisté à de nombreux concours de voitures mues par l'électricité, et ne voyons-nous pas les accumulateurs — cette dernière objection — allant chaque jour se perfectionnant par de nouveaux progrès et de nouvelles simplifications? Que ceux qui se figurent que les chevaux vont tomber à rien se consolent, on en disait autant il y a cinquante et quelques années, lorsque l'on construisait les premiers chemins de fer. Cette solution des transports par l'électricité ne se produira, pour le moment, du moins, que dans les grandes villes et les fiacres ici encore pour quelques temps, l'armée et les besoins de l'agriculture dans tout le pays, maintiendront toujours les chevaux à un prix élevé. Et, d'ailleurs, ne se vendent-ils pas le double de ce qu'ils coûtaient au moment de l'ouver-ture des premières lignes de chemin de fer? N'est-ce pas le cas de rappeler ici le vieux proverbe: Il y a place pour tout le monde sous le soleil, et l'électricité, cette science nouvelle, répondra à de nouveaux besoins, voilà tout.

Quoi qu'il en soit, il est permis de concevoir de ce chef une grande émulation parmi les inventeurs électriciens, un suprême effort parmi les constructeurs, et enfin de magnifiques résultats pour notre grande exposition de la fin du siècle.

A peine est-il besoin de rappeler ici que là, comme en toute circonstance, notre plume est toujours prête à défendre, à exposer, à vulgariser toutes les idées nouvelles, tous les progrès incessants de la science ; de la sorte, nous pourrons servir utilement : et la science électrique qui nous est chère, et les efforts du Conseil Municipal qui mérirent d'être encouragés à tous égards.

A propos de traction électrique, je parlais plus haut des accumulateurs ; il est évident que c'est sur eux que repose presqu'intégralement la solution du problème, et je suis bien forcé d'y revenir encore en quelques mots. A Paris, il ne saurait être question d'autres procédés électriques pour mettre en marche les tramways et les omnibus.

Jamais on ne se résoudra à employer la transmission de la force par des câbles aériens courant le long de poteaux parallèlement aux lignes desservies, et l'on aura bien raison ; car nous sommes trop artistes et notre ville est trop belle pour la couvrir ainsi de mille réseaux d'une toile d'araignée, ainsi que cela arrive dans certains quartiers de New-York.

Quant à la transmission de force courant sous la chaussée, dans l'état actuel de la science, ce n'est guère pratique, et je crois inutile de m'arrêter aux nombreuses objections qui se présentent à l'esprit de tous les électriciens. Reste donc la traction électrique avec l'emploi des accumulateurs, et si je pouvais dire, il n'y a pas encore bien longtemps, que le poids mort était aussi redoutable pour les voitures sur route, qu'il est insignifiant sur les voies ferrées, je dois ajouter maintenant, pour compléter ma pensée et éclairer la religion de mes lecteurs, qui pourraient concevoir quelque crainte à cet égard, que les tramways fonctionnant dans l'intérieur de Paris sur rails, forment en quelque sorte un troisième mode de transport, participant des avantages et des inconvénients des deux premiers. Cela veut dire, en d'autres termes, et chaque jour de nouveaux exemples nous le prouvent, que les tramways peuvent parfaitement loger des accumulateurs sous leurs banquettes, sans un surcroît de charge qui soit un empêchement dirimant à une exploitation normale et pratique des lignes.

Restent les omnibus, toujours exposés, dans les vieilles rues, au cahot et au heurt des pavés ; là le problème ne

sera plus tout à fait le même, il sera du moins plus difficile à résoudre, sans être insoluble. Mais chaque jour
suffit à sa peine, et lorsque tous les tramways fonction-
neront mùs par l'électricité, la ville de Paris pourra se
flatter d'avoir accompli la partie la plus difficile de sa
tâche.

Si chaque jour apporte de nouveaux perfectionnements
dans la science électrique en général, et plus particulièrement dans les accumulateurs, il y a lieu de s'en réjouir et
non pas d'en inférer que tout soit à faire dans cette voie.

Bien au contraire, les exemples de traction électrique
sont aussi nombreux en Europe que dans l'Amérique du
Nord. Chaque jour ils vont se perfectionnant, et l'on peut
dire que déjà partout ils ont fait leurs preuves.

Cela est si vrai que dernièrement la délégation du
Conseil municipal, qui était partie à Buda-Pest pour se
rendre compte *de visu* des résultats obtenus, en est reve-
nue si enchantée qu'elle a jugé inutile de se rendre à sa
seconde étape, de poursuivre son enquête et qu'elle s'est
dispensée d'aller à Black-Pool.

Pour moi, je trouve cet ensemble de faits très rassu-
rant, et j'ai le ferme espoir que le temps n'est pas loin où
Paris sera enfin doté de moyens de transport dignes de
lui et de son universelle réputation dans le monde.

C'est encore l'électricité qui aura accompli ce miracle.

LE TROLLEY A LA PORTÉE DE TOUT
LE MONDE

PROJET D'AVENIR — L'UTOPIE D'AUJOURD'HUI SERA LA RÉALITÉ

DE DEMAIN — LOCATION DE FORCE A L'HEURE ET A LA

COURSE — UNE NOUVELLE APPLICATION DE L'ÉLECTRICITÉ.

On sait que je n'aime pas beaucoup à me servir de mots étrangers et surtout de mots d'origine anglo-saxonne ou germanique, car ils ont entre autres inconvénients, celui de nous écorcher les oreilles et je suis de ceux qui pensent que notre belle langue française doit suffire à exprimer toutes nos idées.

C'était la manière de voir irréductible de mon père et cette façon de penser est pour moi comme un héritage littéraire que je conserve précieusement.

Cependant lorsque l'on s'occupe d'industries nouvelles et peut-être plus particulièrement d'électricité, on est bien forcé de se servir du jargon coutumier et de hurler avec les loups anglais, c'est pourquoi j'ai cru devoir maintenir en tête de ce chapitre le fameux mot de *Trolley* qui, cependant — calembour à part — ne me dit rien qui vaille.

Trolley vient de l'anglais *Troll*, rouler, tourner, chanter, et l'on sait qu'il désigne, à l'heure présente, le gros fil métallique ou le petit câble d'airain qui coure au haut de poteaux, au-dessus des tramways ou parallèlement sur des potences, à seule fin de transmettre la force, c'est-à-dire le mouvement à la voiture, en même temps que le courant électrique qui en est comme le véhicule mystérieux dont on se sert sans le connaître encore.

Du reste cette simple constatation ne résume-t-elle pas à elle seule, toute l'électricité elle-même ?

Mais peu importe, je n'écris pas en ce moment pour faire de la philosophie et je poursuis.

J'ai exposé dans mes chapitres précédents comment les villes de quelqu'importance de la France entière étaient en train de se couvrir de réseaux de tramways électriques, mûs par trolleys et comment Paris n'en voulait pas, à moins qu'ils ne fussent souterrains, c'est-à-dire cachés aux yeux du public, je n'ai donc pas à revenir sur ces différents points que je crois avoir suffisamment précisés.

Mais étant donné d'autre part, que l'on ne peut peut-être pas encore risquer l'établissement de tramways électriques à trolleys dans les villes au-dessous de 15.000 habitants, de crainte d'avoir un trafic insuffisant, malgré l'extrême bon marché de l'exploitation qui peut descendre dans certains cas jusqu'à 22 et même affirme-t-on 17 centimes du kilomètre heure.

Etant donné d'autre part, que dans les environs des grandes villes — je ne dis pas comme Paris dont la banlieue offrira toujours un trafic très rémunérateur — mais comme Lyon, Bordeaux, Toulouse, Marseille, Nantes, etc., on peut se trouver en face d'éléments de trafic incapables de faire marcher un tramway, quoique nombreux, parce qu'ils sont *variés* et *divers*, ne serait-il pas possible précisément pour des compagnies ou des capitalistes, de réunir, de grouper tous ces éléments et tous ces besoins divers, en se mettant à leur disposition ?

Je m'explique : Voilà les tramways électriques à trolleys établis dans toutes les villes de France de quelqu'impor-

tance, mais les petites sous-préfectures en sont encore
dépourvues et les banlieues même des grandes villes de
France, certains centres miniers et industriels du nord en
sont également dépourvus, parce que les éléments *épars*
d'activité commerciale et de circulation ne paraissent pas
suffisants aux yeux des capitalistes.

Ne serait-ce pas le moment pour ces mêmes capitalistes
de tenter une entreprise qui pourrait devenir d'autant
plus fructueuse, qu'ils seraient parvenus précisément à
grouper toute cette clientèle latente et qui s'ignore elle-
même en grande partie, car tout le monde sait que ce sont
les facilités de transport qui provoquent et créent les
voyageurs.

La démonstration n'en est plus à faire.

Prenons un exemple pour mieux faire comprendre ma
pensée. Nous voici dans la banlieue de Lyon ou de Bordeaux, si vous voulez, nous avons devant nous une de ces
belles routes vivantes, actives et tout ensoleillées du midi,
de douze ou quinze kilomètres, pour aller à une petite ville
voisine ou à un gros bourg.

Cependant elle ne possède pas de tramways, même
électriques à trolleys, parce que le capital ou la société
industrielle qui ont étudié l'affaire se disent : — Nous aurons
du monde le jour du marché, le dimanche... et après ? c'est
l'inconnu, peut-être le déficit, merci bien.

C'est là où ma proposition, mon projet, comme vous
voudrez, doit intervenir utilement et je ne crois pas être
grand clerc en ajoutant que je ne prophétise rien et que je
me contente de proposer une combinaison — nouvelle
aujourd'hui — qui ne peut manquer de devenir la réalité
féconde de demain.

Donc il faut que des compagnies se fondent, partout où
la chose paraît possible, bien entendu, le mouvement assez

actif et après une étude approfondie des chances de réussite, pour ouvrir un tramway électrique à trolleys à deux
voies parallèles sur rails, l'une montante, l'autre descen-
dante, car dans l'espèce les voies de garage seraient insuffisantes, impraticables et dangereuses.

Et n'allez pas vous récrier que ces deux voies seraient
trop dispendieuses, précisément parce que le trafic est restreint sur le parcours ou dans la contrée.

Non, car dans l'espèce, en dehors de son service régulier
de voitures, la compagnie, sur tout son parcours, à l'aller
comme au retour, loûrait tout à la fois ses rails et son
trolley et *fournirait ainsi la force et le mouvement à l'heure
ou à la course à toutes les voitures qui voudraient en user.*

— Parfaitement mais il faudrait que toutes les roues de
toutes les voitures soient à la même voie, c'est-à-dire à la
même largeur.

— Ce ne serait pas difficile.

— Il faudrait savoir où trouver ces voitures s'adaptant
au fil au moyen du trolley.

— Partout, comme les bicyclettes par exemple, si l'u-
sage s'en généralisait, et les compagnies qui exploiteraient
ces lignes pourraient elles-mêmes en vendre.

N'oubliez pas que si l'usage s'en répandait tout à coup,
dans toute la banlieue d'une grande ville comme Lyon, il
est bien évident que les commerçants, les fabricants, les
industriels, les boutiquiers, tels que bouchers, boulangers,
blanchisseurs et les rentiers mêmes n'hésiteraient pas à
acheter cette voiture au mécanisme très simple, ou feraient
transformer la leur, car ça leur coûterait tout à la fois
infiniment moins cher qu'un cheval ou que l'acquisition
d'une voiture automobile dont je vais avoir à m'occuper
plus loin.

Avec ce système, pas de dépenses journalières, comme

avec le cheval ; pas de grosse dépense d'achat, comme avec
l'automobile. Vous voulez sortir de la ville et faire vos
six, huit, dix, douze kilomètres sur la route, vous entrez
sur la voie, vous accrochez votre trolley au fil et, vogue
la galère, vous partez comme le vent, en payant quelques
sous de location à la Compagnie qui vous fournit la force,
c'est-à-dire le mouvement.

Je ne sais si je m'abuse, mais je crois mon projet très
simple et très réalisable.

Je suis persuadé qu'il rendrait les plus grands services
dans la France entière, car, encore une fois, si l'idée se
généralisait et s'appliquait partout, tout le monde tiendrait
à honneur, dans son intérêt et par économie, à avoir ainsi
sa voiture outillée pour marcher avec trolley.

Il n'y aurait jamais encombrement, jamais d'accident,
puisqu'il n'y aurait qu'à prendre la file, avec une voie de
garage à chaque village, à chaque agglomération un peu
importante, en plus des deux voies montante et descen-
dante parallèles, bien entendu.

Qu'on y réfléchisse bien, l'avenir des transports à bon
marché, dans beaucoup de cas, c'est-à-dire dans beaucoup
de contrées, doit être dans l'application du trolley comme
force motrice louée à l'heure au premier venu, pour quelques
centimes.

On achètera 10 kilomètres de force motrice par trolley,
du mouvement, sur la route, comme on achète aujour-
d'hui des timbres-poste.

Je ne veux pas dire que ça doive devancer, tuer ou
remplacer l'automobile naissante, mais je veux simplement constater que ça doit devenir, autour des grandes
villes surtout, le moyen le plus sûr, le plus économique
et le plus rapide de locomotion à bon marché.

— Qui veut louer mon trolley à l'heure de Paris à Robinson, sera peut-être le cri de demain, et croyez que les premiers esprits initiateurs et hardis qui s'en serviront, avec leur véhicule préparé *ad hoc*, ne seront pas des ânes !

VOITURES AUTOMOBILES

Une Société d'encouragement à l'Industrie m'ayant fait l'honneur de me demander la rédaction d'une espèce de programme, j'ai rédigé la note ci-dessous que je crois utile de publier à l'heure actuelle, car la perfection est, en ce moment, loin d'être atteinte ; ces quelques données générales pourront peut-être encore fournir des indications bonnes à suivre pour les prochaines courses, ceci dit, voici le rapport :

« En organisant ce concours, l'Académie Nationale ne doit pas avoir le désir de prendre parti pour un système déterminé, et il doit être bien entendu, au contraire, qu'elle ne désire récompenser que le véhicule qui lui paraîtra renfermer la plus grande somme de progrès, de commodité pratique et d'économie.

« Ainsi donc, la voiture pourra être à force motrice quelconque, vapeur, gaz ou électricité. Dans le premier cas, elle peut être chauffée par le charbon, le pétrole ou par tout autre combustible. Elle peut être mue par la vapeur emmaganisée à haute pression, par l'air comprimé ou par des accumulateurs électriques : elle peut, en un mot, être mise en mouvement par n'importe quel procédé, y compris le mouvement perpétuel, si la chose est possible.

« Encore une fois, l'Académie Nationale ne devant avoir aucune idée préconçue, doit être disposée à examiner tous les projets en toute indépendar.ce de vues.

« La seule chose importante qui doit être recherchée, c'est le côté pratique et ütile pour le plus grand nombre.

Il faut donc, avant toute chose, que la voiture n'atteigne pas des prix par trop élevés, car si l'on présentait, par exemple, aux membres de notre jury spécial, une voiture de premier ordre du coût de 20,000 francs, et une autre suffisante, mais du prix plus modeste de 4,000 francs, il est évident que nous serions obligés de nous prononcer en faveur de cette dernière, parce qu'encore une fois l'Académie Nationale ne veut organiser un concours, ni purement scientifique, ni de luxe, mais seulement utilitaire et pratique.

« Toujours pour répondre à ces conditions du programme, les concurrents devront présenter les voitures offrant la plus grande somme de sécurité possible, c'est-à-dire incapable de faire explosion, quel que soit leur mode de traction, et facilement maniable sur route.

« Enfin il conviendra encore de ne pas oublier que l'appareil doit être simple et facile à conduire, sans danger, par le premier venu, après la plus élémentaire des initiations.

« Car, en effet, s'il fallait un mécanicien compétent et muni de connaissances spéciales pour conduire le véhicule, ce dernier, par cela même, cesserait d'être utile et pratique pour le plus grand nombre.

« Si la voiture tire sa force initiale du pétrole ou du schiste, les fabricants devront toujours s'arranger de manière à ce que l'appareil n'émette aucune mauvaise odeur, difficilement supportable, car autrement les dames se refuseraient à se servir de ce mode de locomotion.

« Inutile d'ajouter que les fumivores *ad hoc* devront jouer le même rôle par rapport à la fumée.

« Si la combustion produite par le charbon, le pétrole ou toute autre matière développe une grande chaleur, il est de toute nécessité que les voyageurs n'en soient pas incommodés, et que les banquettes elles-mêmes ne soient pas échauffées, car autrement le véhicule deviendrait insupportable, surtout en été.

« Pour rester dans des données moyennes, qui paraissent correspondre d'un côté aux besoins du public, et de l'autre, à la sécurité générale, aussi bien qu'aux ordonnances de police qui régissent les routes, nous pensons que l'on peut s'en tenir à une vitesse moyenne de 15 kilomètres à l'heure qui constitue la vitesse maxima des meilleurs trotteurs attelés. Une vitesse supérieure serait tout à la fois inutile, dangereuse et interdite, et nous n'avons donc pas à nous en occuper ici.

« Il est même bien entendu que cette vitesse de 12 à 15 kilomètres à l'heure, pour être utilisée pratiquement, devra toujours être obtenue par une voiture en état de ralentir ou d'accélérer instantanément, en état enfin d'arrêter ou de tourner dans tous les sens avec une extrême facilité et presque instantanément aussi. N'est-il pas clair, en effet, qu'une voiture automobile qui ne serait pas capable d'obéir à son conducteur avec la docilité d'un cheval serait condamnée d'avance ?

« Intentionnellement l'Académie Nationale ne doit pas vouloir renfermer les inventeurs dans les cadres d'un programme étroit, nettement défini ; elle laisse à chacun toute liberté d'action ; elle n'impose aucun choix particulier, se contentant de demander un bon marché relatif dans l'exécution, beaucoup de sécurité, un maniment facile et à la portée de tout le monde, la suppression des inconvénients de la chaleur, de la fumée et de l'odeur, et enfin, le plus d'élégance possible dans la construction même des véhicules, de manière à remplacer, s'il est possible, l'harmonie détruite par la disparition du cheval, harmonie qui n'est peut-être que le fait d'une grande accoutumance, mais qui n'en réside pas moins dans l'œil de chacun.

« Après le chemin de fer, qui est le grand moyen de locomotion de tous, après la bicyclette qui est le procédé individuel, la voiture automobile, sans chevaux, comblerait une lacune importante, répondrait à une foule de besoins intermédiaires, et si le Concours de l'Académie Nationale peut faire avancer, sinon résoudre définitivement la question, ce sera un grand honneur pour notre Société. »

Les idées personnelles qui viennent d'être exposées ont été reconnues d'une très grande justesse, et ont reçu, dans leur ensemble, l'approbation du Conseil d'Administration de la Société, qui, après échange de vues entre les différents Membres, a pris la délibération suivante :

« Le Conseil d'Administration de l'Académie Nationale, dans la réunion du 14 mai, a décidé d'affecter le prix Aymar-Bression en l'année 1895 à la question de la locomotion mécanique, et de décerner ce prix, consistant en une somme de cinq cents francs, au constructeur de la meilleure voiture automotrice qui serait présentée au concours spécial organisé à cet effet dans les conditions faisant l'objet d'un règlement particulier. »

Le Directeur donne lecture des termes du règlement qui a été définitivement arrêté par le Conseil d'Administration et qui est publié d'autre part.

Sur le désir exprimé par M. Lagache, le Directeur déclare qu'il sera demandé au lauréat du prix Aymar-Bression de présenter la voiture primée à une réunion spéciale des Membres de l'Académie Nationale. (1)

(1) Voir *Notes* à la fin du volume.

L'AUTOMOBILE DE DEMAIN

I

SÉCURITÉ PRIVÉE ET SÉCURITÉ PUBLIQUE — LA VITESSE
RAISONNABLE — CE QU'IL FAUT A LA CAMPAGNE

Je me suis efforcé, dans le chapitre précédent, de formuler ce que l'on pourrait appeler les règles générales et
d'énoncer les qualités nécessaires à toutes voitures automobiles, en tant qu'automobiles et parce qu'automobiles.

Maintenant il me semble que mon travail ne serait pas
complet, surtout après la grande course de Paris-Marseille,
de fantastique mémoire, si je ne disais pas un mot des
qualités générales que doivent posséder les automobiles,
non pas seulement en tant qu'automobiles, cette fois, mais
en tant que voitures devant circuler sur la voie publique,
ce qui n'est pas du tout la même chose.

A ce point de vue spécial et pour bien faire comprendre
ma pensée, je ne saurais mieux trouver que les lignes
suivantes qui parurent sous la signature de Marie Déprez
dans le *Génie Industriel* en octobre 1896 pendant, précisément, la course de Paris-Marseille :

« L'automobile a désormais sa place marquée dans
notre civilisation, mais elle doit compter avec les forces
extérieures et les droits d'autrui. Qu'il plaise à un jockey,
à un cycliste, à un automobiliste, de faire 60 kilomètres à
l'heure, en champ clos, c'est son affaire, mais dans les rues
publiques, sur les routes nationales, départementales ou

simplement vicinales, c'est une autre paire de manches : il constitue alors un danger et nous demandons à en être préservés, nous piétons, cyclistes ou automobilistes qui voulons circuler en sécurité, qui prétendons avoir droit à l'espace comme à la lumière.

« Et comme nous portons le plus vif intérêt à l'automobilisme, nous envisageons l'excès de vitesse comme fâcheux pour la cause que nous défendons. »

Voilà qui précise parfaitement la question et malgré les noms connus que l'on a pu voir en tête de la course de Paris-Marseille et malgré la compétence et les hautes qualités que l'on se plaît à leur accorder dans leur petit monde restreint d'admiration mutuelle, on ne peut s'empêcher de trouver que cette course interminable, à une vitesse folle et vertigineuse, paraissait aux yeux du public avoir bien plus été organisée par des enfants inexpérimentés et étourdis que par des ingénieurs spéciaux.

Cela tient tout simplement à ce que pas mal de membres de la noblesse se sont pris tout à coup d'un bel amour pour l'automobilisme. Ce n'est pas que je les en blâme, au contraire, et je suis fort heureux de constater cette bonne volonté bien inattendue ; mais derrière M. le comte ou M. le baron un tel, bien connu comme grand inventeur en automobiles, la vérité nous oblige à dire qu'il y a toujours un ingénieur, un praticien qui est l'inventeur *réel* et, s'il nous était permis de presser sur le bouton pour faire voir ce qui est la réalité, derrière le rideau de convention que l'on montre au public, on serait vraiment bien étonné de trouver les célèbres au dernier rang et les inconnus au premier, tout comme dans l'évangile.

Ce n'est pas d'aujourd'hui, d'ailleurs, que certains oiseaux ont aimé à se parer des plumes du paon, surtout lorsqu'ils possèdent le capital, le nerf de la guerre et de l'industrie. Le mal ne serait pas grand si les représentants de l'armorial français et... étranger avaient du moins le bon sens et la prudence d'écouter les hommes compétents qui sont derrière eux, en se contentant de jouer la simple parade qui devrait être, pour certains, prétend-on, le monopole tout naturel de leurs quartiers de noblesse.

Malheureusement il n'en n'a pas été ainsi, ces ingénieurs improvisés n'ont pas voulu suivre les conseils des ingénieurs pour de bon et ils ont provoqué, avec une inconscience capable de désarmer les plus sévères, cette série inutile d'accidents et d'incidents de Paris à Marseille. C'est qu'il y a toujours un danger réel à se figurer que l'on conduit une automobile comme l'on conduit son pur-sang le matin, dans les allées du bois.

Espérons donc dans l'intérêt de l'automobilisme qui est appelé certainement au plus brillant avenir, que l'on ne s'amusera plus à renouveler ces petites incartades et que les débris les plus éminents de la noblesse se contenteront d'apporter leurs capitaux et leurs encouragements, car, en vérité, leur participation active finirait par devenir dangereuse non seulement pour la vulgarisation des voitures automobiles, mais encore pour les simples citoyens qui se figurent tout uniment qu'il est permis de circuler en sécurité sur les routes.

Ceci dit, je ne veux pas revenir sur les conditions d'élégance, de solidité et de sécurité que doivent présenter les automobiles, cependant, sans insister de nouveau sur ce que j'appellerai les *qualités techniques* dont j'ai parlé dans le chapitre précédent, on avoûra qu'il doit être pour le moins nécessaire de tenir compte de ces trois conditions générales et qu'il semble assez malaisé de les négliger, ou assez inutile d'en ajouter d'autres. Je n'ai pas à insister sur l'élégance qui est bien un peu conventionnelle, bien un

peu une question *d'éducation de l'œil* et qui, en tous cas,
ne regarde que le client, mais il ne saurait en être de
même des deux autres : *solidité et sécurité* ; or, si je ne
m'abuse, c'est un peu ce que l'on a trop perdu de vue jusqu'à ce jour et si M. le comte un tel ou M. le baron X ont
bien voulu se préoccuper de la solidité des machines, des
voitures, dans les courses et les épreuves antérieures, ils
ne se sont jamais occupés de la sécurité, ni des gens qui
étaient dans l'automobile, ni de ceux qui pouvaient les ren-
contrer sur les routes et c'est là précisément ce que l'on
est en droit de leur reprocher, car, encore une fois, en
agissant de la sorte ils ne sauraient se figurer combien ils
ont été à l'encontre des véritables intérêts de l'automobilisme.

En effet ce n'est pas en courant, comme des écervelés,
à 60 kilomètres à l'heure, sur les grandes routes de
France, que l'on peut avoir la prétention de tenir compte
de la sécurité des personnes qui sont dans la voiture ou de
celles que l'on rencontre sur son passage.

— Mais ces hommes sont braves.

— Parfaitement, le marquis de Morès aussi était brave,
mais il était fou, en même temps, et ce n'est pas ainsi que
l'on organise des concours sérieux et pratiques. Allons,
MM. les hommes du monde, nous rendons un juste hommage à votre courage et à votre bonne volonté, mais de
grâce laissez les enfants à leurs mères et... les automobiles
aux ingénieurs, et croyez que tout ira pour le mieux dans
le monde de l'automobilisme sur lequel vous avez daigné
jeter un regard bienveillant.

Prenez en province un médecin de campagne, un no-
taire, un huissier, un entrepreneur de travaux de maçon-
nerie ou autres, qui doivent être toute la journée par monts
et par vaux, de quoi ont-ils besoin, sinon d'une automobile

fermée et chaude en hiver, solide et qui offre une *sécurité absolue* pour eux et pour les personnes qu'ils croisent; ils ont donc besoin pour cela de faire 12, 15 à 16 kilomètres à l'heure si vous voulez, mais jamais 60 et voilà pourquoi les ingénieurs les plus compétents n'ont pu s'empêcher de sourire devant la course de Paris-Marseille qui n'était rien moins que concluante, puisque, si elle tenait compte d'une vitesse inutile et dangereuse, elle ne tenait pas compte suffisamment des qualités pratiques *d'endurance*, si l'on peut s'exprimer ainsi, que l'on est en droit d'exiger de toute bonne voiture automobile.

Et puis comme le disait très justement le *Génie Industriel* que j'ai déjà cité, il ne faut pas se dissimuler que ces vitesses folles de 60 kilomètres à l'heure nous prépareraient une ère de contraintes administratives qu'il convient d'éviter à tout prix.

Dans cet ordre d'idées et sans vouloir me prononcer d'une façon absolue, je crois que l'on peut, dès maintenant se débrouiller et voir quelle est l'automobile qui paraît offrir le plus de garanties et qui semble la plus pratique à la campagne.

Ça fera l'objet d'un prochain chapitre.

II

Les voitures automobiles de l'avenir seront-elles mues
par la vapeur, l'électricité ou le pétrole ? A l'heure présente
il serait peut-être encore imprudent de se prononcer d'une
manière définitive en faveur d'un système plutôt que d'un
autre. La vapeur exige beaucoup de charbon, par conséquent beaucoup de place et charge le véhicule d'un poids
mort considérable, mais peut-être pourra-t-on arriver à
employer des combustibles à l'état liquide ou comprimé,
tenant moins de place et pesant moins lourd, et peut-être
Serpolet lui-même n'a-t-il pas dit le dernier ni son dernier
mot ; l'électricité, quand il ne s'agit pas de trolleys, comme
je l'ai démontré dans un chapitre spécial, exige des accumulateurs qui, en dehors du poids et du volume, ont le
grave inconvénient de se décharger beaucoup trop vite.

Reste donc le pétrole. Mais il a contre lui l'odeur, la
chaleur qu'il dégage, etc., disent ses adversaires ; je ne le
sais que trop et c'est pourquoi j'ai commencé par dire que
l'enquête et l'ère des recherches et des trouvailles heureuses — espérons-le — restaient toujours ouvertes.

Cependant cela ne doit pas nous interdire de parler des
derniers perfectionnements apportés d'une manière générale dans la construction des automobiles et que l'on doit
être en droit d'exiger de tous les fabricants.

Si, pour donner des exemples plus tangibles, nous nous en tenons aux voitures mues par le pétrole, il est évident que le moteur devra être toujours horizontal, ce qui lui permet de marcher à une vitesse modérée et d'être toujours facilement réglable.

Du reste n'est-ce pas le seul moyen que l'on ait encore trouvé pour éviter les trépidations et le bruit si désagréable produit par les moteurs verticaux ?

On sait que l'inflammation du mélange carburé est obtenu souvent par des tubes à incandescence, mais il me semble que dans l'espèce il est préférable de recourir tout uniment à l'étincelle électrique.

Enfin il est indispensable que la mise en marche du moteur puisse se faire du siége, sans avoir à remonter l'appareil d'en bas, comme une simple boîte à musique ; pour la même raison l'embrayage doit pouvoir s'obtenir facilement par la manœuvre d'un levier.

Avec des automobiles ainsi comprises on doit obtenir la vitesse que l'on veut, entre 10 et 25 kilomètres à l'heure, ce qui est plus que suffisant pour les personnes raisonnables.

Il faut supprimer aussi les engrenages inutiles et les remplacer par de simples courroies de transmission, car c'est là encore le meilleur moyen, avec la position horizontale du moteur, comme je viens de le dire, d'éviter ce bruit de ferraille si caractéristique et si désagréable.

Il convient de n'employer que du pétrole rectifié à la densité de 700 environ et la dépense moyenne, suivant le poids transporté et l'état des routes bien entendu, pourra varier entre 3 et 5 centimes par kilomètre. Avec une voiture ordinaire on peut emporter assez de pétrole pour parcourir de 100 à 300 kilomètres, ce que l'on ne saurait encore faire avec des accumulateurs électriques, du moins couramment et à moins d'aller à des vitesses exagérées.

Il faut que les organes de direction permettent des virages presque sur place et il faut enfin que les freins manœuvrent aux pieds et à l'œil, c'est le cas de le dire, pour obtenir des arrêts presque instantanés, sans recul et risque de renversement en arrière, bien entendu.

— Vous en demandez beaucoup aux automobiles, me direz-vous ?

— C'est possible, mais il faut qu'il en soit ainsi, si l'on veut que ce mode de locomotion devienne véritablement pratique et commode et se répande rapidement.

Du reste je dois à la vérité de déclarer qu'à la dernière exposition de voitures automobiles qui s'est tenue au Palais de l'Industrie au mois d'octobre 1896 — il n'y a pas longtemps — je n'en ai pas rencontré beaucoup qui me semblaient répondre exactement à tous ces désidérata, car, je ne saurais trop le répéter, pour ma part je n'accorde et je ne veux accorder qu'une attention tout à fait relative aux rapidités vertigineuses qu'on nous signale. Ça peut passionner des Anglais, mais ça n'offre absolument rien de pratique, au contraire.

Cependant je crois que l'on peut formuler une exception très élogieuse en faveur des voitures de Louis Damien-Triouleyre, l'ingénieur des mines bien connu, qui s'est consacré tout entier depuis quelque temps à l'étude de l'automobilisme.

Ou je me trompe fort, ou ses appareils paraissent avoir résolu pratiquement et victorieusement la plupart des difficultés que je ne viens d'énumérer que bien imparfaitement.

Quoi qu'il en soit les efforts de Louis Damien-Triou-

leyre sont certainement de ceux qui doivent retenir l'attention des savants et des chercheurs. (1)

Tout à l'heure je disais qu'une voiture automobile bien
établie ne devait pas dépenser plus de 3 à 5 centimes par
kilomètre, en cours de route ; c'est pour rien, c'est entendu,
malheureusement, quant à présent du moins, il y a un

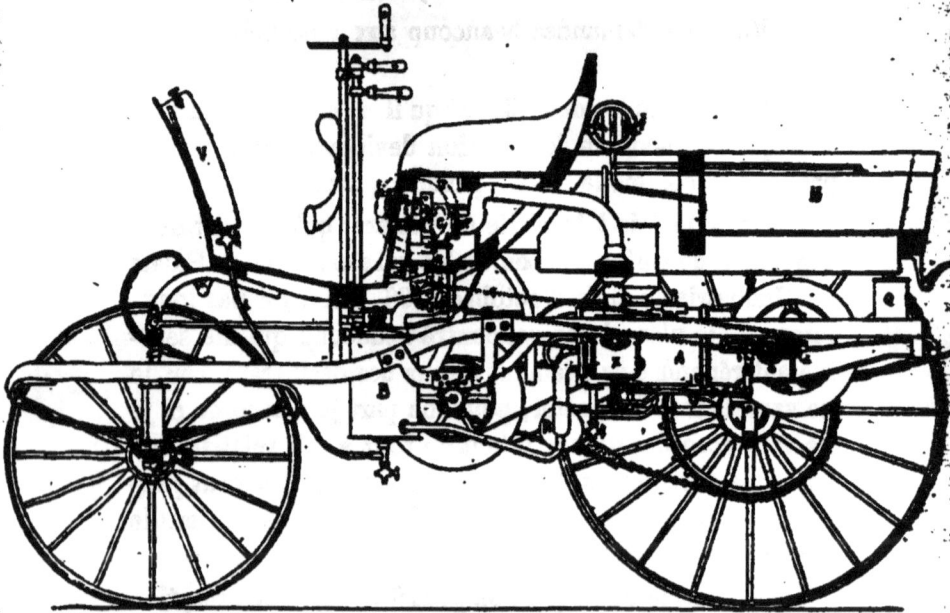

(1) VOITURE AUTOMOBILE A PÉTROLE
A DOUBLE SUSPENSION ET MISE EN MARCHE DU SIÉGE
Système Louis DAMIEN-TRIOULEYRE

LÉGENDE

V. Réservoir d'essence.
B. Carburateur.
C. Robinet de mélange.
X. Boîte d'explosion.
A. Cylindre.
L.-M. Cône moteur.
N.-S. Poulies folles.
T. Cône fixe contenant le différen-
tiel.

E. Pignon de commande des chaînes
G. Poignées de commande des vi-
tesses.
O. Manette de direction.
R. Détendeur des gaz.
H. Réservoirs d'eau.
Q. Echappement.
U. Manivelle de mise en marche.
J. Condenseur.

revers de la médaille, qu'en historien impartial de la question, il est de mon devoir d'exposer également, je veux dire le prix d'achat du véhicule lui-même.

Une bonne voiture automobile ordinaire, à deux ou quatre places, représentant de 3 à 4 chevaux, coûte encore de 5 à 7.000 francs. Je sais bien qu'elle ne mange pas et ne périt pas d'épidémie, mais enfin c'est une grosse mise de fonds initiale et qui est de nature, que l'on ne s'y trompe pas, à arrêter encore longtemps l'essai du nouveau mode de locomotion, sinon auprès des sociétés, du moins auprès du public ordinaire qui se sert de voitures, serait heureux de recourir à ses bons offices, mais trouve le prix d'achat encore trop élevé.

Les grandes voitures à 6 et 8 places, les omnibus à 5 chevaux de force, varient même parfois entre 7.000 et 9.000 francs, il est évident que ce sont là de gros chiffres et que l'on serait heureux de les voir sensiblement baisser.

Mais il ne faut pas oublier qu'en définitive, l'automobilisme n'en est encore qu'à ses débuts et que ses progrès, relativement rapides, d'hier, nous permettent de bien augurer de ceux de demain.

Alors nos routes pourront en voir passer un grand nombre et les services qu'elle rendraient dans les départements pourraient véritablement devenir incalculables.

De grâce, MM. les ingénieurs, trouvez le moyen de construire aussi bien — c'est entendu — mais seulement un peu moins cher !

．＊．

Comme j'écrivais la dernière ligne de ce chapitre, j'apprends que l'honorable M. Bozérian, député, revient sur la question des subventions à donner aux tramways et automobiles et affirme que ce n'est pas aux Chambres, mais bien au Ministère des Travaux publics, en vertu du chapitre 44, à donner la dite subvention.

Eh bien, n'en déplaise à M. le Député, qui est mon ami et dont j'estime fort le caractère, je lui redirai de nouveau qu'il se trompe absolument. L'Etat ne doit rien, ni le Ministère non plus, aux tramways et automobiles, mais seulement aux chemins de fer, ce qui n'est pas du tout la même chose.

Les villes imposent, au contraire, partout, et à juste titre, de lourdes charges aux tramways et automobiles : entretien des voies où ils passent, partage dans les bénéfices, etc., et, aujourd'hui même, les compagnies qui demandent des concessions, outre ces charges, sont trop heureuses, après le service des intérêts au capital, de proposer de partager leurs bénéfices en tiers entre le capital, leurs employés et la ville ou le département.

Il y a loin de là à demander une subvention !

M. Bozérian continue à confonde les tramways et automobiles avec les chemins de fer, et je prends la respectueuse liberté de le lui rappeler.

Lui-même déclare que l'on établit une ligne, tous frais compris, à 4.000 francs le kilomètre, il ne s'agit donc pas de chemins de fer. De plus, l'exploitation revient à 35 ou 40 centimes le kilomè're, il ne s'agit donc pas toujours de chemins de fer, et l'aimable député du Loir-et-Cher, après avoir étudié la question, sera le premier à reconnaitre qu'il n'y a aucun rapport entre une ligne de voie ferrée et un service d'automobiles à qui, loin de donner des subventions, on doit toujours imposer, en dehors de l'entretien de la route où il passe, le partage des bénéfices.

J'espère que maintenant la cause est bien entendue. (1)

_____

(1) Voir note à la fin du volume.

LES VÉLOCIPÈDES

LES VÉLOCIPÈDES

BICYCLES, BICYCLETTES ET TRICYCLES — IMPORTATION
ÉTRANGÈRE — A QUOI PENSAIT M. DE FREYCINET ? —
HOMMAGE A L'UN DES PREMIERS INVENTEURS.

Puisque la bicyclette est devenue un des joujous favoris
de la jeunesse, il n'est peut-être pas sans intérêt de
formuler ici quelques réflexions rétrospectives à son égard,
et sans vouloir en montrer la genèse par le menu, je pense
que cela pourra amuser un instant mes lecteurs.

Au mois d'août 1888, il était encore absolument défendu
de circuler sur aucune machine de ce genre, dans la bonne
ville de Berlin. A ce moment précis de l'été 1888 —
j'insiste sur le fait qui est instructif — plusieurs sociétés
d'amateurs se sont formées spontanément dans la capitale
de la Prusse, puis elles ont grandi dans des proportions
effrayantes, puis elles ont fusionné, puis elles ont vite
obtenu, pour leurs membres, la faculté de circuler dans
les rues, puis enfin les *vereins* ont bientôt obtenu que
certaines rues soient bitumées.

Et tout cela, ne l'oubliez pas, s'est passé en quelques
mois, c'est-à-dire pendant l'automne de 1888.

A cette époque, tous les jeunes gommeux de Berlin se
promenaient le soir sur des bicycles et tricycles — la
bicyclette n'était pas encore vulgarisée et perfectionnée —
qu'ils louaient à l'heure dans des maisons américaines ou
anglaises, qui étaient venues peu de temps auparavant
installer des dépôts et ouvrir des boutiques de vente et de
location dans la métropole de la choucroûte.

La plupart de ces maisons vendaient des petits plans de
Berlin, fort bien faits, ma foi, et où étaient indiquées, avec
une minutieuse exactitude, par des lignes rouges, les voies
bitumées ou pavées en bois.

On pouvait, à cette époque, voir des montagnes, le
mot est juste, de ces machines à deux et trois roues, à la
douane de Berlin, venant des Etats-Unis ou de l'Angleterre. Le mode d'emballage était fort simple et peu coûteux.

Je me souviens d'avoir signalé la chose à ce moment-là,
aux industriels parisiens, en leur disant :

« Allez à Berlin, louez-y une boutique, remplissez-la
de bicycles, bicyclettes, tricycles et de petites voitures dans
le genre de celles que la *Lanterne*, par exemple, emploie
pour ses porteurs et vous pouvez être certain de réaliser

de gros bénéfices, non seulement parce que ce mode de locomotion fantaisiste est très à la mode en ce moment en Allemagne, mais parce que vous êtes dans une excellente situation pour lutter avec les Anglais et surtout les Yankees, comme frais de transports. »

Naturellement, ces messieurs m'ont ri au nez, n'ont rien tenté dans cet ordre d'idées et ont pensé que les économistes seraient toujours des rêveurs.

Pour cette fois, ils avaient, hélas ! absolument raison et je vais tâcher de le démontrer plus loin.

. * .

Donc, nous venons de voir que la manie du vélocipède, sous ses différentes formes, qui devait se figer définitivement dans celle de la bicyclette, — ce qui se comprend d'ailleurs, sans explication — avait pris tout à coup, comme une traînée de poudre, dans l'empire d'Allemagne en 1888, et que les Anglais et les Américains étaient les seuls fournisseurs.

Non seulement en quelques mois les autorités favorisaient le développement de ce nouveau jeu et laissaient circuler les machines, mais les Allemands, d'ordinaire si lourds, se mettaient, dans les grandes entreprises, similaires, si l'on peut dire, de mécanique, à fabriquer des vélocipèdes sous les trois espèces du Bicycle, de la Bicyclette et du Tricycle.

Bientôt, en un mot, en quelques mois à peine, imitant tout à la fois et l'Anglais et l'Américain, ils avaient bel et bien créé une industrie nationale, nouvelle, chez eux.

. * .

Et chez nous ? ah bien oui, j'étais rudement naïf d'aller indiquer des débouchés nouveaux à de braves gens qui ne sont fabricants que de nom et qui, fort tranquillement, continuent à se fournir à l'Etranger, chez les étrangers dont ils ne sont que les représentants.

— Comment ces innombrables boutiques de la rue du Quatre-Septembre, de l'avenue de la Grande-Armée et des voies adjacentes, ne sont pas l'image d'une grande et florissante industrie nationale chez nous ?

— La plupart du temps, malheureusement non, et si vous avez un peu voyagé, si vous avez un peu l'habitude de ces sortes de choses, vous ne tarderez pas à reconnaître que dans chaque machine, la plupart des pièces sont fournies par l'Angleterre, l'Amérique du Nord et l'Allemagne, mais pas du tout par la France.

Voilà, hélas ! ce que l'on appelle favoriser l'industrie nationale. (1)

— Et ce qu'il y a de plus triste en tout cela, c'est que non seulement nous n'avons pas su créer là une véritable industrie française, et évincer pour toujours la concurrence étrangère, mais c'est qu'encore une partie même des vélocipèdes commandés pour l'armée, du temps de M. de Freycinet, sont de provenance et de fabrication étrangères.

Et ici que l'on ne me chicane pas sur les mots, car si les pièces viennent du dehors et sont plus ou moins remontées ou ajustées en France, la machine n'en est pas moins étrangère, ce que je maintiens.

Du reste la chose devait importer peu à M. de Freycinet qui, par des décrets bizarres — soyons poli — portait la ruine et le désespoir dans des villes, dans des départements entiers de la France, en les empêchant de fournir des matières à l'armée nationale, témoin l'interdiction pendant cinq ans à Sedan et à toute la contrée de concourir pour fournir du drap à nos armées.

(1) Aujourd'hui une partie de ces inconvénients et de ces fâcheuses habitudes commerciales et industrielles ont enfin disparu.

— A quels motifs secrets, à quelles suggestions louches, M. de Freycinet pouvait-il bien obéir, en prenant des décisions qui ruinaient une partie de la France ?

— L'esprit reste confondu devant de pareils faits, et il n'y a certainement que M. Clémenceau ou le docteur Cornélius Herz, ex-grand officier de la Légion d'honneur, qui pourraient nous fournir le mot de l'énigme.

Et puis chez nous, il faut bien le reconnaître, les courses folles à travers le territoire, en développant les maladies de poitrine dans des proportions effrayantes, en jetant des centaines de malheureux jeunes gens sur le flanc, eussent singulièrement déconsidéré un exercice qui pouvait être très amusant et parfois utile, à condition que l'on sache en user avec modération.

On a voulu faire de la bicyclette une machine à pleurésie, à pneumonie et autres maladies du même genre ; ça a été tout à la fois une mauvaise action et une lourde faute au point de vue du développement de cette intéressante industrie, sur laquelle les manœuvres des bookmakers ont jeté pour longtemps un fâcheux discrédit.

*
* *

Ceci dit, un dernier mot d'histoire rétrospective ; dernièrement le *Midi Républicain* publiait la petite note suivante :

« On a attribué à bon nombre de personnes l'invention du vélocipède. Son inventeur est, en réalité, M. l'abbé Piatton, aujourd'hui âgé de soixante-dix-neuf ans, et chapelain au château de Saint-Maurice-d'Exil, qui appartient à Mme Dugas, belle-mère des barons Emilien et Joseph de Franclieu.

Dès 1827, M. l'abbé parcourait en vélocipède les routes du Dauphiné, au grand ébahissement des paysans.

Ce vénérable ecclésiastique est un mécanicien des plus ingénieux.

Son appartement est machiné comme le théâtre de Robert Houdin, et malgré son grand âge, il prend plaisir aux inventions les plus modernes et ne désespère pas de venir à Paris en chemin de fer électrique. »

Eh bien, c'est là une erreur ; dès le Directoire, c'est-à-dire voilà bientôt près de cent ans, (1) il y avait des espèces de vélocipèdes, à telle enseigne que l'on en avait doté un certain nombre de facteurs, comme on peut le voir en consultant les caricatures du temps.

Enfin, plus tard — et c'est là un point qui me tient fort au cœur — un de mes grands-oncles maternels, ingénieur-mécanicien des plus distingués, M. Victor Leleu, inventait lui aussi, vers 1830 à 1835, un des premiers systèmes connus de vélocipèdes sous le nom d'*Ancrifice* ou *Ancrifère*.

Ses ateliers étaient à cette époque à la Garde-de-Dieu, près de Rozoy-sur-Serre, dans le département de l'Aisne, dans le village même où est née ma mère, et nul doute que sa curieuse invention n'ait été une nouvelle et féconde étape dans la voie du progrès définitif que l'on a cherché pendant près d'un siècle, avant d'en arriver à la dernière formule qui apparaît si simple, en la modeste personne de la bicyclette.

La veuve de mon grand-oncle maternel Victor Leleu vient de mourir là-bas, il y a peu de temps, fort âgée, et je suis heureux de pouvoir restituer ici à l'auteur de l'*Ancrifice*, la part de gloire qui doit lui revenir dans le triomphe final de la vélocipédie, non seulement parce qu'il s'agit d'un oncle à moi, mais parce que, tout en portant un peu de lumières sur les origines de la machine actuelle, je ne fais que rendre un juste hommage à la vérité.

---

(1) Ces lignes ont été écrites avant mon départ en missions économiques pour l'Amérique.

LES FACTEURS A BICYCLETTE

I

NÉCESSITÉ DE MONTER TOUS LES FACTEURS — ÉCONOMIE
DE TEMPS ET D'HOMMES — LES VŒUX DES POPULATIONS

M. Lebon, ministre du Commerce, de l'Industrie et des
Télégraphes, (1) est un jeune de beaucoup d'initiative qui ne
manque pas de coup d'œil, quoi que l'on puisse dire ; aussi
vient-il de prendre, sur la proposition de M. de Selves,
directeur général des Postes et Télégraphes, une excellente mesure qui sera appréciée de tout le monde : les
petits télégraphistes, à Paris, vont être munis de bicyclettes. Aussi les malheureuses dépêches, *les petits bleus*,
comme l'on dit, ne vont plus mettre trois heures, espérons-le, pour arriver à destination, tandis que généralement
on pourrait porter une dépêche soi-même à pied en une
demi-heure.

C'est donc un progrès et un progrès sérieux dont nous
ne saurions trop remercier l'intelligent Ministre du
Commerce.

C'est bien, sans doute, mais ce n'est point suffisant, et
il convient de ne pas s'arrêter en si bon chemin. Il faut
accomplir la réforme tout entière, autrement dit il faut
s'empresser de donner des bicyclettes à tous les facteurs

---

(1) Depuis il a passé au Ministère des Colonies, tant il est vrai que les
hommes politiques sont aptes à tout, par grâce d'Etat !

ruraux de toute la France et... de toutes les colonies, partout où les routes le permettent.

Que l'on ne vienne pas nous objecter la dépense ; il ne serait pas difficile d'en faire supporter tout le poids aux facteurs ruraux eux-mêmes, en les remboursant par mensualité, comme on le fait pour les petits bicyclistes du télégraphe à Paris.

Ou plutôt il ne serait pas difficile de s'entendre avec une des premières maisons de fabrication française, pour obtenir un trentaine de mille de bicyclettes à crédit, dont les paîments seraient échelonnés — et de la sorte la charge pour les facteurs ruraux aussi bien que pour le Trésor deviendrait insignifiante, par cela même qu'elle pourrait être facilement répartie sur une assez longue période de temps. Il n'est pas de maison qui ne consentirait à un arrangement de cette sorte, étant absolument certaine d'être payée.

Mettons qu'il y ait 38.000 communes en France, en retranchant les villes et les communes très petites, très agglomérées, je suis persuadé que l'on pourrait à peu près pourvoir intégralement tous les facteurs ruraux de France avec 30.000 bicyclettes, peut-être moins.

Et voyez du coup les avantages : les lettres, la correspondance arrivent beaucoup plus vite à destination, et, chose qui n'est pas à dédaigner, les facteurs ruraux, ces modestes mais dévoués fonctionnaires sont, du même coup, moitié moins retenus dans la journée, et — point capital — moitié moins fatigués.

Ils ne pourront pas aller de porte en porte avec leur machine, me dira-t-on. Parfaitement. C'est entendu, et je le sais, mais on n'ignore pas qu'ils doivent aller à la ville voisine, au chef-lieu de canton en général, au bureau de poste en un mot, chercher leur correspondance et que, pour retourner dans leur village, ils ont souvent un trajet considérable à effectuer.

C'est ce trajet aller et retour qu'ils pourront faire en bicyclette et il leur sera toujours facile de la remiser le matin dans une maison à l'entrée du village et de la reprendre le soir ou le lendemain matin, suivant les besoins du service.

Mais ce n'est pas tout, il y a des masses de facteurs ruraux qui ont une course énorme à faire pour porter une lettre dans une ferme isolée et qui même doivent faire plusieurs lieues tous les jours pour porter un journal dans un château perdu au milieu des bois ; c'est là où la bicyclette doit intervenir et rendre d'immenses services aux pauvres facteurs champêtres, et cela d'autant plus facilement que, fort heureusement, nous avons partout en France d'excellentes routes, incapables de faire le moindre accroc aux pneumatiques les plus délicats — en général.

Et si j'insiste si particulièrement et si énergiquement sur l'impérieuse nécessité de donner des bicyclettes à tous les facteurs ruraux, c'est que je crois que l'heure est venue de réaliser cet immense progrès.

Moi, le petit neveu de l'un des premiers inventeurs des vélocipèdes au commencement de ce siècle, il y a déjà longues années que je songeais à demander cela, mais devant les perfectionnements de chaque jour et les progrès incessants de la bicyclette, je pensais qu'il était peut-être plus sage d'attendre.

Aujourd'hui tous les perfectionnements, ou à peu près, ont été apportés aux machines et l'on se trouve en face d'instruments très solides, très légers et relativement très bon marché.

Je me garde bien de citer le nom d'une maison, mais j'ai la conviction que le gouvernement pourrait réaliser très facilement cette grosse commande de 30.000 bicyclettes au mieux de ses intérêts et pour la plus grande satisfaction de tous, puisque le public aurait sa correspondance beaucoup plus vite, non seulement à cause de la distribution, mais à cause du prompt retour aux bureaux de poste et aux gares de départ, et puisque les facteurs ruraux seraient enchantés de trouver dans l'emploi de la bicyclette une grande économie de temps et de fatigue.

Naturellement, le Gouvernement français ne devrait accepter comme soumissionnaires que des industriels-constructeurs français ne se servant que de *pièces intégralement fabriquées en France !*

Voilà le vœu de tous les facteurs, de toutes les populations de la France entière, et je suis heureux d'attirer sur lui la bienveillante attention du jeune ministre du commerce, persuadé qu'il voudra bien écouter la voix d'un vieil économiste qui a la prétention de rester toujours pratique et qui, dans l'espèce, n'est que le porte-parole de tous ses concitoyens.

II

ENCORE LES VÉLOCIPÉDISTES — INTERVENTION NÉCESSAIRE
DES COMMUNES

Depuis longtemps l'Etat met des plaques indicatrices aux coins de ses grandes routes ; comme c'est insuffisant, le *Touring club* a obtenu d'en placer d'autres pour l'usage des vélocipédistes, c'est mieux, mais ce n'est pas assez, étant donné surtout que l'autorisation accordée est toujours révocable.

Aujourd'hui que tout le monde se sert de bicyclettes et que l'on s'en servira encore beaucoup plus demain, ce qu'il faut, c'est que toutes les communes de France, à l'intersection de toutes les routes et de tous les chemins qui sont sur leur territoire, placent des plaques indicatrices, bien claires et bien lisibles, sur des poteaux bien solides, car les trois quarts du temps les habitants de la campagne renseignent mal sur les distances, et puis on ne les a pas toujours sous la main.

— Mais cela va coûter un prix fou pour des communes pauvres, dira-t-on ; pas du tout, avec cent francs par an, peut-être moins, elles pourront tout indiquer et étiqueter en deux ou trois ans, et le grand mouvement de touristes que cela provoquera fera rentrer bien plus de cent francs en impôts, en bénéfices chez les marchands du pays, etc.

Aujourd'hui les bicyclistes n'osent pas s'aventurer au loin, en dehors des villes, parce que les indications manquent ; tout le monde n'a pas sur soi une carte, ou plutôt les nombreux fascicules d'une carte d'état-major, ou ne sait pas s'en servir.

Que les communes mettent ces poteaux indicateurs et sauveurs aux coins de toutes leurs routes, et bientôt elles verront combien la gente vélocipédiste rapportera d'argent chez elles.

J'insiste sur l'idée, parce que je la crois bonne et répondant tout à fait aux nouveaux besoins du jour ; en tous cas, n'est-elle pas le complément nécessaire et tout naturel des facteurs pourvus de bicyclettes, et ne peut-on pas dire que touristes et facteurs se rencontrant sur les grandes routes de France plus fréquemment, se rendront ainsi de mutuels et précieux services ?

DEUXIÈME PARTIE

LES TRANSPORTS PAR MER

LES GRANDES ROUTES COMMERCIALES DU MONDE

LES GRANDES ROUTES COMMERCIALES

DU MONDE

Depuis le premier grand exode de la race blanche ou
sémitique, ce qui est la même chose, quittant la terre des
Pharaons sous la conduite de Moïse, de Cadmus et de
Danaüs pour peupler l'Europe, les Indes et les deux
Amériques, il n'avait pas été donné à l'histoire de contempler un mouvement aussi considérable d'expansion
que celui qui s'est produit dans les temps modernes.

C'est le second exode de la race blanche, c'est la vieille
Europe peuplant les deux Amériques et l'Océanie et marchant aujourd'hui sans défaillances à la conquête du continent noir, ce patrimoine légendaire de la race chamitique.

Les choses vont vite maintenant, parce qu'elle possède
l'outillage scientifique le plus perfectionné que l'on ait
jamais vu : il y a loin de la colonisation de la République
Argentine par exemple, à la conquête de l'Inde par Bacchus
et c'est cependant toujours la même race sémitique qui,
l'Alphabet en main, marche à la conquête pacifique du
monde — c'est là ce qui explique d'ailleurs l'infériorité des
Chinois dans les temps modernes. (1)

_____

(1) Voir La Race Sémitique, de Théodore Vibert.

Aussi bien, puisque nous sommes en plein au milieu de ce second acte du drame de l'humanité, que nous en sommes les acteurs vivants et qu'il s'agit là d'une page d'histoire universelle dont il importe de bien saisir les conséquences dans notre propre intérêt, je parlerai au début de cette seconde partie de mon travail rapidement du plus grand facteur de civilisation contemporaine ; j'ai nommé les moyens de transport.

Ils sont de deux sortes, par mer et par terre.

La mer appartenant à tout le monde, le génie moderne a perfectionné les routes maritimes par le percement des isthmes ; sur terre il a construit les chemins de fer. Ce double effort, cet effort colossal, restera la caractéristique la plus frappante du dix-neuvième siècle et lorsque sonnera sa dernière heure, l'œuvre immense sera à la veille d'être intégralement achevée : le monde civilisé, parfaitement outillé, ne sera plus qu'un grand village, comparé à ce qu'il était cent ans auparavant et les distances seront si singulièrement diminuées, qu'elles ne seront plus un obstacle au libre commerce du monde entier.

Il y a là une vérité flagrante, plus, la simple constatation d'un fait que je m'efforce de rendre tangible depuis de longues années et c'est à peine si l'on commence à en saisir toute la valeur aujourd'hui.

Quelques exemples pris au hasard feront mieux comprendre la portée de mon argumentation.

Ainsi à l'heure présente, la route commerciale par mer la plus importante et je dirai même la plus populaire est certainement la route d'Extrême-Orient par Suez.

C'est bien, mais telle qu'elle est, elle est inachevée et elle ne peut pas rester ainsi. Un jour ses têtes de lignes au nord seront Hambourg, Anvers, Boulogne, le Havre, Londres, Manchester et Birmingham (par les deux canaux que construisent les Anglais), puis Paris par notre Canal de Paris Port de Mer depuis surtout la Seine approfondie, de là, la route passera à travers la France de Bordeaux à Cette, ce sera le Canal des Deux-Mers, et naturellement on ira sans rompre charge en Egypte.

Ceci regarde l'Europe, la contre-partie asiatique s'impose et c'est ainsi que le canal de Paimben dans l'Océan Indien, substitué aux canaux du 3e et du 9e degré et que le percement de l'Isthme de Kra, en achevant cette grande route de l'Extrême-Orient, permettront aux navires du Nord de l'Europe de se rendre directement dans les ports de Chine, du Japon, des Indes Transgangétiques.

Si cette route paraît destinée à rester pendant longtemps au point de vue maritime, la première du monde, par le chiffre énorme de population qu'elle dessert, la route directe du grand Pacifique au lendemain du percement de Panama aura bien aussi son importance.

Voulons-nous constater les efforts de la vieille Europe sur un terrain plus modeste, si l'on peut s'exprimer ainsi en parlant de la mer ?

Depuis hier le percement de l'isthme de Corinthe et demain celui de Perékop permettront aux navires de Marseille de porter directement leurs marchandises à l'embouchure même du Don, au port d'Azof, au fond de la mer du même nom.

Puis à côté de ces grandes voies surgissent chaque jour les routes mixtes, moitié par mer, moitié par terre, c'est ainsi que l'on va de Liverpool au Japon, en franchissant le transcontinental Canadien, que l'on va du Havre en Océanie en dévorant l'espace qui sépare New-York de San-Francisco.

Maintenant parlerai-je des chemins de fer, des 700,000 kilomètres qui couvrent la surface de la terre, des trans-

continentaux, des transandins ? A quoi bon, l'Amérique du
Nord ne les compte plus et l'Australie elle-même en pos-
sède deux qui relient Melbourne et Sydney aux deux
Quéesland, au golfe de Carpentarie.

Non, mais je veux m'arrêter un instant à un autre ordre
de préoccupations aussi fécond ; on perce les Isthmes,
mais ce n'est pas tout, on jette des ponts sur les détroits.

Je me souviens que depuis longtemps on parlait de jeter
une double digue immense de granit à Gibraltar et de
réunir le tout par un pont, soyez certain qu'un jour cela
sera et que l'Espagne ira de plein pied au Maroc, mais
pour s'en tenir à la réalité du moment que de grands
travaux à citer dans cet ordre d'idées.

Ce sont les Anglais qui jettent hardiment leurs encor-
bellements sur le Forth, c'est une compagnie puissante
qui veut le pont sur la Manche, c'est une poignée d'ingénieurs français qui se charge de lancer un pont de 800 mètres sur le Bosphore, destiné à relier l'Europe à l'Asie, enfin
ce sont les Canadiens qui rêvent d'unir l'Amérique à l'Asie
par un pont monumental sur le détroit de Behring, pour
venir, disent-ils, se promener à Paris en 240 heures, sans
avoir le mal de mer !

Et remarquez bien que je cite là au courant de la plume
les travaux principaux, les plus connus, ceux qui sont directement en mains des ingénieurs et des capitalistes, cela
veut dire que j'en oublie beaucoup.

De fait, le jour n'est pas loin où tous les continents,
sauf l'Australie bien entendu, seront reliés entre eux par
des voies ferrées permettant de les parcourir dans tous les
sens sans danger, comme sans fatigue, pour le plus grand
bien du commerce international.

Le jour n'est pas loin où l'on pourra monter conforta-
blement dans une caisse de wagon — dans un char, comme

disent les Américains — à la pointe extrême du Chili, sur les frontières de la Patagonie, traverser les deux Amériques, faire une halte à Pékin-jonction et après avoir traversé toute l'Asie et toute l'Europe, et le ·pont sur la Manche, aller se reposer tranquillement de ses fatigues à la pointe extrême de l'Ecosse, sur le détroit de Pentland.

A ceux qui me diraient qu'il y a là du rêve, je leur répondrai : voyez les travaux des Russes en Sibérie, allez à Merw, à Tachkent, à Samarcande et vous me répondrez ensuite.

Quant à l'Afrique, elle ne saurait elle-même rester longtemps en dehors de ce grand mouvement ; le zèle *humanitaire* des Anglais et des Allemands en est la meilleure démonstration, puisque nous sommes incapables de faire le Transsaharien, de peur de faire de la peine à nos voisins !

Oui, en face de ces travaux accomplis, en face du suprême effort que tente le siècle qui s'en va pour achever l'outillage économique des peuples, la race blanche peut se montrer fière à juste titre ; elle n'a point démérité de sa noble mission d'éducatrice et le dix-neuvième siècle restera bien le siècle des transports, ce ne sera pas une mince gloire, car le transport est bien l'outil du second exode auquel je faisais allusion en commençant.

A l'aurore du vingtième siècle, cet outillage commercial et scientifique des peuples sera presqu'achevé, ce qui ne veut pas dire que l'humanité devra rester les bras croisés.

Le vingtième siècle aura, lui aussi, une triple et une grandiose mission : l'union et la fusion partielle des races, l'abolition de la guerre, la mise en œuvre du socialisme scientifique pour le bonheur des hommes, au nom de la justice et de la vérité !

AUTRE THÈME (1)

Depuis cinquante ans les progrès incessants de la vapeur, des chemins de fer, les isthmes percés, en rendant la terre infiniment plus petite au point de vue commercial, ont absolument transformé les rapports de peuples à peuples, de continent à continent.

Aujourd'hui, une grande nation ne peut plus se renfermer chez elle ; c'est ce qui explique le grand mouvement colonial de ces derniers temps ; c'est ce qui explique pourquoi le commerce devient chaque jour, quoi que l'on fasse, par les nécessités mêmes de la science moderne, fatalement plus international.

Les deux facteurs de cette transformation les plus importants sont donc, en dehors de la machinerie, les chemins de fer et les canaux maritimes, c'est-à-dire les moyens de transports.

Mais ces moyens revêtent nécessairement un double caractère quand il s'agit des grandes voies de communication du globe ; ils sont tout à la fois nationaux et internationaux, c'est-à-dire qu'il doivent servir d'abord à la nation qu'ils traversent et ensuite à la collectivité humaine.

C'est ce double caractère que nous allons tâcher de mettre en lumière, après un rapide exposé des grandes

(1) Ce thème, presque identique au premier, a été placé ici pour servir au besoin aux instituteurs de province qui rendent de si grands services dans les campagnes et ont la bonté de prendre texte de mes conférences pour faire les leurs avec un dévoûment et une constance inaltérables.

voies qui doivent être à la disposition du commerce, à la fin de ce siècle.

A l'heure présente il est certain que la route commerciale par mer la plus importante est certainement la route d'Extrême-Orient par Suez ; c'est à coup sûr la plus connue.

Telle qu'elle est, elle est inachevée et ne peut rester ainsi. Un jour ses têtes de lignes au nord seront Le Havre, Hambourg, Anvers, Boulogne, Londres, Manchester et Birmingham, par les deux canaux que viennent de construire les Anglais, puis Paris, par la grande œuvre de Paris Port de Mer ; de là, la route passera à travers la France de Bordeaux à Cette, ce sera le canal des Deux-Mers, et naturellement on ira, sans rompre charge, en Egypte.

Mais la contre-partie asiatique s'impose et c'est ainsi que le canal de Paimben, dans l'océan Indien, substitué aux canaux du 3° et du 9° degré, et que le percement de l'isthme de Kra, en achevant la grande route de l'Extrême-Orient, permettront aux navires du nord de l'Europe de se rendre directement dans les ports de Chine, du Japon, ainsi qu'aux Indes néerlandaises et espagnoles.

Cette route restera longtemps, au point de vue maritime, la première du monde, à cause du chiffre énorme de population qu'elle dessert, mais cependant il est certain que la route directe du grand Pacifique, au lendemain du percement de Panama, est appelée aussi à prendre une grande importance.

La vieille Europe, de son côté, ne reste pas en retard.

Bientôt, le percement des isthmes de Corinthe — achevé — et de Pérékop — en exécution — permettra aux navires de Marseille de porter directement leurs marchandises à l'embouchure même du Don, au port d'Azof, au fond de la mer du même nom.

Chaque jour surgissent à côté de ces grandes voies les routes mixtes, moitié par mer, moitié par terre ; c'est ainsi, par exemple, que l'on va de Liverpool au Japon en passant par le transcontinental canadien, que l'on va du Havre en Océanie en franchissant l'espace qui sépare New-York de San-Francisco.

Est-il bien nécessaire maintenant de parler des 700,000 kilomètres de chemins de fer qui couvrent la surface de la terre, des transconstinentaux et des transandins ?

L'Amérique du Nord ne les compte plus et l'Australie elle-même en possède deux qui relient Melbourne et Sydney aux deux Quéesland, au golfe de Carpentarie.

Il est utile cependant de s'arrêter à un autre ordre de préoccupations aussi fécond dans ses conséquences ; on perce les isthmes, ce qui est bien, mais ce n'est pas tout et c'est avec raison qu'à l'heure actuelle on songe à jeter des ponts sur les détroits.

Il y a déjà longues années qu'un de nos confrères parlait de jeter une double digue de granit à Gibraltar et de la réunir par un pont immense. Un jour ou l'autre l'idée sera reprise et l'Espagne pourra se rendre de plein-pied au Maroc pour le plus grand bien du commerce international et de la civilisation.

Il faut citer les Anglais qui jettent hardiment leurs en-corbellements sur le Forth et rappeler qu'une poignée d'ingénieurs français se chargent de lancer un pont de 800 mètres sur le Bosphore, destiné à relier l'Europe et l'Asie.

Les Canadiens eux-mêmes rêvent d'unir l'Amérique à l'Asie par un pont monumental sur le détroit de Behring, pour venir, affirment-ils, se promener à Paris en 240 heures, sans avoir le mal de mer !

Dans cet ordre d'idées le plus important et le plus utile de tous les travaux à la veille d'être exécuté est certainement le Pont sur la Manche, non seulement parce qu'il réunira deux des plus grands peuples commerçants du monde, mais encore parce qu'il sera un des plus puissants instruments de paix que l'on puisse imaginer.

C'est là que s'impose la constatation dont je parlais au début de ce chapitre, à savoir qu'il y a des travaux seulement nationaux qui profitent au pays et d'autres internationaux qui profitent à tout le monde.

Il est certain que le Pont sur la Manche revêt pour nous ce double caractère au premier chef. Il sera utile au monde entier, mais surtout et avant tout à l'Angleterre et à la France qui deviendront ainsi *les premières nations transitaires du monde.*

Voilà le fait capital qu'il ne faut pas perdre de vue : le Pont sur la Manche est avant tout une œuvre patriotique et son exécution au point de vue économique s'impose à bref délai, si nous voulons continuer à jouer un grand rôle commercial dans le monde : par terre, il doit rendre des services immenses qui seront complétés par eau, au moyen de Paris Port de Mer, quoi qu'en puissent penser des Anglais encore trop arriérés ou des Français trop timides.

Et voilà qui répond à l'objection tirée des prétendues réclamations des caboteurs du détroit. La multiplication du trafic amenée par le Pont sera, en effet, tellement grande qu'elle augmentera les transports par eau et deviendra une source d'alimentation fructueuse pour les transporteurs du canal de la Manche, de celui du Havre à Paris par la Seine et des canaux du Nord qui en seront la suite naturelle.

C'est là un axiome économique cent fois démontré par les grandes artères ferrées déjà ouvertes, qui ont eu pour conséquences l'augmentation incessante des transactions et du trafic et l'accroissement sans cesse grandissant de la prospérité publique.

Et remarquez bien que nous citons là seulement les principaux travaux, ceux qui sont en mains des ingénieurs et des capitalistes et qui sont à la veille d'être exécutés ; cela veut dire que nous en oublions beaucoup.

Le jour n'est pas loin où tous les continents, sauf l'Australie bien entendu, seront reliés entre eux par des voies ferrées permettant de les parcourir dans tous les sens sans l'ombre de danger, comme sans fatigue, pour le plus grand bien du commerce international.

Le jour n'est pas loin où l'on pourra monter en wagon à la pointe extrême du Chili, sur les frontières de la Patagonie, traverser les deux Amériques en passant par Panama, franchir le détroit de Behring, faire une halte à Pékin-jonction, et après avoir traversé toute l'Asie, toute l'Europe et le Pont sur la Manche, aller se reposer tranquillement de ses fatigues à la pointe extrême de l'Ecosse, sur le détroit de Pentland. On aura ainsi fait virtuellement le Tour du Monde en chemin de fer ; dans un premier chapitre je démontrerai comment on pourra franchir rap.dement par mer la distance relativement courte qui sépare l'Ecosse de la pointe du Labrador.

Les travaux des Russes en Sibérie, à Merw, à Samarcande sont la meilleure réponse que l'on puisse faire à ceux qui douteraient de la prompte réalisation de ces grands travaux.

Quant à l'Afrique, elle ne saurait rester longtemps elle-même en dehors de ce grand mouvement, car nous voulons croire pour l'honneur et pour la prospérité matérielle de la France que nous saurons enfin exécuter la mer intérieure et le grand chemin de fer transsaharien qui, tout en nous ouvrant le Soudan occidental, mettra directement l'Algérie en communication avec le Haut-Fleuve et le Sénégal par Tombouctou.

Le XIX° siècle restera bien le siècle des transports ; à l'aurore du XX° siècle, cet outillage commercial et scientifique des peuples sera presque achevé.

Espérons qu'alors l'humanité pourra songer à l'union et à la fusion partielle des races, à l'abolition de la guerre et à la mise en œuvre du socialisme scientifique pour le bonheur des hommes, au nom de la justice et de la vérité ! (1)

(1) Les deux chapitres qui précèdent ont paru, il y a quelques années — mettons environ 4 ans — dans la *Géographie* et dans l'*Esprit Pratique* et j'ai eu la bonne fortune — c'en est toujours une pour un économiste qui désire voir triompher ses idées — de constater qu'ils avaient été reproduits par des centaines de journaux, en Europe et en Amérique.

Or, quel n'est pas mon étonnement de les retrouver aujourd'hui, reproduits à peu près mot à mot dans la *Gazette de Cologne* sous la signature de M. Alex. Wagner, professeur !

Ces bons Allemands ne pouvant plus voler de pendules, volent des idées ou des articles aux Français. C'est en vérité nous faire trop d'honneur et moi je ne ferai pas à ce Monsieur celui de m'arrêter plus longtemps à ses procédés tudesques.

P. V.

MOYENS DE TRANSPORT

Comme je l'ai souvent constaté, la science moderne a absolument transformé toutes les relations économiques de peuple à peuple, de continent à continent.

Dans ces chapitres rapides, je n'ai pas la prétention de faire un cours complet d'économie coloniale, cela demanderait plusieurs volumes, mon but plus modeste est de signaler les points les plus défectueux de notre organisation commerciale et d'indiquer les remèdes à côté du mal.

Depuis cinquante ans, les chemins de fer ont transformé le monde, il suffit pour s'en convaincre de citer un chiffre : à l'heure présente, il y a 175,000 lieues de voies ferrées ouvertes à la circulation sur notre planète ; c'est là sans doute un chiffre fort respectable, par un enchaînement vraiment merveilleux des découvertes contemporaines, après les voies ferrées, la télégraphie électrique, puis les téléphones, hier les isthmes percés, Suez aujourd'hui, Corinthe hier, Panama, Kra demain, etc.

On ne peut qu'admirer cet extraordinaire enchaînement et ce n'est certes pas moi qui protesterai contre lui, cependant il est curieux d'enregistrer un phénomène singulier à l'heure présente, mortel dans l'avenir, si nous n'y prenons garde.

On peut affirmer hardiment, sans crainte d'être démenti, que le monde entier a été saisi d'un bel enthousiasme, à la suite des ingénieurs construisant les chemins de fer, décuplant la fortune publique ; cet emballement est excusable, je le comprends, et c'était même inévitable, je dirai plus, nécessaire pour faire de grandes choses. Mais où commence l'erreur, où le danger se manifeste clairement, c'est lorsque l'on affirme que les chemins de fer sont le dernier mot du progrès dans l'ordre économique.

Hélas ! non, et plus que jamais en face des jeunes nations grandissantes, en face de la concurrence étrangère, il se dégage aujourd'hui une vérité très nette de l'étude de ces questions vitales·et c'est cette vérité que nous devons populariser par tous les moyens possibles.

A savoir que les chemins de fer seront toujours des moyens de transport rapides, mais chers, et que fatalement à côté d'eux, une grande nation doit rechercher les moyens de transport par eau, c'est-à-dire le fret lent, mais bon marché. C'est cette grande loi économique que nous avons trop longtemps méconnue, qui est cause en majeure partie de notre infériorité vis-à-vis de l'étranger, comme je vais essayer de le démontrer péremptoirement en quelques mots.

Je ne veux pas parler en ce moment de la contre-partie nécessaire à l'extension coloniale dans la métropole, c'est-à-dire la création d'un réseau parfait de canaux, de Paris Port de Mer, du Canal des Deux Mers, reliant Marseille et Cette à Toulouse et Bordeaux, qui ne seraient pas les concurrents, mais les auxiliaires des chemins de fer ; j'y reviendrai dans un chapitre spécial, mais je veux simplement indiquer quels sont nos moyens de communications entre la métropole et les colonies par rapport aux autres nations et l'on verra là combien il nous reste de progrès à accomplir et combien, en même temps, la chose serait facile, si nous voulions seulement devenir un peu pratiques à l'exemple de nos rivaux.

En 1883, sur 2,071 navires représentant le mouvement

maritime de la Martinique, 801 jaugeant 262,000 tonnes étaient français et 1,270 étrangers.

A la Guadeloupe et dépendances, pendant la même année, 589 navires français jaugeant 220,700 tonnes et 1,081 navires étrangers.

A la Réunion, 425 navires dont 374 français jaugeant 220,700 tonnes.

A la Guyane française, 191 navires dont 111 français jaugeant 41,000 tonnes.

A Saint-Pierre et Miquelon, 5,745 navires dont 3,361 français jaugeant 194,000 tonnes.

Au Sénégal, le mouvement général de la navigation dans les ports de Saint-Louis et Gorée a été pendant la même année de 1,453 navires, dont 1,300 jaugeant 239,000 tonnes sous pavillon français.

A Grand-Bassam, nous relevons 19 navires jaugeant 5,340 tonneaux, dont 7 français, jaugeant 1,790 tonneaux, 9 anglais, 2 américains, 1 allemand.

A Porto-Novo, 178 navires, jaugeant 38,000 tonneaux, sur lesquels 16 bâtiments français seulement jaugeant 4,000 tonnes.

Au Gabon, les chiffres sont encore plus tristes à constater, tout le commerce, ou à peu près, est aux mains des maisons de Hambourg et de Liverpool, dont il est inutile de citer les noms ici.

MM. Daumas et Béraud, à Libreville, sont les seuls à tenir vaillamment le pavillon français.

318 navires dont 36 français jaugeant 8,700 tonneaux, les étrangers jaugent 90,500 tonneaux ; en 1885, il n'y avait que 48 navires et il est à remarquer que sur les 36 navires français, la plupart doivent appartenir au ministère de la marine.

Si l'on pense un instant qu'il y a là les plus beaux bois

d'ébénisterie, de construction, etc., que l'on puisse désirer et une foule d'autres richesses naturelles, on est véritablement navré et c'est ce que nous avons à constater malheureusement trop souvent.

A Nossi-Bé, nous relevons pour le commerce général de la navigation, 136 navires français jaugeant 35,000 tonneaux et 1,125 navires étrangers jaugeant 26,000 tonneaux.

Comme je n'ai en mains pour Madagascar que des chiffres remontant aussi à 1883, j'aime mieux ne rien donner ici.

A Mayotte, 83 navires français jaugeant 15,700 tonnes, et 153 navires étrangers jaugeant 7,000 seulement, c'est bien, mais il serait intéressant là encore de connaître le chiffre exact afférent au commerce et celui qui doit être attribué à la marine de l'Etat.

Le mouvement général du port de Nouméa en Nouvelle-Calédonie a été, toujours en 1883, de 87 navires français, jaugeant 103,000 tonnes et de 190 navires étrangers jaugeant 103,000 tonnes également.

Nous pourrions poursuivre ces citations. Le commerce de nos colonies occupe 7,376 bâtiments portant notre pavillon et depuis, ce chiffre a, Dieu merci, sensiblement augmenté, on peut en être certain.

On estime le nombre des marins employés par cette flotte marchande à environ 30,000.

Nous ne comptons pas là les navires français faisant le commerce des côtes d'Afrique, soit 103 navires jaugeant 70,500 tonnes, qui ont fait le voyage entre la métropole et le continent noir.

On sait comment certaines maisons de Marseille ont des bâtiments à elles, comment elles font le commerce sur toutes les côtes d'Afrique, comment elles maintiennent haut et ferme le drapeau français contre les Allemands et les Anglais et comment, grâce à elles, nous avons encore le monopole de notre commerce général au Sénégal.

Ce sont là des faits consolants, d'autant plus consolants qu'ils prouvent jusqu'à l'évidence que l'on peut lutter contre l'étranger, être patriote et faire ses affaires.

Ce n'est pas tant l'infériorité de notre marine marchande que le manque de lignes commerciales régulières entre la métropole et les colonies qui nous fait du mal.

On ne va pas régulièrement de Bordeaux et de Nantes à Gorée, Saint-Louis, ou Dakar, encore moins à Libreville ou à Porto-Novo, c'est là qu'est le grand malheur.

Si des maisons importantes y vont avec leurs navires, elles ont raison, mais gardent leur fret et leur moyen de transport pour elles, ce qui se comprend assez.

Tant que nous enverrons nos marchandises au Tonkin par exemple, par Hong-Kong en passant par les intermédiaires anglais, tant que nous n'aurons pas de lignes régulières et directes de navires, purement commerciales, entre la métropole et nos colonies, nous ne pourrons pas lutter sur notre propre terrain avec les Anglais, les Allemands, les Suisses, (1) les Américains.

C'est là la raison de notre infériorité, bien plus que la cherté de la main-d'œuvre, car tout le monde sait que les ouvriers anglais travaillent moins que les nôtres et sont payés plus cher ; le bon marché de la houille et du fer ne compense pas cela à coup sûr.

Ce qu'il nous faut absolument, ce sont les moyens de transports maritimes, le fret à bas prix, abondant et régulier, alors seulement nous pourrons vendre facilement dans nos colonies et même ailleurs, aussi bien que les étrangers, notre quincaillerie, notre horlogerie, nos filés

(1) Même les Suisses en effet, qui passent par les intermédiaires allemands.

de coton, nos shirtings, nos indiennes, etc., car nos produits sont toujours supérieurs à ceux des nations rivales.

Nous pourrons facilement retirer de ces mêmes colonies les matières premières dont nous avons besoin ; nous irons chercher nos gommes et caoutchoucs les plus beaux du monde au Sénégal, au lieu d'aller bêtement à Para, dans l'Amérique du Sud ; nous aurons des arachides de chez nous, du coprah, au lieu d'aller les chercher dans les colonies étrangères ; nous ferons venir notre alfa de notre Algérie, au lieu d'aller le chercher à Londres, sous forme de pâte à papier, ce qui est un peu raide, il faut bien l'avouer.

Pour obtenir ce résultat merveilleux et bien simple, il suffit de deux choses, d'abord que nous installions des lignes de navigation commerciales entre la métropole et les colonies, ensuite que nous soyons un peu plus pratiques, c'est-à-dire que nous donnions un peu plus notre argent pour ces entreprises patriotiques et nécessaires entre toutes ; il nous en restera toujours assez pour les Ottomans ou autres financiers de grands chemins. Vraiment l'expérience devrait nous éclairer, il est temps, si nous voulons lutter, de mettre notre patrimoine national en valeur, les transports maritimes sont certainement le premier moyen à employer pour y parvenir rapidement. (1)

---

(1) J'ai tenu à citer ces chiffres de 1883, comme une étape ; ceux d'aujourd'hui ne seraient pas beaucoup plus consolant, puisque partout, dans le monde, nous nous laissons supplanter par les Anglais et les Allemands qui sont nos plus redoutables concurrents et qui sont, hélas, il faut bien le reconnaître, infiniment plus entreprenants, plus audacieux et plus pratiques que nous.

D'EUROPE EN AMÉRIQUE

I

LA ROUTE DIRECTE DE DEMAIN

Les Américains, plus pratiques que nous, ont, du premier coup d'œil, jugé tout le parti qu'ils pouvaient tirer dans un avenir prochain du *Pont sur la Manche*.

Puisque la vieille Europe veut faire un pas vers nous en enjambant le détroit, disent-ils, nous allons, de notre côté, lui rendre immédiatement la politesse en poussant nos têtes de lignes de chemins de fer aussi loin que possible.

C'est pourquoi, à l'heure présente, on s'occupe très activement, à Québec, de la construction d'un chemin de fer qui doit se détacher du *Grand Trunk* à Lévis, traverser le Saint-Laurent et se diriger vers le détroit de Belle-Isle.

Les capitalistes ont fourni l'argent, la Compagnie est formée, tout est prêt ; on ne s'endort point de l'autre côté de l'Atlantique.

On parle de Saint-Charles-Bay comme devant être le terminus probable, parce que l'on se trouve là en eau profonde et sans glace en hiver.

Jusqu'à présent ils n'envisagent que le terminus européen, Liverpool, et, de la sorte, la distance serait de 155 milles plus courte que de New-York et l'économie de temps serait de trente-six heures.

Il est évident que tout cela est déjà fort séduisant, mais,

si je puis m'exprimer ainsi, ce n'est là qu'un premier jalon ; on peut et l'on doit faire beaucoup plus, et le Pont sur la Manche est appelé à rapprocher, dans un avenir prochain, les deux continents dans des proportions beaucoup plus considérables.

Si je ne craignais de risquer ici une figure trop forte, je dirais volontiers que le détroit ne doit plus être la Manche, mais bien la partie relativement étroite de l'Atlantique entre le nord-ouest de l'Ecosse et la côte canadienne.

Je m'explique : il est certain que là il ne s'agit pas seulement du transport des marchandises, mais surtout du transport des voyageurs, qui se chiffre par plus de 200.000 par an et qui quadruplera le jour où le voyage plus rapide et moins dangereux aura diminué considérablement comme durée.

Cela revient à dire que, lorsqu'il est question du transport des voyageurs, il y a deux facteurs importants : la distance, mais aussi la rapidité.

Prenons, par exemple, un simple voyage de Paris à New-York : il faut aller de Paris à Calais en chemin de fer, de Calais à Douvres en bateau, de Douvres à Liverpool en chemin de fer ; vous voyez d'ici la perte de temps inévitable occasionnée par tous ces transbordements.

Le jour où l'on ira en train direct de Paris, non pas à Liverpool, mais aux environs du cap Wrath, en Ecosse, sans autres arrêts que ceux nécessaires pour faire de l'eau, et que là on s'embarquera directement pour le cap Charles, à la pointe extrême du Labrador, à l'entrée du détroit de Belle-Isle, ou pour Louisbourg ou Halifax, dans la nouvelle Ecosse, pour sauter enfin dans un train éclair qui vous conduira dans les grandes villes du *Dominion* ou de l'*Union*, je dis que ce jour-là on aura résolu le plus grand problème des moyens de transports qui se pose en cette fin de siècle.

En effet, les voyageurs anglais et américains quadruple-ront, parce que *times is money* ; les femmes viendront en foule, parce que la mer ainsi réduite à petite dose ne leur fera plus peur ; tout le monde, enfin, voudra en profiter, parce que, en même temps, les navires à marche rapide, à machines puissantes, font chaque jour de nouveaux progrès.

C'est donc, dans un avenir relativement court, la distance virtuellement supprimée entre l'Europe et l'Amé-rique du Nord, car les huit ou dix jours actuellement nécessaires seront bien près d'être diminués de moitié.

Alors nous prouverons à nos frères canadiens que, nous aussi, nous avons le bras assez long pour leur serrer cordialement la main par dessus l'Atlantique.

II

Ce que nous avons prévu, dans notre article du 30 mars dernier, dû à la plume de M. Paul Vibert, commence à se réaliser.

Les Américains et les Anglais vont construire une ligne qui aura son terminus à Saint-Charles (côte canadienne, laquelle, par la pointe nord-ouest de l'Ecosse et le Pont sur la Manche, écourtera de trois jours la traversée d'Amérique en Europe.

On ira de la sorte directement, en moins d'un jour, de Paris au cap Wrath, en Ecosse ; on s'embarquera, pour le cap Charles, à la pointe extrême du Labrador, pour traverser l'Atlantique en moins de quatre jours. Ensuite un train-éclair vous conduira en un jour dans les grandes villes du *Dominion* ou de l'*Union*.

Voici les détails qui nous sont fournis au sujet de la nouvelle route internationale de demain par la *Colonisation* de Québec :

UN NOUVEAU CHEMIN DE FER

Le Comité des chemins de fer, à Ottawa, vient d'approuver le bill qui constitue la « Compagnie de chemin de fer et de paquebots de l'Atlantique Canadien du Nord. »

Cette nouvelle Compagnie désire construire une ligne qui partirait de Québec, sur la rive nord du Saint-Laurent, pour atteindre l'extrême frontière orientale de la province de Québec, dans le Labrador, « avec un embranchement qui irait d'un point situé sur la rivière Betsiamis jusqu'au lac Saint-Jean ; aussi de se relier avec, ou d'acquérir le chemin de fer de toute Compagnie organisée pour construire une voie devant s'étendre de l'extrême frontière orientale de la province de Québec à travers le Labrador jusqu'à la baie ou la pointe Saint-Charles ; enfin, d'acquérir, exploiter et vendre des mines de houille, de fer et autres ; et de posséder et exploiter des docks, élévateurs, paquebots et autres navires ; et de construire un pont de chemin de fer sur le fleuve Saint-Laurent à ou près l'Ile d'Orléans. »

Les promoteurs de cette vaste entreprise sont des riches Anglais de Londres (Angleterre). L'initiative du projet revient à M. E.-P. Bender, de Montmagny.

Par la route projetée, la distance entre l'Amérique du Nord et l'Angleterre sera la plus courte connue.

La Chambre de Québec, à l'instar du Comité des chemins de fer, a adopté, sur la proposition de M. Blanchet, une série de résolutions favorables à ce projet.

M. Blanchet a dit : que par la route proposée, le trajet entre l'Amérique et l'Angleterre diminuerait de 1.339 milles ou près de trois jours, et cela en partant de presque tous les grands centres de l'Amérique du Nord.

La région inexploitée du Labrador serait ainsi ouverte à la civilisation, et ses richesses pourraient être exploitées. Ces richesses consistent en pierres ornementales, granits, porphyres, etc.

La plupart des ingénieurs sont d'opinion que ce projet

est réalisable et que ce sera là grande voie de l'avenir. Cette entreprise favoriserait la province de Québec parce qu'elle nous attirerait le commerce de l'Ouest.

L'Esprit Pratique, 27 Juillet 1890.

III

Ce qu'avait prévu notre ami Paul Vibert commence à se réaliser.

La route la plus directe de demain, entre l'Europe et l'Amérique, sera par le pont sur la Manche, l'Ecosse et le Canada.

M. Paul Vibert nous informe que les Américains et les Anglais vont construire une ligne qui aura son terminus à Saint-Charles (côte canadienne), laquelle, par la pointe nord-ouest de l'Ecosse et le Pont sur la Manche, écourtera de trois jours la traversée d'Amérique en Europe.

On ira de la sorte directement, en moins d'un jour, de Paris au cap Wrath, en Ecosse, on s'embarquera pour le cap Charles, à la pointe extrême du Labrador, pour traverser l'Atlantique en moins de quatre jours. Ensuite un train-éclair vous conduira, en un jour, dans les grandes villes du *Dominion* ou de l'*Union*.

Le Midi Répubiicuin, 10 Août 1890.

A ces lignes trop aimables de mes amis je n'ai que deux constatations à ajouter, une consolante, une triste ; la première, c'est que maintenant dans l'état actuel de la science, des navires à marche rapide pourraient arriver à traverser l'Atlantique de la pointe de l'Ecosse à la pointe du Labrador en un laps de temps qui n'excèderait pas de beaucoup deux jours, c'est-à-dire en 50 et quelques heures environ.

La seconde, c'est que le Pont sur la Manche ne se fait

pas, pas plus que le tunnel sous la Manche d'ailleurs, grâce à la double et inconcevable pusillanimité de la France et de l'Angleterre.

Et nous nous prétendons des peuples civilisés !

———————

DE LA FRANCE AU CHILI

Au moment où, grâce à un procès retentissant, la question des cuivres est plus que jamais à l'ordre du jour, il peut être intéressant de se rendre un compte exact de l'outillage économique de l'un des plus grands pays producteurs, nous voulons dire du Chili, la jeune et vaillante république de l'Amérique du Sud.

Ces renseignements nous sont en partie fournis par les notes du corps consulaire belge qui, aussi bien que le corps consulaire suisse, sait tenir exactement son gouvernement au courant des transformations économiques du globe ; il est parfois regrettable que l'on ne puisse pas en dire autant partout.

A la fin de l'année 1887, les chemins de fer de l'Etat avaient une longueur de 1,096 kilomètres et une valeur de 51.104.552 piastres ; les lignes particulières en exploitation avaient une étendue de 1,558 kilomètres et les chemins de fer en construction pour le compte direct du gouvernement avaient une longueur totale de 969 kilomètres.

Aujourd'hui, la plupart de ces lignes sont terminées ou livrées déjà à l'exploitation, enfin les recettes des chemins de fer de l'Etat ont atteint près de 7 millions de piastres en 1888.

Si le gouvernement fait des prodiges de Melipilla à Onilpué, de Melipilla à San Antonio et de Cabildo à San Marcos et s'il a mis résolument à l'étude la grande ligne qui va réunir le territoire de Tarapaca au centre même du pays, on peut dire que l'initiative privée n'a point fait défaut et que les compagnies particulières ont beaucoup travaillé de leur côté ; il suffit de citer le chemin de fer de Conception à Coronel, Lota, Colcura, Laraqueto et Cura-nilohue pour en être convaincus. C'est la transformation à brève échéance du département, déjà si riche, de Lantora où les gisements de charbon sont nombreux et de première qualité.

C'est plus, c'est encore le développement rapide de Lota et de Coronel qui ne tarderont pas à devenir les deux plus grands ports miniers de la côte du Pacifique, dans l'Amérique du Sud.

La ligne n'a que 94 kilomètres de longueur, mais elle acquiert une valeur particulière non seulement à cause de la houille et du cuivre, mais surtout parce qu'elle permet à la première de servir aux besoins industriels du second.

Au mois d'avril de l'année dernière, on procédait à l'inauguration du chemin de fer transandin *clark* ; depuis les projets pour arriver à relier la République Argentine au Chili n'ont pas manqué de se faire jour et l'on peut être assuré que l'on ne tardera pas, sur tous les points, à passer de la conception à l'exécution, car c'est avec beaucoup de vérité que l'on a souvent comparé les Chiliens, ces Espagnols, aux Américains du Nord ; ils en ont toutes les qualités d'énergie et de ténacité, avec un fonds de politesse et de courtoisie qui manque au Yankees.

La ligne Buenos-Ayres à Talcahuano par Antuco, la ligne Puquios, dans le département de Copiopo, allant rejoindre le grand chemin de fer central argentin, semblent appelées à transformer rapidement la situation économique des deux Républiques.

Nous pourrions ajouter à ces rapides indications, une nomenclature des chemins de fer d'entreprises particulières, dont la construction est garantie par le gouvernement

chilien et qui sont en voie d'exécution ; la chose nous
paraît superflue.

Ce qu'il est bon de retenir, c'est que le Chili est un
grand producteur de cuivre et qu'il s'arme chaque jour
plus pratiquement encore pour rester ce grand producteur.
Si des concurrences surgissent plus tard, si les flancs de
l'Atlas au Maroc, par exemple, livrent un jour de nouveaux
éléments aux industries cuprifères, ces temps sont encore
loin et la jeune république Chilienne, couchée le long des
Andes, comme un serpent paresseux sur les bords du
Pacifique, grâce à son outillage économique, à ses moyens
de transport, est appelée à voir sa propre prospérité
s'accroître normalement dans un avenir qui ne saurait
être éloigné. Malheureusement, comme toujours, ce sont
les moyens de transports rapides, les lignes de paquebots
régulières et nombreuses qui nous font défaut et il est
vraiment fâcheux que notre Commerce et notre Industrie
— pour les matières premières comme le cuivre — ne
tournent pas plus les yeux du côté du Chili grandissant à
vue d'œil, c'est le cas de le dire. Cependant les sympathies
pour la France y sont nombreuses, mais ne les laissons
pas s'éteindre, faute d'aliment !

Midi Républicain, 24 Août 1890.

LES TRANSPORTS MARITIMES

AUX ANTILLES — UN EXEMPLE — TRISTES CONSÉQUENCES
ÉCONOMIQUES POUR LA FRANCE

S'il est un instrument de progrès nécessaire pour une grande île comme Haïti, c'est bien avec les chemins de fer à l'intérieur, les moyens de transports maritimes qui la mettent en relation avec le monde extérieur. Et bien, il faut avoir la franchise de le dire, surtout lorsqu'il s'agit de l'Europe et plus particulièrement de la France, ces moyens de transport sont tout à fait primitifs, insuffisants et dérisoires. Et ce qu'il y a de plus triste, c'est que ce sont les catégories transportables : les marchandises, les voyageurs, les lettres qui en souffrent également.

Je veux rester ici sur le terrain purement économique et ne me livrer à aucune récrimination contre telle ou telle compagnie, mais enfin de quelque côté que l'on envisage la question, on est bien obligé de conclure que nous nous trouvons en face d'un état de choses plus déplorable qu'on ne saurait l'imaginer.

Et là, je suis bien forcé de le reconnaître, les malheureux Haïtiens n'y sont pour rien ; seul le gouvernement français est le grand coupable, en montrant envers nos compagnies une condescendance que rien ne saurait expliquer, étant donnée l'honnêteté proverbiale de nos gouvernants et étant donné qu'ils sont tout à fait incapables de se laisser guider par des complaisances personnelles.

14

Ceci dit, je n'ai qu'à donner quelques exemples pour bien montrer toute l'étendue du mal dont nous sommes tous, Français et Haïtiens, les malheureuses victimes.

· · ·

Le gouvernement français donne, chaque année, près de 26 millions de subventions à trois compagnies maritimes pour assurer le service postal ; c'est un joli denier et il faut avouer qu'il est bien mal servi pour son argent.

Les *Chargeurs Réunis* touchent 800,000 francs pour la côte occidentale d'Afrique, somme qu'ils partagent avec les *Freycinet* ; ils font 9 nœuds 5 à l'heure.

Les *Messageries Maritimes* touchent 13 millions et sont autorisées à faire 14 nœuds jusqu'en 1903 ! (1)

Les *Transatlantiques* touchent 12 millions par an, toujours du débonnaire gouvernement français, et feront 12 nœuds jusqu'en 1897, officiellement, car dans la réalité ils font souvent 10 nœuds à l'heure.

On croit rêver en lisant ces chiffres : d'un côté une énorme subvention, de l'autre côté une vitesse de tortue,

(1) La convention passée entre l'Etat et la Compagnie des Messageries maritimes pour les services maritimes postaux de la Méditerranée, des mers des Indes, de la Chine et du Japon, de l'Australie, assurait à cette Compagnie une subvention annuelle de 12 millions 469,284 francs et expirait le 22 juillet 1903.

On a distribué le 13 novembre 1894 à la Chambre un projet de loi portant approbation d'une convention additionnelle pour le remaniment des parcours et la prorogation de la concession de ces services, qui ne prendrait fin que le 22 juillet 1912.

Aux termes du projet, l'organisation nouvelle comportera, par rapport à l'ancienne, une augmentation de parcours de 33,339 lieues marines, sans y compter les lignes du Brésil et de la Plata qui ne seront plus subventionnées, tout en restant obligatoires, et de 131,299 lieues marines, en les y comprenant.

La Compagnie des Messageries maritimes consent des augmentations de vitesse sur la plupart des lignes et, malgré les améliorations réalisées, le chiffre global de la subvention reste à peu près le même.

Le projet de loi a été renvoyé à la commission des services maritimes et postaux.

Le gouvernement commettra là une nouvelle erreur : qu'il s'agisse des Transatlantiques ou des Messageries maritimes, ce qu'il faut surtout et ce qui est le seul moyen vraiment efficace, en dehors des palliatifs que j'avais indiqués, c'est remplacer les subventions par les *surprimes de vitesse* : là seulement se trouve la solution et pas ailleurs.

c'est inimaginable. Que penserait-on du gouvernement qui donnerait les lettres et dépêches à transporter en France, aux diligences, plutôt qu'aux trains rapides ? On dirait qu'il est fou ; pourquoi alors subventionner et payer si cher des *pataches* pour transporter nos lettres et nos personnes, plutôt que de s'adresser à des compagnies qui ont des navires à marche rapide ? C'est là un mystère inexplicable.

Puisque les compagnies françaises achètent de vieux bateaux en Allemagne, avec les armes de Hambourg sur toutes les vitres et dont personne ne veut plus, ce qui est une honte nationale pour une compagnie subventionnée par le gouvernement français, pourquoi ne pas leur imposer, par exemple, pour leur laisser le temps d'user leur matériel prussien, un traité de 15 ans, avec une vitesse plus grande tous les cinq ans ? Mais une vitesse effective et réelle, ce qui n'a pas lieu, hélas ! car on ne tient pas la main à l'exécution du cahier des charges ; on pourrait ainsi imposer aux compagnies 15 nœuds, puis 17, puis 19 nœuds à l'heure de cinq ans en cinq ans ; ce serait encore fort modeste, il me semble.

Dernièrement le gouvernement demandait dix-sept nœuds à la ligne de l'Algérie, pour la forme, bien entendu ; la compagnie en a offert 14, que l'Etat s'est empressé d'accepter ; on en fait naturellement 10 à 12 et les Français comme les Algériens continuent, aussi bien que leurs missives, à être transportés par des *pataches* et non par des navires de vitesse : c'est lamentable et inexplicable, étant donnés surtout les énormes sacrifices que l'Etat s'impose sous forme de subventions — 26 millions.

Les surprimes de vitesse, voilà la seule solution possible à un pareil état de choses, en exigeant, bien entendu, toutes les garanties possibles de sécurité pour les passagers.

Quant aux prix de transports, ils sont exorbitants, on vous prend jusqu'à plus de 150 francs par tête de voyageur pour 24 heures, pour marcher à 10 ou 12 nœuds à l'heure, ce qui coûterait à peine 30 francs en chemin de fer et se ferait en quelques heures : où donc est le grand principe économique des transports à bon marché par eau ? Parfois on vous trimbale pendant cinq jours de port en port pour un voyage de 12 heures, et cela sans vous prévenir, au moins au moment de l'embarquement, ce qui est un comble. ·

La nuit une femme peut être malade à la mort, tant pis pour elle, *il est défendu, même en payant*, d'avoir un biscuit ou un sandwich en dehors des heures de repas, également défendu d'avoir de la lumière ou de voir clair dans le navire, passé onze heures du soir. Quant à la fraîcheur de la nourriture, au confortable des cabines, à la politesse du personnel, etc., etc., il n'y a pas à parler de ces choses, qui sont absolument inconnues à bord.

Pourquoi n'y a-t-il pas trois classes de voyageurs ? car l'entrepont comme secondes et le pont comme troisièmes, entre les cages à poules, sont bons à peine pour des bestiaux.

Pourquoi ces trois classes de premières, quand il n'y a en réalité qu'une classe unique de premières ? n'est-ce pas simplement pour prendre l'argent des naïfs ?

Lorsque vous vous embarquez à Bordeaux sur le petit vapeur qui vous conduit au grand Transatlantique ancré à Pauillac, un employé de la compagnie examine vos bagages ; vous arrivez là avec vos billets de première classe pris à Paris et vous vous figurez naïvement que vous avez le droit d'emporter un certain nombre de colis. Vous avez plusieurs malles d'un poids respectable, la compagnie vous réclame deux ou trois cents francs d'excédent pour vous transporter aux Antilles.

Le voyageur qui est derrière vous et attend son tour, se réjouit d'avance, car il ne possède, lui, que quelques colis qui ne pèsent presque rien. Le même employé, du même ton bourru, lui réclame le même excédent de deux ou trois cents francs, le voyageur, absolument ahuri, proteste, n'y comprend rien ; alors on daigne lui expliquer que les bagages sont taxés au mètre cube. Ces procédés rappellent plutôt les mœurs des brigands calabrais que les agissements d'une compagnie française qui devrait se respecter.

Ceci représente un incident du départ. Une fois arrivé aux Antilles, que ce soit à San-Juan de Porto-Rico, au Cap-Haïtien ou à Port-au-Prince, ou que ce soit dans les rades souvent fort dangereuses comme Jérémie ou Santo-Domingo desservies par les annexes, la compagnie jette l'ancre toujours à une distance plus ou moins grande du rivage.

Presque toujours les fonds lui permettraient d'approcher, beaucoup plus près, des warfs ou du point de débarquement, mais elle objecte à cela que ça lui est plus commode pour ses manœuvres de rester au milieu de la rade, et que d'ailleurs elle n'y est pas obligée par les gouvernements, qui ne sont pas fâchés de laisser vivre chez eux l'industrie des bateliers. Eh bien, s'il en est ainsi, la compagnie a absolument tort et les gouvernements aussi ; de la sorte on vous contraint à dépenser souvent une assez forte somme à chaque escale pour descendre à terre et l'on vous contraint parfois également à risquer votre vie.

On ne comprend guère les agissements d'une compagnie qui vous transporte d'Europe à tel point déterminé des Antilles, en première classe, pour un prix suffisamment élevé et qui vous arrête parfois à deux kilomètres de la côte. Là c'est à vous à vous débrouiller et à trouver

contre deux ou trois piastres, et souvent plus, des bateliers qui veuillent bien vous conduire à terre ainsi que vos
bagages.

Si la compagnie ne veut pas modifier ses procédés de
manœuvre et d'ancrage dans les ports, qu'elle possède
alors de petits vapeurs, des *magiciennes*, qui descendent
ses voyageurs ainsi que leurs bagages à terre. Lorsque
l'on circule aux Antilles sur les différentes lignes de
bateaux qui s'y trouvent, car il est bien certain que les
lignes étrangères ne valent pas beaucoup mieux que les
Transatlantiques, on reste confondu devant le sans-gêne
des dites compagnies et devant des procédés qui ne sont
plus du tout de notre âge.

Quand vous rentrez d'un port haïtien en Europe, c'est
autre chose, vous accostez avec vos malles dans une petite
barque l'escalier volant au flanc du navire ; les malles sont
lourdes, vos jeunes bateliers noirs ne peuvent pas les
hisser et, après de vains efforts, vous vous décidez à aller
demander au capitaine ou au commissaire de faire
descendre le palan ; ces messieurs s'y refusent, vous déclarant que, lorsque l'on a des bagages trop lourds, on les
fait voyager au commerce.

— Eh bien, prenez-les de cette façon.

— Il est trop tard, ce sera pour le prochain courrier,
dans un mois ; et si le capitaine s'entête, vous n'avez plus
qu'à redescendre à terre avec vos malles et à attendre un
mois avant de pouvoir rentrer en Europe.

Si votre billet est périmé le mois suivant, c'est onze ou
douze cents francs de perdus, et, si des affaires graves
vous attendent, ce peut être pour vous un motif de
dépenses et de pertes incalculables. Je ne dis pas que le
fait se présente souvent, mais il suffit qu'il se présente
quelquefois, pour que ce soit déjà beaucoup trop.

Un autre inconvénient non moins grave et qu'il faut signaler, c'est le manque absolu de mesures hygiéniques au départ comme à l'arrivée des bateaux. Une épidémie d'influenza, de petite vérole, de fièvre typhoïde s'est-elle déclarée à bord, on ne prend pas la peine de désinfecter le navire à son arrivée au port d'attache ; de sorte que les voyageurs de la traversée suivante ont de grandes chances de gagner le mal de leurs prédécesseurs. Les gouvernements prennent des mesures préservatrices sans doute, mais souvent vexatoires, ils imposent des quarantaines pénibles et fort coûteuses aux passagers, tandis qu'il serait si simple d'exiger de toutes les compagnies de navigation qu'elles prennent de rigoureuses précautions sanitaires dont les effets bienfaisants ne tarderaient pas à se faire sentir. Votre famille part de Pauillac en Haïti, elle vous adresse une dépêche de Saint-Thomas à son arrivée, elle vous parvient 8 heures avant la dépêche officielle affichée par la compagnie à Paris. Le bateau revient d'Haïti, il est signalé à 3 heures du matin au cap Izard, à 3 heures 1/2, tous les journaux de Paris devraient être avertis, pas du tout, la compagnie affiche la dépêche à *5 heures du soir* et laisse ainsi dans l'inquiétude de nombreuses familles.

Si on ne constatait ces faits tous les mois, ce serait à n'y pas croire en vérité, et la compagnie Transatlantique n'a pas l'air de se douter du préjudice qu'elle se porte à elle-même, en mécontentant ainsi sa clientèle des deux mondes.

Cet état de choses déplorable à tous égards subsiste entre la France et les Antilles, simplement parce que la compagnie Transatlantique n'a pas de concurrent. Sur la ligne de New-York, où les transports américains comme le *Teutonic*, le *Majestic* ou le *City of Paris* la battent en brèche avec 24 nœuds à l'heure, elle est bien obligée de faire quelques efforts pour lutter et pour ne pas mécontenter sa clientèle. Sur la ligne d'Haïti il n'en est pas de même et les capitaines vous disent avec désinvolture : c'est toujours assez bon pour des nègres. Ces officiers, peu au courant de la civilité puérile et honnête, ne devraient pas oublier que ce sont ces nègres qui payent leur compagnie et les font vivre. En racontant ces faits, loin de moi la pensée de vouloir être désagréable à la compagnie Transatlantique, je crois même lui être utile, en l'éclairant sur une partie de ses services, dont elle ne surveille pas d'assez près le fonctionnement. Sans avoir le génie d'Isaac Péreire, qui restera incontestablement le premier financier de ce siècle, son fils, le comte Eugène Péreire, est loin de manquer de capacité, c'est un ingénieur fort distingué et un homme de belle humeur comme tous les Portugais d'adoption ; cependant dans l'espèce on pourrait lui reprocher de manquer du flair du navigateur, et c'est pourquoi nous insistons tant, pour lui voir améliorer une ligne trop délaissée jusqu'à présent. S'il s'agit des marchandises, chaque jour la concurrence des nombreux bateaux allemands devient plus âpre et par conséquent plus difficile à combattre ; s'il s'agit des voyageurs, ils se désaffectionnent de plus en plus d'une ligne qui met 18 à 22 jours pour les conduire à Port-au-Prince, tandis que mathématiquement avec la correspondance, ils peuvent y aller en 13 jours en passant par New-York. La grosse erreur de la compagnie Transatlantique, c'est précisément de se figurer qu'elle rattrape sur la voie de New-York les voyageurs qui lui échappent sur celle des Antilles ; c'est que nombreuses sont les concurrences qui rendent plus fréquentée et plus passagère chaque année, la grande route maritime qui conduit d'Angleterre aux Etats-Unis.

On n'a que le choix ; certaines compagnies jouissent

d'une réputation et d'une popularité justement méritées, que leur a valu une longue existence sans accident ; et souvent avec plus de confortable, presque toujours avec une rapidité plus grande, les Anglais, les Américains, les Allemands et même les Hollandais sont là pour solliciter et retenir l'attention du voyageur.

Une fois que l'on a mis le pied sur un bateau étranger, c'est fini ; c'est un client perdu pour la compagnie Transatlantique et l'on peut être sûr qu'il entraînera avec lui toute sa famille et peut-être ses amis.

Je suis le premier à reconnaître que cette industrie des transports, avec les incessantes modifications imposées par les découvertes de la science moderne, n'est pas commode ; si l'on entrevoit le jour où l'on pourra se rendre de la pointe extrême de l'Ecosse à la baie de Saint-Jean, à la pointe extrême du Labrador en deux jours et du Havre à New-York en quatre jours, avec les machines à triple expansion, l'avant effilé en espadon et l'emploi de l'aluminium sur une vaste échelle, si l'on entrevoit la possibilité de dépasser 30 nœuds et d'en atteindre même 40, ce qui aurait paru un rêve il y a moins de vingt ans, ce large programme de l'avenir ne peut être réalisé qu'au prix des plus lourds sacrifices pour les compagnies, étant donné surtout que leur matériel aussi bien que celui des câbles sous-marins, doit être renouvelé intégralement tous les 25 ans (1). Cette nécessité d'amortir le capital engagé dans

---

(1) Mais ce n'est pas tout, les progrès, les découvertes des ingénieurs et des chercheurs se multiplient aujourd'hui : d'un coté on affirme qu'Edison étudie un plan qui permettrait de graisser les carènes des navires pour les faire glisser plus rapidement dans l'eau. Il affirme que la friction de l'eau salée et de ses constituants est beaucoup plus grande qu'on ne le croit généralement et que, s'il arrive à réaliser son projet, le paquebot *Compania* pourra faire en 4 jours au lieu de 5 1/2, le voyage de Quenstown à New-York. (a)

(a) Le *Teutonic* et le *Majestic* ont été battus par la *Compania* qui est allée d'Europe aux Etats-Unis en cinq jours 12 heures 7 minutes, tandis que les deux premiers avaient mis cinq jours 16 heures et quelques minutes pour parcourir la même distance.

une aussi courte période est donc fort onéreuse et place
souvent les sociétés en face de difficultés presqu'insur-
montables. Mais lorsque nous demandons à la compagnie
Transatlantique de mettre sa ligne des Antilles sur un
aussi bon pied que celle du Havre à New-York, c'est que
nous sentons qu'il n'y va pas seulement de ses intérêts
bien compris, mais encore de ceux de la France ; et c'est
à ce point de vue vraiment supérieur qu'il est permis de
faire appel à la science de ses ingénieurs, à toute son
énergie et à son patriotisme, pour arriver à lutter victorieusement contre la concurrence étrangère.

Je parlais plus haut du manque de lumière, de l'impossibilité de manger la nuit, etc., ce sont là autant de
mesures surannées, de coutumes d'un autre âge pour
mettre le public en coupe réglée et le traiter comme on
traitait les noirs, lors de la traite ; dans l'intérêt même des
compagnies, il est temps de changer tout cela et d'avoir

Enfin, d'un autre côté, voilà ce que le contre-amiral Coulombeaud, un
homme qui s'y connaît, écrit dans la *Marine de France* sur l'invention
de notre vieil ami, l'ingénieur Bazin :

« ... Actuellement, l'Angleterre possède plusieurs grandes lignes de
navigation desservies par des paquebots filant 20 nœuds et même plus :
la *Lucania* et la *Compania*, de la Compagnie Cunard, ont fait des traversées d'Amérique en Europe avec des vitesses moyennes de 21 n. 90
de 21 n. 40 ; le *Majestic* et le *Teutonic*, de la Compagnie White Star,
filent 20 nœuds, et les nouveaux paquebots qui doivent faire le service
entre l'Angleterre et le Canada auront une vitesse moyenne de 21 nœuds,
par beau temps.

« Les Etats-Unis d'Amérique multiplient leurs lignes de navigation
et construisent des navires à très grande vitesse. La Compagnie Ame-
rican Line possèdera, à la fin de cette année, quatre grands paquebots
filant plus de 20 nœuds.

« Les Allemands ont fait, en marine, depuis 1870, des progrès surpre-
nants ; ils ne cessent de créer de nouvelles lignes et d'augmenter la
valeur de leur matériel. Ils veulent faire concurrence aux Anglais et
aux Américains...

« M. Bazin, l'ingénieur bien connu, a, pendant de longues années,
cherché à obtenir la grande vitesse des navires par l'application du
roulement sur l'eau, c'est-à-dire qu'il a cherché à transformer les *frottements de refoulement et de glissement* qu'éprouvent les carènes actuelles
en *frottements de roulement*.

« Désormais les navires à grande vitesse rouleront sur l'eau, porteront
moins lourd, mais seront autrement rapides que les glisseurs ordinaires.

« Les arbres de 80 centimètres en acier, qui transmettent le mouvement
de rotation aux rouleurs, passent au-dessous et en travers de la plate-
forme, maintenus par d'énormes coussinets, au nombre de 20, et la
supportent.

un peu plus d'égards pour les infortunés voyageurs, à qui on prend tant d'argent pour les malmener.

Hélas oui, les Transatlantiques ne sont que trop en retard ; tandis que l'on ne peut pas se promener sur leur pont, sans se casser la tête dans les embarcations attachées à des palans trop bas ou sans se jeter dans des tas de charbons, des cages à poules ou des marchandises, dans les navires américains les grandes embarcations sont élevées à 2 m. 44 en dessus du pont de promenade, de manière à ne pas gêner les passagers.

La coque des navires américains est divisée en 16 compartiments étanches, ce qui offre une grande sécurité, en cas d'abordages, car ces paquebots pourraient continuer à flotter avec trois compartiments envahis par l'eau ; nos Transatlantiques ignorent cela, malgré les avis réitérés de L. Muller, le savant capitaine au long cours.

Dans ces bateaux américains, la bibliothèque seule, des

« Sur cette plate-forme se trouvent les chambres des machines, les chaufferies, les cabines des passagers, ainsi que les salons et les salles à manger.

« Un gouvernail tout spécial, gouvernail hydraulique, toujours en action, a été inventé par M. Bazin, comme le complément indispensable d'un bateau-rouleur de grande dimension.

« Il se compose d'une colonne verticale, placée et plongée à l'arrière du bâtiment ; de cette colonne mobile et manœuvrée par le timonier, s'échappe un puissant jet d'eau, qui, par réaction sur un milieu incompressible, utilise 300 chevaux-vapeur, pour la direction, et de telle sorte que rien n'est perdu, puisque l'énergique poussée a toujours lieu dans le sens où on veut aller, quand le gouvernail ordinaire n'agit, lorsqu'il gouverne, que par résistance.

« Avec ce gouvernail, le bateau-rouleur peut virer sur place, même au mouillage ; il peut arriver en rade à une allure de 31 nœuds, stopper les machines des rouleurs et du propulseur et se rendre au poste de mouillage à une vitesse de 1/2 nœud, 1/4 de nœud, s'il le faut, avec ce gouvernail qui pousse et qui dirige.

« La vitesse d'un bateau Bazin est proportionnelle à la circonférence des rouleurs, et on se rend compte aisément que des rouleurs de petites dimensions seraient battus comme vitesse par un simple bateau glisseur, armé de quatre avirons ; mais sitôt que le diamètre des rouleurs augmente, le développement de la ligne circonférencielle s'accroît, et alors le glisseur ne peut plus, dans ces conditions, lutter de vitesse avec les rouleurs.

« Les rouleurs de démonstration ont donné comme marche utile en avant 60 % de leur circonférence développée. Aux essais, le grand et beau modèle de 5 m. 25 de longueur, au 1/25 d'un paquebot de 5,000 tonnes, a filé exactement et proportionnellement 32 nœuds, et, à cette allure, la marche en avant égalait 60 % de la circonférence développée premières, contient 1.000 volumes ; dans notre compagnie Transatlantique de France, allant aux Antilles, il n'y a pas 50 volumes démodés qu'il *faut louer fort cher !*

Le fumoir des bateaux américains, de 13 m. 70 sur 8 m. 54, contient 130 personnes ; sur nos Transatlantiques français des Antilles, il n'en contient pas 10 serrées comme des harengs.

Dans les Transatlantiques américains, il y a de nombreux lavabos, water-closets et salles de bains à la disposition des passagers ; dans les Transatlantiques français, il y a à peine une salle de bains, deux water-closets et pas de lavabos.

Dans les bateaux américains, l'office et la cuisine, placés à l'avant, n'empoisonnent pas les malheureux passagers sur le pont et jusque dans la salle à manger.

Dans les navires américains, il y a de véritables secondes avec fumoir, salon, salle à manger, etc., à elles, et pas

---

des rouleurs. Enfin, dernièrement, des expériences ont été faites sur un petit bateau-rouleur sur le lac du bois de Vincennes et sa marche en avant a toujours été égale à 60 °/. de la circonférence développée des rouleurs.

« M. Bazin estime qu'on pourra peut-être atteindre 70 °/. comme rendement, mais que ce sera la limite, si on l'obtient.

« La grande science est de savoir harmoniser la vitesse de rotation des rouleurs avec la poussée du propulseur, afin d'établir une corrélation entre ces deux forces nécessaires au roulement sur l'eau et obtenir ainsi la quintescence de rendement comme marche en avant.

« En effet, pour obtenir le roulement sur l'eau, et c'est là la découverte de M. Bazin, *il faut faire tourner les rouleurs, pour qu'ils puissent rouler dès qu'on les pousse.*

« La rotation des rouleurs a pour but de déterminer une adhérence telle qu'une poussée intervenant détermine le roulement sur l'eau, devenue en quelque sorte *un rail fictif* hydraulique.

« Si, au préalable, on ne faisait pas tourner les rouleurs, en les poussant seulement, ils ne feraient que déplacer l'eau purement et simplement, comme des carènes à maître-couple refoulant, mais ne pourraient jamais tourner, qu'on les pousse peu ou très fort.

« Les rouleurs pratiques pour les traversées du Havre à New-York auront 22 mètres de diamètre ; ils seront immergés de 7 m. 33 centimètres et développeront à leur circonférence extrême 69 m. 08 centimètres par révolution.

« Cette nouvelle invention aura assurément le sort de toutes ses devancières ! Les esprits routiniers, et, en France, ils sont encore beaucoup trop nombreux, commenceront par s'effaroucher ; ils feront de nombreuses objections ; nous en prévoyons déjà quelques-unes : ils demanderont si les roues et la plate-forme pourront résister à la puissance des lames ?...

« ... Le gouvernement ne pourra pas se désintéresser de la question seulement que des premières, comme dans les Transatlantiques français des Antilles.

Dans les navires américains, les ventilateurs à 1.000 tours à la minute, actionnés par l'électricité, donnent la santé aux passagers et l'électricité avec 1.000 lampes à incandescence leur donne la lumière ; on n'a jamais entendu parler de ce luxe inouï sur les Transatlantiques français des Antilles.

Sur ces navires américains, la surface totale de chauffe est de 4.650 mètres carrés, j'y reviendrai tout à l'heure, et le système dit en *vase clos* des chaudières répond et suffit à tout ; on n'a jamais entendu parler de cela sur les Transatlantiques français des Antilles ! aussi le *Paris* et le *New-York* filent 20 nœuds à l'heure et gagnent bien la subvention que leur donne le gouvernement américain ; en 1892 ils ont effectué plusieurs traversées de Quenstown à New-York en 5 jours 20 heures et 10 minutes et le *Paris* a fait celle de Scuthampton à New-York en 6 jours 9 heures et 37 minutes, soit environ 20 nœuds 1/2 en moyenne.

de vitesse. Quoique partisan outré des vitesses moyennes, il verra bien ce qui se passe autour de lui et sera obligé de contribuer à la réussite de ce mouvement en avant.

« Il sera amené à donner comme l'a réclamé si éloquemment l'amiral Reveillère, une prime à la vitesse, et à faire construire pour son compte quelques navires rouleurs express.

« Ces futurs bâtiments rempliraient parfaitement bien les rôles d'éclaireurs et de porteurs d'ordres en escadre.

« Leur place est surtout marquée dans les communications et le transport des troupes entre la France et l'Afrique du Nord.

« Ils réduiraient la traversée de Marseille à Alger à *treize heures*, c'est-à-dire à la *durée d'une nuit*, et ils mettraient la Corse à trois heures de la France.

« Aucun ennemi ne pourrait s'opposer à la circulation de pareils navires.

« On pourrait dire alors, avec raison, que l'Algérie et la Tunisie sont le prolongement de la France.

« A tous ses points de vue nous souhaitons vivement la réussite complète de l'invention de M. Bazin et nous aimons à croire que le gouvernement français ne laissera pas une autre nation s'en emparer avant lui. »

Tout cela est parfait, reste à savoir si l'expérience en grand, qui va se faire au Havre, justifiera ces magnifiques espérances. Inutile d'ajouter que je le souhaite de tout cœur, sans encore oser me prononcer.

Ces navires ont 2 hélices et des machines à quadruple expansion, ils ont 3 classes parfaitement aménagées, 320 passagers de premières, 175 de secondes et 900 de troisièmes, ils ont dix appartements de luxe, composés d'une chambre à coucher, d'un salon et d'une salle de bain, tous ayant accès sur le pont de promenade ; on ne connaît pas tout cela sur les Transatlantiques fr. nçais des Antilles, sur les vieilles pataches allemandes qu'ils ont rachetées ; il est vrai qu'ils ont une phrase qui répond à tout : *C'est assez bon pour des nègres !*

Eh bien, que la compagnie Transatlantique me permette de le lui dire dans son propre intérêt : cette phrase impertinente pour résoudre un problème économique est insuffisante ; si l'on n'y prend garde d'ici quelques années, ce ne seront plus les lignes européennes qui iront en Amérique, mais les lignes américaines qui viendront en Europe, ce qui ne serait pas du tout la même chose et nous les Français, nous serions dépassés, non seulement par les Américains, mais même par les Anglais et les Allemands. Je le répète, c'est profondément triste et inquiétant, car il n'y a pas en France une seule compagnie capable de lutter.

C'est un cri d'alarme que je pousse, non pas contre les compagnies françaises — je voudrais les voir prospères et fortes — mais simplement pour signaler un véritable péril national.

Lorsque les compagnies de chemins de fer de l'Orléans et de l'Ouest mettent de grands rapides entre Paris et Bordeaux et Paris et Le Havre, elles font infiniment plus, c'est triste à dire pour les Transatlantiques, que ceux-ci, pour rapprocher Haïti de la France.

Je disais tout à l'heure que les surfaces de chauffe dans les Transatlantiques américains étaient de 4.650 mètres carrés ; si l'on pense que 25 0/0 seulement de la chaleur

produite sont absorbés, 100 étant pris comme coëfficient,
et que 5 0/0 seulement vont transformer l'eau en vapeur
— exactement 450 calories sur 10.000, soit 1/20 0/0 — on
doit bondir de joie en pensant que des ingénieurs viennent
de trouver l'utilisation du double de chaleur, soit 50 0/0
sur les surfaces de chauffe et 10 0/0 sur l'eau transformée
en vapeur.

Il y a donc moitié de charbon à emporter, moitié poids
pour le bateau, moitié emplacement et moitié dépenses.
C'est toute une révolution, car le jour prochain où nous
serons à quatre jours des Etats-Unis, si nous ne sommes
pas en état de lutter, c'est la ruine économique pour les
Transatlantiques, pour nous tous, pour la France. La
compagnie Transatlantique a-t-elle jamais songé à ces
dernières découvertes de la science ? Je ne le crois pas ; il
est plus commode d'acheter de *vieux bateaux prussiens
pour des sales nègres !*

Prenez garde, c'est un jeu dangereux et, encore une
fois, songez que c'est la prospérité et la grandeur commerciale de la France qui sont l'enjeu de ces mauvaises plai-
santeries.

Il y a là un ensemble de faits extrêmement graves, qui
tuent les rapports de peuple à peuple sous les trois formes
de marchandises, voyageurs, correspondances, qui com-
promet le bon renom et la prospérité commerciale de la
France, toujours guettée sur ce terrain, par la concurrence
des Allemands, des Anglais, des Américains du nord, et
il est vraiment temps que le gouvernement français avise
à prendre les mesures urgentes que commande un pareil
état de choses, chaque jour plus préjudiciable, meurtrier
demain, si l'on n'y prend garde, pour l'avenir économique
de la France.

Maintenant au point de vue des rapports postaux internationaux, ça ne marche pas mieux, si les lettres vont
lentement sur les pataches des compagnies françaises, il
n'y a aucune responsabilité pour les transports entre les
gouvernements qui s'évertuent, à qui mieux mieux, à
compliquer les choses.

A Paris, par exemple, on groupe les lettres pour telle
destination. en vue de tel navire qui partira de Pauillac
dans 10, dans 20 jours, tandis que d'ici là il y a 10 départs
par Le Havre, Liverpool, Hambourg, etc., etc., mais les
employés n'ont pas d'ordre pour cela et *n'en savent rien.*
Pourquoi à l'administration centrale des postes, n'y a-t-il
pas un tableau des prochains départs pour tous les pays
du monde ? c'est élémentaire, c'est pourquoi ça ne se fait
pas et c'est au particulier à indiquer lui-même la voie à
prendre : décidément notre administration en est encore
au temps de Louis XIV !

Ici, en Haïti, une lettre venant de France coûte 25 centimes et un journal 5 centimes, tandis qu'une lettre allant
d'Haïti en France coûte 50 centimes et un journal
10 centimes.

Une lettre d'Angleterre venant ici coûte 40 centimes,
alors qu'une lettre partant d'ici pour les Etats-Unis vous
coûte 50 centimes ; pourquoi ces complications, ces
anomalies qui entravent les relations extérieures et le
commerce ?

Les tarifs postaux en Haïti sont le double de ceux de
France ; ils seraient les mêmes que chez nous, qu'ils
rapporteraient plus du double ; c'est une loi économique
qui a été vérifiée vingt fois, mais il paraît que l'on ne désire
pas que la poste rapporte beaucoup, ce qui serait cependant moins onéreux pour le commerce que les droits de
douanes.

Mais en voilà assez sur ce sujet, je n'ai voulu simplement qu'attirer l'attention des deux gouvernements intéressés sur ces graves questions et je me permettrai
simplement de conclure :

1° Il faut absolument, de toute nécessité, que le gouvernement français impose un cahier des charges sérieux
aux compagnies de navigation subventionnées et leur
impose une vitesse progressive, en rapport avec les progrès
de la science moderne et qui aille de 17 à 20 nœuds à
l'heure, au moins, sans compter, bien entendu, les surprimes de vitesse.

2° Il faut que tous les Etats du monde entier se
réunissent dans un grand congrès postal universel, dans
la personne de leurs délégués, pour arriver à obtenir :

a. — La rapidité et la sécurité des transports des lettres
et papiers de toutes sortes confiés aux services postaux
internationaux.

b. — La responsabilité des dits transports.

c. — Enfin l'unification des tarifs et des taxes pour tous
les pays faisant partie de l'union postale.

Lorsque l'on sera arrivé à réaliser ces réformes qui, en
définitive, ne sont pas bien compliquées et auxquelles sont
également intéressés tous les Etats, on peut être certain
que l'on aura fait un grand pas dans la voie du progrès ;
et les bonnes relations, les rapports amicaux entre la
France et Haïti en seront étendus et resserrés dans une
large mesure, pour le plus grand bien et la plus sincère
satisfaction des deux peuples.

MOYENS DE TRANSPORTS SURANNÉS

LETTRE OUVERTE A M. MESUREUR, MINISTRE DU COMMERCE DE L'INDUSTRIE, DES POSTES ET TÉLÉGRAPHES

Mon cher Ministre,

Je sais depuis longtemps combien vous avez l'esprit ouvert à tous les progrès, à toutes les réformes possibles, c'est pourquoi je prends la liberté de venir attirer votre attention sur le petit fait suivant qui se reproduit des milliers de fois chaque semaine, ce qui tue, tout simplement, toute espèce d'échange international entre les peuples, quand il ne s'agit pas de grosses affaires.

Un de mes beaux-frères vient de m'envoyer de New-York trois petites images du pays, dans un tout petit carton, le tout grand comme une enveloppe ministre et pesant cent grammes.

Le tout, défoncé et détérioré m'a été remis par la maison Michell et Kimbel de Paris, qui a pour mission, paraît-il, de faire des transports internationaux, contre la modeste somme de 6 fr. 35 — six francs trente-cinq centimes. Comme les trois images valaient bien 75 centimes, j'ai cherché à me rendre compte du détail des frais, le voici :

Timbre	» f. 50
Frais de transit	» 55
Remboursement	4 »
Droits de statistique. . . .	» 10
Formalités de douane	» 50
Camionnage et livraison . . .	» 50
Timbre et décharge	» 20
TOTAL. . . .	6 f. 35

J'ai demandé à la maison Michell comment un paquet de 100 grammes pouvait coûter 50 centimes de camionnage.

— Monsieur, c'est le tarif.

— Parfaitement, et les 55 centimes de frais de *Transit* ?

— Nous n'en savons rien.

— Et les 4 francs de remboursement ?

— Ce doit être les frais de transport, payés à New-York.

— Pour 100 grammes ?

— Parfaitement, Monsieur, et ne vous plaignez point ; sur les transatlantiques, ça vous aurait coûté au moins 10 francs.

— 1 franc par 10 grammes ?

— Parfaitement.

— Et le reste ?

— C'est la loi.

— Où réclamer ?

— Nulle part, c'est inutile.

Impossible d'en tirer autre chose. Avouez, mon cher Ministre, qu'il est violent de payer 6 fr. 35 pour trois images et que l'on ne veuille même pas vous dire pourquoi vous payez.

Du reste, je tiens la facture à votre disposition ; c'est tout à fait renversant et il n'y a pas à dire, en fait de rapports internationaux entre particuliers, pour les petits colis, nous en sommes encore aux errements du Moyen-Age.

Et après cela on s'étonne que les affaires ne marchent pas ; mais tous les peuples sont enfermés chez eux par de triples barrières, de quadruples murailles de Chine, qu'il s'agisse des postes, des monnaies ou des colis.

C'est navrant.

Vous voulez envoyer 10 centimes de poivre en grains, à

titre d'échantillon, c'est bien simple, la Compagnie transatlantique ne vous demandera que 10 francs, plus tous les
frais que je viens d'énumérer.

Il est vraiment temps que des ministres d'initiative,
comme vous, prennent celle de provoquer une conférence
internationale pour arriver à organiser un service de colis
postaux à travers le monde.

Alors nous n'assisterons plus à ce spectacle scandaleux
de payer 6 fr. 35 pour trois images pesant 100 grammes
avec le carton et valant moins de 25 centimes chaque.

Alors on pourra peut-être renouer quelques rapports
amicaux de peuple à peuple.

Jusque-là, il n'y a pas à se le dissimuler, nous resterons
toujours à la hauteur des coutumes et des errements du
bon roi Henri IV en matière de transports, ce qui n'est pas
précisément à l'honneur de notre esprit de progrès.

Sur ce, mon cher Ministre, je me dis toujours votre
bien dévoué.

PARIS PORT DE MER

ET LE CANAL DES DEUX MERS

PARIS PORT DE MER

I

M. le vice-amiral Thomasset, président de la Société d'études de « Paris Port de Mer », accompagné de M. Bouquet de la Grye, auteur du projet que cette société se propose de réaliser, vient de remettre entre les mains du ministre des travaux publics la demande en concession suivante :

« Monsieur le ministre,

« J'ai l'honneur de vous demander, au nom de la Société d'études de « Paris Port de Mer » que je préside, la concession d'un canal à établir dans le lit de la Seine entre Rouen et Paris.

« Ce canal serait construit de manière à permettre l'accès jusqu'à Paris de navires d'un tirant d'eau de 6 mètres.

« Dans le cas où les travaux projetés en aval de Rouen augmenteraient la profondeur du chenal, cette profondeur serait obtenue en amont par de simples dragages.

« La concession serait faite pour une durée de quatre-vingt-dix-neuf ans, sans subvention ni garantie d'intérêt.

« La Société demande seulement à l'Etat la jouissance, pendant la durée de sa concession, des portions de lit de la Seine mises à sec par suite des travaux, ainsi que des surfaces du domaine de l'Etat nécessaires à la construction et à l'exploitation du canal.

« La Société serait, en outre, autorisée à percevoir, pendant toute la durée de sa concession, un droit maximum de 3 fr. par tonnes sur navires, à la montée et à la descente, lorsqu'ils iraient jusqu'à Paris. Ce droit serait converti en un tarif kilométrique, pour les stations intermédiaires.

« Si nous demandons, monsieur le ministre, l'autorisation de réaliser un projet qui a préoccupé tous nos grands politiques depuis près de trois siècles, c'est que, grâce au progrès de l'outillage moderne, nous sommes en état d'entreprendre des travaux qui effrayaient autrefois tous les ingénieurs.

« Nous estimons d'ailleurs que le projet de M. Bouquet de la Grye, que nous adoptons et dont je joins l'exposé sommaire à cette lettre, réalise une telle économie sur tous ceux qui ont été présentés, qu'il permettra d'obtenir un revenu satisfaisant avec un tonnage relativement modéré et sans troubler les habitudes de la navigation actuelle.

« J'ajouterai, monsieur le ministre, que cette entreprise, destinée à faire de Paris une place maritime de premier ordre, offre des avantages sérieux au point de vue de la défense nationale.

« Lorsque cette voie sera ouverte, lorsque tous les ponts fixes situés en aval de Paris seront rendus mobiles, notre capitale sera unie à la mer par une ligne de défense presque impossible à franchir et permettant, en cas d'invasion, de ravitailler facilement le grand camp retranché de Paris.

« Au moment où des questions de même ordre s'agitent de tous côtés en Europe, où nombre de capitales veulent être reliées à la mer par de grands canaux maritimes, la France ne peut rester indifférente et inactive ; c'est dans le but d'augmenter sa fortune et d'assurer sa sécurité que la Société d'études du canal de Paris à la mer demande l'autorisation de se mettre à l'œuvre, afin de doter Paris d'un véritable port de mer.

« *Le vice-amiral, président de la Société civile d'études de « Paris Port de Mer »,*

« Thomasset. »

Le projet adopte une largeur de canal supérieure de moitié à celle du canal de Suez. Le canal en question suit la Seine dans tous ses circuits, sauf en deux points : à Elbœuf et Bezons, et si l'on coupe sur ces deux points les contreforts calcaires qui motivent des boucles prononcées du fleuve, ce n'est point tant pour économiser quelques kilomètres, ce qui, au point de vue de la traction maritime, offrirait peu d'intérêt, que pour permettre au chemin de fer du Havre de faire circuler ses trains sans obstacles.

Les navires auront à franchir quatre écluses pour arriver à Paris ; ce nombre pourra être ultérieurement réduit à trois. Le port de la capitale serait compris entre Saint-Denis et Clichy, le port de ceinture serait placé à Poissy, et des ports secondaires seraient ouverts au commerce à Argenteuil, Mantes, Vernon et les Andelys. Le mémoire remis au ministre estime que le coût des travaux sera de 110 millions.

Je n'ai rien à ajouter à ce qui précède, sinon à crier : bravo.

Maintenant que les hommes les plus compétents entrent résolument dans cette voie, on peut espérer que le temps n'est pas loin où la France, plus pratique, voudra donner le premier coup de pioche au canal des deux mers et à celui de Paris Port de Mer.

Les capitaux ne seront pas difficiles à trouver, car tout le monde comprend aujourd'hui qu'il s'agit de deux grands travaux de défense nationale à tous les points de vue.

Depuis le commencement de l'année, j'ai mené très vivement ma campagne de conférences en faveur du Canal des Deux-Mers et du Canal de Paris Port de Mer, parce qu'il m'a semblé que les temps étaient proches où les pouvoirs publics voudraient bien enfin nous écouter et parce qu'il y a dans la prompte exécution de ces grands travaux de défense nationale et commerciale, plus que jamais une question de vie ou de mort pour la France.

Aussi les demandes de renseignements ont-elles abondé sur mon bureau et les grands industriels parisiens se sont-ils plus particulièrement montrés impatients, cela se conçoit du reste, d'avoir des données précises sur l'importance du canal de Paris à la mer.

Je serai bref, tant les quelques chiffres que l'on peut citer sont topiques.

D'abord un tableau du trafic des principaux ports du monde en 1832 et en 1887 que je trouve dans le Bulletin de statistique et de législation comparée, rédigé avec une si haute compétence par M. de Foville, nous fournira les plus précieuses indications.

On sait que depuis quelques années, les Belges, sous la pression allemande, ont fait d'Anvers un des premiers ports marchands de l'Europe ; on sait également que, malgré les sommes dépensées, le Havre, avec une passe détestable, est loin d'être à la hauteur des besoins du trafic international contemporain.

Comparons : en 1832, le port d'Anvers était le 20ᵉ port

du monde avec 151,042 tonneaux de jauge ; en 1887, il est le 12° avec 3,717,738 tonneaux : voilà les résultats de la politique commerciale de M. de Bismarck.

En 1832, le port du Havre était le 6° port du monde avec 388,551 tonneaux ; en 1887, il n'est plus que le 17° avec 2,485,357 tonneaux : voilà le résultat de notre politique commerciale hésitante et sans suite.

Quel est le remède ? Un seul, Paris Port de Mer.

En 1832, Marseille était le 3° port du monde avec 639,780 tonneaux ; en 1887, il est seulement le 9° avec 4,820,370 tonneaux de jauge ; Bordeaux, qui était le 15° en 1832 avec 225,348 tonneaux, est en 1887 le 24° avec 1,928,446 tonneaux, et ainsi de suite pour tous les autres ports français, tandis que Londres, qui était le premier port du monde en 1832 avec 1,050,147 tonneaux, reste encore le premier en 1887 avec 12,307,166 tonneaux.

Quel remède à cet état de choses désastreux ? Un seul, le Canal des Deux-Mers qui rendra de suite la prospérité à Marseille et à Bordeaux, en luttant victorieusement, comme le Canal de Paris à la mer, contre Londres, Liverpool, Cardiff, Hambourg, Anvers, Glascow, Rotterdam, Brême et Amsterdam, pour ne citer que nos plus immédiats et nos plus redoutables concurrents.

Encore quelques chiffres avant de poursuivre mon argumentation, de manière à ce qu'il ne reste aucun doute sur la grande prospérité qui est réservée à Paris Port de Mer et qui sera telle que Paris sera bien réellement le premier port du monde.

Retenez bien ces chiffres éloquents : en 1888, le tonnage de la haute Seine, de Paris à Corbeil a été de 3 millions de tonnes ; sur la basse Seine, le trafic relevé à l'écluse de Suresnes pendant la même année, a été de 2,350,000 tonnes de marchandises.

Ceci représente donc bien pour le seul port de Paris, pour l'année 1888, avec un outillage défectueux, sans ports commodes, sans warffs, presque sans docks, un total de cinq millions 350,000 tonnes, c'est-à-dire 6 mille tonnes de plus qu'à Cardiff, le grand marché des charbons anglais, et 530,000 tonnes de plus qu'à Marseille même, notre grand port méditerranéen.

Le jour où le Canal maritime de Paris Port de Mer, en communication avec tous les canaux de la Flandre, par le nord mettra directement en communication le port-dock de Paris avec le port-rade du Havre, c'est-à-dire Paris avec la mer, nous aurons ici même un trafic de 15 à 18 millions de tonnes, ce qui fera que Paris sera bien véritablement le premier port du monde entier, puisqu'à l'heure présente, Londres, le premier, ne relève que 12,307,166 tonneaux de jeauge.

Et si j'avance, et si j'affirme ici nettement ces chiffres, c'est qu'ils sont le résultat d'une longue et minutieuse enquête technique et commerciale et que je suis certain de rester au-dessous de la vérité.

Voilà pour les chiffres, je crois qu'ils sont probants et si l'on me demandait pourquoi nous pouvons compter à Paris sur un trafic aussi considérable, la réponse serait facile :

Parce qu'il ne peut pas en être autrement à cause de la position géographique et économique même de la France. En effet, avec le Canal maritime du Havre à Paris nous drainons tout le transit des mines et des charbons du nord de la France, nous arrachons à Anvers, à Hambourg, à Brême, aux ports anglais une partie de leur trafic en portant la concurrence au cœur même des places rivales, nous attirons à nous le commerce de tout le nord de l'Europe, enfin nous transformons nos douze cents in-

dustries parisiennes en leur fournissant les matières premières à bas prix, en leur ouvrant de nouveaux débouchés
à bon compte.

Je réponds encore à deux objections : — mais vous savez
que la Seine a déjà un tirant d'eau de 3 mètres 20 centimètres de Paris à la mer.

— Raison de plus pour la transformer en canal maritime. Ça sera facile et peu coûteux.

— Et le canal du Nord ?

— Si jamais il se fait, on connaît mes idées très nettes
sur ce terrain : il n'y a point de concurrence intérieure
dangereuse, la concurrence étrangère seule est meurtrière,
c'est une vérité qu'il ne faut jamais perdre de vue, si l'on
veut faire de la bonne politique économique.

Le canal du Nord, non seulement ne sera pas un concurrent pour la Seine, mais il sera pour elle un point
d'appui et un nouveau débouché ; mais enfin c'est là une
éventualité problématique avec laquelle nous n'avons pas
à compter, d'autant plus que le canal du Nord, si jamais
il se faisait, ne serait pas *maritime* et ne pourrait servir
qu'aux navires d'un faible tirant d'eau, qu'au cabotage, en
un mot.

Enfin, en terminant, j'arrive à la dernière objection et
j'y réponds.

— Pourquoi cette appellation de Paris Port de Mer à
laquelle vous tenez tant et qui n'est en somme qu'une
figure de rhétorique, qu'une hyperbole, car vous savez bien
que, quel que soit le canal qui viendra à Paris, ce ne sera
jamais la mer avec ses horizons perdus et ses lointains
infinis.

— Je le sais, et après, qu'est-ce que cela prouve ? Si
nous luttons victorieusement au point de vue commercial
contre l'Anglais et l'Allemand, si nous faisons de Paris

la première ville du monde et si nous rendons la France riche, prospère et forte, cela nous suffira amplement, car nous n'aurons pas perdu notre temps.

Mais pour mon compte personnel, je tiens au mot comme à la chose, je tiens à Paris Port de Mer, parce que c'est une idée claire, précise, tangible, que tout le monde comprend bien et quand, devant une assemblée nombreuse, je parle de Paris Port de Mer, tout le monde m'écoute avec intérêt et recueillement, car d'instinct tout le monde sent que je vais parler de la future grandeur de la Patrie !

———

L'EXPOSITION UNIVERSELLE EN 1901

LE CLOU NÉCESSAIRE — PARIS PORT DE MER — POURQUOI

EN 1901 — PARIS CAPITALE DU MONDE

On n'est pas encore fixé sur l'emplacement de la future Exposition universelle ; le plateau de Courbevoie, Saint-Cloud, les champs de courses de Bagatelle et d'Auteuil, les fortifications, Vincennes, et même l'ancien emplacement du Champ-de-Mars, se disputent l'honneur de la posséder.

Je ne veux pas examiner aujourd'hui ces divers projets, mais simplement affirmer deux points importants :

1° Il faut que l'Exposition ait lieu seulement en 1901, qu'elle commence le siècle prochain — du moins en apparence, aux yeux de la foule — et non qu'elle finisse le présent : aussi bien, on aura de la sorte un an de plus pour se retourner ;

2° Il faut qu'elle soit maritime, avec Paris Port de Mer, comme grande et suprême attraction, comme couronnement définitif de l'œuvre de transformation qui doit faire de Paris la capitale du monde !

. .

En 1855, la première Exposition universelle se tenait dans le Palais de l'Industrie, aux Champs-Elysées, et cet embryon arrachait des cris d'admiration à tous les Parisiens.

En 1867, la seconde Exposition eut lieu au Champ-de-

Mars, pour la première fois ; — c'était bien autre chose, elle venait après celle de Londres, et l'on déclarait sérieusement qu'il était impossible de faire mieux, cependant, on avait déjà senti la nécessité d'un ou plusieurs *clous* ; voilà pourquoi on avait transformé la butte immonde du *Trocadéro* en un *Escalier monumental*, et pourquoi on attirait la foule avec le *Géant chinois* — un brave garçon boucher de Vervins.

En 1878, le cadre était encore élargi, le Palais du Trocadéro était inauguré, l'élément étranger commençait à faire son apparition, timidement, avec les violons ensorceleurs et le cymbalum à *la Csarda Hongroise* ; le clou de l'exhibition se trouvait au centre même du Champ-de-Mars, et s'appelait la *Rue des Nations* ; au Trocadéro, en même temps, la *Ferme japonaise* semblait une merveille.

De 1889, au lendemain du grand triomphe du Centenaire, alors que nous sommes encore tout vibrants du triomphe remporté, de la gloire commune, parlerai-je des clous ? Tout le monde les a présents à la mémoire, depuis la *Galerie des Machines* jusqu'à la *Tour Eiffel*, qui ont consacré magistralement la puissance de la sidérurgie, depuis l'*Exposition coloniale* de l'Esplanade des Invalides jusqu'aux *Fontaines lumineuses*, alors que les cris d'enthousiasme de millions de visiteurs, venus des quatre points du monde, étaient ponctués par le rhythme monotone des concerts exotiques qui soulevaient, pour nous, un coin du voile qui dérobe à nos yeux les mystères des mœurs orientales.

Tout commentaire amoindrirait le souvenir vivant que chacun de nous en garde au fond du cœur, avec un sentiment de légitime orgueil.

L'impression commune, c'est qu'il est impossible de faire mieux, c'est que notre quatrième Exposition universelle est

l'apothéose finale et définitive de notre génie industriel ;
c'est, en un mot, qu'après elle il n'y a plus, pour me servir
d'une expression populaire qui dépeint bien ma pensée,
qu'à tirer l'échelle.

* *

Eh bien, voilà précisément où git l'erreur ; faire mieux
en 1901 qu'en 1889, loin de moi une telle pensée, je n'y
prétends point, mais on peut et l'on doit faire aussi bien ;
on doit surtout faire autre chose.

Quel est le moyen d'y parvenir ?

Il est bien simple : trouver une autre chose.

— Après la Tour Eiffel ?

— Parfaitement, et je prie le lecteur de ne pas perdre de
vue que je parle toujours sérieusement et pratiquement,
et que si je suis si affirmatif, c'est que je pense aux grandes
destinées qui sont certainement encore réservées à la
France.

J'entends, d'ici, un lecteur bénévole me dire :

— Comme vous y allez, un *clou* nouveau ! D'abord il
faut le trouver, ensuite, nous avons le temps d'y songer ;
nous avons encore huit ans devant nous, il faut bien se
reposer et nous laisser ruminer notre succès de 1889.

— Pardon ; mais, d'abord, le clou en question est
trouvé ; ensuite, il faut se mettre de suite à l'œuvre, sans
perdre un instant, une seconde, pour arriver à temps, et
je vous avoûrai même qu'avec toute la bonne volonté de
tous les Français et des pouvoirs publics, nous aurons à
peine le temps d'être prêts pour le 1er mai 1901, en nous
mettant de suite à l'œuvre.

— Vous m'intriguez beaucoup ; près de deux lustres
pour préparer une Exposition universelle, j'avoue que je
n'y comprends plus rien !

16

— C'est pourtant très clair, si je me suis fait bien comprendre, chaque Exposition universelle a eu ses attractions nouvelles, ses clous. Or, plus nous allons, plus il faut du nouveau, et surtout de l'imprévu !

— Nous sommes d'accord, mais il semble qu'après la Tour Eif...

— Précisément ; après la Tour Eiffel, il faut quelque chose de vraiment nouveau, et voilà pourquoi, après l'Exposition de 1889, l'Exposition universelle de 1901 sera *maritime* ou ne sera pas.

— A Paris ?

— Je m'explique : les moyens de transport ont transformé le monde depuis cinquante ans ; l'outillage scientifique des nations est devenu l'une des conditions primordiales de la lutte pour la vie.

Au canal de la Baltique, à Corinthe, à Pérékop, à Kra, qui seront percés demain, la France doit répondre par le canal des Deux Mers ; à Manchester, à Birmingham, à Bruxelles, à Cologne, à Rome, ports de mer, la France doit répondre par *Paris Port de Mer*. Est-ce simple ?

— Absolument.

— Aujourd'hui, c'est M. Bouquet de la Grye qui arrive avec son projet de Paris Port de Mer, par la Seine rectifiée, aménagée, approfondie, qui expose et défend son projet avec une énergie et un patriotisme au-dessus de tout éloge, nous montrant comme résultat, la grandeur et la prospérité de la France !

De toutes parts, ce sont les ingénieurs, les économistes, les hommes compétents, les patriotes qui se dressent, élèvent la voix, protestent contre la politique stérile et disent : là est le salut.

Oui, là est le salut et voilà pourquoi nous pensons que l'heure est favorable et que le moment psychologique est venu de frapper un grand coup sur l'opinion publique en unissant, d'une façon indissoluble, cette double et féconde idée :

PARIS PORT DE MER, L'EXPOSITION UNIVERSELLE DE 1901

*
* *

On ne frappe, on n'arrête, on n'intéresse les foules, qui passent indifférentes, que par des idées simples. Celle-ci l'est entre toutes.

Et voyez quel magique spectacle la France pourrait offrir au monde stupéfait, au seuil du prochain siècle ! Toutes les questions de concurrence étrangère, résolues pour la prospérité des douze cents industries parisiennes ; le Musée commercial de Paris, unique au monde, par la force des choses ; et les habitants de notre capitale bien-aimée pouvant reposer leurs yeux, à l'horizon, non-seulement sur la ceinture d'émeraude de Boulogne et de Vincennes, mais encore sur une forêt de mâts, comme à Amsterdam, comme à Anvers, comme à Londres !

N'être plus seulement le centre intellectuel, mais encore le centre industriel et commercial du monde, par la force même des choses, par la volonté toute-puissante de la géographie, par la science de nos ingénieurs, par la volonté indéfectible et le tenace patriotisme de tous ses enfants : tel est le rêve glorieux qui doit être une réalité, au premier coup de canon du 1er mai 1901, annonçant au monde que la France l'invite à visiter sa cinquième Exposition universelle !

J'ajouterai que rien n'est plus dans les nécessités de l'avenir, si l'on veut bien songer, qu'à l'heure actuelle, avec un faible tirant d'eau, Paris est déjà le « premier port de France » et que le tonnage des marchandises débarquées sur ses quais est bien supérieur au tonnage du port de Marseille. Quel encouragement et quelle espérance !

— Voilà pourquoi, chers lecteurs, nos efforts à tous ne sont pas de trop pour répandre cette grande idée et surtout pour la faire triompher ; voilà pourquoi il n'y a pas une minute à perdre, voilà pourquoi la « prochaine Exposition universelle de Paris sera maritime ou ne sera pas ».

Mais elle le sera, elle sera, ou la France ne serait plus la France, ce qui est impossible !

Enfin, dernière considération ayant bien son importance : il est plus utile de faire Paris Port de Mer que de démolir le Palais-Royal comme on en parlait au Conseil il y a quelques années ; dégager le Palais-Royal, oui, mais y porter une main sacrilège, y toucher, le démolir, jamais de la vie !

Car il ne suffit pas d'ouvrir des chantiers, il faut encore et surtout que l'œuvre entreprise soit rémunératrice et féconde pour le pays tout entier.

Or, PARIS PORT DE MER est dans ce cas et le premier arrondissement, qui est traversé par la Seine, serait le premier à profiter dans une large mesure, de cette grande œuvre parisienne, nationale et patriotique entre toutes : *finis coronat opus* ! (1)

---

(1) Notre collaborateur, *Paul Vibert*, démontrait ici-même, il y a quelque temps, la nécessité de faire, en 1901, une grande Exposition universelle maritime avec *la mer à Paris*, comme *clou*.

Le « *Figaro* » reprend l'idée et s'en fait le défenseur sous la signature de *Quatrelles*.

Nous sommes heureux de constater que cette idée fait son chemin et nous remercions notre confrère de son puissant appui.

(La *Géographie* 26 juin 1890).

PARIS PORT DE MER

PAR M. A. BOUQUET DE LA GRYE, MEMBRE DE L'INSTITUT (1)

Nos lecteurs de la *Nouvelle Revue* ont été tenus au courant des différentes phases, je serais tenté de dire : du long calvaire, par lequel a passé le projet de Paris Port de Mer en ces dernières années, aussi je ne veux retenir du remarquable volume que vient de publier l'auteur du projet que ce qui a trait, en quelque sorte, aux moyens d'exécution.

Aussi bien, en procédant de la sorte, j'espère démontrer facilement qu'il n'y a pas, qu'il ne saurait y avoir de difficultés sérieuses en dehors de celles qui sont suscitées par la séculaire routine de notre administration.

Cette routine, M. Bouquet de la Grye la combat victorieusement d'un bout à l'autre de son volume, avec une science consommée, une foi d'apôtre, et un tact de diplomate, car, dès les premières pages, si l'on est frappé par la force de l'argumentation, on est également surpris de la modération dans l'attaque, de la courtoisie dans la riposte, ce qui, en définitive, n'empêche pas l'auteur de dire très nettement ce qu'il pense et ce qu'il a sur le cœur.

Je suis même de ceux qui estiment que cette réserve apparente ne donne que plus de force à des arguments, à des preuves qui relèvent purement et simplement du domaine scientifique, et n'ont pas besoin, par conséquent,

---

(1) Chez Gauthier-Villars, 55, quai des Grands-Augustins.

de violence pour s'imposer impérieusement à l'esprit du lecteur non prévenu, qui recherche avant tout la vérité.

La construction du canal coûtera 150 millions ; le Ministre des Travaux publics a fixé le capital-actions à 50 millions, et celui des obligations à 100 millions, ce qui représente, en mettant le revenu des actions à 5 0/0, et celui des obligations à 4 0/0, un total de 6.500.000 francs.

Les dépenses d'entretien sont portées dans le projet au chiffre très élevé de 600.000 francs, de manière à éviter tout mécompte.

Avec cette somme, on pourrait, le canal achevé, déblayer 500.000 mètres cubes par an, et ainsi le porter plus qu'au double, pendant la durée de la concession, puisque le déblai total n'est guère estimé qu'à 40 millions de mètres cubes. En tous cas, cet élargissement progressif sera toujours inutile dans les deux coupures de Tourville et de Bezons, à cause de la verticalité des parois, et de la nature excellente des terrains.

En raison de ce chiffre de 600.000 francs, consacré à l'entretien et à l'amélioration du canal, M. Bouquet de la Grye, d'accord avec les ingénieurs de la navigation, pense que la dépense annuelle doit être portée à 2.500.000 francs, ce qui, ajouté à l'intérêt des sommes employées à la construction, ferait un total annuel de 9 millions de francs, dans lequel les frais d'entretien et d'administration sont représentés pour 28 0/0, ce qui est évidemment beaucoup plus qu'il ne sera nécessaire.

Les frais analogues du canal de Suez ne s'élèvent qu'à 7 0/0, et le canal traverse des sables mouvants. A Manchester, les ingénieurs estiment que les frais d'entretien, d'exploitation et d'administration, ne seront pas supérieurs à 15 0/0 ; mais comme le fait fort judicieusement remarquer M. Bouquet de la Grye, s'il n'a point hésité à accepter le chiffre évidemment exagéré de 2.500.000 francs, proposé par les ingénieurs de la navigation, c'est qu'il a vu là un moyen excellent de faire des améliorations importantes avec les revenus de la Compagnie, sans avoir besoin de grever le capital.

Maintenant, en procédant toujours avec la même prudence, et en admettant que la première année on n'ait à enregistrer que 1.125.000 tonnes de jauge, et que la batellerie, exempte de droits, en retienne un cinquième, on aura un chiffre absolu de 900.000 tonnes.

Or, en admettant la progression établie, suivant les calculs de M. Férot, et qui, d'ailleurs, n'est pas contestée, on voit que la première année seule, tout en payant les frais d'exploitation et l'intérêt des obligations, serait impuissante à rémunérer le capital-actions. A partir de la deuxième année, on pourra donner un dividente aux actionnaires, et, la cinquième année, ils toucheront 15 0/0 de leur capital. Ces données, basées sur les statistiques les plus sérieuses, et j'ajouterai les moins optimistes, se passent de tous commentaires.

Nous pourrions nous en tenir là pour prouver que l'avenir de la Compagnie est, d'ores et déjà, assuré, et, ce qui est mieux, assuré dans de brillantes conditions ; mais il convient d'ajouter encore toutes les recettes accessoires : location des grues de déchargement, des emplacements sur les quais couverts, exploitation des docks, des chutes d'eaux du fleuve, mise en valeur des bords du fleuve, rendus à la culture par le creusement même du canal, etc., etc. Si l'auteur du projet ne les a portées que pour mémoire, nous avons pensé qu'examinant l'avenir du canal, au point de vue purement économique, nous n'étions pas tenus à la même réserve.

Si les actionnaires de la future société peuvent espérer

un revenu élevé dès la cinquième année, rien qu'en s'en tenant au tonnage, le bénéfice des armateurs et des négociants parisiens sera bien plus considérable encore.

En évaluant ce bénéfice à un minimum de 7 fr. 35 par tonne, et en multipliant ce chiffre par 4 millions — ce qui ne saurait être qu'un chiffre de début — ils réaliseraient, de ce chef, un gain annuel de 36 millions de francs.

Si, après l'ouverture du canal, on passe de 876.000 tonneaux effectifs à l'entrée à 2 millions de tonneaux de jauge, donnant 3.075.000 tonneaux effectifs, en admettant qu'un tiers reste au cabotage, plus des deux tiers du tonnage entrant pairont encore des droits de douane.

On sait que la moyenne de ces droits est de 16 francs par tonne, ce qui représentera 40 millions à encaisser au bénéfice de l'Etat, sauf une faible partie, qui sera restituée à la frontière de l'Est.

D'autre part, à peine le canal sera-t-il ouvert, que la Seine, de Paris à la mer, verra ses bords se couvrir d'usines et d'entreprises industrielles de toutes natures ; il s'en suivra fatalement une augmentation dans le prix des terrains et par conséquent un accroissement annuel dans les droits pour transmissions d'immeubles, hypothèques, enregistrement, etc., tant il est vrai que tout s'enchaîne logiquement dans ces questions économiques, et que la prospérité de l'un appelle la prospérité de la collectivité.

Je n'ai pas besoin de dire que je ne fais que suivre pas à pas les indications qui me sont fournies par le volume même de M. Bouquet de la Grye ; mais à propos de cette grosse question des revenus de la Compagnie et des avantages qu'en retirera le Gouvernement, je demande la permission de citer mot à mot la conclusion même de l'éminent ingénieur hydrographe, tant elle est saisissante dans sa patriotique brièveté :

« L'État, d'autre part, verra son budget diminué annuellement d'une dépense de 478.000 francs appliqués à l'entretien, aux grosses réparations des ouvrages et des berges de la Seine, entre Paris et Rouen, et au traitement du personnel du service de la navigation. Si on fait un total de tous ces chiffres, en en défalquant la somme afférente aux droits de quai, donnés pour les marchandises débarquées à l'heure actuelle à Rouen, et expédiées par eau à Paris, et si on multiplie le tout par la durée de la concession, on arrive à un nombre de milliards plus grand que la rançon payée aux Prussiens. »

Est-il besoin d'insister pour bien faire comprendre tous les avantages que le commerce parisien doit retirer de l'ouverture du canal maritime ?

Il est évident que les négociants auront tout intérêt à se servir de navires remontant jusqu'à Clichy, c'est-à-dire aussi près que possible des usines et des grands entrepôts, situés au nord-est et à l'est de la Capitale.

Ainsi, l'industriel qui achète des matières premières sur les places de Rouen ou du Havre, est obligé de payer une commission d'achat, des frais d'expédition, de camionnage, jusqu'au quai d'embarquement, et enfin le transport par chalands jusqu'à Paris.

Si ces marchandises ont été achetées au dehors, il faudra payer une commission pour la réception, la réexpédition, le dédouanement, les frais d'expertise, de réparation des colis, de manutention, de gardiennage, sans compter tous les frais afférents à l'embarquement et au transport par chalands.

C'est dire que tout cela n'en finit pas et que le malheureux négociant parisien se trouve toujours en face de frais et de faux frais considérables et dont bien souvent même il ne peut pas juger tout l'imprévu, même approximativement.

Lorsque Paris Port de Mer sera un fait accompli, tout cet attirail onéreux et compliqué disparaîtra comme par enchantement, puisque l'on pourra aller chercher toutes les denrées, toutes les matières premières, dans nos colonies, au bout du monde, *et les amener à Paris sans rompre charge.*

Cette constatation seule devrait suffire pour démontrer l'urgence du canal maritime.

En prenant un navire de 1.000 tonneaux de jauge, mais n'en transportant.que 1.500, aller et retour, nous voyons qu'avec le système actuel de transbordement par chalands, on arrive à un total de 9.600 francs, dont M. Bouquet de la Grye donne d'ailleurs un détail rigoureux.

Un navire montant directement à Paris, exactement avec le même tonnage sans rompre charge, aurait 7.700 francs de frais, soit 1.900 francs d'économie, ce qui est déjà un chiffre fort respectable.

Mais ce n'est pas tout et il convient d'insister sur les autres bénéfices réalisés par l'armateur aussi bien que par le négociant, car ces bénéfices nouveaux seront la conséquence fatale, toute naturelle, du nouvel état de choses.

En effet, à la sortie de Paris, l'armateur n'aura plus seulement le fret de 500 tonneaux du port de Rouen, mais bien un fret de 1.000 tonneaux, car on admettra bien que Paris, avec son immense commerce et ses 1.230 industries classées, fournira un autre aliment de retour que le port de la métropole normande.

D'un autre côté, ce jour-là, Paris aura retrouvé le transit de nos provinces de l'Est qui est absorbé aujourd'hui par Anvers, et, de ce chef, on peut s'attendre aux résultats les plus satisfaisants.

Ces 500 tonneaux en plus donneront encore à l'armateur un bénéfice qui ne sera pas inférieur à 10 francs par tonne en moyenne et qui pourra être supérieur, s'il s'agit d'un chargement à destination lointaine. Cela constitue donc bien réellement un nouveau bénéfice que nous pouvons estimer à 5.000 francs environ.

Il ne s'agit donc plus seulement de 1.900 francs pour l'armateur, mais bien, en tenant compte du supplément du fret et du trajet plus long sur Paris, d'un bénéfice total de 12.725 francs, toujours pour le même navire transportant 1.500 tonnes effectives, comme je le disais tout à l'heure, soit 500 à l'aller et 1.000 au retour.

Maintenant arrivons au négociant : celui-ci bénéficira de la suppression des commissions à payer à Rouen, des frais de visite, des réparations de colis, des frais de magasinage et des détériorations amenées par un transbordement au port de Rouen.

Toutes ces petites dépenses, d'après le rapporteur lui-même de la commission d'enquête du département de la Seine, doivent s'élever à 3,25, chiffre qui, multiplié par 2.500 tonnes à l'entrée et à la sortie, donne exactement 8.125 francs.

Ce n'est pas l'auteur du projet qui a fixé ce chiffre de 3,25 et il est curieux de remarquer qu'il représente précisément la taxe demandée par la société concessionnaire.

Additionnez les bénéfices de l'armateur et du négociant, vous arriverez au total de 20.850 francs ; et pour certaines marchandises, comme le charbon, qui perdent tant au transbordement, ces bénéfices seront à coup sûr encore bien plus considérables.

On a prétendu — que ne prétend-on pas, quand la

passion s'en mêle? — que le port de Clichy ne rendrait pas les mêmes services que ceux de Grenelle, du Louvre et de Bercy ; c'est une mauvaise plaisanterie, car les fabriques et la haute industrie se trouvent plutôt dans la plaine Saint-Denis qu'au Palais-Royal, que je sache.

Mais n'y a-t-il pas là aussi une question d'emplacement? Nous avons la conviction que l'ouverture du canal de Paris à la mer exigera un outillage considérable à ce point de vue et nous n'avons qu'à conseiller à ceux qui font une pareille objection d'aller visiter un peu les basssins d'Anvers ou les docks Sainte-Catherine de Londres, s'ils ne savent pas ce que c'est qu'un grand port de commerce.

Or, qu'on le sache bien, Paris peut et doit avoir la légitime ambition d'être, lui aussi, un port de commerce maritime aussi important que ces deux centres. Ce n'est point un vain désir, mais les statistiques qui répondent de ce brillant avenir, le jour où l'on se décidera enfin à faire de Paris un centre économique digne de la France.

Comme je le disais au début de cette courte note, l'auteur du projet, de parti pris, s'est tenu dans une excessive réserve, ses estimations ont une modestie voulue et seront certainement dépassées de beaucoup par la réalité.

Ce n'est pas moi qui l'en blâmerai, il évite ainsi toute critique et les chiffres qu'il admet sont encore assez beaux pour amener la conviction.

Cependant, il me sera permis de faire remarquer, par exemple, que, dans ses estimations de tonnage, il ne tient compte que des transports de Paris à la mer et qu'il en laisse une forte part au cabotage.

C'est parfait, mais cet énorme cabotage du port de Paris, à l'heure présente, ne fera qu'augmenter et viendra fatalement augmenter le trafic même du canal maritime, dans des proportions que je n'hésite pas à qualifier d'*incalculables* en ce moment.

Je veux rappeler quelques chiffres à ce propos, tellement ils sont instructifs :

Le mouvement général du port de Paris en 1891 a été de 7.523.475 tonnes, en augmentation de 387.745 tonnes sur l'année précédente.

Il est vrai qu'il comprend le ressort de la préfecture de police, mais le mouvement *intra-muros* a encore été de 6.345.233 tonnes, soit 1.870.336 de plus qu'à Marseille, car pendant la même période ce dernier port n'a enregistré que 4.474.897 tonnes.

Ces 6.345.233 tonnes ont été transportées par 38.844 bateaux.

Je pense qu'il est inutile d'insister sur les conséquences que l'on doit tirer de pareilles données ; Paris ne possède ni dock, ni warff, ni quais, ni port, ni quoi que ce soit ; son installation est rudimentaire autant que possible et cependant il est le premier port de France. Eh bien, lorsqu'il sera le grand port maritime que nous voulons, rien ne prouve qu'il ne sera pas rapidement l'un des premiers ports du monde, sinon le premier.

Je veux finir par une considération toute morale, toute sentimentale, si l'on veut ; cependant je la crois vraie et je suis heureux de constater que là encore je suis en entière communauté d'idées avec l'éminent auteur du projet.

Je veux parler de l'impression profonde que ferait la vue des navires sur la population parisienne, des horizons nouveaux que cette vue ouvrirait à bien des déclassés, des malheureux, des vagabonds d'aujourd'hui qui seront les criminels de demain. Ces gens, qui exercent des métiers inavouables ou déshonorants, trouveraient là plus que le pain, ils y trouveraient un moyen de réhabilitation et leur vie aurait un but.

« La France a depuis 60 ans fait des efforts considérables, dit M. Bouquet de la Grye, pour accroître son domaine colonial ; elle s'est emparée de l'Algérie, de la Cochinchine, de la Nouvelle-Calédonie, du Congo ; elle a étendu ses possessions du Sénégal, des Rivières du Sud. Elle a sous son protectorat l'Annam, le Tonkin, le Cambodge, Madagascar et la Tunisie.

« Ce sont de vastes champs ouverts à l'activité des Français, mais le lien entre le cœur de notre pays et ces territoires manque. »

Il n'est pas possible de faire une constatation plus juste et qui touche plus profondément tous ceux qui pensent fermement que l'avenir, que la prospérité, que la vie même de la mère patrie sont intimement liés au développement logique et nécessaire de ses colonies, en face de la concurrence étrangère plus ardente chaque jour.

Et j'ajouterai que cela est si vrai que Londres avec son admirable outillage maritime, explique en grande partie les succès coloniaux des Anglais.

« La mer, vous l'avez vu en 1870, donne d'ailleurs plus que des conscrits, elle fournit des hommes et les femmes de nos côtes sont fécondes.

C'est donc pour fortifier le cœur et les muscles des Parisiens que nous appelons l'arrivée des navires et que nous désirons voir mettre à l'ordre du jour de nos Parlements cette question grande et féconde de *Paris Port de Mer* ».

Comme on le voit, entraîné par la grandeur de son sujet, l'ingénieur éminent a fait place au patriote éloquent et, cette fois, nous voulons croire, pour l'honneur et l'avenir de la France, que sa parole sera enfin écoutée.

LES ÉTAPES DE LA QUESTION

I

PARIS PORT DE MER IL Y A CENT ANS

On sait que dès la fin du siècle dernier, on s'occupait beaucoup de la question de Paris Port de Mer, et déjà nos ancêtres sentaient bien que c'était le seul moyen efficace de lutter contre la concurrence meurtrière des Anglais sur le terrain commercial.

Dans une des salles de l'exposition rétrospective du Livre, si complète et si intéressante à tous les titres et qui est due, comme l'on sait, à l'initiative d'un de mes excellents confrères dans la presse coloniale, M. Sénéchal, on pouvait consulter à ce propos une pièce curieuse et probante entre toutes.

Ce document, jauni par le temps, imprimé sous forme de proclamation au peuple de Paris, était encadré et accroché au mur et, par conséquent, facile à consulter.

Ce n'est d'ailleurs qu'une philippique ardente et violente contre les boursiers, les tripoteurs et les agioteurs du temps, et Paris Port de Mer n'intervient là que sur le mode ironique contre les financiers du moment, mais du moins son évocation prouve combien la chose était dans les idées courantes, dans les préoccupations du jour, dans les idées de la foule, et combien tout le monde en parlait...

Cet étrange factum, introuvable aujourd'hui, est intitulé :

FERMEZ LA BOURSE

JUSQUES A CE QUE PARIS SOIT PORT DE MER

Il est daté : Paris, le 5 juillet 1793, l'an II de la République, et signé au bas : E. Clavières. Au-dessous de la signature, se trouvent les indications manuscrites suivantes : E. 9, n° 19, qui indiquent certainement une note du collectionneur.

Enfin ladite pièce sort de l'imprimerie *(sic)* de la commission générale des Monnaies.

J'ai tenu à signaler la présence de ce document à l'exposition du Livre, car il pourrait aider des chercheurs à reconstituer toute la campagne qui se menait alors dans la Bourse de Paris en faveur de la création de Paris Port de Mer.

Et, certes, ici, dans une société qui ne poursuit d'autre but que la grandeur et la prospérité de la France, et qui a le grand honneur d'être présidée par M. Bouquet de la Grye, de semblables recherches sont toujours les bienvenues.

(Communication au conseil de la Société des *Etudes Coloniales et maritimes*).

II

On n'est pas encore fixé sur l'emplacement de la future exposition universelle : le plateau de Courbevoie, Saint-Cloud, les champs de courses de Bagatelle et d'Auteuil, les fortifications, Vincennes, et même l'ancien emplacement du Champ-de-Mars se disputent l'honneur de la posséder.

Je ne veux pas examiner aujourd'hui ces divers projets, mais simplement affirmer deux points importants :

1° Il faut que l'Exposition ait lieu seulement en 1901, qu'elle commence le siècle prochain et non pas qu'elle finisse le présent — du moins aux yeux du public : aussi bien, on aura de la sorte un an de plus pour se retourner ;

2° Il faut qu'elle soit maritime, avec Paris Port de Mer, comme grande et suprême attraction, comme couronnement définitif de l'œuvre de transformation qui doit faire de Paris la capitale du monde !...

Après la Tour Eiffel, il faut quelque chose de vraiment nouveau, et voilà pourquoi, après l'Exposition de 1889, l'Exposition universelle de 1901 à Paris sera *maritime* ou ne sera pas.

Je m'explique. Les moyens de transport ont transformé le monde depuis cinquante ans ; l'outillage scientifique des nations est devenu l'une des conditions primordiales de la lutte pour la vie.

Au canal de la Baltique, à Corinthe, à Pérékop, à Kra,

17

qui seront percés demain, la France doit répondre par le Canal des Deux Mers ; à Manchester, à Birmingham, à Bruxelles, à Cologne, à Rome, ports de mer, la France doit répondre par *Paris Port de Mer*.

Voyez quel magnifique spectacle, la France pourrait offrir au monde stupéfait, au seuil du prochain siècle ! Toutes les questions de concurrence étrangère, résolues pour la prospérité des douze cents industries parisiennes : le Musée commercial de Paris, unique au monde, par la force des choses ; et les habitants de notre capitale bien-aimée pouvant reposer leurs yeux, à l'horizon, non seulement sur la ceinture d'émeraude de Boulogne et de Vincennes, mais encore sur une forêt de mâts, comme à Amsterdam, comme à Anvers, comme à Londres !

N'être plus seulement le centre intellectuel, mais encore le centre industriel et commercial du monde, par la force même des choses, par la volonté toute-puissante de la géographie, par la science de nos ingénieurs, par la volonté indéfectible et le tenace patriotisme de tous ses enfants ; tel est le rêve glorieux qui doit être une réalité au premier coup de canon du 1er mai 1901, annonçant au monde que la France l'invite à visiter sa cinquième exposition universelle.

5 Février 1893.

III

La Chambre des députés qui perd si souvent son temps en discussions oiseuses qui dissimulent mal des ambitions personnelles plus ou moins ardentes, vient cependant de faire une besogne patriotique et excellente entre toutes avant de se séparer.

« La commission du Canal maritime de Paris à Rouen a repoussé définitivement, à une très forte majorité, les conclusions défavorables du rapport de M. Lasteyrie et a décidé de proposer à la Chambre une déclaration d'utilité publique en faveur du projet qui a été soumis à son examen. »

Si l'on veut bien ne pas perdre de temps, on pourra encore voir la mer à Paris en 1900 pour l'Exposition universelle et, il n'y a pas à dire, c'est le clou nécessaire, indispensable qu'il nous faut. Mais il y a plus, il nous faut surtout Paris Port de Mer pour lutter contre la concurrence étrangère et assurer la sécurité matérielle de la France.

Allons, Messieurs les députés, un bon mouvement et donnez-nous enfin le plus grand instrument de salut, de prospérité et de défense nationale dont on puisse doter le pays et la République.

Encore une fois, si nous le voulons bien, soyons tous d'accord sur ce terrain essentiellement patriotique et c'est

notre flotte triomphante qui recevra nos invités au commencement du siècle prochain dans la plaine Saint-Denis,
sous les murs de Paris.

Quelle joie ce sera pour mon vieil ami, l'éminent ingénieur
hydrographe en chef de la marine, M. Bouquet de la Grye,
ce jour-là, et quelle joie aussi pour tous les bons Français
qui veulent la France grande, riche, prospère et invincible,
malgré... l'Angleterre !

(12 Avril 1896).

IV

Sous ce titre, M. Fernand Daunay vient de publier une petite plaquette d'une centaines de pages qui a le rare mérite d'être très claire et d'exposer avec beaucoup de lucidité cette grosse question de Paris Port de Mer.

Comme l'auteur a eu l'amabilité de me prêter les divers plans qui accompagnent son travail et comme d'un autre côté j'ai souvent entretenu mes lecteurs du remarquable projet de M. Bouquet de la Grye, qui consiste, comme l'on sait, à amener la mer à Paris par le canal maritime de Paris au Havre, par la Seine, je n'ai point à y revenir. Mais cette fois l'auteur nous parle d'un projet secondaire, d'un petit canal, non maritime bien entendu, et qui serait comme l'adjuvant de Paris Port de Mer. Est-ce possible ? En tous cas, en voici l'économie en deux mots.

La genèse et l'historique du projet, le Port dock de Paris-Pantin et le Port rade de Boulogne-sur-Mer, le grand canal du nord relié à la Seine et à la Marne aux portes même de la capitale et transformant ainsi les deux voies navigables, le devis, le tonnage immense et certain, les recettes, tout cela est énuméré et raconté admirablement dans l'opuscule de M. Fernand Daunay et je ne puis qu'y renvoyer mes lecteurs (1).

C'est avec non moins d'à-propos qu'il nous montre

(1) Un joli volume édité chez M. J.-B. Ferreyrol, 49, rue de Seine, à Paris.

Berlin, Bruxelles, Londres, Amsterdam, Rome, Manchester ports de mer ou à la veille de l'être, tandis que la France reste l'arme au bras dans l'attente de la ruine finale ; ce sont là des idées qui me sont trop chères et que je défends depuis trop longtemps pour ne pas y applaudir des deux mains.

J'aurais voulu pouvoir présenter ici une carte pour donner une idée très nette de la grandeur du projet et il ne faut pas être grand clerc pour comprendre tout ce que les régions minières et industrielles du nord de la France ont à attendre de cet admirable instrument de transport, mis à leur portée, à bas prix, sans rompre charge pour les navires d'un faible tonnage, — tout ce que Paris, déjà le premier port de France, aura à gagner à cette nouvelle artère, qui sera le complément modeste, mais utile du canal maritime de Paris au Havre par la Seine, c'est-à-dire de Paris Port de Mer. (1)

Ce sont là des idées trop patriotiques et trop pratiques tout à la fois pour qu'il soit nécessaire de les exposer ici plus au long : les rappeler d'un mot suffit pour avoir l'approbation de tous.

Mais il est un point sur lequel je veux encore une fois attirer plus spécialement l'attention de mes lecteurs, quitte à rentrer dans d'inévitables redites.

J'ai souvent exposé comment depuis trente ans, nous avions exporté 30 *milliards* de notre épargne nationale ; comment cette épargne avait été perdue ou avait servi à outiller nos rivaux ; j'ai souvent dit que pendant le même laps de temps, l'épargne anglaise, en prêtant *vingt milliards* à ses Colonies, s'était enrichie, en faisant du même coup la prospérité de ces Colonies et de la Métropole.

---

(1) Aujourd'hui cette idée du canal du nord pour le cabotage semble tout à fait abandonnée.

J'ai souvent rappelé qu'il aurait été plus sage d'engloutir moins d'argent à l'étranger et de faire chez nous le canal des Deux Mers, Paris Port de Mer, le Transsaharien, sans oublier la mise en valeur de nos Colonies.

Eh bien ! ce qui est fait est fait, c'est possible, mais il importe aujourd'hui de ne pas commettre la même faute, il importe de devenir plus pratique, plus sage, plus patriote, si l'on ne veut pas précipiter le naufrage final de la Patrie ; il importe en un mot, de savoir une fois pour toutes, si pour faire plaisir aux Anglais, aux étrangers, on est encore décidé à engloutir de nouveaux milliards dans des œuvres cosmopolites et parfois décevantes, ou si l'on veut résolument employer ces milliards sur le sol sacré de la France ou de l'Algérie à faire Paris Port de Mer, le canal des Deux Mers, et le Transsaharien.

La question est posée, elle est nettement posée devant l'opinion, devant le Parlement et c'est aux pouvoirs publics, à l'heure présente, qu'il appartient de soutenir l'initiative privée dans la rude tâche de défense économique qu'elle s'est imposée depuis vingt ans.

Pour y arriver, il suffit d'une chose : c'est que l'argent français soit exclusivement employé à des œuvres françaises ; assez d'internationalisme économique comme cela.

L'épargne nationale est à bout de patience ; elle demande une sécurité qu'elle ne saurait trouver chez les étrangers ; que ceux qui ont pour mission de la guider ne l'oublient pas.

Qu'ils ne l'oublient pas, et bientôt le canal des Deux Mers, celui de Paris à la Mer et le Transsaharien seront prêts d'être menés à bonne fin, pour le salut de la France, tant est grande encore l'énergie de notre race (1).

---

(1) Voir les notes à la fin volume.

V

PARIS PORT DE MER ET L'ÉLECTRICITÉ

Lorsque M. Bouquet de la Grye publiait en 1892 son volume si complet et si intéressant sur Paris Port de Mer, il ne manquait pas de consacrer quelques lignes, avec sa bienveillance habituelle et sa haute compétence, au projet d'un brave professeur français d'Oxford, qui avait rêvé un canal maritime sans écluses de Paris à la mer.

L'auteur oubliait qu'un tel projet comporterait des terrassements de 800.000.000 de mètres cubes et coûteraient 1 milliard 200.000.000 de francs. En effet, en admettant, en chiffre ronds, que la Seine à Paris soit à la cote 23 au plan d'eau et le thalweg à 26 ou 27 mètres ; en admettant enfin qu'il faille donner au canal maritime un tirant d'eau de 9 mètres, on voit d'ici à quelle profondeur et à quels terrassements fabuleux on arriverait au terminus de la plaine de Genevilliers.

Je ne donne là, bien entendu, que des chiffres approximatifs, et je ne veux me faire ni le défenseur, ni le continuateur d'un projet, comme le dit si bien M. Bouquet de la Grye, qui ne saurait être que l'œuvre d'un poète patriote.

Cependant, comme ayant peur de faire de la peine à l'auteur du projet, l'éminent ingénieur hydrographe s'empresse d'ajouter : « Nous savons bien que les poètes sont souvent des prophètes, et nous ne jurerions pas que les ingénieurs du XX° siècle ne repoussent, comme surannés, les engins que l'on admire à l'heure actuelle... »

Je ne veux retenir du projet de M. Manier qu'un seul point, à savoir que le canal maritime de Paris à la Mer, à niveau et sans écluses, fournirait à la capitale une chute de plus de vingt mètres de dénivellation, représentant une puissance hydraulique effective de 225.000 chevaux.

Je n'ai pas besoin d'entrer ici dans les détails d'une exécution plus ou moins problématique, et continuant à appartenir jusqu'à nouvel ordre au domaine de l'utopie.

Mais la question ainsi posée, ne convient-il pas d'en tirer de suite les deux curieuses conclusions qui s'imposent à l'esprit de l'observateur ?

Lorsque M. Bouquet de la Grye disait, il y a trois ans, que les poètes étaient souvent des prophètes, il ne pensait peut-être pas faire lui-même une prophétie à si courte échéance, et lorsque M. Manier parlait d'une force hydraulique de 225.000 chevaux, il ne pensait pas non plus lui-même qu'elle serait si rapidement utilisable.

Et que l'on ne croie pas que je veuille dire par là que les barrages plus ou moins mobiles des ingénieurs aient fait leur temps, ni que je prétende qu'il ne faille pas toujours 1.200.000.000 de francs pour établir un canal sans écluses, ni enfin qu'il soit possible de le creuser du jour au lendemain. Du reste rien ne prouve qu'il ne soit pas possible d'établir un compromis, et d'obtenir une grande force avec une chute moins considérable, surtout au début.

Ce que je veux bien faire toucher du doit ici au lecteur, c'est que l'électricité, en cette occurrence, est capable de fournir au canal maritime de M. Bouquet de la Grye les plus grosses sources de revenus.

En effet, les derniers travaux de la science ne laissent subsister aucun doute à cet égard ; ceux accomplis par Marcel Deprez sur le transport de la force à grande dis-

tance par l'électricité, et, enfin, l'utilisation des forces du
Rhône à Genève, aussi bien que de la Valserine à Belgar-
de, sont de nature à convaincre les plus incrédules.

Le problème a donc avancé singulièrement depuis la proposition de M. Manier d'utiliser les 225.000 chevaux de la
force hydraulique de Paris ; cette force n'a pas disparu,
mais l'électricité a eu, depuis, le mérite de la rendre de suite
utilisable.

Supposez Paris Port de Mer créé, et cette chute plus ou
moins considérable exploitée par la Compagnie ; immédiatement, du jour au lendemain, elle en retire des sommes
considérables, puisque toutes les usines à vapeur de Paris
et du département de la Seine n'ont plus besoin de charbon
de terre, et louent la force motrice à bon marché, puisque
subitement le gaz n'a plus de raison d'être et est remplacé
dans toute la capitale par l'éclairage électrique produit à
bas prix ; puisqu'enfin tous les tramways peuvent marcher
à l'électricité, au tarif de 10 centimes et peut-être même
moins, étant donné le bon marché extrême de la force
initiale, tout en laissant un beau bénéfice à la Compagnie.
Il ne faut pas se le dissimuler, cette fois ce n'est plus du
rêve, mais bien la transformation et l'enrichissement de
Paris.

Cette force hydraulique latente si considérable de la
Seine, c'était le principe ; son utilisation par l'électricité,
c'est la formule pratique. Du même coup la grande œuvre
de Paris Port de Mer aura doublement transformé le cœur
même de la France et trouvé dans l'électricité l'auxiliaire
le plus puissant de son exécution. De la sorte, tous les
moyens de transports dans Paris seront établis et résolus
d'un seul coup.

Encore une fois je n'affirme rien et je veux me contenter
d'attirer l'attention de M. Bouquet de la Grye, du vieux

patriote et du grand ingénieur que nous aimons tous, sur cette nouvelle phase de la question, car il semble que désormais le gros problème de l'électricité à Paris soit inséparable de l'exécution du canal maritime de Paris à la mer.

———————

LE CANAL DES DEUX MERS

I

Je suis heureux de constater une fois de plus qu'à force de redire la même chose tous les jours dans les journaux et dans les conférences, on finit par ne plus prêcher dans le désert, on finit par vous écouter, et tout à coup c'est la nation tout entière qui se lève dans un formidable mouvement d'opinion et devient ainsi votre collaboratrice active et irrésistible.

Voilà de longues années que je réclame presque chaque soir Paris Port de Mer et le canal des Deux Mers, c'est-à-dire le fret à bon marché dans l'intérieur de la métropole comme contre-partie nécessaire à la politique coloniale, — commerciale, pratique et rémunératrice, — car il est entendu que c'est la seule que je défende.

Les temps ne sont pas loin encore où l'on me traitait de visionnaire, où l'on me répondait que les chemins de fer suffisaient à tous les besoins.

Aujourd'hui on admet :

1° Que le fret lent, mais bon marché, doit lutter contre le transport rapide, mais cher des chemins de fer.

2° Que le seul moyen de lutter contre Anvers, Londres, Liverpool, Hambourg, etc., est de creuser le canal de Paris à la mer et celui de Marseille et Cette à Toulouse et Bordeaux ou Arcachon, si l'on veut comme tête de ligne.

3° Que cette politique commerciale, *continentale* et *métropolitaine* est avant tout une politique commerciale, *coloniale*, ce qui revient à dire que ce ne sont que des étiquettes et que la vérité est qu'il faut lutter par tous les moyens possibles *chez soi* et *dehors* contre la concurrence allemande et anglaise qui est devenue pour nous une guerre sans merci.

4° Enfin que le canal des Deux Mers est le plus puissant moyen de *relever nos vignobles* du Midi.

Quand je me rends compte de tout cela, quand je vois le chemin parcouru seulement depuis un an dans l'opinion publique, je suis émerveillé et j'espère que le moment est proche où l'on commencera à creuser ces deux grands instruments de défense nationale, si je puis m'exprimer ainsi — défense militaire et défense commerciale.

Voici d'ailleurs la pétition présentée à Toulouse au président du conseil :

A Monsieur le Président du conseil des ministres.

Monsieur le ministre,

« Au nom de la sécurité stratégique, au nom de la défense des côtes, au nom de la prospérité et de la grandeur de la France, les populations du Sud-Ouest viennent, dans un immense mouvement d'opinion, supplier le gouvernement, en votre personne, de vouloir hâter, le plus possible, la décision favorable à la création d'un canal destiné à la navigation de guerre et de commerce, entre la Méditerranée et l'Océan.

« Cette création s'impose et les crises économiques que nous avons le malheur de traverser comme les intrigues qu'ourdissent sans cesse autour de nous nos ennemis héréditaires pour préparer un nouveau Sedan, soit militaire, soit commercial, en rendent la nécessité chaque jour plus urgente.

« Le Sud-Ouest voit particulièrement dans ce canal le remède aux maux causés par le phylloxéra.

« Nous rappellerons en terminant que, depuis six ans, les conseils généraux et les chambres de commerce de notre région, se faisant l'expression sincère du vœu unanime des intérêts du Sud-Ouest, ont émis des vœux favorables et pressants en faveur de ce canal.

« Les soussignés sont d'autant plus confiants dans la sollicitude et dans l'appui du président du conseil que lui-même naguère, à titre de président du conseil général de Tarn-et-Garonne, préparait et faisait voter un des premiers vœux en faveur de ce projet.

« Nous osons donc espérer que sa haute sollicitude et son appui seront acquis à nos intérêts et que satisfaction sera donnée sans retard par sa puissante entremise au vœu que nous venons lui exprimer énergiquement aujourd'hui au nom de la grandeur de la République ! »

Le maire de Toulouse et plusieurs autres personnages officiels ont développé éloquemment ce vœu, espérant que M. le Président du Conseil voudra bien s'en souvenir ; il y va du salut de la patrie, il ne faut pas se le dissimuler : ce n'est pas le Midi qui est derrière les signataires, c'est la France entière ! On a le devoir de lui répondre.

Il y a lutte entre Bordeaux et Arcachon, dit-on ; c'est là une question de détail ; quand il s'agit de vaincre la concurrence étrangère et d'éviter un second Sedan commercial, comme le dit fort justement la pétition, il n'y a pas, il ne peut pas y avoir de villes rivales en France, il n'y a que des sœurs qui portent les trois couleurs, ce serait mal connaître le Midi que de penser un instant qu'il pût en être autrement.

Je ne veux pas terminer ces notes rapides sans faire encore un autre vœu, maintenant que je me sais écouté.

Je désire de tout mon cœur que M. de Lesseps arrive à cent ans comme Chevreuil ; à Suez, à Panama, il pourra ajouter le canal des Deux Mers et Paris Port de Mer.

Alors seulement il aura le droit de se coucher dans sa gloire, car nul homme au monde n'aura jamais si bien servi son pays ! (1)

(1) Depuis, on sait comment la mort et les évènements ont anéanti ces patriotiques espérances.

II

Je trouve dans le *Carillon de Vendôme*, un excellent petit journal républicain du Loir-et-Cher, une note assez détaillée sur le canal des Deux Mers qui me paraît, dans sa forme concise, résumer parfaitement l'état de la question.

Pour mon compte personnel, on sait que je n'ai pas cessé un seul instant de défendre par la plume et par la parole la prompte exécution du canal des Deux Mers et de Paris Port de Mer, considérant les deux grands travaux de défense militaire et commerciale, comme absolument indispensable à notre prospérité, à notre sécurité et je dirai plus encore, à notre existence même en Europe, si nous voulons y conserver notre rang politique.

Aussi bien étant le vieil ami d'Edouard Cahen, enlevé si rapidement à ses amis, de René Kerviller, de M. Bouquet de la Grye, je suis depuis longues années au courant de la double question et voilà pourquoi je pense qu'il est utile d'apporter aujourd'hui un nouvel argument en faveur du canal des Deux Mers, à côté de tous ceux de premier ordre que met en lumière la note ci-dessous, je veux parler du prix des transports qui a une si haute importance pour le développement normal des destinées économiques, commerciales et coloniales de la France.

Mais avant d'aller plus loin, je vais rapporter de suite la note du *Carillon de Vendôme*, ce qui sera encore le meilleur moyen de mettre nos lecteurs au courant de la question :

« Comme réponse au canal de Kiel, plusieurs députés vont demander la mise à l'ordre du jour à bref délai de la proposition de loi de M. Bartissol, ayant pour objet la construction d'un canal maritime de l'Océan à la Méditerranée — canal des Deux Mers.

« On sait qu'un nombre considérable de chambres et de tribunaux de commerce, de syndicats, de conseils généraux ont émis des vœux en faveur du percement de ce canal qui aurait, en dehors de l'intérêt commercial, une importance stratégique de premier ordre. Il permettrait à nos escadres de l'Atlantique de se porter rapidement et sans passer sous les canons de Gibraltar dans la Méditerranée et réciproquement ; il abrégerait la distance de nos ports du Nord et de l'Ouest à Suez.

« Dans le projet qui sera adopté vraisemblablement, le canal aurait 525 kilomètres de mer à mer, 44 mètres de largeur en simple voie, 63 mètres en double voie et une profondeur de 8 mètres 50.

« Le tracé, du côté de l'Océan, part du bassin à flot de Bordeaux et pendant 85 kilomètres suit la Garonne qu'il traverse à Castels ; il arrive à Toulouse où seront, dans la large plaine qui s'étend autour de la ville, créés deux ports superbes dont l'un deviendrait un arsenal de marine.

De Toulouse à Narbonne, le canal suivrait les cols de Naurousse, Castelnaudary, Carcassonne, Moux et Montredou, le débarquement aurait lieu à l'embouchure du canal de Narbonne, à Grussan, où serait établi un port, et des travaux de défense, sur l'emplacement de la vieille tour qui domine le village, trois redoutes qui seraient complétées s'élèvent déjà sur la place.

« Les moyens d'exécution : une concession pour une durée de quatre-vingt-dix-neuf ans avec une garantie d'intérêt à 2 p. 100 gagée sur une taxe de navigation à prélever dans nos ports. On sait que nous avons été longtemps la seule puissance maritime qui ne fasse pas payer de droits ; conséquence, les navires étrangers nous enlevaient notre fret.

« Le gouvernement russe nous a déjà devancé dans cette voie, car il fait étudier en ce moment un projet tendant à unir la mer Baltique à la mer noire par un canal reliant le Dneiper et la Dwina. »

Enfin si l'on veut être encore mieux au courant de cette si grave question, j'ajouterai qu'il faut lire au *Journal Officiel*, le discours *in extenso*, que M. Gauthier, sénateur de l'Aube, a prononcé au Sénat, le jeudi 27 juin 1895, sur les canaux du Midi, c'est-à-dire sur le canal latéral à la Garonne et le canal du Languedoc.

L'honorable sénateur a posé la question avec beaucoup d'énergie et de clarté et malheureusement le ministre des Travaux publics a répondu par une fin de non recevoir polie et évasive, disant hautement qu'il n'y aurait rien à faire avant 1898 : c'est toujours l'enterrement de première classe auquel nous convient les ordonnateurs des pompes funèbres officielles, quand il s'agit d'une réforme qui s'impose ou d'un progrès à réaliser.

Ceci dit, j'arrive aux quelques chiffres qui me paraissent absolument concluants et que l'on ferait bien de ne jamais oublier, quand il est question du Canal des Deux Mers ; à peine ai-je besoin d'ajouter que les arguments que j'ai l'honneur d'exposer ici conservent la même valeur, aussi bien pour le canal de Paris à la mer que pour le canal maritime de l'Océan à la Méditerranée.

.*.

Aux Etats-Unis, le produit brut par tonne et par kilomètre, sur l'ensemble du réseau des chemins de fer de l'Union, est de 3 centimes ; je n'ai certes pas la prétention qu'il puisse être aussi bas en France.

Mais voyons un peu les chiffres même chez nous et nous serons tout de suite frappés d'un fait économique tout à fait anormal : l'écart extraordinaire qui existe entre certaines de nos compagnies.

C'est ainsi qu'en 1892 le produit brut, en France, sur le Nord, a été de 4 centimes 66, tandis que pendant la même année il s'élevait, sur le Midi, à 6 centimes 203. Voilà qui appelle les méditations de nos législateurs, lorsque l'on arrivera bientôt, espérons-le, à discuter devant eux le projet du canal des Deux Mers.

Je sais bien quelle est la réponse du Midi : nous transportons des marchandises chères, des vins, voilà pourquoi nous avons un produit brut de 6 centimes 203 par kilomètre et par tonne, tandis que le Nord qui transporte des marchandises lourdes et relativement de peu de valeur, comparées aux nôtres, des fers, des houilles, etc., n'a que 4 centimes 66.

Je répondrai à cela que précisément parce qu'elle a les charbons à bon marché, la Compagnie du Nord devrait avoir des produits bruts supérieurs et qu'enfin transportant tous les objets manufacturés, étoffes, cotonnades, indiennes, schirting, etc., elle aussi transporte des marchandises chères, mais ce serait là une statistique longue et minutieuse à établir et la discussion pourrait nous entraîner trop loin. J'aime mieux faire comme le sénateur de l'Aube et mettre tout de suite les points sur les I. Eh bien, en bon français, en un mot comme en cent, voilà la pure vérité :

La Compagnie du Midi prend 6 centimes 203 de produit brut, parce qu'elle est la maîtresse des canaux qu'elle exploite elle-même et qu'elle ne redoute aucune concurrence.

La vérité c'est que le gouvernement tolère un pareil état de choses qui est la ruine de notre commerce.

A cela y a-t-il un remède ? Oui, il y en a un et il n'y en a qu'un seul : LA CRÉATION IMMÉDIATE DU CANAL DES DEUX MERS.

On aura naturellement contre soi la Compagnie des chemins de fer du Midi qui défendra *hic et nunc* son monopole et peut-être les pouvoirs publics, la routine des ingénieurs officiels, etc., etc., mais comme il y va d'un intérêt patriotique et national de premier ordre, les députés qui voteront le canal des Deux Mers, aussi bien que ceux qui voteront Paris Port de Mer, seront assurés d'avoir derrière eux la nation tout entière, heureuse et fière de se sentir enfin défendue et protégée par ses élus.

Pour mon compte, on sait que je prends, en toutes circonstances, la défense des chemins de fer, contre les énergumènes et les fous, lorsque je crois nécessaire de le faire dans l'intérêt supérieur du pays. Je ne suis donc pas un ennemi systématique des chemins de fer, au contraire ; mais dans l'espèce, l'intérêt supérieur du pays commande impérieusement la prompte exécution du canal des Deux Mers et je le réclame avec la même énergie, avec la même franchise.

Et que la Compagnie du Midi elle-même ne s'y trompe pas ; le canal, ce sera pour elle la fortune, car avec tous ses embranchements, ce qui sera perdu le long du canal en transit, sera décuplé sur ses lignes adjacentes qui seront les affluents commerciaux naturels du canal des Deux Mers.

Ce sont là des vérités économiques élémentaires et je veux croire que dans l'intérêt supérieur de la France en danger, comme dans son propre intérêt, la Compagnie des chemins de fer du Midi, le gouvernement et les ingénieurs voudront enfin le comprendre et se rendre à la cruelle évidence des faits qui, plus que jamais, imposent l'exécution de cette arme indispensable et contre les attaques du dehors et contre la concurrence étrangère.

.•.

A propos de l'étonnante et stupéfiante conclusion de la commission du canal des Deux Mers, les journaux publient la note suivante :

« La publication dans le *Journal officiel* du rapport de la commission du canal des Deux Mers a soulevé une vive émotion à laquelle répond la note suivante que publient les agences :

« La publication à l'*Officiel* du rapport concernant le canal des Deux Mers a été faite en exécution de l'article 4 du décret du 21 septembre 1894, ainsi conçu :

« ART. 4. — Le rapport de la commission sera remis par son président au Ministre des Travaux publics ; il sera aussitôt inséré au *Journal officiel*.

« Ce document n'est qu'un nouvel élément de l'instruction et de l'étude de ce vaste projet, et sa publication, qui est la conséquence d'un décret, n'engage nullement l'avenir.

« D'autre part, M. Gellibert des Séguins, député d'Angoulême et président de la commission des pétitions à la Chambre, adresse au Ministre des Travaux publics une

lettre dans laquelle il proteste contre cette publication ;
il ajoute :

« Je maintiens strictement les chiffres fournis par la
commission parlementaire, sans prendre parti dès l'instant
pour ou contre le canal, mais je pense que vous croirez
utile et qu'au besoin vous rechercherez un débat devant le
Parlement « qui a seul l'autorité voulue » pour résoudre
un tel problème et départager les cinq commissions
techniques qui ont eu à émettre leur avis. »

Inutile d'ajouter que l'Angleterre est dans la joie ; j'aime
à croire que tous les membres de la commission, dont les
noms doivent être cloués au pilori, vont recevoir le grand
cordon de l'ordre de la Jarretière de sa très gracieuse
Majesté la reine d'Angleterre, avec lequel ils devraient se
pendre, s'il leur restait encore un peu de cœur et de
patriotique pudeur !

24 Mai 1896.

AU MAROC

Une escadre anglaise est subitement frappée par l'influenza — la terrible influenza — en vue de Tétouan, elle débarque pour se remettre, élève des tentes et les officiers relèvent, du matin au soir, des plans topographiques pour se guérir.

Cela veut diré en bon français que, Tétouan regardant Gibraltar, les deux vont faire la paire aux mains des Anglais.

Cela veut dire que les Anglais, maîtres de l'Egypte, vont être les maîtres des deux seules issues de la Méditerranée et que l'Europe — plus lâche que jamais — est incapable de bondir sous la griffe du léopard britannique.

D'un autre côté, l'*Export*, de Berlin, prend le soin, dans son numéro du 14 janvier, de nous apprendre avec force détails que l'*Union centrale pour la Géographie commerciale* et la *Banque d'exportation allemande*, en ouvrant une ligne de navigation directe de Hambourg à Mogador, Mazagran et Casablanca, sont résolues à monopoliser tout le commerce du Maroc au profit de l'Allemagne.

Ceci est aussi grave que cela et veut dire en bon allemand que la France n'a qu'à attendre tranquillement sa défaite sur le terrain commercial aussi bien que sur le terrain diplomatique.

— Faut-il protester ? Nous ne le pouvons guère, et d'ailleurs ce côté de la question ne me regarde point.

— Faut-il s'avouer vaincu d'avance ?

— Jamais !

— Mais alors ?

— Il faut faire de suite le Canal des Deux Mers qui, au
point de vue stratégique, nous rendra indépendants de
Gibraltar et de Tétouan — si tant est que les Anglais
aient l'audace d'y rester — et qui, au point de vue commercial nous permettra bientôt de lutter victorieusement
contre toutes les Compagnies marchandes de Berlin, quoi
qu'en dise l'*Export*.

Cette alerte et cet avertissement me semblent également
graves — si graves même que tout ajournement dans
l'exécution du canal des Deux Mers serait plus qu'une
faute, mais un crime ! (1)

---

(1) Ces lignes, écrites il y a quelques années, sous le coup de l'indignation, sont, plus que jamais, de l'actualité.

MOUVEMENT DU CABOTAGE EN FRANCE
PENDANT L'ANNÉE 1894

I

QUELQUES CHIFFRES — POURQUOI NOUS SOMMES DÉPASSÉS PAR L'ÉTRANGER — NÉCESSITÉ DU CANAL DES DEUX MERS ET DE PARIS PORT DE MER.

La direction générale des douanes vient de publier un tableau général des mouvements du cabotage français en 1894, du plus haut intérêt. M. G. Pallain, conseiller d'Etat, et directeur général des douanes, dont la haute compétence est bien connue de tous, à oublié de me l'envoyer, parce qu'il paraît que les économistes sont tenus en mince estime par l'administration. Mais fort heureusement j'ai pu m'en procurer un exemplaire en dehors de lui et je m'empresse de faire part ici à mes lecteurs des chiffres intéressants que j'y ai relevés et des observations générales qu'ils ont pu faire naître dans mon esprit.

Je commence par transcrire fidèlement les premières lignes du résumé analytique, parce qu'elles me semblent très suggestives :

« Le poids total des marchandises de toutes nature expédiées par cabotage en 1894, a été de 2.766.207 tonnes de 1.000 kilogrammes ; ce chiffre comprend à la fois le grand cabotage, c'est-à-dire les expéditions de l'Océan à la Méditerranée et réciproquement, et le petit cabotage, c'est-à-dire les expéditions entre les ports de la même mer.

Le chiffre correspondant de 1893 était de 2.700.903 tonnes, et la moyenne des cinq années antérieures, de 2.638.886 tonnes. Les résultats de 1894 sont donc supérieurs de 65.304 tonnes à ceux de 1893 et excédent de 127.321 tonnes la moyenne quinquennale.

La part du grand cabotage dans les quantités transportées en 1894 a été de 241.416 tonnes ; celle du petit cabotage, de 2.524.791 tonnes. »

Au premier abord ces chiffres paraissent excellents et d'ailleurs je reconnais que l'administration n'a qu'à les donner sans aucune observation ; mais c'est toujours l'éternelle histoire de ce que l'on voit et de ce que l'on ne voit pas, comme disait Bastiat.

Un excédent de 127.321 tonnes sur la moyenne quinquennale, cela paraît suffisant, sinon superbe au premier abord, mais en y réfléchissant, ce n'est là qu'une augmentation bien faible et puis cela nous revèle le chiffre vraiment dérisoire du grand cabotage qui n'est que de 241.466 tonnes pour l'Atlantique et pour la Méditerranée, c'est-à-dire pour toute la France.

Or, ce que les statistiques officielles ne nous révèlent pas, nous avons peut-être le droit de chercher à le comprendre ; c'est que si le petit cabotage grandit bien lentement ou se tient tant bien que mal, le grand cabotage tend tous les jours à perdre du terrain, tandis que c'est lui, au contraire, qui devrait grandir pour la fortune commerciale de la France.

Dès lors deux questions se posent nettement dans l'esprit de l'économiste qui se sent rempli d'effroi en face d'une pareille constatation :

Où passent le mouvement, le transit et l'augmentation normale du grand cabotage ?

La réponse est, hélas, trop facile : dans les mains de

l'étranger et je ne chercherai pas à en faire ici une nomenclature inutile, car ce sont toutes les nations étrangères,
depuis l'Angleterre jusqu'à l'Italie, en passant par l'Allemagne et même la Belgique, qui nous battent sur notre
propre terrain, lorsqu'il est question du grand cabotage.

Y- a-t-il un moyen d'y remédier? Oui, il y en a plus d'un,
il y en a trois, tous trois souverains, nécessaires, indispensables et capables d'apporter le salut avec la fortune,
mais malheureusement le parlement français n'en veut pas,
de peur de déplaire à l'Angleterre qui gouverne chez nous
par des attaches occultes ; j'ai nommé le canal des Deux
Mers, Paris Port de Mer et le Transsaharien.

Le canal des Deux Mers, à lui seul, ne tardera pas à
rendre la prospérité à notre grand cabotage entre l'Océan
et la Méditerranée, puisqu'il y trouvera avec une grande
économie de temps et d'argent, une grande sécurité en
plus et une protection toute naturelle sur le sol même de
la patrie, contre la concurrence étrangère.

Le canal de Paris à la mer, desservant un des plus
grands marchés du monde, arriverait aux mêmes résultats,
sans qu'il soit besoin d'insister longuement sur son rôle
bienfaisant, puisque tout le monde sait qu'à l'heure présente, sans quais presque, sans warff, sans appontement,
sans docks, sans élévateurs, sans installation sérieuse en
un mot, Paris est cependant le premier port de commerce
de la France entière.

Quant au Transsaharien, c'est lui qui amènerait les
alfas, toutes les richesses du Soudan et du cœur de l'Afrique, tous les vins, les bois, les orange, les marbres, etc.,
de l'Agérie et de la Tunisie dans les ports et c'est lui qui
serait de la sorte le complément nécessaire et le meilleur
pourvoyeur du canal des Deux Mers.

Voilà, Monsieur le directeur des Douanes, ce qui ressort

de vos chiffres, ce que vous ne pouvez pas dire en tant que fonctionnaire, ce que pensent tous les économistes patriotes et voilà ce que, je ne sais par quelle aberration, ni nos ministres, ni nos Chambres ne sont capables de réaliser, même après le coup de tocsin de Kiel : pauvre France !

Maintenant examinons la question à un autre point de vue, c'est-à-dire en décomposant le mouvement de la navigation et nous verrons que les constatations sont encore plus navrantes. Je cite de nouveau le texte officiel :

« Il a été expédié en 1894, tant pour le grand que pour le petit cabotage, 54,079 navires, jaugeant 5,808,155 tonneaux (jauge officielle).

En 1893, le nombre des navires avait été de 52,363 et le tonnage de 5,524,426 tonneaux ; la moyenne des cinq années antérieures donne 52,863 navires et 5,278,287 tonneaux.

L'année 1894 présente ainsi, sur la période quinquennale, une augmentation de 1,216 navires et de 529,868 tonneaux ; elle se trouve, comparativement à 1893, en excédent de 1,716 navires et de 283,729 tonneaux.

Dans le mouvement général de la navigation, la part du grand cabotage a été de 444 navires et de 387,324 tonneaux ; celle du petit cabotage, de 53,635 navires et de 5,420,831 tonneaux. »

On voit par là que la démonstration faite sur d'autres bases, est encore plus foudroyante ; vous avez bien lu, le grand cabotage est représenté en France par 444 navires, une misère, et encore on ne nous dit pas, dans les tableaux de statistiques, s'il n'y a pas là, en partie, des paquebots de voyageurs, à marche périodique et plus ou moins subventionnés. La vérité c'est que le grand cabotage se meurt chez nous et qu'il est temps d'aviser, si l'on ne veut pas voir sur ce terrain si dangereux les étrangers absolument maîtres dans nos propres ports.

Dans un prochain chapitre j'examinerai la comparaison des quantités et du tonnage officiel et le mouvement du commerce maritime en Algérie, toujours d'après les documents officiels de la direction générale des douanes et j'espère arriver à démontrer clairement à mes lecteurs que si nous ne nous empressons pas de faire le canal des Deux Mers, le canal de Paris à la mer et le Transsaharien, la France n'a plus qu'à se coucher dans sa gloire passée, comme dans un linceul et à déclarer que, prête à mourir, elle renonce à lutter contre la concurrence étrangère !

II

COMPARAISON DES QUANTITÉS ET DU TONNAGE OFFICIEL

ALGÉRIE

On sait qu'il y a une distinction à établir entre les quantités de marchandises transportées et le tonnage des navires chargés ou sur lest ; les documents officiels de la direction officielle des douanes vont encore, à ce point de vue comparatif spécial, nous fournir des indications précieuses.

Le tableau réunit la navigation à vapeur et la navigation à voiles. « Pour les deux navigations réunies, la proportion des navires chargés est de 85 0/0, et celle des navires sur lest de 15 0/0. Le rapport entre le poids des cargaisons et le tonnage officiel des navires chargés est de 476 kilogrammes par tonneau de jauge officiel. »

Je n'insisterai pas sur le premier chiffre qui paraît suffisant, mais, hélas, on ne saurait en dire autant du dernier qui n'arrive pas à atteindre seulement la moitié de la jauge globale.

Si mes souvenirs ne me trahissent pas, ce n'est point là une proportion que l'on pourrait retrouver ni en Allemagne, ni surtout en Angleterre.

Il y a là la constatation d'un déchet, d'une capacité perdue, d'une dépense inutile, en un mot, qui doit provoquer les plus graves méditations, puisqu'en réalité nous devons logiquement en conclure que notre cabotage est encore moitié moins apparent, au premier abord, du fait d'un jeu de comptabilité officielle, ou de statistique superficielle, comme l'on voudra.

Et si nous appliquons cette méthode de contrôle rigoureux aux 444 malheureux navires qui ont représenté l'année dernière notre grand cabotage, on saisit de suite à quelle conclusion lamentable nous sommes contraint de nous arrêter.

« Un tableau spécial donne des indications analogues pour les transports par les navires à vapeur ».

« Pour cette navigation faite isolément, la proportion des navires chargés est de 88 0/0 et celle des navires sur lest de 12 0/0. Le rapport entre le poids des cargaisons et le tonnage officiel des navires chargés est de 330 kilogrammes par tonnage de jauge officiel ».

Là je ne dirai rien, parce qu'il est probable qu'une partie de ces navires à vapeur sont des bateaux à voyageurs, à trajets réguliers et sur lesquels, par conséquent, le fret ne saurait être que de minime importance, toutes proportions gardées.

Mais j'en reviens à la constatation désastreuse de l'ensemble du cabotage français, au point de vue de l'écart entre le poids des cargaisons et le tonnage officiel.

— Y a-t-il un moyen d'améliorer la situation ?

— Oui assurément, il est très simple, il est toujours le même et il est bien connu de tous les économistes : faites de suite le canal des Deux Mers, le Transsaharien qui l'alimentera en partie et Paris Port de Mer et vous verrez disparaître en même temps, en grande partie, cet écart désastreux.

Voilà le seul et triple moyen, tout à la fois, de sauver le grand cabotage qui se meurt en France ; il serait puéril de se le dissimuler.

Une nouvelle preuve de notre infériorité, vis-à-vis de l'étranger se trouve dans le tableau même de l'ensemble des opérations maritimes en France, *y compris le commerce étranger*. « Le tonnage légal, d'après la jauge officielle, des navires qui ont transporté ces marchandises est de 34.196.069 tonneaux, soit, en moyenne, un tonneau de jauge pour 750 kilogrammes de marchandises. »

La proportion passe de 476 à 750 kilogrammes, grâce au commerce extérieur, ceci se passe de tout commentaire.

Un mot pour finir sur l'Algérie :

Le cabotage entre les ports algériens en 1894 a atteint 165.650 tonnes de 1.000 kilogrammes, chiffre inférieur de 14 0/0 à celui de 1893 et supérieur de 4 0/0 à la période quinquennale ; en somme, en admettant que l'année dernière ait été mauvaise exceptionnellement, ce n'est pas très brillant et là encore nous sommes en droit de déplorer que le parlement ne veuille pas s'occuper du grand outillage commercial et national capable de nous sauver, c'est-à-dire du Transsaharien et du canal des Deux Mers. L'Algérie est une admirable colonie, tout le monde le sait, mais encore est-il qu'il convient de la doter des instruments économiques qui, tout en développant son commerce, rendraient plus intimes ses rapports avec la métropole.

Une dernière constatation qui indique de curieuses modifications dans les mœurs maritimes de l'Algérie :

« Les navires affectés au transport par cabotage entre les ports de l'Algérie ont effectué 6.294 voyages en 1894, et le tonnage a été de 1.718.319 tonneaux : c'est 679 navires de plus et 71.412 tonneaux de moins qu'en 1893. Dans ces chiffres sont compris 3,850 voyages et 1.629.726 tonneaux revenant aux paquebots à vapeur. »

Il serait intéressant de se rendre compte de ce double mouvement contraire, entre le nombre des navires et la quantité de tonneaux.

Le port de Bizerte doit créer un petit cabotage qui pourrait expliquer l'augmentation des navires, mais non la diminution des tonneaux transportés.

Pour me résumer, ces quelques chiffres révèlent une situation peu prospère pour notre cabotage en général et particulièrement grave, pour ne pas dire désespérée, pour notre grand cabotage.

Je crois qu'il ne peut y avoir de salut que dans les grands travaux, que dans l'outillage national à la hauteur des besoins modernes.

Que l'on fasse donc au plus vite le canal des Deux Mers, Paris Port de Mer et le Transsaharien ou que l'on déclare nettement que l'on est prêt à se laisser vaincre par l'étranger.

Le dilemme est nettement posé : il n'y a pas, il ne saurait pas y avoir de milieu, il faut lutter pratiquement ou périr.

LA CONCURRENCE INTÉRIEURE

ANTAGONISME ENTRE LES CHEMINS DE FER ET LA NAVIGATION
INTÉRIEURE — CONCURRENCE CRIMINELLE — PRÉJUGÉS
SURANNÉS ET PÉRIL NATIONAL — L'ENTENTE NÉCESSAIRE.

Plus je m'occupe des questions de transport, plus je m'aperçois, à chaque pas, combien nous sommes en retard sur l'étranger, à une foule de points de vue, victimes de nos préjugés indéracinables et d'une routine séculaire qui vraiment ne devrait plus être de mise aujourd'hui, si nous ne voulons pas périr sous les coups de l'étranger.

En France, avec nos idées étroites, nous ne voyons que la concurrence immédiate de notre voisin, à l'intérieur, et nous ne voulons pas voir — tant est grande notre ignorance du monde extérieur — la concurrence de l'étranger. Cependant je l'ai dit et démontré à satiété, depuis vingt-cinq ans : la concurrence intérieure n'existe pas ou plutôt concourt toujours à la prospérité générale du pays ; seule la concurrence étrangère est mortelle. C'est une vérité qui crève les yeux de tous les économistes, cependant le fabricant d'Elbeuf continue à jalouser celui de Rouen ou de Roubaix, le boutiquier de la rue du Sentier continue à lutter contre celui de la rue des Jeûneurs, sans se douter que leurs concurrents réels et mortels, sont en Angleterre, en Allemagne, au-delà des frontières.

Que des industriels, des particuliers aient des conceptions aussi fausses des conditions modernes de la lutte économique, c'est déjà beaucoup trop. Mais que de grandes industries, de grandes collectivités économiques, comme les compagnies de chemins de fer, ou les grandes entreprises de la batellerie fluviale chez nous, professent les mêmes erreurs et suivent les mêmes errements, funestes pour la France, voilà, à coup sûr, qui dépasse les bornes.

Et cependant il en est ainsi.

On sait avec quelle énergie et quelle indépendance de vue j'ai toujours défendu les chemins de fer, quand je pensais qu'ils avaient raison, me souciant peu des critiques plus ou moins intéressées des uns ou des autres, eh bien, aujourd'hui dans cette grosse question de ce que j'appellerai : *l'organisation pratique des moyens de transports à l'intérieur*, je trouve qu'ils ont absolument tort, aussi bien que la navigation fluviale d'ailleurs, je trouve qu'ils retardent de cent ans et, dans leur intérêt même, dans l'intérêt supérieur de la France, je viens le leur dire très nettement.

J'ai interrogé beaucoup d'administrateurs de chemins de fer et beaucoup de directeurs d'entreprises de transports fluviales.

— Comment se fait-il que presque nulle part les chemins de fer ne soient en communication directe, en contact immédiat pour les transbordements de marchandises avec les fleuves, les canaux, les ports même, sauf les très grands, comme le Havre ? Comment se fait-il que les gares fluviales et maritimes — ce premier outil de la prospérité nationale — soient presqu'inconnues en France ? Comment se fait-il que le port de Paris lui-même — le premier de France, avant Marseille — n'ai pas l'ombre d'un rail le long de ses quais ? Comment se fait-il, en un mot, pour parler franc, que nous soyons enlisés dans une telle routine, absolument mortelle pour notre industrie et notre commerce, vis-à-vis de la concurrence étrangère ?

Les chemins de fer m'ont répondu :

— C'est la faute à la batellerie qui ne veut rien entendre.

Cette dernière m'a répliqué :

— C'est la faute aux chemins de fer qui redoutent notre concurrence et ne veulent aucun progrès.

Le voilà donc encore une fois lâché, le grand mot.

Comment, vous avez peur de la concurrence intérieure de vos compatriotes et pendant ce temps-là vous ne vous doutez pas que le pays est en train de périr tout entier sous les attaques de plus en plus meurtrières de *la concurrence étrangère, la seule redoutable.* Mais c'est à n'y pas croire.

Non, les chemins de fer et la batellerie ne peuvent jamais se faire concurrence, ils ne peuvent jamais se nuire et ils doivent, au contraire, marcher la main dans la main et se prêter un mutuel appui, pour lutter avantageusement contre l'ennemi commun sur le terrain économique : l'ÉTRANGER. Et tant que vous ne comprendrez pas cette vérité élémentaire et vitale pour le pays, vous ne serez point dignes de présider aux destinées de nos grandes Compagnies qui, dans l'espèce, représentent les destinées mêmes de la mère patrie.

— Mais, répliquent en chœur les plus entêtés, quand les canaux sont perpendiculaires aux voies ferrées, nous ne redoutons pas la concurrence, mais quand ces divers moyens de transports sont parallèles, c'est autre chose.

Eh bien, là encore votre erreur est aussi grande, car vous ne devriez point ignorer que les chemins de fer ne pourront jamais transporter à auss¹ bas prix que les voies fluviales et que ce sont précisémen. ces dernières qui doivent nous permettre de lutter avec l'étranger pour le transport d'une infinité de matières premières.

Vous ne devriez pas ignorer enfin que dans tous pays civilisés, l'outillage économique est à peu près achevé, les chemins de fer doivent être faits pour transporter les marchandises de valeur et relativement légères — je laisse de côté les voyageurs qui sont le plus souvent une quantité négligeable au point de vue du produit — tandis que les fleuves, rivières et canaux ne doivent servir qu'à transporter les marchandises lourdes et relativement de moindre valeur, comme les pierres, les bois, les engrais, les charbons, houilles, etc., les fers, les métaux, la chaux, les phosphates et même souvent les vins.

Vous voyez que les chemins de fer et la navigation intérieure ont bien tort de ne pas vouloir se prêter un mutuel appui, car, en vérité, tandis que vous restez séparés, sans point de contact, c'est l'étranger, l'étranger seul, vous entendez bien, qui profite de vos disputes et de vos querelles, dignes d'un autre âge.

Enfin dernièrement, un administrateur un peu moins arriéré, me disait :

— Mais nous commençons à faire ce que vous demandez avec tant de ténacité depuis la guerrre ; il faut avouer que nous avons été longs à comprendre, mais en ce moment même, à Paris, la gare l'Orléans est en train de prendre contact avec la batellerie, sur les quais de la Seine, au port voisin.

— Avouez qu'il est bien temps !

Mais je ne veux pas insister davantage sur une argumentation qui vous rend la victoire trop facile, cependant je pense qu'il est encore intéressant de citer les lignes suivantes que je trouve dans une série d'excellents articles qui ont paru sous la signature de M. A.-J. Antonnetti dans la *Gazette maritime, commerciale et coloniale.*

« Une nouvelle cause d'infériorité réside dans le faible concours direct et immédiat que prêtent à nos établissements maritimes, la voie ferrée et la navigation intérieure.

Quand on examine de près les marchés étrangers, on reconnaît sans peine qu'en dehors du bon état de leur communication avec la mer, leur situation peut être assimilée à une vaste gare internationale alimentée, à l'importation, par la navigation maritime, et desservie, à l'exportation, par les canaux, les voies fluviales naturelles et les chemins de fer, le tout disposé et agencé de manière à pouvoir opérer directement du navire aux chalands et aux wagons, ou réciproquement, le transbordement des marchandises exportées ou importées.

En France, jusqu'à ces derniers jours, aucun port n'était pourvu de gare maritime. Marseille, Cette, Calais et Dunkerque sont actuellement desservis, en partie, par cet outillage de premier ordre ; partout ailleurs, la majeure partie des produits échangés subit le concours de l'arrimeur, de l'allotisseur et du camionneur, et c'est à raison de ces manipulations multiples et du concours onéreux de ces nombreux intermédiaires que la manutention de la marchandise atteint des prix hors de proportion et conduit à l'abandon de nos ports. »

Ces lignes paraissaient le 1ᵉʳ mai 1895 et l'auteur les commentait, pour ainsi dire, à nouveau, le 19 juin de la même année, par celles qui suivent :

« Ce qui caractérise les ports intérieurs de nos voisins du Nord, c'est le concours financier que les compagnies de chemins de fer apportent aux villes, pour la création de ces établissements ; c'est l'accord parfait, l'entente absolue des diverses sociétés, en vue de faciliter et de favoriser l'exploitation des marchés fluviaux.

A cet égard, nous ne saurions mieux faire que de reproduire quelques-unes des observations du rapport de mission de M. Monet, ingénieur des ponts et chaussées à Nancy :

« Un fait essentiel appelle l'attention. Tous les grands ports de navigation intérieure sont des ports de transbordement, et c'est ce caractère qui fait leur fortune. Utiliser les voies d'eau pour évacuer les marchandises, partout où les chemins de fer peuvent les concentrer facilement sur leurs rives et, inversement, pour les amener en masses là où les voies ferrées les prendront aisément pour les disperser dans toutes les directions, tel est le problème qu'on semble avoir cherché à résoudre partout.

« Navigation et chemins de fer se sont mis dans un accord commun pour poursuivre le but que nous venons d'indiquer et nul antagonisme n'existe, la plupart du temps, entre ces deux industries de transport, chacune restant maîtresse là où elle peut opérer au plus bas prix. A l'eau les marchandises agglomérées en grandes masses, aux chemins de fer le soin de former ces masses ou de les dissoudre.

« Partout, dans le bassin du Rhin, comme dans celui de l'Elbe, nous nous trouvons en présence de cette préoccupation constante, *faciliter les transbordements*, et, en Bohême, nous voyons toutes les compagnies, même celles dont les voies sont parallèles au cours de l'Elbe, rivaliser d'efforts pour se relier à la rivière, y construire des ports de transbordement, et chercher à développer la navigation, comme le plus sûr moyen d'augmenter leur trafic.

Si les Compagnies de chemins de fer luttent contre une concurrence, c'est contre celle des compagnies voisines, et non contre la navigation, qu'elles regardent toutes comme leur auxiliaire le plus précieux.

« Un ministre allemand prononçait en 1886, à la Chambre des députés, les paroles suivantes :

« *Nous ne nous sommes jamais laissés guider par cette pensée que les chemins de fer devaient gêner le développement d'autres voies de communications nécessaires. Non, messieurs, la politique des chemins de fer doit se placer à un point de vue plus élevé ; elle doit comprendre que les voies ferrées, de même que les voies navigables et les chaussées, ne doivent être qu'un moyen d'augmenter le bien-être national et non pas un but.* »

Il y a loin de cette façon d'opérer si favorable à l'intérêt général et notre manière de faire et d'agir. Les compagnies en France se font une guerre acharnée. Voies de fer et voies navigables se confinent rigoureusement dans leurs coquilles, et les relations entre elles ne s'établissent que par l'intermédiaire des camionneurs.

Paris même, *la ville Lumière*, met en pratique partout ce mode onéreux d'exploitation. La halle aux vins, les quais Saint-Bernard, d'Austerlitz, et de la Gare ne sont pourvus d'aucune voie et encore moins sont-ils reliés à la gare d'Orléans. Sur l'autre rive de la Seine, le quai de Bercy et le vaste entrepôt du même nom n'ont aucune communication avec la gare des marchandises de la Compagnie Paris-Lyon-Méditerranée ; enfin les docks de la Villette sont complètement isolés.

La routine, les rivalités, la centralisation qui nous étouffe, voilà notre partage. Nous avons la prétention d'être les avant-coureurs du progrès, nous ne sommes, en réalité, que de gros enfants qu'on tient en laisse, qu'on mène à la férule.

Ce que l'on vient de signaler pour les ports fluviaux a lieu également pour les ports maritimes et les documents statistiques qui suivent mettent en évidence jusqu'à quel point le Havre et Rouen sont distancés par leurs concurrents, sous le rapport du concours que leur prête la navigation fluviale, soit pour leur alimentation à l'exportation, soit pour la pénétration des marchandises à l'intérieur des terres à l'importation. »

Voilà qui est précis, et je pense, qu'après ce court exposé de la question, mes lecteurs seront suffisamment édifiés sur la nécessité de faire disparaître, au plus vite, cet antagonisme criminel à force d'entêtement, entre les Compagnies de chemins de fer et la navigation fluviale intérieure.

Maintenant que nous sommes en possession d'un réseau de moyens de transport assez complet, maintenant que la République a tant fait pour nos canaux, il est temps, plus que temps que tout le monde se mette d'accord pour lutter contre la concurrence étrangère, si nous ne voulons pas périr.

Tous nos ports sont attaqués furieusement par la concurrence du dehors, nous ne sommes même pas capables de percer le col de la Faucille, pour lutter contre l'Allemagne et l'Italie qui viennent nous arracher notre travail jusque chez nous et tandis que nous montrons tant d'indifférence et d'apathie en face d'un pareille danger, nos divers moyens de transport continûraient à lutter entre eux, sous les yeux de l'étranger, ravi de cet antagonisme.

Non, ce n'est point possible, je ne veux pas le croire et j'aime mieux penser qu'il suffira, en ces graves occurences, de montrer aux Compagnies de chemins de fer, aussi bien qu'aux sociétés de navigation intérieure, le péril national pour leur inspirer les résolutions que doit comporter une virile et loyale entente pour arriver à organiser pratiquement la défense nationale sur le terrain économique. (1)

---

(1) Et ce qu'il y a de pitoyable, c'est que partout règne le même esprit de routine incroyable, de mesquine jalousie, en France ; c'est ainsi, — je ne saurais trop le rappeler — que l'année dernière on a enfin inauguré un tramway à traction mécanique de Poissy à Saint-Germain ; mais l'on s'est bien gardé de le faire arriver sur la place du Château, en face la gare du chemin de fer. Il s'arrête au milieu de la ville, à dix minutes de la gare, ce qui est une absurdité monstrueuse, mais de la sorte il paraît que le chemin de fer et le tramway ne se font pas concurrence ; conclusion : les deux font beaucoup moins d'affaires, puisqu'ils ne répondent plus du tout aux besoins du public.

C'est ainsi qu'à Blois, les tramways à traction mécanique, allant à La Motte-Beuvron et à Orléans par Ouzouer-le-Marché, ne sont pas réunis à la ligne d'Orléans et ne viennent pas à la gare, celui qui va à La Motte-Beuvron a même sa tête de ligne de l'autre côté de la Loire, à une grande demi-lieue, si ce n'est pas à quatre kilomètres. Ça empêche ces malheureux tramways, qui pourraient rendre tant de services dans le pays, d'avoir des voyageurs, ça désole les habitants, ça fait beaucoup de mal à la compagnie d'Orléans elle-même, mais ça ne fait rien, ces diverses compagnies, grandes ou petites, de la sorte, NE SE FONT PAS CONCURRENCE. Comprenez-vous ? tout est sauvé. C'est fou, c'est insensé, mais c'est comme cela, et voilà où nous en sommes à la fin de ce siècle, et je pourrais vous citer ainsi des exemples aussi tristes, à peu près dans tous nos départements.

Vraiment, c'est à désespérer de l'intelligence de nos compagnies.
— Mais il y avait ici telle ou telle difficulté.
— Eh bien, il fallait la lever, voilà tout, car, encore une fois, ça ne doit pas, ça ne peut pas exister, cette concurrence intérieure étroite, mesquine et absurde, ou il faut déclarer de suite que vous ne voulez pas vous mettre en mesure de lutter pratiquement contre la concurrence étrangère.

Je me répète, c'est possible ; j'en demande pardon à mes lecteurs, mais, en vérité, je ne puis maîtriser mon indignation en face de pareils errements dignes d'un autre âge et — tranchons le mot — tout à fait antipatriotiques, s'ils n'étaient le résultat de la routine la plus crasse et la moins excusable.

LE PORT DE ROCHEFORT

Le Comité de publicité de la Société des Etudes coloniales et maritimes a pensé qu'il était utile d'insérer dans
notre *Bulletin* un plaidoyer chaleureux en faveur du port
de Rochefort, dû à M. Paul Vibert, membre de son
bureau. Notre collègue, après avoir pris connaissance de

l'ouvrage du docteur Moinet, consacré à la défense du
port de la Charente, a jugé, comme lui, qu'il était indispensable de continuer en aval, sur les deux seuils de
Charras et de Lupin, les dragages qui avaient donné en
amont de si bons résultats.

Le Comité croit savoir que ces vues sont partagées par
l'administration et qu'elle veut même tenter plus encore,
c'est-à-dire essayer d'abaisser le seuil de Fourras, malgré
la mobilité des vases qui le constituent.

Les aspirations du docteur Moinet sont donc bien près
d'être réalisées, mais il ne sera pas moins intéressant
pour nos lecteurs de voir jusqu'à quel point certaines
question ont la propriété de surexciter les esprits dans nos
ports maritimes.

J'ai là, sous les yeux, une brochure du docteur Ch.
Moinet, ancien médecin de la marine, qui a été envoyé au
Sénat l'année dernière par ses compatriotes. Elle résume
l'opinion du Sud-Ouest de la France sur le port de'
Rochefort et, certes, elle mérite de retenir toute notre
attention.

Ecrite compendieusement, elle nous a convaincu de
l'intérêt de premier ordre qu'il y a pour le pays, non
seulement à conserver, mais encore à développer ce point
stratégique, presque unique au monde, suivant les données
de la science moderne.

Après nous avoir montré les difficultés de la première
heure sous Louis XIV, les jalousies de la Rochelle et de
Bordeaux, et comment, par la force même des choses,
grâce à son admirable situation, Rochefort arriva à
triompher de tous les mauvais vouloirs, M. Moinet
examine la situation maritime de Rochefort, le port, la

Charente, les approvisionnements, constructions et armements, ce qui relève plus directement de l'arsenal, le
climat si souvent calomnié, le rôle administratif militaire
de ce grand instrument de défense au point de vue offensif,
soit régional, soit national.

Aussi bien nous ne voulons pas le suivre sur ces terrains
divers, pour intéressants qu'ils soient, et courant au plus
pressé dans cette courte note, laissant de côté les attaques
contre l'arsenal et le climat, attaques qui ne sont point
sérieuses, nous nous en tiendrons simplement à la Charente. C'est encore le meilleur moyen de démontrer que
l'on a, comme à plaisir, grossi et déplacé la question et
qu'en définitive, pour faire de Rochefort le premier port
militaire imprenable de France et un port marchand fort
respectable, il n'y aurait que des *sommes fort minimes à
dépenser*.

J'insiste particulièrement sur ce point, et c'est ce que
je vais essayer de démontrer, en m'en référant non seulement au travail du docteur Moinet, mais encore aux avis
de MM. de Lanessan, Gougeard, Elisée Reclus, l'amiral
Juin, Courcelle-Seneuil, etc., dont la haute compétence
ne saurait être mise en doute par personne.

Du reste, je n'aurai qu'à citer mon auteur mot à mot
pour amener la conviction dans l'esprit des lecteurs.

Tout le monde a présent à l'esprit la rade merveilleuse
ou plutôt la série de rades formée par les îles de Ré,
d'Oléron, d'Aix, Madame, le fort Boyard, etc., qui sont
là comme des sentinelles avancées destinées à la défendre
et à bien plus forte raison à défendre l'embouchure de la
Charente, car à peine est-il besoin d'ajouter que les trois
pertuis Breton, d'Antioche et de Maumusson sont dans
la dépendance directe de nos défenses stratégiques.

Eh bien, c'est dans cette rade incomparable, qui semble

mise par la nature à l'abri même des surprises des éléments aussi bien que des hommes, que se jette la
Charente ; mais je cite textuellement le docteur Moinet :

« Dans les rades formées par les îles se jette la Charente. Dans le port même de Rochefort, par les plus
basses mers, cette rivière a une profondeur d'au moins
8 mètres (1). Elle présente sur son parcours, de Rochefort
à la rade, des fosses profondes et des seuils qui sont
tantôt rocheux, tantôt vaseux. Depuis les études prélimi-
naires ordonnées par Louis XIV, études confirmées en
1670, son régime n'a pas varié. »

C'est là un point capital à retenir, car il est absolument
faux que le port de Rochefort et la Charente s'envasent,
comme on le prétend. Au contraire, il est démontré que
non seulement le lit de la rivière n'a pas varié depuis
trois siècles, mais encore que les fameuses vases sont
entraînées chaque jour à la mer par le jeu régulier des
marées. Du reste, en voici l'explication :

« Son cours est sinueux, les nombreux contours de ses
rives impriment à ses eaux des mouvements giratoires qui
affouillent les vases dont elle est bordée et les chassent
vers l'embouchure.

« Les vents violents qui balayent souvent les plaines
où elle coule, l'étroitesse de son thalweg, les inégalités
de son lit amoncellent devant l'ennemi des difficultés qui
complètent en temps de guerre les moyens de défense de
la place de Rochefort. Il suffit d'enlever quelques balises
pour rendre son abord impraticable et d'une simple esta-
cade pour en barrer l'entrée.

« Le port est situé à 24 kilomètres de l'embouchure de
la Charente. »

---

(1) Ce chiffre est quelque peu exagéré.

Ce simple fait suffit à démontrer toute l'importance de cet incomparable instrument de défense nationale. M. Moinet continue :

« On se plaint que cette rivière ne présente pas sur tout son parcours une profondeur suffisante pour laisser passer à chaque marée les bâtiments à grand tirant d'eau. Il est facile de remédier à cet inconvénient...

« De quelle nature seront les améliorations qui peuvent faire disparaître les inconvénients inhérents à l'étroitesse de la Charente et à la présence des seuils qui en accidentent le lit ?

« A Rochefort, la marine de guerre et la marine marchande se gênent réciproquement. Le meilleur moyen de les laisser circuler sans embarras consisterait à creuser un grand bassin à flot pour la première, comme on l'a fait pour la seconde en ce siècle. La rivière serait ainsi dégagée et les navires évolueraient librement. »

Voilà qui est très bien dit, mais hélas ! ce n'est pas seulement l'étroitesse de la rivière qui fait du mal au commerce à Rochefort, c'est la marine de guerre elle-même, car toutes les fois que l'armée de terre ou de mer se trouve quelque part, elle stérilise tout effort commercial, toute vie industrielle autour d'elle. Si à Rochefort c'est frappant, ce l'est encore beaucoup plus dans cette admirable rade de Brest, qui devrait être un port marchand de premier ordre et où l'on ne fait aucun trafic, à cause de la marine de guerre.

Mais la constatation faite, cela ne préjuge en rien de la situation militaire de Rochefort, qui est unique au monde et qu'il faut garder à tout prix, car si les nécessités de la défense sont souvent un mal au point de vue économique, c'est bien ici le cas de dire que c'est un mal nécessaire.

Je reprends la citation :

« La création de ce bassin ferait disparaître seulement les inconvénients causés par le peu de largeur de la Charente, mais il faut avant tout et surtout donner à son lit une profondeur générale qui permette aux navires de tout rang de franchir en une seule marée la distance qui sépare le port de la rade.

« Divers moyens ont été proposés : un canal maritime partant d'un point de la rive droite appelée Charras et venant aboutir à la fosse d'Enet, en pleine rade ; un canal maritime prenant son point de départ à Soubise, sur la rive gauche, et débouchant dans la rade des Trousses, près du rocher de l'Estrée. On a même trouvé un moyen plus économique pour achever en rade les armements commencés dans le port ; il s'agirait d'utiliser le fossé d'Enet en y faisant arriver un prolongement du chemin de fer de l'Etat, installé sur un viaduc de 1.800 mètres environ.

« Mais ces divers projets paraissent abandonnés malgré l'ingéniosité de leur conception : la perspective des devis aurait fait reculer nos parlementaires, qui auraient taxé les amis de Rochefort de vouloir faire trop grand. Aussi les hommes spéciaux qui persistent avec raison à vouloir perfectionner le port, se sont-ils ralliés à des projets qui portent sur le lit même de la Charente. L'amélioration de l'accès du port a pris ainsi une direction à la fois plus restreinte et certainement plus pratique.

« Dans cet ordre d'idées, de 1883 à 1889, M. Hersent procéda au dérasement des trois seuils de l'Avant-Garde, de Soubise et du Fougueux, et à l'écrètement du seuil de Lupin avec un accès complet.

« Les dragages, opérés sur une largeur de 40 mètres, ont donné une augmentation de profondeur qui est de

1 m. 24 et 2 m. 74 à l'Avant-Garde, de 1 m. 94 à Soubise
et de 2 m. 15 au Fougueux.

« Le résultat a été excellent ; le fond des fosses ne s'est
pas envasé et il en est de même sur le plafond du chenal
creusé sur les seuils...

« Tels sont les résultats acquis ; aucun travail nouveau
n'est intervenu, des navires marchands de grand tonnage
attirés par la construction du troisième bassin de commerce, viennent maintenant à Rochefort ; mais plusieurs
échouages se sont produits sur les seuils de Lupin et de
Charras, restant à draguer dans la Charente. La Chambre
de commerce s'en est émue et elle a demandé à l'Etat
d'abaisser ces deux passages jusqu'à des cotes suffisantes,
comparativement aux cotes actuelles, en amont et en aval ;
cette opération assurait la navigation, en amont de la
barre vaseuse de l'embouchure, à tous les navires qui
peuvent la franchir. D'un autre côté, la marine de guerre
tient à faire entrer en Charente, à toute marée, ses bâtiments de grande calaison et elle a demandé à l'Etat d'améliorer la barre vaseuse extérieure, de façon à permettre la
circulation des navires ayant un tirant d'eau de 8 mètres. »

Mais avant de creuser le chenal dans la barre vaseuse
de l'embouchure, c'est-à-dire à travers le haut fond de
Fourras, il faut, comme je le disais en commençant, aller
au plus pressé, c'est-à-dire commencer par déraser les
seuils de Charras et de Lupin.

En procédant de la sorte on dépensera tout d'abord
moins d'argent, et l'on donnera immédiatement toute
satisfaction à la marine marchande.

Du reste, le *Phare des Charentes*, du 29 avril 1888, a
publié à ce sujet une étude très remarquable que rappelle
fort à propos le docteur Moinet et qui démontre péremptoirement que l'on pourra achever sans difficultés les tra-

20

vaux avec 2 millions. Or, qu'est-ce que 2 millions, quand il s'agit de doter la France d'un port de premier ordre, au double point de vue commercial et militaire ?

Je dis bien *doter*, car tout est fait à Rochefort, et c'est faute de ces améliorations, insignifiantes en apparence, que le port est loin de rendre tous les services qu'il est appelé à rendre et *qu'il faut qu'il rende*, s'il y a encore un peu de patriotisme et de bon sens dans notre pays.

« Les travaux doivent, par principe, être faits de l'amont vers l'aval : en augmentant ainsi le volume et la rapidité du jusant, on créera un auxiliaire puissant qui aidera à déboucher l'aval ultérieurement. La Charente, on l'a dit avec raison, ne demande qu'à être aidée : qu'on l'aide donc, mais (pour continuer cette métaphore) qu'on se garde bien de la contrarier... » Et à ce propos, l'auteur rappelle très judicieusement que depuis onze ans le trafic du port de Bayonne a triplé à la suite de quelques légères améliorations apportées à l'embouchure de l'Adour.

Après ces quelques explications, il nous semble que la question est résolue et que devant une misérable somme de 2 millions, que l'on peut trouver avec le concours de l'Etat, de la Ville, du Département, par vingt moyens différents, car tout le monde ne demande qu'à y mettre du sien, on ne retardera pas, on ne compromettra pas des intérêts de défense commerciale et militaire aussi considérables.

A Rochefort, les ingénieurs aussi bien que les officiers de marine disent volontiers, qu'il n'y a que deux ports au monde aussi bien situés au point de vue de la défense, avec une rivière aussi sûre et aussi profonde comme émissaire : Rochefort en France, Chatham en Angleterre, et ils n'on garde d'ajouter en manière de conclusion que Rochefort est supérieur à Chatham. Ils ont absolument raison, et je ne puis que m'associer pleinement aux lignes suivantes du docteur Moinet :

« A notre époque, d'ailleurs, les étrangers cherchent à se procurer chez eux les avantages que présente tout naturellement Rochefort. C'est dans ces vues que les Anglais ont fait de Chatham sur la Medway un port à l'abri de toute surprise ou de tout coup de force ; que les Allemands ont puissamment organisé Wilhemshaven sur la Jahde ; que les Russes ont fait de Cronstadt, à l'entrée de la Néva, et de Nicolaïeff, au confluent du Bug et de l'Ingul qui se jettent dans l'estuaire du Dniéper, deux positions qui défient les bombardements des flottes les plus puissantes ; enfin, les Italiens n'ont pas hésité à barrer le golfe de la Spezzia par une digue sous-marine de 3 kilomètres d'étendue qui, avec le concours de formidables forts, armés de canons de gros calibre, peut tenir les bâtiments ennemis hors de portée de l'arsenal.

« Les officiers de marine étrangers, qui sont venus visiter Rochefort depuis vingt ans, sont unanimes à déclarer qu'il est dans une position admirable à tous les points de vue et qu'il deviendra le premier port de l'Europe, si nous voulons nous donner la peine de compléter par les applications de la science navale contemporaine les dons précieux que la nature a mis à notre disposition pour le fonder.

« Et l'on nous refuserait les deux millions qui sont nécessaires pour en faciliter l'accès aux navires de toutes grandeurs ! Cela n'est pas possible et l'Etat fera cette dépense nécessaire, sans obliger la ville de Rochefort à faire encore des sacrifices après ceux qui déjà lui ont tant coûté. »

Voilà le cri du cœur de tous les habitants de Rochefort

et j'ajouterai que ce devrait être celui de tous les Français, soucieux de la grandeur et de la sécurité de leur pays.

Au point de vue militaire, lorsque la rivière sera approfondie et lorsque le chemin de fer sera prolongé jusqu'à la fosse d'Enet, suivant le projet Allard, le port de Rochefort, parfaitement outillé, construisant plus économiquement et plus rapidement que n'importe quel autre port de guerre de France, sera bien réellement notre plus puissant boulevard maritime.

Du reste, à propos de ce bout de ligne de 1.800 mètres, le Ministre des Travaux publics a demandé l'année dernière aux ingénieurs des chemins de fer de l'Etat un devis exact et le gouvernement est aujourd'hui renseigné.

Au point de vue commercial, depuis que le bassin à flot n° 3 a été inauguré, le 18 mai 1890, on peut affirmer que le port de Rochefort est suffisamment outillé pour satisfaire à un important trafic.

Au début de cette étude je rappelais les difficultés de la première heure sous Louis XIV, les jalousies des villes voisines et ports voisins. Eh bien! tout cela a disparu à l'heure présente, fort heureusement ; car ces villes, en face de la concurrence étrangère de plus en plus meurtrière, se rendent parfaitement compte qu'il n'y a pas de trop de la coalition de toutes les forces vives du pays pour lutter victorieusement.

Dans sa séance du 17 décembre 1890, la Chambre de commerce de La Rochelle, après des considérants fortement motivés, concluait de la façon suivante :

« La Chambre estime que dans une pensée d'économie, il serait désastreux de supprimer le port de Rochefort ; que dans l'intérêt de la marine et du pays, il faut maintenir ce port intérieur, protégé contre toute attaque pas son éloignement de la mer, et qu'il y a nécessité de conserver, en l'améliorant, ce port de guerre inaccessible à l'ennemi et toujours ouvert à nos navires et à nos escadres. Par ces motifs, elle prie M. le Ministre de la Marine de s'opposer énergiquement à tout projet de spécialisation ou de suppression du port de Rochefort. »

Voilà ce que dit La Rochelle, la ville qui vient d'être dotée à la Palice de ce port de commerce admirable, dû à l'énergie et à la science profonde de M. Bouquet de la Grye.

Et si La Rochelle raisonne ainsi, c'est que fort judicieusement, elle ne considère plus Rochefort comme une rivale, mais bien comme la sentinelle vigilante qui assure la sécurité et le libre développement de tout notre commerce maritime du Sud-Ouest.

Mais ce n'est pas tout, Tonnay-Charente, Saint-Jean d'Angély, Saintes, Jonzac, Cognac, Angoulème, Bordeaux, Royan, Saujon, Bayonne, Limoges, ont exprimé des avis identiques, également énergiques en faveur du maintien et du développement du port de Rochefort, au double point de vue militaire et commercial.

Or, ces villes ne représentent qu'une partie du commerce de la région. Cependant il se chiffre annuellement (mouvement commercial par gare en 1889) par 7.528.967 voyageurs et par 3.618.725 tonnes de marchandises. Il me semble que ce sont là des données dont il convient d'autant mieux de tenir compte, que le trafic va en augmentant chaque année, avec l'achèvement normal de notre réseau de voies ferrées, qui est comme le grand pourvoyeur naturel de nos ports de commerce à l'exportation comme eux le sont de ces mêmes voies ferrées à l'importation. Du reste, il ne faut pas oublier, comme j'ai eu l'occasion de le dire à La Rochelle même, devant plusieurs milliers d'auditeurs, nos traités de commerce avec la Suisse ne

peuvent que développer l'importance sans cesse grandis-
sante de nos ports maritimes du Sud-Ouest.

Si j'ai été suffisamment clair et explicite dans les lignes
qui précèdent, j'espère avoir fait la lumière dans l'esprit
de mes lecteurs. Et, comme le docteur Ch. Moinet, je
conclurai en disant qu'il faut avant tout trouver les deux
millions pour doter la France d'un instrument commercial
et maritime de premier ordre, pour ne pas dire unique au
monde.

Lorsque la grandeur, la sécurité et la prospérité de la
patrie sont en jeu, lésiner serait une faute grave, attendre
et reculer serait un crime.

LE PORT DE ROCHEFORT

PETIT DIALOGUE INSTRUCTIF

LE PROFESSEUR. — Le port de Rochefort, sur la Charente, qui est approfondie pour laisser passer les plus grands navires, est à 25 kilomètres dans l'intérieur des terres et par conséquent à l'abri de toute attaque du dehors.

L'ELÈVE. — C'est un port militaire tout à fait exceptionnel alors ?

LE PROFESSEUR. — Vous l'avez dit, tout à fait exceptionnel, car il n'y a que Rochefort et Chatham au monde qui soient dans une pareille situation, et encore Rochefort est supérieur au port anglais. Mais ce n'est pas tout, la rade immense est superbe ; à l'entrée de la Charente, elle pourrait abriter toutes les flottes de l'Europe et elle est admirablement protégée par les îles de Ré, d'Oléron et d'Aix, et d'autant plus facile à défendre que l'on ne peut y pénétrer que par trois pertuis relativement assez étroits.

L'ELÈVE. — Mais, Monsieur, Rochefort-sur-Mer, par sa position, loin de Cherbourg et de Brest, n'est-il pas le seul et le principal ouvrage militaire capable de défendre toute cette partie des côtes du midi de la France sur l'Atlantique ?

LE PROFESSEUR. — En effet, vous l'avez dit, mon jeune ami, Rochefort commande et protège près de 500 kilomètres de côtes. C'est un refuge et un abri de premier ordre. Ce port de guerre étant à l'abri de tous les bombardements, peut toujours être ravitaillé par terre ; une flotte peut s'y former et s'y réparer à loisir.

L'Elève. — Mais alors, c'est un de nos principaux éléments de défense nationale, surtout tant que nous n'aurons pas le canal des Deux Mers, qui pourrait donner une situation importante à Bordeaux et à Arcachon.

Le Professeur. — Très bien, vous me comprenez à merveille ; Rochefort est si bien un port de guerre de premier ordre, qu'un jour l'amiral de Gueydon a dit : « Si Rochefort n'existait pas, il faudrait le créer ». Voilà de belles et patriotiques paroles, qu'il faut bien retenir, mon enfant, car vous ne les entendrez plus prononcer...

(Ici la voix du professeur se mouille de larmes, l'enfant est ému instinctivement et, ne comprenant plus, interroge son vieux maître).

L'Elève. — Pourquoi cette émotion ? Le port de Rochefort est la première arme maritime défensive du monde entier, la France a la bonne fortune de la posséder, on doit tout faire pour le perfectionner, pour araser les crêtes des bas-fonds de la Charente, pour en faire, en un mot, le premier port militaire, le port modèle du pays.

Le Professeur. — Non, mon enfant, on va le *spécialiser*, en faire seulement un chantier de construction, ce qui veut dire, en termes polis, que l'on va virtuellement le supprimer.

L'Elève. — Mais c'est de la folie, mais pourquoi ?

Le Professeur. — Ceci sort de ma compétence, on veut peut-être faire une politesse à l'Angleterre, qui n'aime pas le port de Rochefort ; et puis c'est de la politique... tout ça ne me regarde pas... la leçon est finie...

(L'enfant s'éloigne, songeur, et pour la première fois il se demande s'il est permis de ne pas aimer son pays !)

TROISIÈME PARTIE

NAVIGATION AÉRIENNE, NOTES

EN BALLON

VINGT MINUTES DANS LES AIRS — A L'EXPOSITION RUSSE —

LE BALLON CAPTIF DU CHAMP-DE-MARS

Louis Godard, le neveu et l'héritier de la science aérostatique et du courage légendaire d'Eugène Godard, vient d'installer au Champ-de-Mars, à l'Exposition russe, un ballon captif de grande dimension, capable d'enlever à 500 mètres en l'air une quinzaine de personnes à la fois. Il est secondé par des ingénieurs aéronautes de la valeur d'Ed. Surcouf et J. Courty et de praticiens comme Piton. Le ballon est muni des soupapes automatiques et des appareils de sûreté les plus perfectionnés, il est construit avec une soie d'une solidité et d'une imperméabilité absolues, sur les indications mêmes de Louis Godard. Donc sécurité absolue et rien à craindre :

La mère y conduira sa fille, et elle fera bien, car à quatre cents mètres seulement, à cent mètres au-dessus de la tour Eiffel, on contemple cette colossale aiguille à ses pieds avec un sentiment de fierté qui vous réconforte l'esprit, tant il est certain que l'homme est toujours fier d'occuper des situations élevées ! c'est humain.

Donc la semaine dernière, par une belle matinée tout ensoleillée, je me suis embarqué dans le dit ballon avec ma femme et un jeune neveu, tout joyeux de se trouver à pareille fête.

J'ai bien souvent décrit ce spectacle dans les journaux, j'ai fait bien souvent dans ma vie ces ascensions, quand ça ne serait que depuis le ballon Giffard de l'Exposition de 1878 qui était dirigé par Eugène Godard, l'oncle et le précurseur. Je me suis bien souvent trouvé entre ciel et terre, de jour comme de nuit, quand ça ne serait que pour justifier mon titre de président de la *Société des Aérostiers civils de la Seine* et cependant, le dirai-je, c'est toujours pour moi une nouvelle joie et une nouvelle ivresse lorsque je me sens doucement enlevé vers le bleu infini et profond du firmament.

Et puis en 1878 le voyage céleste coûtait 20 fr., aujourd'hui Louis Godard l'a mis à 5 francs, aller et retour, pour qu'il soit à la portée de tout le monde et, en vérité, c'est pour rien, étant donné la beauté et la grandeur du spectacle qui vous attend — le spectacle de la nature, comme auraient dit nos pères !

Donc nous voilà partis, nous montons doucement, mollement et même sans la sensation du vide, puisque nous n'avons pas de maisons autour de nous et, par conséquent, pas de point de comparaison.

Nous voici à 50 mètres, tout Paris émerge à nos pieds, on peut en compter tous les monuments, et la ville grandiose, unique au monde, nous apparaît entourée d'une immense ceinture verdoyante, toute d'émeraudes rutilantes sous les rayons du soleil. Nous avons la sensation de sortir d'une cuvette de géants au fur et à mesure que nous montons, et si les émeraudes nous environnent, la Seine semble rouler de l'argent liquide à nos pieds, tandis que le soleil attache des diamants éblouissants et des pierres précieuses aux dômes, aux vitraux de tous les monuments. C'est merveilleux et les cris d'admiration ponctuent seuls le silence admiratif dans lequel nous sommes tous plongés malgré nous, quelle que soit notre longue accoutumance en face de ce spectacle féérique.

Nous montons toujours, nous voici à 200 mètres, la cuvette immense s'abaisse graduellement, Montmartre n'est plus qu'une taupinière. Nous voilà à trois cents mètres, au niveau du drapeau de la tour Eiffel qui claque au vent et l'horizon est absolument circulaire et Paris est plat à nos pieds, et l'horizon est également plat, et le cirque immense nous donne la sensation de la pleine mer : une mer de maisons, de palais, de forêts et d'infini où grouillent quatre millions d'êtres invisibles ; ceux que l'on voit dans les promenades du Champ-de-Mars ou sur l'avenue de La-Motte-Piquet ne sont plus que des fourmis : Dieu, que l'humanité vue ainsi, au-dessus d'une grande capitale, est donc tout à la fois imposante et infime !

A quatre cents mètres, un phénomène nouveau frappe ceux qui montent pour la première fois en ballon, je veux parler de la perpendicularité de tous les monuments, sous vos pieds ; Paris est bien toujours la ville immense et cependant tous ses monuments sont là, au-dessous de vous, rapprochés, groupés, à deux pas. Vous plongez sur eux, vous les comptez, vous les dominez et il semble qu'il n'y aurait qu'à tendre la main pour les toucher.

Et plus vous montez, plus ce phénomène devient extraordinaire, plus la perpendicularité embrasse une immense circonférence, ce qui d'ailleurs se comprend de soi, sans explication.

Mais voici l'ami Piton qui agite son drapeau, la machine à vapeur stoppe en bas, le ballon s'arrête en haut. Nous supplions pour aller à 500 mètres, mais il paraît que la brise s'élève, il faut redescendre.

— Est-ce que la corde pourrait casser ?

— Casser ! elle est faite pour résister à un effort dix fois plus considérable.

On s'arrête un instant pour contempler cet horizon qui s'étend à plus de 100 kilomètres autour de nous et nous déclarons que depuis l'ascension de la citadelle de Ferrière, du roi Christophe, auprès du Cap-Haïtien, en Haïti, nous n'avons jamais rien vu d'aussi beau.

Puis l'on redescend, gardant dans l'œil et dans le cœur l'inoubliable souvenir d'une incomparable vision.

— Allez, aimables lectrices, en ballon captif au Champ-de-Mars, et la semaine suivante partez en ballon libre à 3.000 mètres de hauteur. C'est un sport qui devient très à la mode, à la portée de tout le monde et moins banal que la bicyclette.

Je suis sûr que si vous suivez mon conseil, vous me voûrez une reconnaissance éternelle !

ENTRE CIEL ET TERRE

LA NAVIGATION AÉRIENNE — LES INVENTIONS DE LOUIS CAPAZZA

UN PAS EN AVANT

Depuis longues années j'ai toujours suivi d'un œil attentif les efforts tenaces et persévérants des aéronautes qui
malheureusement n'étaient point toujours couronnés de
succès.

D'ailleurs depuis les premiers et légendaires essais des
Montgolfier jusqu'à aujourd'hui, on peut dire qu'aucune
science n'a attiré un aussi grand nombre de chercheurs,
grâce à son côté mystérieux et irritant et qu'aucune, en
même temps, n'a avancé aussi lentement, comme jalouse
de laisser surprendre ses secrets. Nous avons sous les
yeux les milliers d'exemples des oiseaux et des insectes, si
variés et si complexes dans leur diversité presque infinie,
et cependant les hommes de science, qui s'occupent d'aviation, en sont encore à la querelle légendaire soulevée autrefois par le célèbre photographe aéronaute Nadard, qui
croyait au plus lourd que l'air.

Cela n'a point empêché les ballons d'être toujours
gonflés au gaz, c'est-à-dire à être plus légers que l'air, et
cela n'empêche pas, comme on l'a fort judicieusement fait
remarquer, que sur ce point capital, que sur cette base en
quelque sorte initiale de la science elle-même, les gens
compétents et les hommes du métier continuent à être
divisés en deux camps.

Comme les querelles ne font pas avancer les questions, nous n'y insisterons pas.

On sait que depuis de longues années, depuis la guerre pour ainsi parler, le génie militaire a installé à Chalais, au-dessous de Meudon, un parc d'aérostation militaire très complet et très perfectionné.

C'est là que les capitaines Renard et Krebs poursuivent sans relâche et dans le secret qui convient à de pareilles recherches militaires, leurs travaux, leurs études patientes et leurs multiples essais.

On les a vus sortir en ballon du parc mystérieux, venir planer au-dessus de la Seine et rentrer dans le parc, en ayant l'air de se diriger à volonté les jours où il n'y avait pas de vent. C'est tout ce que nous en savons et cela doit nous suffire, étant donnée la patriotique réserve qu'il convient de garder en face de recherches qui peuvent intéresser la défense nationale.

D'un autre côté il nous revenait dernièrement des Etats-Unis que l'inventeur Maxim avait pu se diriger sur un parcours incliné de 200 mètres environ à l'aide d'un aéroplane, ou appareil formé d'un vaste plan incliné rigide et d'un puissant propulseur.

Voilà où en était l'état de la question, c'est-à-dire encore tout à fait stationnaire, lorsque l'aéronaute Louis Capazza est venu lui faire faire dans ces derniers temps un pas qui semble décisif à tous les hommes du métier, et c'est précisément ce qui nous paraît intéressant d'expliquer ici aussi clairement que possible à nos lecteurs.

Et remarquons que la chose, à nos yeux, mérite doublement que l'on s'y arrête, non seulement parce qu'une découverte de ce genre, en étant le point de départ de la direction des ballons, produirait une véritable révolution dans la science, révolution dont les conséquences seraient incalculables, mais encore parce qu'il y a tout lieu d'accorder créance aux dires de Capazza, son passé scientifique répondant en quelque sorte de son avenir.

Lorsqu'il avait parlé de traverser la Méditerranée en ballon en 1886, on avait accueilli son affirmation avec une certaine incrédulité et cependant il la franchissait sans difficulté le 14 novembre de la même année.

Plus tard, lorsqu'il expérimenta son parachute, la foule croyait qu'il allait se rompre les os ; cependant il l'a expérimenté à plusieurs reprises, avec une courageuse femme du monde, Madame du Gast, à son bord, et maintenant les expériences paraissent si concluantes que les journaux demandent chaque jour pourquoi on n'impose pas ce parachute si simple et si efficace à tous les aéronautes, ou plutôt à tous leurs ballons.

Les conceptions d'un tel homme méritent d'être prises en sérieuse considération ; elles ne sont pas au point, c'est possible, les lacunes sont encore nombreuses, et l'on se trouve en face d'une foule d'éléments inconnus qui ne sont pas encore résolus, cela est inévitable ; mais enfin les projets d'aujourd'hui peuvent devenir les réalités de demain, et c'est pourquoi il nous semble intéressant de nous y arrêter dès maintenant.

Le point de départ des multiples inventions de Capazza repose sur une étude approfondie du vol des oiseaux et de la manière dont se comportent les navires sur l'eau. Les premiers lui ont révélé comment le plus souvent ils filaient horizontalement par rapport à la terre, d'où l'idée de louvoyer dans l'air, dont il nous semble que M. Capazza a tiré des déductions très probantes et une application des plus intéressantes. Les seconds lui montrant comment ils flottent sur l'élément liquide, lui ont fort heureusement suggéré l'idée de modifier la forme jusqu'à ce jour classique des ballons, toujours plus légers que l'air, mais par cela même à la merci de tous les vents.

Du reste, comme il le dit lui-même avec beaucoup de simplicité, il n'appartient à aucun des deux camps fameux ; il n'est partisan absolu ni du plus lourd, ni du plus léger que l'air, et il se contente de penser fort judicieusement qu'il convient de retirer de chaque formule la part de vérité qu'elle paraît renfermer.

Il nous semble que l'on ne peut pas montrer tout à la fois plus de bon sens et plus de sagacité.

Cherchant précisément à imiter les bateaux, de manière à offrir moins de prise au vent et à planer plus facilement dans l'espace, M. Capazza a imaginé de construire l'aérostat qu'il projette en forme d'immense lentille formée de deux cônes opposés par la base et reliés ensemble par un soufflet circulaire.

L'enveloppe doit être formée de feuilles métalliques extrêmement minces, soutenues et reliées entre elles par une armature légère, de manière à ce que l'aérostat ne puisse pas se déformer.

Non seulement ainsi conçu, l'appareil ne sera pas d'un poids supérieur aux ballons ordinaires, qui sont formés de nombreuses enveloppes de soie superposées et collées, mais encore on sera certain d'éviter complètement toute déperdition du gaz.

Il est bon d'insister sur l'effet du soufflet qui se trouve au milieu même du ballon, car il est appelé à jouer un rôle considérable, aussi bien que le parachute-lest, comme nous allons le voir.

Ce soufflet permet, en effet, à l'aérostat de se dilater en montant, de se comprimer en descendant, ce qui représente l'énorme avantage d'obéir aux pressions atmosphériques, sans perte de gaz, ce qui ne se fait pas, comme l'on sait, dans les ballons ordinaires, où le jeu de la dilatation, suivant l'intensité des rayons du soleil, est réglé par les soupapes, c'est-à-dire par une perte permanente de gaz dans l'atmosphère. Il est vrai que Godard a obvié en partie à cette perte de gaz par un petit ballon intérieur simplement rempli d'air et qui régularise en quelque sorte le gonflement par sa dilatation ; mais tout cela est loin des phénomènes de compression et de dilatation que M. Capazza obtient à l'aide d'un mécanisme des plus simples. Et puis aujourd'hui il convient de tenir compte non seulement de l'influence apparente du soleil, mais aussi des rayons *invisibles*, puisqu'il est certain que les rayons de fluide électriques exercent une grande influence sur l'atmosphère et sont peut-être les artisans les plus actifs de la pluie, comme un savant prétend le démontrer.

Les ballons ordinaires montent ou descendent suivant qu'il se produit une différence entre le poids et le volume ; avec l'appareil de M. Capazza, il peut augmenter le volume en montant et le diminuer en descendant, il obtient ainsi un ballon à densité variable, à volonté, et comme on l'a fort bien dit : au lieu d'être à la merci des forces de la nature, c'est lui qui les asservit pour les utiliser, à son gré.

La deuxième invention de M. Capazza sur laquelle il compte pour obtenir à volonté les mouvements d'ascension et de descente consiste en un parachute-lest, qui reste toujours attaché à l'aérostat par une corde.

Si au moment où le ballon se trouve à une certaine hauteur et ne monte plus, on abandonne le parachute dans l'espace, ce parachute s'ouvre sous la résistance de l'air et ralentit de la sorte la chute du corps qu'il porte.

Au même moment l'aérostat, soulagé d'un poids considérable, retrouve une force ascensionnelle énorme. Lorsque la corde est tendue, c'est-à-dire que le parachute est arrivé au bout de son rouleau, si l'on peut s'exprimer ainsi, en vertu de la force acquise, le ballon n'en continue pas moins à monter encore quelque temps, et par un mécanisme très simple on peut enrouler de nouveau et ramener le parachute à la nacelle. De la sorte, il n'y a plus besoin de sacs de sable, de lest perdu au fur et à mesure qu'on le jette, puisque le parachute-lest peut servir indéfiniment ; on a donc toujours le lest à sa disposition et l'aéronaute, avec son soufflet et son parachute-lest, est libre de monter et de descendre à volonté en suivant une manœuvre extrèmement simple.

Si le lecteur a bien voulu nous suivre, il a vu comment avec cet aérostat lenticulaire on peut s'élever ou descendre à volonté ; il nous reste à parler de la troisième disposition fort ingénieuse, imaginée par M. Capazza, qui lui permet d'incliner son appareil à volonté dans un sens ou dans un autre et d'obtenir ainsi un vol oblique légèrement incliné de 5 à 10 degrés : c'est ce qu'il appelle le *vol plané*, qui n'est que l'imitation du vol le plus fréquent des oiseaux. Nous avions donc raison de dire que M. Capazza avait observé les oiseaux avec plus de sagacité que les autres aéronautes, car, en effet, il paraît bien être le premier qui, sans s'attacher à des particularités insignifiantes, leur ait arraché une part importante de leur secret.

A la partie inférieure de son aérostat lenticulaire, M. Capazza place un balancier porteur de poids qui passe par un plan longitudinal de l'appareil et qui est assez sensible pour manœuvrer avec une facilité extrême, en s'inclinant à volonté dans un sens ou dans l'autre, sur son axe. Veut-on descendre, on porte le poids du côté où l'on veut se diriger ; l'aérostat s'incline et l'on file avec une rapidité vertigineuse dans le sens indiqué.

Quand on arrive au bout de cette longue descente inclinée, qui doit représenter un nombre respectable de kilomètres, on rejette de nouveau le parachute-lest et l'aéroplane repart de nouveau dans sa marche ascendante.

On peut donc accomplir ainsi dans les directions voulues des successions d'ascensions et de descentes sur plans inclinés et obtenir des vitesses qui ne seraient peut-être pas inférieures à 200 kilomètres à l'heure.

Pour nous résumer, nous dirons que les deux idées fondamentales qui découlent des résultats déjà obtenus par M. Capazza et des résultats beaucoup plus considérables qu'il espère atteindre, en réalisant ses projets, sont les suivantes :

1° Les emplois du parachute-lest et du soufflet permettent à l'aéronaute d'être maître des mouvements ascendants et descendants de son ballon pendant une période de temps théoriquement indéfinie.

2° Etant maître de ses mouvements ascendants et descendants, l'aéronaute doit pouvoir, par des effets de plans inclinés devant être obtenus aisément d'un ballon lenticulaire, pratiquer un louvoyage constant dans un plan vertical, et obtenir de ce louvoyage des effets analogues à ceux du louvoyage des bateaux sur la nappe d'eau horizontale, c'est-à-dire qu'il doit lui être possible d'atteindre à volonté tel ou tel point déterminé, après un nombre plus ou moins grand de *bordées* verticales, montantes et descendantes.

Mais au lieu de n'obtenir la direction que dans les deux sens opposés du balancier, comme aux deux pôles de l'équateur, pour ainsi parler, ne serait-il pas plus pratique de s'en tenir aux simples pesées sur les cordages, comme M. Capazza l'a fait déjà fort utilement avec son parachute ; ne sera-t-il pas amené à placer une espèce de gouvernail à sa nacelle pour obtenir l'orientation dans tous les sens ; ne pourrait-il pas obtenir cette orientation plus facilement en construisant son aérostat de forme absolument circulaire et en lui donnant l'impulsion par les cordages, au lieu de lui donner la forme d'une ellipse ; cette forme ne permettrait-elle pas l'orientation dans tous les sens à l'aide de la pesée sur les cordages et sans gouvernail, mais ne retirerait-elle pas une partie de la force de propulsion au détriment de la vitesse ; ne pourrait-on pas enfin placer l'aérostat lenticulaire sur un cercle métallique muni de galets, de manière à lui imprimer la direction voulue ?

Evidemment, toutes ces questions demandent à être résolues et prouvent qu'il y a encore une part d'inconnu qu'il conviendra de dégager dans l'invention de M. Capazza ; mais il en est de même dans toute invention et il n'y a pas là de quoi décourager le vaillant aéronaute.

Pour assurer une bonne application pratique des principes nouveaux établis par M. Capazza, bien des détails restent à élucider et bien des questions restent à résoudre. Mais il en a été de même pour toute invention à son origine et l'habile et audacieux aéronaute, qui paraît avoir mis en lumière une foule de lois ou de faits importants et qui paraît également avoir été le premier à les coordonner de manière à les faire aboutir à un résultat pratique, me semble un homme de trempe à surmonter toutes les difficultés et peut-être aussi, je l'espère, à résoudre encore bien des problèmes.

Dans une de ses dernières ascensions, avec son parachute ordinaire, après avoir dégonflé son ballon et avoir donné l'inclinaison voulue au dit parachute par une simple pesée sur une des cordes, M. Capazza est venu tomber doucement et volontairement sur un espace très restreint, dans l'île de Puteaux, en face le bois de Boulogne.

Les ingénieurs, qui suivaient en voiture, ont été fort

surpris de la direction ainsi imprimée à l'appareil et des vitesses obtenues.

Que sera-ce lorsque M. Capazza aura enfin construit le grand aérostat ou aéroplane dont nous venons de donner une description sommaire?

Espérons pour lui et pour la science que ce sera enfin la solution de l'aviation, après des tâtonnements qui remontent à plus d'un siècle. Quoi qu'il arrive, nous sommes cependant convaincu que l'éminent aéronaute aura fait faire, à tout le moins, un pas considérable au problème si passionnant de la navigation aérienne, et c'est pourquoi j'ai pensé qu'il pouvait être intéressant de tenir mes lecteurs au courant des dernières découvertes, des dernières expériences et des derniers travaux de M. Louis Capazza.

LA NAVIGATION AÉRIENNE

LES IDÉES ET LES PROJETS DE M. A. BRISSON

On se souvient peut-être d'avoir lu dans les numéros des 6 et 13 juin de l'*Avenir Républicain* (1) de l'année dernière, les notes concernant les expériences tentées par M. Brisson, en compagnie de l'aéronaute Emile Rat.

Depuis cette époque, l'inventeur, tenace comme tous les inventeurs, comptait renouveler ses expériences, lorsqu'un incendie est venu détruire son appareil embryonnaire, et réduire à néant ou du moins reculer ses espérances.

Aujourd'hui il veut les reprendre et c'est dans ce but qu'il est venu m'exposer son système qu'il considère, naturellement, comme la solution du problème de la navigation aérienne. Suivant lui, il suffirait de construire un vaste radeau, surmonté d'une série de coupoles accouplées, en soie de Chine et rigides.

L'appareil enlevé à une grande hauteur par un ballon ordinaire à deux ou trois mille mètres si l'on veut, dans des couches supérieures où l'air est moins dense, maintenu horizontalement et en équilibre par la disposition même des coupoles, et brusquement détaché du ballon et livré à lui-même, devrait, d'après l'inventeur, descendre lentement sans tomber. Au fur et à mesure qu'il descendrait dans des couches d'air plus dense, de 66 à 70 de pression par exemple, l'air en s'emmagasinant dans les coupoles arriverait à une ambiance de résistance telle, que l'appareil

(1) A Issoudun.

se maintiendrait dans l'air comme un navire sur l'eau.
Enfin la disposition même de cet appareil, comme je l'ai
déjà dit et les espaces ménagés entre chaque coupole pour
laisser passer l'air, faisant équilibre à celui qui est condensé dans les coupoles, lui assurerait une stabilité parfaite.

Voilà réduit à sa plus simple expression, la démonstration de l'appareil, je ne dirai pas expérimentée, mais
imaginée par M. A. Brisson.

Quelle peut en être la valeur, quels doivent en être les
résultats, je me garderai bien de me prononcer a *priori*,
estimant que le plus simple, en semblable occurrence, est
encore de s'en rapporter aux expériences que nous promet
l'inventeur.

Mais, d'ores et déjà, on ne saurait nier que les objections
se présentent en foule, et qu'il semble vouloir aller contre
les lois les plus élémentaires de la physique. N'est-il pas
dangereux, en effet, d'établir une comparaison même lointaine, entre ces deux éléments : l'air et l'eau.

Si pendant la descente l'air s'emmagasine dans les
coupoles, n'aura-t-il pas toujours une tendance à en sortir
pour arriver au même niveau de densité que l'air ambiant ?

S'il y reste, au lieu de former le point d'appui tant
cherché, ne précipitera-t-il pas la chute, étant plus lourd
que l'air qui l'environne ?

Ce sont là autant de points d'interrogation qui semblent
commander une réponse négative, qui tout au moins pour
les esprits les moins prévenus ne peuvent être résolus que
par l'expérimentation. Car si le précepte semble rappeler
de loin les Montgolfières, il en est en réalité l'opposé,
puisque celles-ci ne s'élèvent que grâce à l'air raréfié par
la chaleur, et par conséquent plus léger et que celui-ci
prétend ne maintenir l'appareil que par l'air condensé et
par conséquent plus lourd.

La comparaison avec les sphères de Magdebourg paraît également défectueuse, puisque les coupoles de M. Brisson sont laissées en contact avec l'air libre. Si donc il tenait à la disposition particulière de son radeau aérien pour en maintenir l'équilibre et l'horizontalité, on comprendrait davantage qu'il ait remplacé ses coupoles par une série de sphères chaudes, renfermant des gaz plus légers que l'air ; il est vrai que ce ne serait plus la théorie du plus lourd que l'air, encore moins celle du point d'appui fourni par l'air lui-même.

En admettant même que le principe exposé par l'auteur, et qui semble détruire toutes les lois naturelles de la physique, fut démontré et reconnu ultérieurement vrai, la direction ne serait pas encore trouvée pour cela ; rien ne prouve que l'appareil serait en état de supporter une charge quelconque. Toutes ces réserves faites d'ailleurs avec la plus grande franchise, je suis le premier à reconnaître que l'on marche là dans des champs en partie encore inexplorés. Voilà pourquoi je pense que les expériences de M. A. Brisson doivent être encouragées.

S'il est une science expérimentale entre toutes, où l'on n'avance qu'en tâtonnant, c'est bien celle-là, et les personnes qui s'occupent d'aéronautique de bonne foi, devraient toujours dire: expérimentons d'abord, nous discuterons ensuite.

Quand les expériences de M. Brisson n'apporteraient qu'un élément nouveau à la construction des parachutes, il n'aurait pas perdu son temps ; et si par hasard une partie de ses calculs se trouvait justifiée, il est évident qu'il aurait fait faire un grand pas à cette science si intéressante. Ayant déjà prêté le modeste appui de ma plume aux expériences de Capazza, je pense que je ne dois pas le refuser à celle que va tenter M. Brisson ; car plus elles seront nombreuses et plus on aura de chance d'arracher à la nature une partie de ses secrets.

CONCLUSION

Au mois de juin 1896 avait lieu le concours annuel pour l'auditorat à la Cour des Comptes, et le sujet de la composition écrite était le suivant :

« Quels sont, pour l'Etat, les divers moyens de se procurer des ressources, sans avoir recours à l'impôt et sans rouvrir, pour un nouvel emprunt, le Grand Livre de la Dette ? »

Il me semble que c'est là précisément tout le programme de mes deux volumes sur les *Transports* et que j'aurais pu concourir, en les déposant sur le tapis vert des examinateurs, si j'avais eu la bonne fortune de posséder quelques vingt ans de moins.

En effet, si nous ne voulons pas recourir à l'impôt ou à l'emprunt, je ne vois pas d'autres moyens pour maintenir la France grande et prospère que de se jeter résolument dans la politique économique, pratique et patriotique que je défends depuis vingt-cinq ans, avec la ténacité et l'âpreté des fortes convictions.

Vous ne voulez ni impôts nouveaux, ni emprunts nouveaux, faites à l'intérieur Paris Port de Mer, le canal des Deux Mers, le Transsaharien, achevez vos ports, comme Le Havre, outillez la Métropole, transformez votre navigation, et surtout faites de la politique coloniale rémunératrice, en mettant en valeur vos immenses et admirables colonies.

Et c'est là où les canaux intérieurs, où le Transsaharien, où la transformation de votre marine joûraient un rôle prépondérant et salutaire, puisque ceci sera toujours fatalement, nécessairement la contre-partie de cela, puisque l'on ne peut pas faire, à l'heure présente, en face de la concurrence étrangère, de la bonne politique métropolitaine, si l'on ne fait pas de la bonne politique coloniale, et réciproquement.

Voilà tout le programme que je vais, chaque soir, exposer dans mes conférences et que l'on retrouvera dans tous mes ouvrages ; voilà, si je ne m'abuse, la réponse toute naturelle, logique, inéluctable, à la question que posait, il y a six mois, la Cour des Comptes à ses candidats à l'auditorat.

Mais ce n'est pas tout, et l'on me pardonnera d'être plus affirmatif encore : il ne saurait, à l'avenir, y avoir d'autre politique économique, sous peine de marcher aux pires catastrophes. Ah ! vous ne voulez point de Paris Port de Mer, du canal des Deux Mers et vous niez la politique coloniale, vous voulez vous en tenir aux impôts et aux emprunts nouveaux, autrement dit à la politique des expédients, au jour le jour.

C'était possible il y a cinquante ans peut-être, ce ne l'est plus aujourd'hui. Des impôts nouveaux ? Avez-vous songé qu'on ne peut guère en faire supporter aux citoyens d'une nation qui plient déjà sous le fardeau des *trois milliards cinq cents millions* qu'on leur demande chaque année et que dans ces conditions, les impôts nouveaux ne rendent plus, pas même les somptuaires, parce que le point critique, la saturation, le maximum de charges sont atteints, sinon souvent dépassés, ce qui nous met dans une flagrante infériorité vis-à-vis de la concurrence étrangère, qu'il s'agisse de production ou de salaires, d'autant plus élevés que les charges sont plus lourdes. Mais cela se conçoit d'un mot et m'entrainerait trop loin ; inutile d'y insister autrement.

La France est riche, direz-vous encore, on peut recourir à l'emprunt.

Des emprunts nouveaux ?

Avez-vous réfléchi, comme je l'ai dit dans mon premier volume, à propos des conventions de chemins de fer, que la France possède, en chiffres ronds, avec ses emprunts de villes et de départements, plus de *quarante milliards de dette* ?

Là encore, le maximum de charges est atteint et, étant donnée surtout la crise monétaire qui sévit sur le monde entier, vous ne pouvez dépasser ce point sans danger. Comment, vous n'avez su faire fonctionner ni l'amortissement, ni le remboursement réguliers, et vous venez nous parler d'emprunts nouveaux ?

Ceci n'est plus la politique des expédients, mais simplement celle de la faillite à brève échéance ; y a-t-il, en France, un seul républicain sincère qui envisage sans frémir une semblable alternative. Je veux croire que non, et c'est pourquoi, avec tant d'insistance, je supplie tous les patriotes et tous les Français de se retourner du côté des solutions que je propose, puisque chaque jour, les évènements, à défaut de mes faibles moyens de persuasion, se chargent de nous démontrer, jusqu'à l'évidence, qu'il ne saurait pas y en avoir d'autres.

Mais, disent encore beaucoup de mes amis politiques — des républicains radicaux-socialistes convaincus — de ceux dont je partage toutes les convictions et toutes les aspirations généreuses — hélas, déçues depuis vingt-six ans — il y a la réforme des impôts à opérer ; il faut imposer le capital, celui qui possède, et de la sorte nous rendrons une grande élasticité à la production nationale et par conséquent la possibilité de lutter contre la concurrence étrangère.

Ces idées sont trop les miennes pour que je ne m'y associe pas entièrement ; mais là encore, avec la franchise qui doit guider l'économiste qui veut servir utilement son pays, je répondrai :

— C'est bien, mais c'est insuffisant, il ne s'agit plus seulement, à l'heure présente, dans les graves conjonctures où nous nous trouvons, de savoir si les charges seront plus équitablement réparties — ce qui serait sans aucun doute un grand progrès — mais bien de savoir si nous pourrons continuer, nous, capital et travail, nous, nation, à les supporter en face de l'étranger qui nous attaque, nous mine et nous ruine de toutes les manières, sur le terrain économique.

Et remarquez bien que la politique coloniale ne va pas à l'encontre de la politique radicale ; au contraire, elles doivent toujours marcher toutes deux la main dans la main, quand ça ne serait que pour prouver qu'avec ses idées de justice absolue et de tolérance religieuse, le parti radical-socialiste est seul capable de faire de la bonne politique coloniale, en respectant les mœurs et les croyances des peuples jeunes auxquels notre mission doit être d'apporter dans les plis de notre drapeau les grandes idées d'émancipation humaine et non d'asservissement de la pensée et d'abnégation de la dignité individuelle, à la suite de quelques missionnaires fanatiques...

Non, ce qu'il nous faut, à l'heure présente, c'est être en état de supporter ces charges énormes, pour lutter victorieusement contre l'étranger sur le terrain pacifique de la concurrence. Et voilà pourquoi, à côté de ces réformes sociales, à l'intérieur, que nous voulons, il nous faut la grande politique économique que je préconise :

Paris Port de Mer aussi bien que le Transsaharien, le canal des Deux Mers aussi bien que la mise en valeur de nos colonies, l'aménagement de nos ports aussi bien que la réfection ou la création de notre marine marchande, pour pouvoir maintenir la vie, l'activité, le bien-être et le *pouvoir de supporter les lourdes charges de l'impôt et de l'emprunt* dans toutes les classes de la société, dans toutes les parties intégrantes de la nation.

Et, qu'on ne l'oublie pas, plus nous lutterons facilement contre l'étranger, plus nous serons prospères et plus ces grandes réformes économiques et sociales que nous attendons depuis si longtemps se feront facilement et sans à-coups : ce sont les intérêts qui souffrent que l'on blesse le plus facilement et ce sont toujours ceux-là qui se montrent les plus rétifs à tout esprit de réforme.

Ce n'est pas que je fonde grande espérance sur la sentimentalité ou l'idéalisme des capitaux, mais plus ils trouveront à s'employer fructueusement dans nos colonies, plus on sera en droit d'exiger d'eux de nouveaux sacrifices, et puis enfin, aussi peu que ce soit, les idées ont bien marché depuis vingt-cinq ans !

Dans un autre camp — où je compte des amis dont je ne partage pas les idées, tout en rendant hommage à la sincérité de leurs convictions — on me dit :

— Mais tout cela va disparaître avec le progrès, nous ne voulons pas de barrières et surtout nous ne voulons pas voir d'ennemis chez nos rivaux.

Sur ce point ma réponse est facile :

— Personne plus que moi n'a l'horreur et le mépris de la guerre, personne plus que moi ne fait des vœux ardents pour que la science souveraine, qui est mon seul guide ici-bas, nous mène promptement à la fraternité universelle ; mais en attendant, sur le terrain purement économique les faits sont là, brutaux, tangibles, terribles. L'Allemagne, l'Angleterre, l'Italie, le monde entier lutte contre nous ; il faut nous défendre et malheureusement la réalité des faits doit prendre le pas sur la plus respectable des sentimentalités, aussi bien que sur les convictions philosophiques et sociales les plus profondes.

Enfin, qu'on ne se méprenne pas sur mes paroles, si je veux la France grande et prospère, c'est sur le terrain économique. Ce n'est qu'aux luttes pacifiques que je convie mon pays, et je suis persuadé que c'est encore en nous outillant pratiquement pour cette lutte que nous aurons trouvé le meilleur moyen d'éviter les autres, puisque l'humanité est ainsi faite que l'on ne respecte que les forts...

* *

Les exemples que j'ai donnés dans ces deux volumes j'aurais pu les multiplier et il m'aurait suffi de rassembler une partie des études que j'ai écrites, un peu partout depuis la guerre, pour avoir six volumes au lieu de deux. A quoi bon ? Je n'ai voulu garder que les exemples qui m'ont paru les plus clairs, les plus probants, les plus topiques et je suis encore confus de n'avoir pas trouvé le moyen de condenser cet exposé de la question des transports, en cette fin de siècle, en moins de deux gros volumes, sans doute encore bien longs pour le lecteur pressé.

Si je viens d'exposer comment l'Etat ne pouvait plus faire d'emprunt sans danger et comment la nation ne pouvait plus supporter d'impôts nouveaux, il ne faut pas perdre de vue cependant que jamais le moment n'a été plus propice pour les grandes entreprises privées, étant donné le bon marché ou, si l'on aime mieux, le bas prix du loyer de l'argent.

En effet, si cent millions de travaux, sous l'Empire, représentaient une charge annuelle d'intérêt de six ou tout au moins de cinq millions, aujourd'hui ils n'en représentent plus que trois et probablement deux et demi demain. Les derniers emprunts du Tonkin et de Madagascar sont là pour le démontrer victorieusement.

Or, là où l'Etat ne peut plus emprunter, parce qu'il a trop de charges et *qu'elles pèsent sur tout le monde*, l'entreprise privée peut emprunter, parce qu'elle ne fait appel qu'aux *capitaux volontaires ;* tout est là et voilà pourquoi si l'on y réfléchissait bien, on devrait faire de suite Paris Port de Mer, le canal des Deux Mers, le Transsaharien, l'achèvement du port du Havre, etc., car, en effet, jamais le moment n'a été aussi favorable pour mettre à exécution cette grande politique nationale et coloniale que je préconise. Supposez que l'initiative privée dépense de ce chef, immédiatement deux milliards — ce qui est énorme — elle aura à payer une charge annuelle, un intérêt de 50 à 60 millions ; il y a 25 ou 30 ans, elle aurait dû payer le double.

Il y a là une vérité économique, une simple constatation qui devraient frapper nos législateurs et nos financiers. Nos législateurs, pour les inciter à voter ces grands travaux, nos financiers, pour les inciter à les exécuter. Et comme il ne s'agirait plus là de Panama, d'affaires étrangères, mais bien de grandes œuvres de défense nationale sur le terrain économique, il n'est pas douteux que les capitaux viendraient en masse, et du même coup on sauverait la France, en l'outillant enfin convenablement vis-à-vis de l'étranger.

Et comme tout s'enchaîne, ces grands travaux exerceraient la plus heureuse des répercussions sur nos colonies et par conséquent sur notre marine marchande.

Donc, pour me résumer : non seulement il faut les

réaliser de suite pour la grandeur, la sécurité et la prospérité du pays, mais il faut encore les exécuter, parce
qu'à ce point de vue tout spécial, mais fort important du
loyer de l'argent, jamais occasion plus favorable ne s'est
offerte pour exécuter de grandes choses.

Voilà la vérité flagrante qui crève les yeux de tous les
économistes, en ce moment, et, en vérité, pour le salut
de la République, il est temps que les hommes politiques
et de finance veuillent bien s'en rendre compte.

Assez de querelles intestines, et songez tous que la
grandeur du but et les facilités exceptionnelles de l'exécution financière vous convient à ce réveil des patriotiques
espérances et des résolutions viriles !

.·.

J'entends d'ici mes amis les plus sincères et les plus
droits m'objecter :

— Mais nous sommes tous d'accord avec vous sur ces
grandes lignes et, à part ceux qui sont aveuglés par la passion politique, personne ne contestera la générosité, plus,
la vérité de vos théories et la nécessité de les appliquer.

A cela je répondrai par une simple démonstration :
Comment ne contesterait-on pas les idées générales, les
grandes lignes, surtout quand la passion des partis s'en
mêle, quand on a le chagrin de constater chaque jour la
profonde ignorance des gens qui devraient être les mieux
éclairés, même sur des questions de détail.

C'est ainsi qu'au cours de ces deux volumes j'ai démontré à chaque page, pour ainsi dire, que notre réseau de
voies ferrées serait intégralement terminé avec le siècle,
ou à peu près, si l'on continuait à en livrer 800 kilomètres
par an à l'exploitation, attendu qu'à l'heure présente, il en
restait moins de 5.000 kilomètres à construire.

Voilà qui est clair et précis, je pense, et ce que tout le monde peut contrôler dans les documents qui se trouvent au ministère des Travaux Publics ou à la bibliothèque de la Chambre des députés ; or, voilà précisément ce qu'un député répondait en juin 1896, dans un interview, à Pierre Giffard, qui l'interrogeait à propos des automobiles :

« Savez-vous bien, mon cher ami, me disait donc le député de Castellane, que les Compagnies de chemins de fer ont encore à exécuter, en vertu d'une série de lois qui se sont échelonnées depuis 1880, entre dix ou douze mille kilomètres de chemins de fer, et que si l'on prenait à la lettre les promesses faites, les engagements contresignés par les ministres, les sénateurs, les députés, depuis la publication des projets de Freycinet, il faudrait entre quarante et soixante ans pour arriver à la mise en exploitation des lignes de toutes sortes promises ou concédées ? Savez-vous bien que dans nos montagnes les chemins de fer de pénétration, avec leurs travaux d'art, reviennent à 600.000 francs du kilomètre pour la construction et à 15.000 francs du kilomètre rien que pour les études préparatoires ? »

Autant d'affirmations, autant d'erreurs manifestes, et c'est cependant un député qui a la réputation d'être intelligent, qui ne craint pas de les formuler, entraîné par son désir immodéré de défendre et de soutenir les automobiles contre les chemins de fer. Eh bien, si nos députés ont besoin d'être instruits sur ces questions de transport, que sera-ce lorsque nous nous adresserons à la foule, souvent ignorante de ces mêmes questions, ce dont elle est, d'ailleurs, bien excusable.

C'est guidé par cette expérience et par ces idées générales que je me suis lancé résolument dans une campagne en faveur des tramways à 10 centimes, tarif unique dans Paris et pour tout le département de la Seine.

A la veille des élections municipales à Paris, j'ai convoqué les 450 ou 500 candidats, et presque tous ont répondu à mon appel et tous se sont engagés nettement à faire triompher le principe et l'application immédiate du tramway électrique à 10 centimes, s'ils étaient nommés par leurs électeurs.

Après cela, j'ai porté la bonne parole dans toutes les villes du département, ou à peu près, et tous les conseils municipaux ont pris des délibérations favorables et partout j'ai fait voter des ordres du jour enthousiastes à des milliers d'électeurs, de citoyens libres, venus pour m'écouter, parce qu'ils savaient que j'apportais avec moi la solution à cet état de choses déplorable et la fin des misères sans nom dont souffrent les Parisiens et tous les habitants du département de la Seine, au point de vue des moyens de transports.

Aujourd'hui j'attends avec impatience la fin des fêtes pour reprendre mes campagnes *intra et extra muros* en faveur des tramways à traction électrique au tarif unique de 10 centimes et de la grande croix des chemins de fer qui doit couper Paris en quatre tranches, et je ne m'arrêterai que lorsque j'aurai enfin obtenu du Conseil municipal de Paris, du Conseil général de la Seine. des pouvoirs publics, ce que je crois bon, utile, nécessaire, indispensable pour mes concitoyens.

C'est ainsi que l'on fait triompher ses idées : par la ténacité, et voilà pourquoi je ne désespère pas de voir enfin réaliser un jour Paris Port de Mer, le canal des Deux Mers et le Transsaharien, de voir un jour enfin mon pays faire de la bonne politique coloniale.

Ce jour-là, certain d'avoir bien travaillé pour la grandeur et la prospérité de la République, l'économiste pourra se reposer. Mais jusque-là, tant qu'il aura la force de tenir une plume et d'articuler un son, il continûra la campagne dans ses livres et dans ses conférences, convaincu que l'avenir est à ceux qui veulent.

Quand on croit servir utilement son pays, le manque de volonté serait l'équivalent d'une désertion, plus peut-être, d'une trahison ; or, ce sont là des mots vides de sens, fort heureusement, pour un Français, et c'est pourquoi on me verra toujours sur la brèche, jusqu'au succès final, jusqu'au triomphe définitif de mes idées et de mes théories, pour le plus grand bien de la France et de la République — du moins suivant ma conviction profonde !

P. V.

Paris, le 1er Janvier 1897.

NOTES

J'ai cru devoir placer à la fin de ce second volume un certain nombre de chapitres et de notes de statistique qui n'auraient pu trouver place dans le corps de l'ouvrage.

J'espère que le lecteur y pourra puiser encore des renseignements utiles et qu'il voudra bien y voir, en tous cas, le désir qui m'a toujours guidé d'élucider autant que possible les questions traitées dans l'ensemble de l'ouvrage.

LES CONVENTIONS DE CHEMINS DE FER

L'OPINION D'UN PRUSSIEN — CONFIRMATION DE MES THÉORIES ÉCONOMIQUES
UN CURIEUX RAPPROCHEMENT

Moins de six mois après la publication de mon premier volume sur les *Transports par Terre et par Mer*, voilà un Prussien, M. le professeur Richard de Kauffmann, qui reproduit, mot à mot, mes théories économiques et mes conclusions sur les conventions des chemins de fer français avec l'Etat et si le brave Allemand ne m'a pas copié, il faut avouer que le rapprochement est piquant ; jugez-en plutôt par les lignes suivantes que je découpe dans *Paris-Bourse*, journal financier quotidien dont l'autorité, en ces matières, est bien connue de tous les gens d'affaires et de tous les économistes :

« ..... Tout d'abord, M. de Kauffmann s'efforce de savoir, au moyen du calcul, — calcul qui n'a pas encore été fait, même chez nous. — (c'est là une grave erreur de *Paris-Bourse*, car ces calculs, plus exacts que ceux du Prussien, sont tout entiers dans les six premiers chapitres de mon premier volume sur les *Transports*, mais passons), — si les Compagnies pourront arriver, en fin de leurs concessions, à amortir entièrement : 1° leur capital-obligations ; 2° leur capital-actions ; 3° les avances de garanties faites par l'Etat.

Or, le résultat auquel arrive M. de Kauffmann est le suivant : non seulement les Compagnies pourront rembourser les avances qui leur ont été consenties par l'Etat ; non seulement elles pourront amortir tout leur capital, aussi bien actions qu'obligations, mais encore l'Etat aura à sa disposition une part de bénéfices se montant à *cinq milliards* de francs, alors que le prix de l'indemnite du matériel d'exploitation des réseaux ne représentera que deux milliards ! Ainsi donc, l'Etat français serait un jour propriétaire de 40 000 kilomètres de voies ferrées, libres de toutes charges, et dont le produit entier n'aurait à supporter que les frais seuls d'exploitation. Tout le reste serait, pour lui, un bénéfice net, puisqu'aucun intérêt ne resterait à payer !

Quel sera alors à ce moment, c'est-à-dire en 1950 environ, ce produit net ? M. de Kauffmann l'évalue à 1 milliard 250 millions, qui représenterait, au taux de 2 1/2 o/o, un capital de 48 milliards de francs. Ce taux de 2 1/2 o/o sera, selon M. de Kauffmann, le taux maximum de l'intérêt de la rente française à cette époque. C'est peut-être beaucoup s'avancer, dirons-nous, que de formuler une appréciation aussi précise sur le taux d'intérêt futur de nos fonds nationaux... mais passons.

Mais, dit l'auteur allemand, la Dette de la France ne s'élève qu'à 30 milliards. Elle pourrait donc encore contracter des emprunts pour 18 milliards de francs, d'autant plus que, à partir de 1950 environ, comme l'exploitation des chemins de fer lui rapporterait la somme nécessaire à l'intérêt de toute sa Dette, le contribuable n'aurait plus aucune charge à encourir de ce chef.

Et comment l'Etat français a-t-il atteint ce résultat ? En renonçant, pour alléger l'avenir, à la plus grande partie des bénéfices nets qu'il pourrait toucher annuellement, mais qu'il laisse provisoirement à la disposition des Compagnies pour leur faciliter les travaux qu'il demande *dans son intérêt*, comme la construction de lignes qui rapportent peu ou rien même, des lignes stratégiques, par exemple.

Il est un point que M. de Kauffmann aborde et qui est à examiner. Il évalue le capital que représente l'ensemble de nos chemins de fer, à leur valeur actuelle, qui est de 18 milliards, et il se demande si cette valeur sera encore la même dans plus de cinquante ans. Les autres voies et moyens de transport peuvent, en effet, s'être considérablement développés alors. Mais, en admettant même ce fait, l'Etat français n'aurait pas de perte à enregistrer. Il n'y aurait, pour lui, que diminution de gain.

La Prusse, elle, n'est pas dans ce cas. L'Etat prussien a, actuellement, 7 milliards d'immobilisés dans les chemins de fer qui sont sa propriété, et il doit encore plus de 5 milliards et demi, dont il aura à payer les intérêts, que les chemins de fer se déprécient ou non. D'où, pour l'avenir, de fort impôts à entrevoir, en Prusse, alors que la France, lorsque le capital de ses chemins de fer sera amorti, pourra consacrer, s'il n'a pas déjà été employé autrement. le produit de 1.250 millions, dont il a été parlé plus haut, à des abaissements de tarifs. Elle arriverait donc, ainsi, à fortifier considérablement sa situation économique, et serait, par suite, plus en état que n'importe quelle autre nation, de lutter avec les autres pays voisins producteurs.

Ainsi donc, la France serait, pour l'avenir, particulièrement favorisée, et M. de Kauffmann ajoute qu'il y a là de quoi faire renoncer à toutes les mesures de prudence qui sont constamment recommandées, au Parlement, par les hommes qui ont pour mission de veiller à l'établi. sement des budgets en France. Ceux-ci savent bien que le régime des chemins de fer comporte, pour l'avenir, une des plus précieuses réserves du pays. Mais ils prévoient aussi que la transformation de la traction électrique, ainsi que d'autres modes de transport qu'ils entrevoient déjà, grâce aux progrès de la science, peuvent venir modifier la situation que nous dépeint M. de Kauffmann. Aussi serait-il de la plus grande imprudence de toucher à ce double objet : L'amortissement partiel de la Dette ou la transformation et l'amélioration des moyens de transports actuels..... »

Evidemment je suis très flatté de me trouver aussi d'accord avec le professeur allemand ; seulement je dois lui faire remarquer combien ses calculs paraissent audacieux, lorsqu'il ose affirmer que notre réseau en 1950 vaudra 48 milliards de francs. Cet économiste prussien. qui doit être distingué, puisqu'il est Allemand, semble oublier que l'avilissement du taux de l'intérêt ne correspond pas toujours exactement à une élévation proportionnelle de la valeur du capital et les louanges qu'il nous donne paraissent surtout destinées à nous endormir. Ce monsieur me fait un peu l'effet de jouer lourdement le rôle du renard en face du corbeau. Mais c'est là un piège trop grossier, trop allemand pour que nous nous y laissions prendre.

Quoi qu'il en soit, ses constatations générales sont justes, et n'est-il pas singulier de remarquer qu'elles concordent parfaitement avec les miennes — à part ces exagérations des 48 milliards — et très exactement avec ce que j'ai écrit moi-même, six mois auparavant, dans mon premier volume sur les transports. Venant d'un ennemi, cette constatation et cet aveu sont bons à retenir.

.*.

Mieux inspiré, parce qu'il a fait lui-même ses calculs et qu'ils sont moins exagérés, le même journal de *Paris-Bourse* publiait quelques jours plus tard la très intéressante note suivante sur le chemin de fer du P.-L.-M. à propos des conventions :

« Dans le rapport sur le budget de 1897, adressé à la Chambre des députés, nous lisons qu'aux amortissements dont il est parlé, il « faut ajouter le remboursement que la situation actuelle de la « Compagnie Paris-Lyon-Méditerranée autorise à prévoir sur le « montant de la dette que cette Compagnie a contractée envers « l'Etat au titre de garantie d'intérêt. Le produit de ce rembourse- « ment, provisoirement évalué à cinq millions environ, doit être, « est-il ajouté, appliqué à la dette flottante. »

Il faut noter que ce versement de cinq millions et que l'on dénomme « remboursement » ne sera, en réalité, qu'un acompte sur les intérêts de 1896 et, à ce sujet, il est bon de préciser la situation de la Compagnie.

La Compagnie de Lyon, en 1895, n'a fait appel à la garantie de l'Etat, — afin de compléter le revenu de 55 francs de ses actions,— que pour une somme de 347,885 francs. De plus, elle a crédité le Trésor des intérêts à 4 o/o sur les sommes antérieurement avancées par lui, en raison de la garantie, et qui s'élevaient, au 31 décembre 1895, à 131,226,220 fr. A ce montant, il convient d'ajouter les acomptes reçus de l'Etat, en 1896, sur les règlements arriérés, et dont l'ensemble représentait, il y a un an, 19 millions. Ainsi donc, il s'agit là, en tout, d'un total de 150 millions, en chiffres ronds, dont les intérêts à 4 o/o peuvent être évalués, pour 1896, à 5.650.000 fr.

Or, le versement de 5 millions qu'escompte le Trésor public de France, représentera, environ, les intérêts dus. Et comme les recettes de la Compagnie, à l'heure actuelle, sont en plus-value de 5,645,447 fr., comme, d'un autre côté, rien ne fait prévoir un ralentissement d'ici la fin de l'année, on peut espérer que le Trésor n'aura rien à fournir pour 1896, et que la Dette de la Compagnie restera stationnaire.

Que se passera-t-il en 1897 ? A en juger par l'état de choses actuel, les augmentations de recettes permettront vraisemblable- ment d'ajouter aux intérêts de l'année un acompte sur ceux accu- mulés jusqu'en 1895, et qui dépassent 12 millions. Mais ce n'est qu'après l'amortissement de ces intérêts, que la Compagnie pourra commencer à rembourser les 150 millions reçus de l'Etat et pour lesquels elle a à payer 4 o/o l'an, taux vraiment excessif à l'heure actuelle.

Quand s'éteindra définitivement cette dette ? C'est ce qui est difficile de prévoir pour le moment. Tout ce que l'on peut constater, c'est que la Compagnie de Lyon cherche à se libérer au plus vite, et que ses efforts tendent à être complètement déchargée avant 1914, date à laquelle cesse la garantie de l'Etat »

Cette fois voilà le langage absolu de la raison et de la vérité, reposant sur des faits et des chiffres indiscutables et comme c'est la confirmation pure et simple de tout ce que j'ai dit dans mon ouvrage sur les *transports*, à propos des conventions, je crois avoir le droit de me montrer satisfait de l'avoir démontré six mois avant le professeur prussien et de pouvoir acquérir, en même temps, chaque jour, par la confirmation irrécusable des faits, la certitude que je ne me suis pas trompé.

Je publiais les lignes qui précèdent dans l'*Avenir Républicain* du 20 décembre 1896 et dès le 25 décembre, soit cinq jours plus tard, *les Annales Financières* publiaient, à leur tour, la note suivante :

« Il est peu de questions qui aient fait couler tant d'encre et provoqué plus de récriminations que les *lois scélérates*, c'est-à-dire les conventions des Compagnies de chemins de fer. Il est vrai que les clauses de ces conventions n'ont pas toujours été bien comprises par ceux-là mêmes qui les stipulaient, et le récent procès entre l'Etat et la Compagnie d'Orléans en est une preuve manifeste. Mais en ce qui concerne le principe de la subvention de l'Etat sous forme de garanties d'intérêts, il est inattaquable. Ce n'est que grâce à cette garantie que le réseau français a pu être achevé, ou à peu près, et que la production nationale est en train de prendre tout le développement dont elle est susceptible.

De plus — et ce point a volontairement été laissé dans l'ombre par les détracteurs systématiques des conventions — les sommes payées par l'Etat à titre de garanties d'intérêts lui constituent une créance envers les Compagnies, créance gagée par tout l'actif mobilier et immobilier desdites Compagnies. Or, cette créance rapporte à l'Etat 4 o/o l'an ; elle est donc un placement des plus avantageux, et l'on peut dire qu'il a tout profit à avancer de grosses sommes aux Compagnies, puisqu'il en retire 4 o/o, alors qu'il peut se les procurer à 3 o o.

Mais, loin de croître, ces sommes diminuent à vue d'œil. La situation de la Compagnie de Lyon est, à cet égard, particulièrement instructive, parce que cette Compagnie va précisément cesser de recourir à la garantie et s'empressera, de ce moment, de diminuer sa dette envers l'Etat. En 1895, elle n'a fait appel à la garantie de l'Etat que pour une somme de 347,885 francs ; pour 1896, elle sera en mesure de rembourser une somme de cinq millions environ pour le montant de sa dette.

Cette dette se compose : 1° des sommes reçues par elle à titre de garanties d'intérêts, et qui s'élevaient, au 31 décembre 1895, à 131,226,220 francs ; 2° les acomptes reçus sur les règlements arriérés, représentant 19 millions. Au total, 150 millions, dont les intérêts à 4 0/0, en 1896, s'élèvent à 5,650,000 francs environ.

En remboursant 5,650,000 francs par an à l'Etat, la Compagnie ne ferait donc que payer les intérêts de sa dette, tandis que, pour la même somme en capital, l'Etat ne paierait, à raison de 3 0/0, que 4,500,000 francs ; d'où un bénéfice pour lui, et une perte sèche pour la Compagnie, de 1,150,000 par an.

Il résulte de ces chiffres avec la dernière évidence, que la Compagnie a tout avantage, non seulement à payer les intérêts, mais encore à rembourser le capital. Elle n'y manquera pas, et les autres Compagnies non plus.

En tout cas, cette comparaison de chiffres prouve que les sommes avancées par l'Etat aux Compagnies constituent pour lui de fructueuses créances, et que, par conséquent, les conventions qui ont créé cette situation sont beaucoup moins *scélérates* qu'on s'est longtemps plu à le dire. »

Rien à ajouter à ces lignes qui démontrent une fois de plus — pour la millième fois — que l'Etat a fait une excellente opération, en signant les conventions et que si quelqu'un a à s'en plaindre, ce sont les Compagnies seules.

Et maintenant, comme l'on dit au palais, j'espère bien, une fois pour toutes, que la cause est entendue et que l'on voudra bien ne plus nous ennuyer avec cette rengaine contre les Compagnies qui n'a qu'un défaut : celui d'être fausse et de ne pas tenir debout, ce qui est déjà suffisant pour n'y plus prêter aucune attention.

Bien plus, devant un pareil état de choses, si j'étais à la place des Compagnies, je m'empresserais de faire un emprunt, à 2 1/2 ou 3 0/0 — cent fois couvert par le public — pour rembourser immédiatement l'Etat de toutes ses avances.

On verrait bien si ledit Etat-rongeur oserait s'y opposer, car les Compagnies de chemins de fer auraient pour elles l'opinion publique et l'équité, ce qui est bien quelque chose, je pense !

LES CONVENTIONS DU 17 JUILLET 1883

J'aurais voulu pouvoir reproduire ici intégralement, pour l'édification de mes lecteurs, les conventions passées entre le Ministre ·
des Travaux Publics et les Compagnies de chemins de fer, ou tout
au moins en donner une, mais cela m'aurait entraîné trop loin et je
suis contraint de me contenter d'en rappeler les passages les plus
topiques, empruntés à la convention avec l'Ouest, ce qui du reste
suffira pour éclairer la religion de ceux qui pourraient avoir encore
quelque doute sur leur valeur, car elles ont été toutes conçues et
conclues dans des conditions à peu près identiques.

C'est ainsi que je relève à l'article 10 les lignes suivantes :

Lorsque, dans les années suivantes, le revenu net, calculé comme
il est dit ci-dessus, dépassera le revenu réservé aux actionnaires,
l'excédent sera affecté au remboursement des avances faites et de
leurs intérêts simples à quatre pour cent (4 o/o).

Il est évident qu'aujourd'hui, où l'Etat se procure de l'argent à
3 o/o, c'est une charge de plus en plus lourde pour les Compagnies
qui veulent faire tout au monde pour rembourser le plus vite
possible les sommes qu'elles doivent encore, imitant en cela
l'exemple du Paris-Lyon-Méditerranée.

L'article 12 est à citer tout entier :

Les excédents du revenu net qui ne seront pas nécessaires pour
couvrir les insuffisances des lignes en exploitation partielle appar-
tiendront aux actionnaires.

Mais lorsque le revenu net de l'ensemble des lignes en exploitation complète, calculé conformément aux prescriptions de l'article
9, dépassera la somme de quinze millions de francs (15.000.000 fr.),
l'excédent sera partagé à raison de :

Deux tiers (2/3) pour l'Etat ;

Un tiers (1/3) pour la Compagnie.

Comme l'on voit, là encore l'Etat s'est fait la part du lion, étant
donnée surtout la multiplicité des charges et impôts que supportent
déjà les compagnies : sans commentaire, n'est-ce pas ?

Dans l'Exposé des motifs devant la Chambre des députés, je relève les passages suivants, également bons à retenir :

Cette convention est conçue dans le même esprit que celles déjà conclues avec les Compagnies du Nord, de l'Est, du Midi, de Paris à Lyon et à la Méditerranée et d'Orléans, c'est-à-dire qu'elle présente le triple avantage : de réduire la charge budgétaire : d'accroître la part à toucher par l'Etat sur les excédents de recettes et d'améliorer le système de la tarification.....

Enfin la Compagnie reçoit de l'Etat la cession d'environ 870 kilomètres de lignes en exploitation ou sur le point d'y être, pour lesquelles elle s'engage à fournir le matériel roulant, ce qui constitue une nouvelle contribution d'environ 22 millions.

C'est donc une ressource totale d'environ 260 millions, dont 22 millions à fournir immédiatement et le surplus, soit 238 millions, à fournir pendant la période d'exécution des travaux. La Compagnie fait, en outre, l'avance du reste des dépenses à la charge de l'Etat, dont le remboursement doit avoir lieu au moyen d'annuités dans les mêmes conditions que pour les autres conventions, en sorte que les charges du budget se trouveront réduites à ces annuités.

Les nouvelles concessions faites à la Compagnie de l'Ouest lui créent des charges relativement considérables, étant donné que le réseau actuel de cette Compagnie qui comprend environ 3.200 kilomètres de lignes déjà assez peu productives, va s'accroître d'environ 2.500 kilomètres, comprenant des lignes pour la plupart très pauvres.

Aussi, en se fondant sur cette situation, la Compagnie avait insisté pour obtenir certaines conditions financières de nature à réduire ces charges ; mais, tout en reconnaisssant cette situation défavorable, nous n'avons pas cru pouvoir déroger aux principes posés dans les autres conventions.....

Nous avons donc consenti à la cession qui nous était demandée ; mais nous avons exigé certaines compensations qui sont indiquées dans la convention, et qui ont pour objet de donner aux trains de l'Etat la faculté de circuler entre Chartres et Paris à des conditions exceptionnellement avantageuses et d'user gratuitement des gares de Chartres et de Paris (Montparnasse et Vaugirard). Enfin la Compagnie renonce à la perception des prix spéciaux des dimanches et fêtes sur ses lignes de la banlieue de Paris, et établit des billets d'aller et retour pour les ouvriers, avec une réduction de 50 o/o en troisième classe....

Donc, à chaque pas on constate que le Ministre a obtenu des

Compagnies de chemins de fer de nouveaux sacrifices, soit en faveur de l'Etat, soit en faveur du public.

Maintenant voici une partie du rapport fait par M. Maurice Rouvier, député, au nom de la Commission (1) chargée d'examiner le projet de loi portant approbation de la convention provisoire passée, le 17 juillet 1883, entre le Ministre des Travaux Publics et la Compagnie des chemins de fer de l'Ouest, et, je le répète, l'esprit qui a présidé à la rédaction des rapports, puis au vote des lois, à propos des conventions avec les Compagnies, était toujours le même, le détail ne portant que sur les différentes lignes, naturellement, et les chiffres qui s'y rapportaient, cela me dispense de m'arrêter à chacune desdites conventions :

Messieurs, la convention passée entre le Ministre des Travaux Publics et la Compagnie de l'Ouest est conçue dans le même esprit que celles déjà conclues avec les autres Compagnies.

La Compagnie de l'Ouest s'engage à construire 1.600 kilomètres de nouvelles lignes, dont 1.400 kilomètres désignés à l'article 1er et 200 kilomètres de lignes non dénommées, à désigner ultérieurement par M. le Ministre des Travaux Publics.

Elle fournira, tant en travaux de superstructure qu'en matériel roulant, une contribution de 50,000 francs par kilomètre, soit 80 millions.

De plus, la Compagnie s'engage à rembourser, dans un délai de dix ans et sous forme de travaux, la dette qu'elle a contractée envers l'Etat à raison de la garantie d'intérêt.

Cette dette s'élève actuellement à 240 millions. Dans les conditions actuelles, elle n'eût pas été remboursée avant quarante-sept ans.

La convention réduit le montant de cette dette à 160 millions, chiffre indiqué par le Ministère des Finances comme représentant la valeur exacte de la dette totale ramenée à l'échéance du 1er janvier 1884.

Enfin, la Compagnie reçoit de l'Etat la cession d'environ 870 kilomètres de lignes en exploitation, ou sur le point d'y être, pour lesquelles elle s'engage à fournir le matériel roulant, ce qui constitue une nouvelle contribution d'environ 22 millions.

L'Etat trouvera donc, dans le remboursement anticipé de la créance et les diverses contributions de la Compagnie, une ressource

(1) Membres de la Commission : MM. Lebaudy, *Président* ; Sadi Carnot, *Vice-Président* ; Hérault, de La Porte, *Secrétaires* ; Mercier, Madier de Montjau, Wilson, Leaguillier, Hugot, Loustalot, Saint-Prix, Etienne, Bienvenu, Franck-Chauveau, Trystram, Sarrien, Félix Faure, Chavoix, Papon, Waddington, Hervé-Mangon, Rouvier.

totale d'environ 260 millions. Les 22 millions représentés par le matériel roulant des lignes abandonnées par l'Etat seront fournis immédiatement ; les autres 238 millions pendant la période d'exécution des travaux.

La Compagnie fait, en outre, l'avance du reste des dépenses à la charge de l'Etat. Le remboursement de ces avances aura lieu au moyen d'annuités, dans les mêmes conditions que pour les autres conventions.

Dans son exposé des motifs, le Gouvernement fait remarquer que des nouvelles concessions créent à la Compagnie des charges relativement considérables. Le réseau actuel de l'Ouest comprend environ 3.200 kilomètres de lignes déjà assez peu productives. Ce réseau va s'accroître de 2.500 kilomètres de lignes nouvelles pour la plupart très pauvres.

En se fondant sur cette situation, la Compagnie avait insisté pour obtenir certaines conditions financières de nature à réduire ces charges ; tout en reconnaissant cette situation peu favorable, le Gouvernement déclare qu'il n'a pas cru pouvoir déroger aux principes posés dans les autres conventions.....

Le Gouvernement a donc consenti à la cession demandée par la Compagnie. Mais il a exigé certaines compensations indiquées dans la convention et qui ont pour objet de donner aux trains de l'Etat la faculté de circuler entre Chartres et Paris à des conditions exceptionnellement avantageuses. Les trains de l'Etat pourront, à l'avenir, user gratuitement des gares de Chartres et de celles de Montparnasse et de Vaugirard à Paris.

Enfin la Compagnie de l'Ouest a consenti à renoncer à la perception de la surtaxe des dimanches et fêtes sur ses lignes de la banlieue de Paris. De plus, elle s'engage à établir des billets d'aller et retour pour les ouvriers, avec réduction de 50 o/o en 3ᵉ classe...

Ces trop courts extraits donnés, je ne puis mieux faire, pour fournir vraiment un aperçu d'ensemble des conventions, que de rapporter ici intégralement le rapport de M. Bazille au Sénat. J'espère que le lecteur comprendra ainsi parfaitement l'esprit même des conventions qui, en définitive, n'ont été onéreuses que pour les Compagnies, comme les évènements ne l'ont que trop prouvé par la suite. Ceci dit et sans vouloir m'appesantir sur une question jugée et vidée depuis longtemps, dans l'esprit de tous les économistes de bonne foi, je laisse la parole à M. Bazille :

RAPPORT

FAIT AU NOM DE LA COMMISSION (1) CHARGÉE D'EXAMINER LES PROJETS DE LOI, ADOPTÉS PAR LA CHAMBRE DES DÉPUTÉS, PORTANT APPROBATION DES CONVENTIONS PROVISOIRES PASSÉES ENTRE LE MINISTRE DES TRAVAUX PUBLICS ET LES COMPAGNIES DES CHEMINS DE FER DE PARIS-LYON-MÉDITERRANÉE, DU NORD, DU MIDI, DE L'EST, DE PARIS-ORLÉANS ET DE L'OUEST, PAR M. GASTON BAZILLE, SÉNATEUR.

Messieurs,

La Commission que vous avez nommée pour étudier les conventions passées par M. le Ministre des Travaux publics, au nom de l'Etat, avec les six grandes Compagnies de chemins de fer français, vous propose, à l'unanimité, de les adopter telles qu'elles ont été votées par la Chambre des députés.

Certes, ces conventions ne sont pas à l'abri de toute critique ; les parties contractantes ont dû se faire des concessions réciproques. Les uns blâment le représentant de l'Etat de s'être montré trop libéral ; d'autres accusent les Compagnies d'avoir mal défendu les intérêts qui leur sont confiés.

Ces reproches contradictoires fournissent la meilleure preuve que les nouveaux contrats sont ce qu'ils devaient être et que la balance a été tenue égale entre les deux parties.

Jusqu'en 1882, les travaux de notre troisième réseau de chemins de fer, tels qu'ils avaient été votés en 1879 par le Parlement, d'après le programme de notre honorable collègue M. de Freycinet, avaient pu être poursuivis, sans trop d'entraves, par l'Etat chargé de les exécuter.

Malgré les sommes très considérables consacrées aux dépenses de la Guerre et de l'Instruction publique, les ressources budgétaires étaient suffisantes. Nous étions alors dans une excellente situation financière ; tous les ans les excédents de recettes s'élevaient à 150 ou 200 millions.

Sans tenir assez compte peut-être des difficultés que l'avenir pourrait présenter, les Chambres n'ont pas hésité à entrer largement dans la voie des dégrèvements d'impôts ; ces dégrèvements, acceptés à coup sûr avec une vive satisfaction par les contribuables, et dont le chiffre s'élève à plus de 275 millions, sans que des économies correspondantes eussent été réalisées, devaient nécessairement rendre l'équilibre du budget plus difficile.

Le programme de M. de Freycinet, auquel nous avons tous applaudi quand il fut présenté, comprenait, sans parler des améliorations aux voies navigables, à nos ports de mer, la construction d'environ 12.000 kilomètres de nouvelles lignes comprises dans la zone des six grandes Compagnies ; il fallait, en outre, achever près de 6.000 kilomètres de chemins de fer déjà concédés.

18.000 kilomètres estimés, en 1879, à 200.000 francs le kilomètre, mais que l'augmentation du prix de la main-d'œuvre et de la valeur vénale des

---

(1) Membres de la Commission : MM. Feray, président ; Chaumontel, secrétaire ; Gaston Bazille, Emile Lenoël, Curdier, Dauphinot, Michaux, Gilbert-Boucher, Claude.

terrains ne permet guère aujourd'hui de porter à moins de 250 à 300.000 francs par kilomètre, constituent une dépense de 4 ou 5 milliards. C'est une lourde charge, même répartie sur une dizaine d'années, pour un marché qui se ressent encore des effets de la crise de 1881, amenée par les abus de la spéculation privée.

Il fallait cependant prendre un parti. Renoncer à l'exécution du programme Freycinet, manquer aux promesses faites au pays, les Chambres ne l'auraient pas permis. L'Etat pouvait-il, sans imprudence, emprunter 500 millions tous les ans pendant une période d'une dizaine d'années ? Ce serait bien téméraire de l'affirmer.

Restait une troisième solution, la meilleure à coup sûr : faire appel à l'industrie privée, traiter avec nos grandes Compagnies de chemins de fer. L'honorable Ministre des Travaux Publics, M. Raynal, l'a ainsi pensé : de là les conventions qui vous sont soumises.

L'esprit général de ces conventions, le voici : les Compagnies seront substituées à l'Etat pour l'exécution du troisième réseau ; elles feront l'avance des capitaux, que l'Etat leur remboursera par des annuités comprenant l'intérêt et l'amortissement, payables jusqu'à l'expiration des concessions, soixante-quatorze ans. L'Etat se réserve une part, et une grosse part, dans les bénéfices, quand il s'en produira.

Entrons dans quelques détails.

COMPAGNIE DE PARIS-LYON-MÉDITERRANÉE

La convention passée entre l'Etat et la Compagnie Paris-Lyon-Méditerranée a servi, en quelque sorte, de type pour les autres, sauf certaines stipulations particulières, dérivant tout naturellement des conditions spéciales où se trouvait chacune des Compagnies.

Les lignes du troisième réseau comprises dans la région du chemin de fer Paris-Lyon-Méditerranée forment un ensemble d'environ 3.000 kilomètres. La Compagnie accepte la concession de 2.000 kilomètres, dont 1.400 de lignes expressément dénommées et 600 restant à désigner ultérieurement.

Le reste ne pourra vraisemblablement être concédé que dans un avenir encore assez éloigné.

Les lignes de Montargis à Sens et de Bonson à Saint-Bonnet, rachetées par l'Etat et déjà exploitées, sont réunies au réseau de Paris-Lyon-Méditerranée ; deviennent également partie intégrante de ce même réseau les chemins de fer dépendant de la Compagnie des Dombes, de la Compagnie du Sud-Est et les chemins de fer du Rhône, ainsi que les lignes de Sathonay à la Croix-Rousse et à Trévoux.

La Compagnie s'engage à construire, dans un délai de quatre années, le chemin de fer de Marseille-Joliette à l'Estaque, concédé depuis plus de vingt ans, mais dont l'exécution a été renvoyée d'année en année.

Les travaux de construction ou de parachèvement des diverses lignes que nous venons d'indiquer seront exécutés par la Compagnie pour le compte et sous le contrôle de l'Etat ; la Compagnie fera toutes les avances nécessaires pour l'émission d'obligations, à moins que l'Etat ne préfère fournir lui-même les fonds ; il sera tenu, dans ce cas, de prévenir la Compagnie au moins un mois à l'avance.

La Compagnie Paris-Lyon-Méditerranée contribue aux dépenses en fournissant, pour la superstructure, une somme de 25.000 francs par kilomètre, et, en outre, le matériel roulant, le mobilier et l'outillage des gares. C'est, en tout, 30.000 francs environ par kilomètre, soit une centaine de millions pour les 2.000 kilomètres concédés.

L'Etat exercera son contrôle sur l'exécution des travaux et l'emploi des fonds. Des maxima seront fixés, après l'approbation des projets, afin de garantir l'Etat contre toute dépense exagérée.

Le Ministre des Travaux publics pourra, d'ailleurs, dans tous les cas, faire exécuter les travaux par les ingénieurs de l'Etat, s'il ne voulait pas accepter les évaluations de la Compagnie.

La Compagnie sera remboursée de ses avances par le payement, jusqu'au 31 décembre 1958, époque où la convention expire, d'annuités comprenant l'intérêt et l'amortissement des emprunts qu'elle aura effectués.

Les lignes concédées à la Compagnie devront être construites et livrées à l'exploitation dans des délais qui varient suivant l'importance des travaux, mais qui ne dépasseront pas dix ans.

Une pénalité sérieuse, 5.000 francs par kilomètre et par chaque année de retard, est mise à la charge de la Compagnie, si le retard provient de sa faute.

D'après une des clauses de la convention que nous analysons dans ce moment, et qui se retrouve dans les cinq autres, les lignes nouvellement concédées seront réunies à celles qui constituent l'ancien et le nouveau réseau de la Compagnie, de manière à ne plus former qu'un ensemble régi par le même cahier des charges. Un compte unique sera dressé pour les recettes et les dépenses de l'exploitation, et l'insuffisance de recettes du troisième réseau restera dès lors à la charge de la Compagnie.

La Compagnie Paris-Lyon-Méditerranée n'a jamais fait appel à la garantie de l'Etat pour son ancien et son nouveau réseau : il est à peu près certain qu'elle n'y aura pas davantage recours dans l'avenir. Mais, si cette éventualité peu probable venait à se produire, voici, sous l'empire des conventions nouvelles, comment ce recours pourrait s'exercer.

Le capital garanti par les conventions nouvelles, comme par les anciennes, est de 625 millions. Le produit net résultant de l'exploitation de toutes les lignes ne formant qu'un seul tout, sans distinction d'ancien, second ou troisième réseau, doit fournir d'abord au payement, en intérêts et amortissement des sommes dépensées par la compagnie pour rachat, construction, mise en service des lignes exploitées de l'ancien réseau, pour sa contribution dans la superstructure, mobilier des gares, pour solde des travaux complémentaires approuvés par le Ministre des Travaux publics.

La Compagnie prélève, en outre, sur le produit net, une somme qu'après de longs pourparlers on a fixée, d'un commun accord, à 44 millions.

La Compagnie ne pourra plus avoir recours à la garantie de l'Etat, le cas échéant, qu'en ce qui concerne l'ancien réseau.

Ce système de la garantie a été critiqué comme trop favorable aux Compagnies de chemins de fer, qu'il mettrait à l'abri de toutes chances de perte. L'industrie des chemins de fer devrait, dit-on, comme toutes les autres, travailler à ses risques et périls, sans que l'Etat vînt, à la fin de chaque exercice, combler le déficit d'une mauvaise année.

Le système de la garantie a facilité, à coup sûr, l'établissement de notre second réseau ; il a certainement contribué à la prospérité de plusieurs de nos Compagnies ; mais, en examinant les choses de près, l'Etat n'est pas aussi libéral qu'on pourrait le croire au premier abord ; les deniers des contribuables ne sont employés qu'à bon escient.

Le recours des Compagnies à la garantie de l'Etat est, à coup sûr, une facilité offerte aux Compagnies ; mais c'est, en somme, une ouverture de crédit qui se paye assez cher, une traite du présent sur l'avenir. La Compagnie Paris-Lyon-Méditerranée n'a pas voulu recourir à la garantie ; elle a préféré, certaines années, prendre sur sa réserve, pour ne pas diminuer le dividende des actionnaires.

Les Compagnies empruntent à l'Etat dans les années où leur réseau, exploité depuis peu de temps, n'a pu développer encore tous les éléments d'un important trafic. Elles rembourseront plus tard, avec les intérêts, simples, il est vrai, mais à 4 0/0, lorsque le mouvement des voyageurs et des marchandises, qui augmente d'année en année, aura doublé ou triplé les recettes.

Ceci n'est pas une simple hypothèse ; les recettes du Midi, par exemple, se sont élevées de 38 millions en 1865 à 95 millions en 1881, celles de la Compagnie du Nord de 80 millions en 1865 à 156 millions en 1881 ; celles de Paris-Lyon-Méditerranée de 180 à 338 millions, celles de l'Orléans de 102 millions à 174.

Le remboursement des sommes avancées par l'Etat devient donc facile.

La clause réglant le partage des bénéfices est doublement avantageuse à l'Etat. Les anciennes conventions assuraient à la Compagnie une moitié dans les bénéfices ; l'Etat n'entrait en part qu'une fois les charges payées, et après prélèvement d'un dividende de 85 francs pour les actionnaires.

Le dividende réservé ne sera plus, à l'avenir, que de 75 francs, et l'Etat prendra les deux tiers.

Abaissement du point de partage, augmentation de la part de l'Etat, qui prendra deux fois plus que la Compagnie, telles sont les deux concessions fort importantes stipulées par la convention.

L'Etat ne garantit en aucune façon ce dividende de 75 francs ; c'est seulement un dividende réservé ; il sera atteint ou non, suivant que l'exploitation aura été plus ou moins fructueuse ; c'est tout.

Si le partage des bénéfices avait pu se faire, il y a quelques années, dans les conditions où il s'opérera à l'avenir, il est à peu près certain que l'Etat aurait pu déjà toucher, pour sa part, des sommes importantes.

Le partage des bénéfices avec les six grandes Compagnies n'est point une éventualité qui doive se faire attendre bien longtemps. Si le chiffre des recettes reprend son mouvement ascensionnel normal, comme il y a lieu de l'espérer, l'Etat, avant peu, prendra sa part dans les bénéfices des Compagnies.

Ce partage des bénéfices donne, dans une grande mesure, satisfaction aux partisans du rachat des chemins de fer, qui voyaient dans cette opération un moyen d'augmenter les ressources budgétaires.

En supposant que le rachat pût se faire un jour, bien que l'opinion publique ne se soit guère montrée favorable, l'Etat ne pourrait certainement pas exploiter les lignes rachetées. Il les livrerait à des Compagnies fermières qu'il faudrait nécessairement intéresser ; la proportion d'un tiers dans les bénéfices ne paraît pas déraisonnable et serait certainement accordée au fermier.

Au point de vue de nos ressources, les conventions sont donc tout aussi avantageuses. Nous aurons fait le rachat sans en subir les inconvénients.

Vouloir que l'Etat rachète, exploite lui-même les chemins de fer et dispose des tarifs, c'est affronter de graves éventualités ; le sort du budget lié au succès de l'exploitation est, par cela même, instable, aléatoire. L'Etat pourrait-il résister aux réclamations vives, incessantes, pour la création de nouvelles gares, pour la diminution des tarifs ? Un déficit dans la recette viendrait-il à se produire, l'équilibre du budget serait compromis, il faudrait recourir à l'impôt, c'est-à-dire faire supporter par tous les contribuables les avantages accordés à une partie d'entre eux.

La Belgique exploite ses chemins de fer ; l'exemple n'est guère encourageant. Si nous ne nous trompons, il a fallu, en 1882, couvrir un déficit de 12 millions de francs.

Sans sortir de chez nous, l'exploitation du réseau de l'Etat donne-t-elle des résultats assez brillants pour nous pousser dans cette voie ? La Commission ne méconnaît point que ce réseau a donné plusieurs fois de bons exemples ; certaines améliorations y ont été introduites avant de l'être sur les réseaux voisins. C'est quelque chose ; il faut rendre justice à l'esprit d'initiative des administrateurs. Mais, au point de vue financier, nous n'avons guère à nous réjouir. En 1882, les recettes ont dépassé les dépenses de 3 ou 4 millions, soit. Ce n'en est pas moins un dédommagement insuffisant et un bien faible intérêt pour une dépense qui s'est élevée à plus de 500 millions.

Le réseau de l'Etat, par suite de la convention avec l'Orléans, sera amélioré, rendu plus homogène ; il abandonne certaines lignes peu fructueuses, en reçoit, en échange, d'autres plus rémunératrices. Beaucoup de bons esprits pensent néanmoins qu'il vaudrait mieux peut-être ne pas s'arrêter à moitié chemin et que, puisque l'Etat cédait une partie de ses lignes, il fallait aller jusqu'au bout.

On oublie trop, d'ailleurs, quand on préconise le rachat des chemins de fer, qu'au fond les chemins appartiennent à l'Etat, et que les Compagnies ne sont qu'usufruitières. Les concessions ne sont pas à la veille d'expirer, c'est vrai, mais une période d'environ soixante-dix ans qui reste à courir, n'est pas tellement longue qu'on ne puisse en entrevoir la fin. Encore deux générations, et les chemins de fer, faisant définitivement retour à l'Etat, fourniront, sans bourse délier, une admirable réserve ; de quoi diminuer, dans une grande proportion, la dette de la France.

COMPAGNIE DU NORD

La convention passée avec la Compagnie du Nord est basée sur les mêmes principes généraux que la convention passée avec Paris-Lyon-Méditerranée, mais en diffère sur certains points. On incorpore au réseau du Nord un assez grand nombre de lignes d'intérêt général ou local, dont quelques-unes étaient déjà exploitées par la Compagnie. Cette mesure d'unification était réclamée par les régions intéressées.

Des concessions nouvelles, comprenant 160 kilomètres à titre définitif et 104 kilomètres à titre éventuel, sont faites à la Compagnie, qui fournira, pour ces nouvelles lignes, le matériel roulant et le mobilier des gares.

L'Etat abandonne, en outre, à la Compagnie, plusieurs lignes d'un développement de 161 kilomètres : Compiègne à Soissons, Lens à Armentières, Valenciennes au Cateau, Dunkerque à la frontière belge. Ces lignes sont déjà exploitées, ou le seront sous très peu de temps. La Compagnie parachèvera les travaux.

En échange, la Compagnie du Nord fournit à l'Etat une somme de 90 millions, correspondant à l'estimation des lignes concédées.

La construction des nouvelles lignes et l'achèvement des autres seront faits par la Compagnie, au compte et sous le contrôle de l'Etat, dans l'ordre qui sera indiqué par l'Administration supérieure. La Compagnie fera l'avance des fonds, qui lui seront remboursés par l'Etat d'après le mode fixé par la Compagnie Paris-Lyon-Méditerranée. Ce remboursement ne s'appliquera pas naturellement au fonds de concours de 90 millions, qui reste définitivement acquis à l'Etat.

Les lignes anciennes et nouvelles formeront, à l'avenir, un seul ensemble, et il n'y aura plus qu'un compte unique pour les recettes et les dépenses. Les articles 11 et 13 de la convention fixent, comme les précédentes, à 223.500.000 francs le capital garanti. La Compagnie prélèvera, sur les recettes nettes, l'intérêt et l'amortissement de ces avances, l'intérêt à 4 0/0 et l'amortissement des actions ; de plus, une somme de 20 millions.

Pour fixer le point de partage avec l'Etat, la Compagnie prélèvera, outre une somme de 20 millions, une autre somme de 18 millions, qui porte le dividende réservé avant partage à 88 fr. 50 ; au-delà de ce chiffre, l'Etat prendra les deux tiers des bénéfices.

Le dividende réservé paraît élevé : il est bon de rappeler qu'il a été déjà dépassé. Il ne faut pas oublier, d'ailleurs, que le concours financier de la Compagnie est très important, puisqu'il ne s'élève pas à moins de 250.000 francs par kilomètre et que, d'après les conventions anciennes, le dividende réservé avant partage était de 92 fr. 88.

COMPAGNIE D'ORLÉANS

La convention conclue avec la Compagnie d'Orléans, comme celles que nous avons déjà examinées, assure l'exécution des lignes du troisième réseau, réduit les charges du budget et accroît la part de l'Etat dans les bénéfices ; elle contient, en outre, une clause relative au remboursement de la dette contractée par la Compagnie envers l'Etat, par suite du recours à la garantie d'intérêt.

Cette dette est aujourd'hui de 205 millions ; la Compagnie n'est tenue au remboursement que par des annuités dont le payement doit se prolonger encore longtemps. Par suite de la convention, la somme tout entière va être employée en travaux sur les nouvelles lignes concédées, dans un délai bien plus court.

La Compagnie accepte la concession, à titre ferme et éventuel, d'environ 2.000 kilomètres du troisième réseau, énumérés à l'article 3 de la convention ; parmi ces lignes se trouvent celles de Quimper à Douarnenez, d'Angers à La Flèche, de Blois à Romorantin, de Laqueuille au Mont-Dore, de Marmande à Angoulême, etc. : elle accepte également la concession de 400 kilomètres de lignes à désigner par l'Administration.

Outre les 205 millions provenant du recours à la garantie d'intérêt, la Compagnie emploie 50 millions pour la seconde ligne de Limoges à Montauban, et pour la réfection du chemin de fer de Paris à Limours ; elle fournit, de plus, pour la superstructure des autres lignes, 25.000 francs par kilomètre, ainsi que le matériel roulant, les approvisionnements et le mobilier nécessaires à leur exploitation, soit 130 millions.

C'est, en tout, 380 millions qu'apporte la Compagnie d'Orléans. Il y aura là de quoi assurer, pendant plusieurs années, l'exécution des nouvelles lignes, sans qu'il soit nécessaire d'inscrire aucun crédit au budget.

Ainsi que nous l'avons vu dans les traités passés avec les Compagnies du Nord et de Paris-Lyon-Méditerranée, les travaux seront exécutés par la Compagnie au compte et sous le contrôle de l'Etat. Nous retrouvons ici, ● très peu près, la même stipulation pour établir le chiffre des annuités que l'Etat aura à payer à la Compagnie d'Orléans jusqu'à la fin de sa concession, 31 décembre 1956.

Une pénalité de 5.000 francs par kilomètre et pour chaque année de retard est imposée à la Compagnie. Cette clause, inscrite dans toutes les conventions, assure l'exécution des travaux et la mise en exploitation des lignes dans les délais fixés.

Le capital garanti par l'article 14 est de 536 millions : le recours à la garantie pourra être invoqué par la Compagnie d'Orléans lorsque le produit net de l'exploitation sera insuffisant pour couvrir l'intérêt et l'amortissement des sommes dépensées et permettre la distribution d'un dividende de 56 francs par action : c'est, à 10 centimes près, le capital déjà garanti par les précédentes conventions.

Toutes les lignes anciennes ou nouvelles ne forment plus qu'un ensemble ; il n'y aura qu'un compte unique pour tout le réseau. C'est là une très utile simplification : le chiffre des recettes et des dépenses ne sera évidemment pas modifié par ce nouveau mode de comptabilité, mais il ne sera plus nécessaire d'établir la situation exacte en recettes et en dépenses de chacun des trois réseaux.

Cette recherche était parfois assez délicate, les Compagnies pouvant avoir un certain intérêt à diriger, par exemple, des trains dans une direction plutôt que dans une autre, afin d'augmenter ou de diminuer le trafic de tel ou tel réseau.

Le partage des bénéfices, après que les actionnaires auront perçu un dividende réservé de 72 francs, se fera dans la même proportion que pour les autres Compagnies, c'est-à-dire deux tiers pour l'Etat, un tiers pour la Compagnie d'Orléans. Il n'est pas inutile de faire observer que le dividende réservé avant partage par les anciennes conventions, et qui s'élevait à 90 francs, est diminué de 18 francs par les nouvelles.

Les lignes du réseau de l'Orléans et la ligne du réseau de l'Etat se côtoient, se coupent, s'enchevêtrent, de façon à rendre l'exploitation plus difficile sans avantage pour personne.

Un coup d'œil jeté sur la carte indique bien vite qu'il n'y a eu aucune vue d'ensemble dans la création de ces deux réseaux, qui paraissent uniquement destinés, dans leur état actuel, à se faire concurrence. Les conventions fournissaient une heureuse occasion d'améliorer la situation. L'honorable Ministre des Travaux Publics ne l'a pas laissé échapper.

La Compagnie d'Orléans abandonne au réseau de l'Etat les lignes de Nantes à la Roche-sur-Yon, de la Possonnière à Niort, celle de Saint-

Benoît à la Rochelle et Rochefort. L'Etat aura ainsi dans son réseau, un port important de commerce : La Rochelle.

En échange, la Compagnie d'Orléans reçoit huit lignes dont les principales sont celles d'Angoulême à Limoges et de Tours à Montluçon : l'échange de lignes entre les deux réseaux a été fixé par les articles 1 et 2 de la convention, et réglé, au point de vue de l'exploitation et des soultes à payer, par les articles 5 et 16. On relèvera pendant cinq ans les produits nets des lignes échangées entre l'Etat et la Compagnie d'Orléans ; la différence déterminera le chiffre de l'annuité à payer à la partie la moins favorisée.

Le réseau de l'Etat devient ainsi homogène : il comprend un vaste triangle dont les trois sommets sont Tours, Nantes et Bordeaux. Il abandonne les lignes dans la direction de l'est, vers Limoges et Clermont-Ferrand ; mais les régions desservies par le réseau de l'Etat n'y perdront rien, puisqu'elles retrouveront sur l'Orléans des conditions absolument pareilles de traction pour les marchandises, et tout aussi avantageuses en somme pour les voyageurs, sans compter que, par les lignes de Tours à Savigny et de Saumur à Château-du-Loir, elles auront un débouché plus prompt et plus facile vers Chartres, Paris et Rouen.

Les voyageurs et les marchandises à destination de Paris, ou de Paris à destination de quelque point du réseau de l'Etat, suivront la voie la plus courte, à moins que des pentes supérieures à 15 millimètres par mètre ne rendent les transports plus difficiles et plus coûteux, auquel cas il serait fait exception à la règle de la plus courte distance.

Le prix total du transport de Paris ou vers Paris sera partagé entre les deux Compagnies exploitantes, au prorata du nombre de kilomètres parcourus sur leur réseau respectif.

Ces dernières dispositions ont, en outre, l'avantage de dispenser le réseau de l'Etat de créer à grands frais une nouvelle ligne sur Paris, alors qu'il y en a déjà trois de Paris vers la Loire, aboutissant à des points très rapprochés : Orléans, Blois, Tours et Saumur.

COMPAGNIE DE L'EST

D'après la convention passée avec la Compagnie de l'Est, l'Etat concède à la Compagnie, à titre définitif : 592 kilomètres du troisième réseau, parmi lesquels les lignes d'Armentières à Bazoche, Bas-Evette à Giromagny, Béthéniville à Challerange, etc. ; à titre éventuel : 197 kilomètres, comprenant la ligne de Brie-Comte-Robert à un point de la ligne de Paris à Belfort, Jussey à Gray, Liart à Mézières, etc. La Compagnie s'engage à accepter aussi la concession d'environ 250 kilomètres qui seront ultérieurement désignés.

L'Etat cède à la Compagnie 705 kilomètres de lignes dont plusieurs terminées et déjà exploitées ; les plus importantes sont les lignes de Sens à Troyes et Châlons, Lérouville à Sedan, Langres à Andilly, etc.

Le réseau de l'Est, après ces diverses adjonctions, sera augmenté de 1.744 kilomètres, dont la concession prendra fin en 1954.

La Compagnie de l'Est est débitrice de l'Etat, du chef de la garantie d'intérêt, d'une somme de 150 millions environ, dont le remboursement par annuités n'aurait pas été terminé avant une trentaine d'années. D'après la convention, cette somme sera compensée avec les dépenses incombant à l'Etat pour l'achèvement de la superstructure des lignes concédées.

La Compagnie contribuera, de plus, pour une somme de 25.000 francs par kilomètre, aux travaux de construction, et fournira, à ses frais, le matériel roulant, le mobilier et l'outillage des gares.

Commes les autres Compagnies, la Compagnie de l'Est exécutera les travaux pour le compte et sous le contrôle de l'Etat, et fera l'avance des fonds, si l'Etat ne préfère les fournir. L'Etat remboursera par annuités. Le dividende garanti est fixé d'une manière invariable à 35 francs par action ; le dividende réservé avant partage est de 50 francs.

Il est une clause spéciale aux conventions passées avec les Compagnies de l'Est et de l'Ouest, qu'il est bon d'indiquer. Au cas où les excédents du compte unique d'exploitation ne seraient pas assez élevés, après le prélèvement du dividende garanti, pour couvrir les insuffisances des lignes nouvellement concédées, le déficit sera inscrit au compte de premier établissement. Pour les autres Compagnies, l'inscription est facultative. En portant ainsi sur l'avenir une partie des charges du présent, on atténuera, dans une large mesure, les sacrifices du Trésor.

Les autres dispositions de la convention sont identiques à celles qui sont insérées dans la convention du Paris-Lyon-Méditerranée.

COMPAGNIE DU MIDI

La convention entre l'Etat et la Compagnie du Midi a été faite dans le même esprit que les autres ; elle en diffère par quelques clauses spéciales. Le Ministre a concédé au Midi, à titre définitif, 785 kilomètres des lignes du troisième réseau, parmi lesquelles les lignes d'Albi à Saint-Affrique, de Tournemire au Vigan, de Dax à Mont-de-Marsan par Saint-Sever, de Mont-de-Marsan à Nérac, Bram à Lavelanet, Bayonne à Saint-Jean-Pied-de-Port, etc. ; à titre éventuel, 173 kilomètres : Saint-Girons à Foix, Eauze à Auch, etc. La Compagnie accepte, en outre, les concessions qui pourront lui être faites, à concurrence de 160 kilomètres de lignes non encore dénommées.

Le Ministre des Travaux Publics, au nom de l'Etat, fait abandon à la Compagnie des deux lignes de Perpignan à Prades et Buzy à Laruns, la première exploitée depuis assez longtemps, la seconde ouverte depuis peu.

La Compagnie du Midi fait à l'Etat les avances de fonds nécessaires pour la création des nouvelles lignes, à très peu près aux mêmes conditions que les autres grandes Compagnies ; mais, de plus, elle charge le personnel de l'Etat de l'exécution de l'infrastructure des lignes concédées ; c'est le système toujours suivi depuis la création du réseau du Midi, la Compagnie n'ayant pas un service spécial de construction relevant de sa propre administration.

La Compagnie aura 31 millions à payer en 1884, pour les travaux exécutés par les Ingénieurs de l'Etat ; c'est, très approximativement, le chiffre de la dette de la Compagnie du Midi envers l'Etat pour garantie d'intérêt ; la Compagnie se trouvera ainsi entièrement libérée à la fin de 1884.

Dans les années suivantes, jusqu'à l'achèvement des travaux, les sommes à payer par la Compagnie sont fixées à 22 millions en 1885, 86 et 87 ; 27 millions en 1888, 89 et 90, et 32 millions pendant les années au-delà.

Ces diverses sommes, avancées par la Compagnie, lui seront remboursées par des annuités jusqu'à l'expiration de la concession en 1957.

La Compagnie du Midi supporte la dépense du matériel roulant et contribue, pour 25.000 francs par kilomètre, aux dépenses de la superstructure.

Il n'y aura plus qu'un compte unique pour l'ensemble des lignes du Midi, sans distinction d'ancien, second ou troisième réseau. Il est certain que la Compagnie du Midi, dont les recettes augmentent chaque année, qui sera libérée de sa dette en 1884, n'aura plus à faire appel à la garantie d'intérêt.

Ce recours ne pourrait avoir lieu qu'au cas où l'excédent des recettes sur les dépenses ne suffirait pas à fournir une somme de 12.500.000 francs, assurant aux actionnaires un dividende de 50 francs.

Ce dividende garanti est supérieur au dividende actuellement distribué aux actionnaires, qui est de 40 francs.

Cette différence peut facilement s'expliquer. La Compagnie sera libérée dans un an d'une dette de 34 millions. Ses dividendes, par cela même, augmenteront dans une proportion considérable. Les actions de la Compagnie du Midi se capitalisent au taux de 3 1/2 0/0 par suite de la progression des recettes ; la Compagnie remboursait sa dette, acceptait de nouvelles charges ; il a fallu tenir compte de ces diverses circonstances.

Le dividende réservé avant partage, et qui est aujourd'hui de 68 francs, est abaissé à 60 francs. La nouvelle convention n'est donc, en aucune façon, préjudiciable aux intérêts de l'Etat.

COMPAGNIE DE L'OUEST

La convention passée avec la Compagnie de l'Ouest ne diffère pas sensiblement des conventions passées avec les autres Compagnies qui ont eu recours, comme la Compagnie de l'Ouest, à la garantie de l'Etat.

La Compagnie a accepté la concession, à titre définitif ou éventuel, de 1.600 kilomètres de nouvelles lignes ; entre autres : Châteaubriant à Saint-Nazaire, Guéméné à Blain et La Chapelle-sur-Erdre, qui ouvrira une nouvelle communication, depuis longtemps réclamée, entre Nantes et Saint-Nazaire ; Laval à Pouancé, Sablé à Sillé-le-Guillaume, établissant une voie directe entre Alençon et la Loire.

L'Etat cède, de plus, à la Compagnie, 870 kilomètres de lignes déjà exploitées ou sur le point de l'être, telles que les lignes de Rennes à Châteaubriant, d'Alençon à Domfront, etc. Les deux tronçons de Rouen à Elbeuf, de Saint-Georges à Dreux et à Chartres, assureront, dans un avenir peu éloigné, une voie continue de Rouen à Chartres, se prolongeant jusqu'à Orléans par le réseau de l'Etat. Ces diverses cessions augmentent de 2.500 kilomètres le réseau de l'Ouest ; c'est beaucoup, le réseau actuel n'en ayant que 3.200 ; mais ce réseau, quelque peu resserré entre ses deux grands voisins, le Nord et l'Orléans, sera mieux défendu contre la concurrence.

La Compagnie de l'Ouest remboursera en travaux, à l'Etat, une somme de 160 millions, provenant du recours à la garantie d'intérêt ; sa dette était de beaucoup plus considérable, 240 millions, mais elle n'aurait été soldée qu'à un terme très éloigné, plus de quarante ans ; la diminution s'explique et se justifie, le remboursement devant être fait à bref délai.

Cette diminution de la dette a reçu, d'ailleurs, l'approbation de M. le Ministre des Finances.

La Compagnie de l'Ouest apporte, en outre, en travaux de superstructure ou en fourniture de matériel roulant, environ 80 millions ; elle fait, comme les autres Compagnies, l'avance des dépenses à la charge de l'Etat, avances qui lui seront remboursées au moyen d'annuités, dans les mêmes conditions que pour les autres Compagnies. Le dividende garanti aux actionnaires est celui que les actionnaires pouvaient toucher d'après les anciennes conventions, 38 fr. 50 ; le partage des bénéfices avec l'Etat ne commencera que lorsque le dividende réservé aura atteint 50 francs soit 4 fr. 20 de moins que le chiffre fixé par les conventions précédentes.

Il n'y a pas à se le dissimuler, ce partage pourra se faire attendre longtemps ; mais, dès aujourd'hui, l'Etat reçoit des compensations sérieuses. Ainsi, les trains de l'Etat pourront circuler sur les lignes de l'Ouest, entre Chartres et Paris, à des conditions très avantageuses, et user gratuitement des gares de Chartres et de Paris (Montparnasse et Vaugirard).

La Compagnie a renoncé à la perception de la surtaxe des dimanches et fêtes sur ses lignes de la banlieue de Paris ; elle établit, en même temps, sur les mêmes lignes, des billets d'aller et retour, dans les premiers trains du matin et dans ceux de la soirée, avec des réductions de 50 0/0, pour les ouvriers, en 3e classe.

Ces diverses concessions ont paru raisonnables à la Commission, qui vous propose d'adopter la convention passée par l'Etat avec la Compagnie de l'Ouest, comme vous avez adopté les autres.

Après cette longue et aride analyse, il devient facile d'indiquer, en peu de mots, le résultat obtenu au point de vue de nos finances.

Les conventions diminuent d'un chiffre très important les charges annuelles que la création du troisième réseau, s'il avait été exécuté par l'Etat, auraient imposées au budget. Le calcul est bien simple.

Des emprunts successifs, s'élevant à deux milliards cinq cents millions au moins, eussent été nécessaires. Un milliard emprunté, c'est une annuité de 45 à 50 millions à inscrire au budget ; au total, à la fin de l'opération, 120 ou 125 millions. Les insuffisances de recettes, que l'on ne peut estimer, pour le troisième réseau, à moins de 2.500 francs par kilomètre, nécessitent encore, pour être couvertes, une autre annuité de 25 millions ; c'est, en tout, 150 millions.

Avec le système des conventions, ce chiffre diminue d'un tiers. Les Compagnies, par les subventions qu'elles fournissent pour la construction de 10.000 kilomètres, économisent à l'Etat plus de 600 millions ; voilà 30 millions de rentes, ou peu s'en faut, dont le budget n'est pas grevé ; en y supprimant encore 25 millions pour les insuffisances d'exploitation, qui sont à l'avenir au compte des Compagnies, voilà bien 50 ou 55 millions économisés tous les ans.

Le chiffre en vaut la peine.

Si on ne peut le compter en écus, on peut néanmoins indiquer, pour mémoire, l'avantage de ne pas recourir forcément au crédit public, au nom de l'Etat, pendant dix années consécutives.

TARIFS

La question des tarifs de pouvait guère être abordée et résolue dans les conventions, qui avaient surtout pour but l'achèvement de nos réseaux de chemins de fer, l'augmentation de la part de l'Etat dans les bénéfices des Compagnies et la diminution des charges budgétaires.

Il était difficile, en obtenant des Compagnies des travaux, des avances de fonds, une plus grande part dans les bénéfices, de réclamer, en outre, des diminutions importantes des tarifs. L'Etat devient, par le partage, l'associé des Compagnies ; il faut donc y regarder de près avant de provoquer un abaissement qui amène souvent, après quelques années, une augmentation de recettes, mais qui se traduit presque toujours, dès l'abord, par une diminution.

Il y a une relation étroite entre le chiffre des tarifs et la prospérité des Compagnies. Si l'on veut que l'Etat soit maître absolu, il faut racheter les chemins de fer ou, tout au moins, consolider les résultats acquis. Diminuer, sans compensation, les tarifs dans une large proportion et du même coup le dividende des actionnaires, ce serait une sorte d'expropriation sans indemnité préalable.

L'Etat forcé de prendre à son compte les pertes de l'exploitation provenant d'un tarif réduit ou mal conçu, c'est le budget, comme au cas de rachat, absolument attaché à l'exploitation des chemins de fer. Ce système n'est pas admissible ; l'Etat, ne pouvant imposer ses conditions, a dû traiter avec les Compagnies ; c'est ce qu'il a fait et non sans succès.

En ce qui concerne la grande vitesse, les conventions assurent pour l'avenir une réforme importante. Quand l'Etat voudra supprimer la surtaxe de 10 0/0, ajoutée, en 1871, aux impôts de grande vitesse, et qui frappe les trois classes de voyageurs, toutes les Compagnies se sont engagées à réduire de 10 0/0 les taxes de la deuxième classe et de 20 0/0 celles de la troisième. Les deux dégrèvements combinés abaisseraient les prix de 10 0/0 pour la première classe, 20 0/0 pour la seconde et 30 0/0 pour la troisième : c'est là une réforme importante, subordonnée malheureusement à l'abandon par l'Etat de l'impôt de 10 0/0 perçu, à son profit, sur la grande vitesse.

En dehors des conventions, des négociations actives ont été poursuivies au sujet des marchandises transportées en petite vitesse ; c'est une question vitale pour les Compagnies ; les recettes de la petite vitesse forment les deux tiers de la recette totale.

Les tarifs ont soulevé, depuis longtemps, de vives critiques. On réclame, avant tout, des simplifications, plus peut-être que des abaissements mêmes du prix du transport.

Le Sénat n'a certainement pas oublié le rapport si complet, si intéressant de notre honorable collègue M. George. La Commission dont il était le rapporteur demandait que, pour les tarifs généraux, les marchandises fussent désignées sous la même dénomination, et réparties d'une manière plus uniforme en un même nombre de séries : que le prix kilométrique de chaque série fût, autant que possible, le même sur l'ensemble des grands réseaux, et que les taxes fussent établies suivant les tarifs à la distance, à bases constantes.

Pour les tarifs légaux à insérer dans le cahier des charges des nouvelles concessions, la Commission proposait un tarif à bases constantes et décroissant à mesure que la distance du parcours augmente ; elle proposait, en outre, de maintenir les tarifs spéciaux et de gare à gare, mais en faisant disparaître les abus que ce genre de tarifs pouvait occasionner.

Ces principes ont été adoptés dans une large mesure. Les Compagnies, dans les communications adressées au Ministre des Travaux Publics, ont promis de simplifier leurs tarifs ; les barêmes à base kilométrique décroissante deviendront la règle, et les prix fermes de gare à gare l'exception.

Les tarifs de gare à gare, dont la taxe n'est pas basée sur la distance réelle, ont été assez vivement attaqués. On a cru y voir les décisions arbitraires d'une Compagnie cherchant à créer un courant commercial dans telle ou telle direction, et à favoriser, par cela même, une usine au détriment d'une autre.

C'est là l'abus ; mais les tarifs de gare à gare, bien souvent réclamés par les industriels d'une région, ne sont appliqués qu'après une étude sérieuse du Contrôle commercial des Compagnies, et l'homologation ministérielle, toujours provisoire, donnée à la suite d'un avis du Comité consultatif. Les tarifs de gare à gare ont pour but de faciliter l'approvisionnement des fabriques et l'écoulement de leurs produits. Ils profitent aux consommateurs, qui trouvent le marché mieux fourni. Si nous ne nous trompons, la Compagnie du Nord amène à Paris toutes les houilles de son réseau au prix ferme de 7 fr. 40, sans se préoccuper de la distance ; avec un tarif kilométrique, une partie seulement de ces houilles pourrait arriver à Paris et faire concurrence aux charbons anglais.

Il ne faut pas proscrire les tarifs de gare à gare, il suffit de les réglementer.

Les Compagnies, dans les lettres adressées par leurs administrateurs au Ministre des Travaux Publics, ont toutes promis de simplifier leurs tarifs et de faire des concessions importantes sur un grand nombre de leurs prix actuels. A moins de reproduire intégralement ces communications, nous ne pouvons indiquer toutes les améliorations. En voici quelques-unes : la Compagnie Paris-Lyon-Méditerranée abaissera de 15 0/0 environ le tarif général appliqué aux marchandises transportées en grande vitesse ; elle reduira de 10 0/0 le prix du transport des denrées alimentaires, des légumes frais, celui du transport du bétail.

Les céréales, la houille, les produits métallurgiques, les engrais, transportés en petite vitesse, profiteront de réductions d'une certaine importance, 8 à 10 0/0.

La Compagnie se met à la disposition de l'Administration pour que les tarifs d'importation, de transit ou d'exportation, ne puissent altérer les conditions de notre régime douanier ou favoriser les marchandises étrangères au détriment des produits français.

Les autres Compagnies sont entrées dans la même voie et vont appliquer sur leurs réseaux des modifications de tarif équivalentes.

La Commission prend acte de cette promesse : elle tient pour définitifs les engagements des administrateurs pris au nom de leurs Compagnies. La certitude de voir, a bref délai, réaliser les améliorations annoncées, n'a pas été sans influence sur l'approbation donnée aux conventions par la Commission du Sénat. Il est bon qu'on le sache (1).

---

(1) Nous croyons devoir signaler à M. le Ministre des Travaux Publics le prix élevé du tarif sur les chemins de ceinture de Paris, comme aussi la cherté des transmissions d'un wagon de marchandise d'un réseau à un autre.

CONCLUSIONS

La ratification que nous avons l'honneur de vous demander aura le grand avantage de mettre fin aux incertitudes qui commençaient à préoccuper l'industrie et le pays. Nos grandes Chambres de commerce demandent instamment une solution ; le marché financier l'attend avec impatience.

En résumé, la construction du troisième réseau est assurée sans charger trop lourdement le budget, et sans qu'il soit nécessaire de recourir à l'emprunt. Les tarifs sont améliorés ; la part dans les bénéfices acquis aux Compagnies est largement augmentée au profit de l'Etat. Le droit de rachat demeure intact. Demain, s'il était nécessaire, de nouvelles lignes pourraient être concédées à de nouvelles Compagnies.

L'Etat, en un mot, n'a fait abandon d'aucun de ses droits.

Le vote approbatif du Sénat peut être donné sans appréhension ; il satisfera, nous en sommes convaincus, la grande majorité du pays.

En conséquence, nous avons l'honneur de vous propos " de donner votre sanction aux divers projets de loi dont la teneur suit, portant approbation des conventions provisoires passées entre le Ministre des Travaux Publics et les Compagnies de chemins de fer.

Et maintenant je pense que la question des conventions est enfin connue et que l'on ne nous rebattra plus les oreilles avec les légendes créées, à leur sujet, par des financiers de carrefour ou des économistes d'assommoir ! Elles ont été ce qu'elles devaient et pouvaient être, ni plus ni moins, et depuis leur conclusion, les évènements ont démontré qu'elles n'avaient été onéreuses que pour les Compagnies de chemins de fer, ce qui devait fatalement se produire au lendemain de l'abaissement du loyer de l'argent, comme je l'ai surabondamment expliqué au cours de mes études.

LES CHEMINS DE FER SUISSES
ET LES NOUVELLES CONVENTIONS

Dans tous les pays du monde, aussitôt que les Chemins de fer commencent à réaliser des bénéfices importants, l'Etat intervient pour en prendre le plus clair, sous forme de charges nouvelles, quand il n'a pas déjà commencé par établir les impôts, avant de savoir s'il y aurait seulement des bénéfices.

Les chemins de fer constituent donc une excellence vache à lait — la meilleure — pour les gouvernements et la Suisse, pas plus que les autres Etats, ne devait laisser ses chemins de fer prospérer sans venir dire : part à deux.

La nouvelle loi sur les chemins de fer va donc amener chez nos voisins une importante diminution des dividendes payés jusqu'à ce jour aux actionnaires par les diverses Compagnies.

Ce n'est que l'avenir qui pourra nous renseigner exactement sur l'étendue des nouvelles charges ; cependant, d'ores et déjà, on estime que la *Compagnie du Saint-Gothard* va avoir, de ce chef, une charge nouvelle, de 307,000 francs qui irait au fonds de renouvellement et à l'amortissement des arrérages pendants depuis 1888.

S'il en est ainsi son dividende passerait de l'année dernière à la présente année, de 7.40 à 7 o/o.

Le Chemin de fer Central verserait environ 256,000 francs aux fonds de renouvellement et le dividende passerait d'une année à l'autre, de 6 1/2 o/o à 5 3/4 o/o.

Le Chemin de fer du Nord-Est aurait à verser, lui, la grosse somme de 596,000 francs au fonds de renouvellement, et le dividende passerait cette année de 6.60 à 6 35 o/o.

Enfin, le *Jura-Simplon* tiendrait le record, comme l'on dit, avec un supplément de charge de 809,000 francs. Mais comme il restera encore un excédent important de 921,000 francs, on peut espérer que les porteurs de *bons du Jura* pourront néanmoins toucher un dividente de 4 o/o.

Ce sont là, évidemment, des chiffres encore très suffisants et qui prouvent que ces réseaux suisses, pour modestes qu'ils soient, n'en sont pas moins dans un grand état de prospérité. Mais c'est là précisément où réside le danger pour eux, plus ils seront riches, plus ils réaliseront de beaux bénéfices et plus le gouvernement trouvera de bonnes petites conventions pour les alléger du plus clair desdits bénéfices.

C'est parfait, ça équilibre le budget toujours incertain des Etats, mais il serait puéril, en même temps, de se dissimuler que c'est une arme à deux tranchants et que c'est, en affichant des exigences de plus en plus lourdes et injustifiées à l'égard des chemins de fer, que les Etats européens éloignent de plus en plus aussi les capitaux de toutes les entreprises privées et industrielles qui ne sont plus assurées du lendemain.

UN MOYEN DE MONTER RAPIDEMENT EN WAGON

LES TROIS POTEAUX INDICATEURS — COMME QUOI LES ANGLAIS ONT PARFOIS

DU BON — UN EXEMPLE A IMITER — LES TROIS COULEURS !

Il y a quelques mois, un des lecteurs assidus de l'*Avenir Républicain* avait la bonté de me demander quels seraient les perfectionnements à apporter pour permettre aux voyageurs qui attendent un train sur le quai, dans les gares intermédiaires, de trouver immédiatement les caisses où précisément il pouvait se trouver des places vacantes. Il parlait, si j'ai bonne mémoire, de plaques indicatrices, et je lui ai répondu que je ne croyais pas à l'efficacité du moyen en question pour résoudre le problème.

Je disais que les quais de plein pied et les fermetures automatiques des portières me semblaient, jusqu'à plus ample informé, des palliatifs excellents.

Je n'aurais rien à ajouter à cela, si je n'avais commis un oubli véritablement impardonnable que M. J. Marlin serait en droit de me reprocher amèrement, la première fois qu'il traverserait le détroit, si jamais l'envie lui prenait d'aller faire un tour chez nos bons amis les Anglais.

Si je suis de ceux qui attaquent sans pitié les Anglais, lorsqu'ils ont des procédés plus que douteux à notre égard, sur le terrain de la politique coloniale, je ne suis pas de ceux qui nient, de parti pris, tout ce que l'on peut voir de bon chez eux.

Or, en matière de chemins de fer, si je ne suis pas partisan de leur libre concurrence qui a souvent produit les conséquences les plus funestes et les plus désastreuses pour la fortune économique même du pays, il convient de reconnaître, néanmoins, qu'ils ont souvent poussé fort loin l'art de l'exploitation, témoin les chiffres de voyageurs de la Grande Bretagne comparés à ceux de la France et que j'ai cités dans mon premier volume, dans les chapitres plus spécialement consacrés aux conventions.

De là à reconnaître enfin qu'il peut y avoir chez eux des exemples intéressants à étudier et parfois à imiter, il n'y a qu'un pas, et ce pas, je le franchis de la meilleure grâce du monde : n'y a-t-il pas que les ignorants qui se croyent impeccables ? et pourquoi nos compagnies de chemins de fer le seraient-elles plus que n'importe quelles autres à l'étranger ?

Ceci dit, il me semble donc que les Anglais ont trouvé — eux aussi — depuis longues années, je ne dirai pas davantage, une solution absolue, mais un palliatif également fort intéressant, un moyen très pratique, pour permettre aux voyageurs qui attendent un train, de trouver de la place dans le plus court espace de temps possible, sans courses inutiles et affolantes sous le soleil ou la pluie, suivant la saison.

Car tout est là aussi bien dans l'intérêt des compagnies de chemins de fer que du public lui-même : ne pas perdre de temps.

Donc, voici ce qu'ont imaginé et mis en pratique d'extrêmement simple les compagnies anglaises de chemins de fer, et elles s'en trouvent fort bien ainsi que le public : placer sur les quais d'embarquement trois poteaux indicateurs, espacés convenablement, et sur lesquels on a écrit en caractères visibles et respectivement, sur le premier poteau : 1ʳᵉ CLASSE ; sur le second poteau : 2ᵉ CLASSE : et enfin sur le troisième et dernier : 3ᵉ CLASSE. C'est simple, clair, précis et personne ne s'y trompe.

On attend un train qui va passer ; tous les voyageurs vont se grouper chacun devant le poteau afférent à la classe du billet dont il est porteur et l'on attend tranquillement, sans impatience, sans bousculade, sans courses inutiles, sans perte de temps, sans savoir, comme en France, si l'on doit aller en tête ou en queue du train.

Le voilà, le train, il est signalé, il arrive, le voici arrêté. C'est là où le sens pratique des Anglais se révèle ; c'est peu de chose, sans doute, et c'est beaucoup en l'espèce : *toujours les trains sont composés de telle sorte que les voitures de premières se trouvent devant le poteau des premières* et ainsi de suite pour les trois classes.

Vous voyez tout de suite d'ici comme c'est simple et pratique.

— Mais il peut y avoir des trains plus ou moins longs, diront les esprits grincheux, ce à quoi je répondrai :

— C'est vrai, mais les poteaux sont ainsi espacés qu'ils se trouvent toujours devant une voiture de leur classe et s'il y a plusieurs voitures de la même classe, elles se touchent et vous n'avez pas à courir d'un bout à l'autre du train pour chercher la place qu'il vous faut.

— Mais dans les express où il n'y a que deux classes ?

— Eh bien, il n'y a personne devant le poteau des troisièmes, voilà tout.

— Et dans les rapides où il n'y a que des premières ?

— Alors ça n'a plus d'intérêt, triple entêté.

— Mais on a l'air de parquer les gens, de séparer les classes.

— Evidemment.

— C'est aristocratique.

— Non. c'est simplement pratique, et puis je n'écris pas pour les gens qui ont mauvais caractère, voilà ce que je répondrais à des objections de cet acabit.

La vérité, c'est que cette idée des trois poteaux indicateurs pour les trois classes est très pratique pour toutes les gares intermédiaires d'un réseau ; lorsque le public y est habitué, comme en Angleterre, il vient se ranger lui-même sous son poteau, sans y penser, machinalement, parce qu'il sait que TOUJOURS *les wagons de sa classe s'arrêteront devant lui* et je ne vois pas pourquoi, en vérité, on n'essairait pas ce système si simple sur nos lignes françaises.

Maintenant que j'ai rendu à la blonde Albion un juste hommage de sens pratique, M. J. Marlin me permettra de lui exposer encore un quatrième moyen que, pour ma part, j'ai déjà eu l'honneur de soumettre à l'appréciation des compagnies et qui me paraîtrait — toujours pour rester dans la modestie de ces courtes notes — encore un excellent palliatif, à la condition, *sine qua non*, bien entendu, qu'elles veuillent bien prendre la peine de s'entendre toutes entre elles en France.

Je n'ai point à m'occuper ici d'une entente internationale ; on y arrivera certainement, mais plus tard, quand l'outillage pratique sera respectivement plus perfectionné dans chaque nation.

Nos compagnies se sont déjà bien entendues pour les signaux — feux de diverses couleurs, drapeaux, sifflets, etc. — pourquoi ne s'entendraient-elles pas également et aussi facilement sur la couleur à donner aux wagons des trois classes ?

Les premières seraient *blanches*, pour flatter les gens chics ; les secondes seraient *bleues*, pour faire plaisir à la bourgeoisie, et enfin les troisièmes seraient *rouges*, pour chatouiller agréablement les goûts du peuple.

— Vous voulez rire ?

— Pas le moins du monde, nous aurions ainsi un vivant drapeau tricolore qui sillonnerait nuit et jour nos lignes et serait comme la vision même de la patrie passant à travers nos campagnes...

— Trop de poésie, mon cher. Le blanc est trop salissant et le rouge trop criard, à peine pourrait-on conserver le bleu.

— Je veux bien, prenez des couleurs plus neutres, moins nettes, moins franches, mais de grâce, prenez trois couleurs assez différentes pour que l'on ne puisse pas les confondre ensemble et je suis convaincu qu'en différenciant les trois classes par des nuances bien tranchées, vous aurez encore rendu un signalé service au public.

Pour me résumer, je dirai à M. J. Marlin : le jour où nous possèderons enfin :

1° Des portières à fermeture automatique ;

2° Des quais de plein pied pour monter et descendre des caisses ;

3° Des poteaux indicateurs des trois classes, comme en Angleterre, espacés sur les quais d'embarquement ;

4° Des voitures de trois couleurs différentes pour les trois classes, uniformément pour toute la France, je crois que vous serez bien près d'avouer, avec moi, que la plupart des difficultés que vous me signaliez sont enfin résolues.

Je ne sais si je m'abuse, mais il me semble entendre un administrateur d'une grande compagnie lire par dessus mon épaule, tandis que j'écris ces lignes et murmurer :

— Tiens, mais ça n'est pas déjà si bête, ces quatre petites idées ainsi réunies en faisceau, il va falloir que nous étudions cela sérieusement.

— J'en accepte l'augure !

Et pour finir, qu'il me soit encore permis de faire remarquer qu'il y aurait là une série de moyens pratiques d'accélérer la vitesse des trains, en évitant beaucoup de temps perdu.

Aujourd'hui, avec les derniers perfectionnements apportés aux locomotives, il n'y a plus de vitesse dangereuse et tout ce que j'ai écrit à la page 387 du premier tome de cet ouvrage n'a plus de raison d'être. On peut faire 120 kilomètres à l'heure, avec de bonnes locomotives sans danger, mais malheureusement, on ne peut le faire que dans les descentes ; en paliers ou dans les rampes montantes, on ne possède pas encore de machines assez puissantes. Voilà la vérité *actuelle*. Espérons qu'à son tour, elle n'aura plus de raison d'être demain.

A ce propos je ne saurais trop recommander la lecture de la très savante et très intéressante brochure de M. René Varennes, l'ingénieur bien connu et mon confrère dans la presse, sur l'*accroissement de la vitesse des trains express en France de 1854 à 1895*. Malheureusement le temps et la place me manquent pour consacrer ici un chapitre spécial à cette grosse question, d'autant plus grosse que je veux toujours voir dans les grandes vitesses un moyen pratique de lutter contre la concurrence étrangère.

Sur ce terrain, il ne faut pas nous endormir et voir la réalité en face ; à l'ouverture de la Chambre, le 12 janvier 1897, le comte

Lemercier, doyen d'âge, ne craignait pas d'affirmer : « La France est toujours ia plus riche nation du monde. » Je considère comme fort dangereuse l'affirmation de l'honorable macrobite ou macrobien, comme il vous plaira.

C'est avec de pareilles guitares que l'on conduit un peuple à sa ruine, en cette fin de siècle, où il n'est pas permis de négliger les plus petits progrès, capables de nous permettre de lutter contre l'étranger sur le terrain économique.

Voilà pourquoi aujourd'hui il faut aller vite, puisque l'on sait qu'on peut le faire sans *aucun danger*, avec les locomotives perfectionnées que l'on possède actuellement.

LES ABONNEMENTS DE VOYAGEURS SUR LES CHEMINS DE FER

ABONNEMENTS MENSUELS ET PROPORTIONNELS — LES PROGRÈS DÉJA RÉALISÉS

PEUT-ON FAIRE MIEUX ?

QUELS SONT LES INTÉRÊTS A SAUVEGARDER

On sait combien, dans ces dernières années, autour de toutes les grandes villes de France, plus particulièrement dans la banlieue de Paris et surtout sur la ligne de l'Ouest, les abonnements à l'année pour les voyageurs, obligés de venir chaque matin à leur travail ou à leurs affaires, ont pris d'extension. C'est parfait et je suis persuadé que ce mouvement ne pourra encore que s'accentuer dans des proportions énormes, tout comme en Angleterre.

Cependant des groupes de travailleurs, de petits employés sont venus me trouver d'un peu partout dans ces derniers temps, m'ont exposé leurs doléances et leurs *desiderata* et m'ont prié de prendre leurs causes en main.

Je ne demande pas mieux, mais, en vérité, la question est délicate et si, d'un côté, je suis disposé à défendre ce qui me paraît juste, possible et réalisable, d'un autre côté je ne veux pas oublier que je me trouve en face d'un problème extrêmement complexe et que mon rôle d'économiste doit, avant tout, consister à ne léser aucun intérêt respectable par une campagne menée à la légère.

Je vais donc commencer par résumer aussi fidèlement et aussi clairement que possible tout à la fois les revendications et les arguments, qui semblent militer en leur faveur, des intéressés :

— Pour ne pas vous fatiguer par un amoncellement de chiffres, nous allons nous contenter de vous donner seulement un exemple qui vous permettra de conclure de la partie au tout ; prenons un abonnement de Paris aux gares suivantes, sur la Compagnie de l'Ouest :

	L'ANNÉE	6 MOIS	3 MOIS
6 kilomètres, Asnières	180	105	82 50
8 — Courbevoie.	»	»	»
10 — Puteaux	»	»	»
12 — Suresnes	»	»	»
15 — Saint-Cloud	»	»	»
17 — Ville d'Avray	»	»	»

L'abonnement d'un an revient donc mensuellement à .   12.50

De 6 mois à 17 50

De 3 mois à 27 50

Nous savons bien que les compagnies ont le droit et même le devoir, dans l'intérêt de leurs actionnaires, de favoriser surtout les voyageurs les plus éloignés, pour les inciter, par cela même, à prendre des abonnements, nous savons bien que la compagnie de l'Ouest a reconnu son erreur, en accordant un tarif moins élevé aux habitants d'Asnières par exemple, mais enfin est-il juste que celui qui fait 6 kilomètres paie aussi cher que celui qui en parcourt 17 et n'y aurait-il pas moyen de fractionner les tarifs suivant les distances — du moins approximativement — et ne pourrait-on pas apporter quelques améliorations dans cet ordre d'idées ?

Mais sans vouloir nous arrêter à cette question de détail, si l'on veut, qu'il nous soit permis, pour en revenir au point principal qui nous tient tant au cœur, de demander pourquoi la compagnie majore ses abonnements de six mois de 40 o/o et ceux de trois mois d'une moyenne de 120 o/o, en prenant une moyenne de 150 francs pour l'abonnement annuel, ce que l'on peut trouver légèrement excessif.

Aussi cette différence a-t-elle provoqué l'ouverture de maisons de banque qui font l'avance aux employés de la somme nécessaire pour obtenir un abonnement annuel.

A cet effet l'intéressé verse : 1° 17 fr. 50 représentant la première mensualité et signe 11 valeurs de 17 fr. 50 échéant mensuellement et qui forment un total de 210 francs par an. La maison de banque qui se livre à ce petit commerce réalise donc un bénéfice de 60 francs sur le dos de son client... tout en lui rendant service. Pour l'abonnement en première classe, elle perçoit 25 fr. 80 mensuellement, ce qui forme un total de 285 fr. 60, alors elle réalise 75 fr. 60 de bénéfice. Il est vrai qu'elle ne fait des ouvertures de crédit qu'à des personnes dont elle a constaté la situation et l'entière solvabilité, ce qui ne fait d'ailleurs que rendre ses bénéfices encore plus certains.

Vous voyez donc qu'il s'est créé toute une classe de citoyens, fort habiles sans doute, pour profiter de l'exagération des prix appliqués par les compagnies, dans leurs tarifs d'abonnement.

Il est vrai que la clientèle des petits voyageurs peu fortunés y gagne encore, mais est-ce là une excuse suffisante ? nous ne le pensons pas.

Puisque dans ces conditions, grâce à l'intervention du banquier intermédiaire, les compagnies ne profitent plus de ces majorations imposées aux abonnements de six et de trois mois, ne serait-il pas beaucoup plus sage et plus pratique tout à la fois, pour les compagnies, d'appliquer de suite aux voyageurs le prix de l'abonnement annuel, divisé par mensualité, augmenté de l'intérêt que la compagnie peut retirer par le versement anticipé des 150 francs de l'abonnement de l'année que nous avons pris plus haut pour base de notre démonstration.

En résumé, nous demanderions donc :

1° Que les employés des deux sexes profitassent des avantages accordés aux ouvriers par trains spéciaux ;

2° Que ces cartes d'abonnements soient valabes à tous les trains :

3° Que pour les abonnements à tous les trains, il soit pris pour base le prix actuel de l'abonnement annuel, majoré de 6 o,o d'intérêt et perçu par mensualité.

Par exemple, pour un abonnement de deuxième classe .   150 fr.
Plus l'intérêt à 6 o/o   9
                                        Egal à . . . . . .   159 fr.

Ce qui ferait par mois 13 fr. 25 à multiplier par le nombre de mois d'abonnement que voudrait prendre le voyageur.

Voilà. sauf erreur et omission, ce que demandent les honorables voyageurs qui ont bien voulu me prier d'être leur porte-parole.

C'est fait, mais à mon tour, je leur demanderai la permission de faire quelques objections, non pas dans l'intérêt des compagnies, ce dont je me soucie peu en l'espèce, mais dans l'intérêt de la vérite et de la justice.

D'abord, il ne faut jamais perdre de vue que les compagnies de chemins de fer sont des entreprises commerciales et industrielles qui doivent avoir le souci fort respectable des intérêts de leurs actionnaires.

Ensuite, elles ne peuvent pas accorder dans leurs abonnements au public les avantages spéciaux des abonnements à la semaine des trains ouvriers.

Les ouvriers ne pourraient pas payer autrement qu'à la semaine, mais en revanche, ils sont astreints à ne prendre que certains trains.

— Il vaut mieux que le public et la compagnie elle-même profitent de la forte prime donnée aux banquiers intermédiaires, dites-vous.

— Vous avez parfaitement raison.

— Nous offrons 6 o/o à la compagnie pour la perte de l'intérêt de l'argent qu'elle ne reçoit pas à l'avance.

— C'est encore parfait, mais il y a là un second élément dont vous ne tenez pas compte ; en effet, si les compagnies peuvent vous donner des abonnements annuels à aussi bas prix, qui vous font aller pour 10 centimes à Asnières, c'est qu'elle est en droit de compter sur les voyages au loin, les maladies et la mort de ses abonnés d'un an, autant de gain pour elle. Il y aurait donc là une proportionnalité dont il serait juste de tenir compte, un calcul de probabilité, en un mot, facile à établir avec des statistiques rigoureuses, c'est entendu, mais qu'il conviendrait de faire pour rester dans la justice absolue qui doit toujours présider à ces enquêtes économiques.

La somme de ce chef, aussi petite qu'elle soit, serait à ajouter aux 6 o/o d'intérêts en faveur de la compagnie, dont il a été parlé plus haut.

Enfin, il ne faut pas perdre de vue non plus que les compagnies elles-mêmes ont fait un grand pas dans cet ordre d'idées, dans ces derniers temps.

Prenons un abonnement de 100 francs pour une année, pour Asnières, je suppose, elle vous fait payer 50 francs seulement, puis 25 francs au bout de six mois, puis 25 francs au bout de neuf mois, et quand vous voulez renouveler votre abonnement pour une seconde année, vous n'avez plus que 25 francs à verser d'avance, et ainsi de suite.

Il faut bien avouer que ce sont là de grandes facilités et pas loin de se rapprocher de ce que l'on demande aujourd'hui.

Pour me résumer à mon tour, il est bien entendu que je suis toujours pour les solutions les plus larges et les plus avantageuses pour le public, c'est entendu, d'autant plus que je crois fermement que les compagnies sont les premières à en profiter. Cependant, en toutes choses, il y a une limite que l'on ne saurait enfreindre sans danger. C'est aux compagnies à voir si elles peuvent précisément dépasser les limites actuelles.

En tous cas, il conviendrait toujours de leur tenir compte, en dehors des 6 o/o d'intérêt, d'une légère majoration résultant des calculs de probabilité dont je parlais plus haut.

Ainsi comprises, dans un esprit d'équité réciproque absolue, il est possible que l'abonnement mensuel donnerait d'excellents résultats

et pour les petits employés et pour les compagnies elles-mêmes.
Alors, je serais le premier à y applaudir des deux mains, trop heureux si j'avais pu y contribuer pour la part la plus modeste par
l'appui de ma plume et surtout par ma bonne volonté à défendre
toutes les causes justes et toutes les améliorations pratiques.

LE TERMINUS DE LA NOUVELLE GARE
DES CHEMINS DE FER D'ORLÉANS

AU QUAI D'ORSAY — ÉTRANGE DÉCISION DE LA PREMIÈRE COMMISSION DU CONSEIL MUNICIPAL — LA HAINE DE PARIS — MESURE DÉSASTREUSE POUR LA CAPITALE.

Le mardi 12 janvier 1896 — la chose mérite d'être précisée — la première commission du Conseil municipal de Paris voulait bien prendre la peine de se réunir pour étudier (!) la question du prolongement des lignes d'Orléans, le long des quais, par celui d'Orsay, sur l'emplacement, comme l'on sait, de la caserne et de l'ancienne Cour des comptes, transformée depuis vingt ans en forêt encore plus sombre que vierge.

Je ne veux pas entrer ici dans le détail assez oiseux et incohérent de la discussion ; ceux qui sont friands de cette sorte de littérature pourront la savourer intégralement dans le *Bulletin Municipal*, revue et corrigée comme il convient à des gens qui ont les moyens de se payer des secrétaires instruits.

Il suffit de savoir, qu'après quelques tiraillements pour la forme et pour ménager la susceptibilité de certains électeurs, ladite commission a bien voulu donner un avis favorable, mais à la condition qu'il sera ouvert une large voie à travers le jardin des Tuileries, dans l'axe du pont Solférino et de la rue Castiglione, pour donner à la nouvelle gare, sur la rive droite, le débouché naturel et nécessaire qui, sans cela, lui ferait défaut.

Le Conseil municipal sera, de plus, invité à opérer la reconstruction du Pont Royal, toujours pour multiplier les moyens de communication entre la nouvelle gare du chemin de fer d'Orléans, au quai d'Orsay et la rive droite, c'est-à-dire le cœur même de Paris, qui doit très vraisemblablement fournir la plus grande quantité de voyageurs.

Voilà qui est parfait et cette sollicitude pratique de nos édiles vous enchante, n'est-ce pas ? mais attendez, ça ne peut pas durer, car ils ne peuvent discuter longtemps la question la plus simple sans dérailler comme un vulgaire tramway, à traction animale, de la Compagnie des Omnibus.

Après avoir formulé tous ces vœux sages, la commission s'empresse d'en formuler un tout à fait absurde et qui aura pour effet de détruire, en grande partie, les heureux résultats qui pourraient amener leur réalisation.

En effet, elle veut interdire à la Compagnie d'Orléans de construire un hôtel terminus *qui deviendrait un immense caravansérail capable de ruiner une partie du commerce de Paris !*

Non, ma parole d'honneur, on croit rêver en lisant de pareilles insanités. Comment, voilà un quartier mort, une gare avec un hôtel terminus vont lui apporter le mouvement, la vie, l'activité, et la fortune, et l'argent, avec une clientèle nouvelle, immense, se renouvelant sans cesse, avec des millions de voyageurs, en un mot, et *ça ruinerait une partie du commerce de Paris !*

Ah ça, mes amis, vous êtes fous, mais là, fous à lier.

C'est-à-dire que si par hasard la Compagnie d'Orléans n'avait pas pensé à établir cet Hôtel-Terminus, ou n'avait pas voulu, faute de place ou par économie, ça aurait été de le voter, de votre part, le devoir le plus strict et le plus rigoureux, pour ne pas trahir les intérêts de vos électeurs, de la population parisienne tout entière, d'en réclamer et d'en exiger l'édification immédiate, en un mot.

— Est-ce que l'Hôtel-Terminus a tué le quartier, à la gare Saint-Lazare, le plus riche, le plus vivant de Paris, celui où *tous les commerçants* font le plus rapidement fortune ?

Est-ce que les cafés, restaurants et hôtels du voisinage ne regorgent pas toujours de monde ? Est-ce que la foule n'attire pas toujours la foule, et les affaires ne provoquent-elles pas toujours les affaires ?

Est-ce que la gare Saint-Lazare ne transporte pas 100 000 voyageurs quotidiennement et plus de 300 000 les jours de fêtes, est-ce que l'Hôtel-Terminus n'est pas pour quelque chose dans cette étonnante prospérité dont tout le monde profite ?

— C'est possible, me répond un conseiller municipal qui n'a pas du tout la réputation de rappeler le chameau, même de loin, c'est possible, mais si le *terminus* n'existait pas on transporterait quatre fois plus de voyageurs, parce que, voyez-vous, cet hôtel ça les agace.

— Alors on transporterait 400.000 voyageurs tous les jours et 1.200.000 le dimanche ?

— Parfaitement.

La discussion, sur ce terrain, laisse bien loin derrière elle les joyeusetés les plus bouffonnes du Palais-Royal, et j'avoue que je suis bien incapable de donner la réplique.

C'est donc au moment où dans tous les pays du monde on installe des hôtels terminus dans les gares, comme représentant le dernier mot du progrès, du confort et de la commodité pour les voyageurs, que notre brave Conseil municipal de la Ville-Lumière se prononce contre eux : honneur à lui, car il a trouvé le moyen, en cette fin de siècle, de reculer les bornes de la bêtise humaine, ce qui, en vérité, exige de l'imagination et n'est pas à la portée de tout le monde.

Mais ce n'est pas tout, pour bien montrer qu'il était ennemi de tous progrès et voulait surtout empêcher tous travaux d'aboutir, le Conseil municipal de Paris, avec un machiavélisme encore plus puéril que méchant, s'était empressé, avant de voter le prolongement de la ligne d'Orléans, de voter une ligne de métropolitain sur le même tracé.

C'est à n'y pas croire, cependant c'est comme cela et écoutez à ce propos les réflexions de mon confrère des *Journaux d'arrondissement* :

On va prochainement ouvrir une nouvelle enquête sur le tracé du Métropolitain.

Lors de la dernière discussion sur cette question, M. Gras, afin de faire une manifestation hostile à la Compagnie d'Orléans, a fait voter une ligne urbaine de la place Walhubert au quai Conti.

Ce tronçon de ligne ayant été voté, une enquête est nécessaire. Que dira-t-elle ?

Il y a quelques semaines, était ouverte l'enquête concernant le prolongement des lignes d'Orléans. Cette enquête a été favorable au prolongement.

Le vote du Conseil émis en opposition du résultat de cette enquête nécessite, sur la même question, une nouvelle consultation de la population.

En vérité, il faut le reconnaître, les Parisiens ont bon caractère pour tolérer qu'on les berne aussi longtemps en faisant enquête sur enquête pour aboutir à rien du tout.

Qu'ont donné les précédentes enquêtes faites depuis 20 ans sur le métropolitain ?

Qu'ont donné les enquêtes sur les omnibus et les tramways ?

Quoiqu'il en soit, l'administration ne se lassant pas d'enquêter, la population ne doit pas se lasser de dire ce qu'elle veut.

Je causais de cela l'autre jour avec un autre conseiller municipal qui, lui, ne rappelle pas du tout le chameau, même de très loin et qui n'est pas de Saint-Omer :

— Mais comment allez-vous sortir de cet imbroglio ? car enfin il faut décider pour le prolongement de la ligne d'Orléans ou pour votre tronçon de métropolitain.

— Y a pas d'erreur ; nous f..... la Compagnie d'Orléans dans le fond et notre métropolitain par dessus, nous aurons ainsi un chemin de fer à deux étages. Tout le monde sera content et je ne vous dit que ça, ça sera très chouette.

Là, encore, à mon grand regret, j'ai dû rompre les chiens.

J'ai cherché longtemps comment il pouvait bien se faire que la plupart des conseillers municipaux montrent ainsi, en toutes circonstances, un esprit si étroit, si contraire aux intérêts de Paris.

On croirait, vraiment, qu'ils veulent empêcher tout progrès, tout développement de la capitale et qu'ils n'agissent que par haine de Paris.

Cela doit tenir, il me semble, à ce que le plus grand nombre ne sont pas des Parisiens, mais bien des provinciaux qui n'aiment pas Paris. Il est évident que si vous prenez un maçon quelconque, sans instruction, sachant à peine lire et écrire, aussi fraîchement décoré que les appartements qu'il construit, protégé avéré des bonapartistes, des jésuites et des frères Saint-Jean-de-Dieu, arrivé du fond de sa province, il gardera tout naturellement ses préjugés, dont le plus vivace et le plus enraciné est sa haine féroce contre Paris.

Pourquoi ? il n'en sait rien, mais c'est comme cela.

Il y a des exceptions honorables, c'est entendu, mais il est certain que la grande ignorance de beaucoup trop de ses membres pousse assez souvent le Conseil municipal de Paris à prendre des décisions absolument contraires aux intérêts de la ville.

C'est triste, profondément triste, et quand il s'agit de tuer toute une partie de Paris, de ruiner un quartier, d'empêcher la vie et le mouvement de pénétrer sur la rive gauche, en s'opposant à la construction d'un hôtel terminus à la nouvelle gare d'Orléans du quai d'Orsay, c'est le droit strict et impérieux pour tous les journalistes et tous les économistes de protester énergiquement contre de pareilles aberrations mentales et c'est leur devoir aussi de les dénoncer à l'indignation publique ; car enfin c'est nous tous, Parisiens, électeurs de ces messieurs et citoyens libres, qui sommes les victimes de ces fantaisies funambulesques qui peuvent devenir mortelles pour Paris, si l'on ne se décide pas à y mettre bon ordre.

Heureusement que le Conseil municipal n'est pas tout à Paris, quand il s'agit de travaux d'intérêt public et j'aime à croire, qu'en l'occurrence, le Ministre compétent saura faire tout son devoir et imposer à la Compagnie des chemins de fer d'Orléans l'hôtel terminus qui est absolument nécessaire pour le développement de la vie, de l'activité et de la prospérité de Paris.

C'est la mort dans l'âme qu'un vieux défenseur de l'autonomie communale et des droits de Paris, comme moi, est obligé d'enregistrer de pareilles *gaffes* de ses conseillers municipaux ; cependant l'intérêt supérieur de Paris et je dirai de la France entière, en l'espèce, vous contraint d'éclairer l'opinion publique, quand on a l'honneur de tenir une plume. Et certes, quand je sens les intérêts de ma bonne ville natale menacés sérieusement par l'ignorance d'une poignée de brouillons, ce n'est pas moi qui aurai jamais le triste courage de me taire.

Qu'on nous donne donc un bel hôtel terminus à la gare du quai d'Orsay ; c'est ce que demandent tous les Parisiens soucieux de la grandeur et de la prospérité de la Grand'Ville !

LES TRAMWAYS A 10 CENTIMES

I

MA CAMPAGNE A PARIS

DÉCLARATIONS DE QUELQUES CONSEILLERS MUNICIPAUX ET CANDIDATS

A LA SUITE DE MES CONFÉRENCES DANS PARIS

DÉCLARATION DE M. PAUL BERNARD, CONSEILLER MUNICIPAL

A LA RÉUNION DU 9 AVRIL 1896

Le sympathique conseiller du quartier de la Salpètrière commence par déclarer qu'il regrette de n'avoir pu assister à la Conférence de M. Paul Vibert, mais il croit ne pas se tromper en disant qu'il s'agit de combattre le monopole des Omnibus, et de doter Paris de moyens de transports plus commodes, plus nombreux, plus rapides et surtout d'un prix moins élevé que ceux existants. Il partage absolument cette manière de voir, et fera toujours tout ce qui sera en son pouvoir pour obtenir ce résultat qui fera que Paris ne sera plus inférieur, pour son service de transports en commun, aux grandes villes de l'étranger et à un grand nombre de villes des départements. Il ajoute qu'il a fait partie de la première commission du Conseil qui s'occupe des moyens de transport; il dit que lui-même a provoqué la délibération du 11 mai 1894 sur la déchéance de la Compagnie des Omnibus, délibération qui n'a jamais été sanctionnée par suite des attaches ou mieux des sympathies de l'administration pour la Compagnie générale des Omnibus.

On a parlé du funiculaire de Belleville qui rend, avec son tarif à 10 centimes, des services incontestables. Ce sont des lignes indé-pendantes, comme le funiculaire de Belleville, qu'il faut créer. Il faut multiplier les moyens de se transporter facilement d'un point à un autre, et il n'y faillira pas, mais, en ce qui concerne le féniculaire, il estime que la Ville a eu le tort, après avoir elle-même construit cette ligne, de s'adresser à un concessionnaire. Elle aurait dû tenir à l'exploiter elle-même. Il y a là, il le reconnaît, de grosses difficultés, et comme il est avant tout partisan de tous les moyens pouvant amener une amélioration des transports dans Paris, il s'engage, sans créer de nouveaux monopoles, à favoriser de tout son pouvoir le développement de nombreux réseaux dus à l'initiative privée, qu'une grande ville comme Paris a le devoir d'encourager de toutes ses forces.

Ces paroles sont unanimement applaudies.

DÉCLARATION DE M. WEBER. CONSEILLER MUNICIPAL
DU QUARTIER DE LA FOLIE-MÉRICOURT (1), A LA RÉUNION DU 10 AVRIL 1896

Citoyens,

J'étais venu assister à cette conférence sur l'invitation qui m'avait été adressée et dont je remercie le conférencier. J'ai écouté les explications qu'il a données et certes je n'aurais pas pris la parole sans les derniers mots qu'il a prononcés.

Le conférencier vous a dit ce qu'il pense sur la Compagnie des Omnibus, sur les services qu'elle rend et ce qu'il entend proposer pour remédier à la situation actuelle, aux inconvénients que cette situation présente pour le public parisien. Il vous a dit qu'il fallait lutter contre cette Compagnie, il vous a montré les difficultés que le Conseil municipal a rencontrées chaque fois qu'il a voulu prendre quelques mesures contre elle et lui rappeler son cahier des charges.

Comme le citoyen Vibert, nous ne voulons plus de ces voitures grosses et encombrantes, nous voulons des voitures légères. gracieuses et confortables et arriver, en un mot, à être aussi bien et même mieux desservi qu'en province et à l'étranger. Il y a, de plus, d'autres raisons pour qu'à Paris nous puissions avoir ce que possèdent la province et l'étranger. il y a la question de population, et il y a aussi le bon renom de Paris que nous devons défendre. Voilà pourquoi il faut combattre le monopole des Omnibus.

DISCOURS DE M. PIPERAUD, CONSEILLER MUNICIPAL
A LA RÉUNION DU 13 AVRIL 1896

J'ai été très heureux de pouvoir assister à la conférence à laquelle M. Vibert a bien voulu me convier ; j'en suis d'autant plus heureux que j'ai entendu d'excellentes choses, que M. Vibert nous a cité des faits qui ne peuvent être contredits et que finalement il y a beaucoup à faire pour améliorer les transports dans

---

(1) M. Weber n'a pas été réélu.

Paris, qu'il y a beaucoup à faire pour le public parisien. (*Assenti-ments*).

Je ne désire qu'une chose, c'est que tout le monde soit convaincu comme moi de ce qui reste à faire, de ce qui peut et doit être fait. Si j'ai l'honneur de retourner au Conseil, je continuerai à faire tout ce qui dépendra de moi pour augmenter les moyens de transports dans Paris.

On nous demande d'établir de nouvelles lignes dans Paris, j'en suis absolument partisan, je le répète. Je n'ai pas fait partie au Conseil de la première commission, celle qui s'occupe des trans-ports, et, par conséquent, je suis moins à même de connaitre la question, mais j'ai été frappé des difficultés que cette commission a toujours rencontrées quand elle avait voulu faire quelque chose contre le monopole des Omnibus, de même que le Conseil tout entier contre tous les monopoles en général, entre autres contre celui du Gaz.

Rappelez-vous qu'au Conseil nous avions adopté une proposition demandant la déchéance de la Compagnie des Omnibus ; c'était à l'époque où la Compagnie, en fait, n'existait plus, puisqu'elle était en grève par suite de difficultés avec son personnel qu'elle ne voulait pas payer, et que tous les transports étaient supprimés. Nous avons donc mis la Compagnie en demeure de nous donner les transports que son monopole l'oblige à nous donner ou de renoncer à ce monopole. Cela aurait pu se faire, mais nous avons un Préfet de la Seine, un Préfet de police qui ont probablement l'amitié du sénateur qui est à la tête de la Compagnie et notre délibération n'a pas eu de suite. Si nous ne prenons pas des mesures sérieuses il en sera toujours ainsi. Et la preuve, c'est que nous avons même émis un vœu par lequel nous avons demandé qu'aucun homme politique ne fut à la tête de ces administrations. Ce vœu est devenu platonique, il a bien été transmis aux pouvoirs publics, mais rien n'a été fait, rien ne sera fait.

Et, permettez-moi de vous le dire, on veut faire un Métropo-litain ; j'admets le Métropolitain, mais celui qui nous a été présenté, celui qu'on nous a demandé de voter n'avait été étudié que pour favoriser les grandes Compagnies de chemins de fer ; or, jamais je ne voterai un tel projet ; je veux un Métropolitain urbain qui n'ait que le but de favoriser la population parisienne. J'admets même que ce Métropolitain soit exploité par la Ville, mais je me refuse à voter tout projet qui mettrait le sol de Paris entre les mains des grandes Compagnies. (*Applaudissements*). S'il en était ainsi, nous ne serions plus maîtres de notre ville ; le Conseil n'aurait plus aucun droit et comme preuve, je répéterai ce que je vous disais tout à l'heure, c'est-à-dire que nous sommes toujours sous la férule d'un Préfet, que nous avons voté la déchéance de la Compagnie des Omnibus et que cette déchéance est restée lettre morte ; cependant, nous étions dans notre droit, puisqu'il n'y avait pas de transports à Paris ; la Compagnie répondait qu'il y avait un cas de force majeure, pourquoi ? parce qu'elle ne voulait pas payer son personnel, alors elle n'avait qu'à le faire. Il fallait donc, ou qu'elle cédât, ou que la déchéance que nous avions votée fut exécutée. Mais comme le Préfet aime beaucoup mieux la Compagnie des Omnibus que les intérêts de la Ville de Paris, et que la population parisienne, il n'y a rien eu de changé. (*C'est très vrai !*)

En somme, cher Monsieur Vibert, je vous promets d'étudier sérieusement, de très près, tout ce que vous avez dit, d'examiner la proposition que vous avez faite, d'étudier s'il est possible de faire de nouvelles lignes et si, comme je le crois, ces lignes sont réalisables, de faire mon possible pour les faire établir dans Paris et même de les proposer. (*Applaudissements*).

Votre conférence n'a donc pas été inutile, comme toutes celles que vous avez déjà faites et que vous ferez peut-être encore, elles servent à éclairer tous ceux qui peuvent s'occuper des transports dans Paris. Il serait heureux que beaucoup de conférenciers suivissent votre exemple et donnent à tous ceux qui les écouteraient des explications aussi logiques et des chiffres aussi mûrement étudiés.

Merci donc au nom du Conseil municipal, merci au nom de la Ville de Paris, au nom de la population, et croyez que vos paroles et vos efforts ne seront pas perdus. (*Applaudissements*).

DÉCLARATION DE M. GAY, CONSEILLER MUNICIPAL
A LA RÉUNION DU 14 AVRIL 1896

Vous n'attendez pas de moi, messieurs, que je vienne faire une conférence en réponse à celle de M. Vibert, pas plus que je ne veux discuter les idées émises. Je me contenterai seulement de vous dire que j'ai toujours combattu les monopoles, comme je l'avais promis, et entre autres celui de la Compagnie des Omnibus, non seulement pour les intérêts de la Ville de Paris, mais aussi pour les hommes, les ouvriers qu'elle a mis à la porte, au moment de la grève, de la façon la plus honteuse. (*Bravos*). Je ne veux relever qu'un seul mot dans tout ce qu'il a dit : c'est quand il a parlé des sénateurs. Il voudrait que les présidents, le haut personnel de ces sociétés, ne fussent plus des personnes qui ont plus ou moins d'attaches hautes et qu'une commission fut nommée par la Ville. Mais, messieurs, cela a été fait. Je ne vous rappellerai comme preuve que la proposition Fournier, qui a été faite dans ce sens, qui a été adoptée et que j'ai votée. *(Très bien)*. Vous rappellerais-je aussi que nous avons vu une chose ignoble à l'époque où M. Boulanger, également sénateur, président du Conseil d'administration de la Compagnie des Omnibus et rapporteur du budget, dirigeait cette Compagnie. Nous avons vu M. Boulanger venir dire à ses collègues au Sénat : « Je n'ai pas le temps de m'occuper demain du budget de la France, car je préside justement la séance de la Compagnie des Omnibus. » Voilà ce que nous voyons.

Quoiqu'il en soit, je me rallierai toujours à tout projet augmentant les moyens de transport, surtout quand ils sont à bon marché.

DÉCLARATION DE M. ASTIER

Je crois être l'interprète de l'assemblée tout entière en félicitant M. Paul Vibert des idées qu'il a bien voulu venir nous exposer ; il a traité une question qu'il a étudiée, qu'il connaît à fond et qui intéresse tout le monde, le riche comme le pauvre, parce que tous nous nous servons des omnibus, parce que c'est le seul moyen de transport que nous ayons.

M. Marlasse, en venant défendre la situation des employés de la Compagnie, a fait preuve de solidarité envers ses camarades, dignes de sa vive sollicitude, et dont les intérêts doivent être sauvegardés.

Je retiens un point intéressant dans la conférence de M. Vibert et je dis qu'il a raison de proposer des tramways électriques, des lignes de pénétration, puisque ceux que nous avons sont insuffisants ; et si la Compagnie ne transporte pas plus de monde, c'est que les départs ne sont pas assez fréquents et que, las d'attendre, on va à pied.

LETTRE DE M. PUECH, CONSEILLER MUNICIPAL
ENVOYÉE AU DIRECTEUR DU JOURNAL « LE TROISIÈME », A LA SUITE DE LA RÉUNION DE L'EDEN DU TEMPLE

Monsieur le Directeur,

Il ne m'a pas été possible d'assister à la réunion de l'Eden du Temple, dans laquelle M. Vibert a fait une conférence sur la question des transports en commun des voyageurs dans Paris.

Mais vous serez bien aimable d'annoncer à vos lecteurs que je suis d'accord sur tous les points avec l'ordre du jour qui y a été voté.

J'ajoute que depuis trois ans que je suis au Conseil, j'ai eu l'honneur de rapporter plusieurs lignes de tramways à traction mécanique et que j'ai toujours pris soin de proposer au Conseil municipal d'insérer dans le cahier des charges et dans la convention avec la Ville, les stipulations que M. Vibert sollicite, soit en ce qui concerne le prix des places, soit en ce qui concerne les conditions du travail, le partage des bénéfices et le rachat à toute époque.

Votre dévoué,

L. PUECH,

Conseiller municipal du quartier Sainte-Avoye.

LETTRE DE M. REBEILLARD (1), ADRESSÉE AU PRÉSIDENT DE LA RÉUNION

DU CAFÉ DU CENTRE

Citoyen,

Une réunion organisée par le Comité républicain socialiste du II⁰ Arrondissement me prive du plaisir de me trouver parmi vous.

Toutefois, je tiens à vous dire ce que je pense des monopoles en général et de celui des transports en particulier. Je suis ennemi déclaré (depuis longtemps déjà) des monopoles, quels qu'ils soient. Il est nécessaire que les électeurs du quartier Bonne-Nouvelle fassent prendre à leur futur élu l'engagement de lutter contre les monopoles déjà créés et de veiller à la stricte observation des cahiers des charges (puisqu'il est impossible de détruire les engagements pris par nos anciens conseillers).

Si, par suite de circonstances impérieuses et urgentes, le conseiller se voit obligé de voter une concession au monopole, il ne devra l'accorder que pour un temps très court, et après avoir exigé des demandeurs l'insertion des conditions suivantes dans le cahier des charges :

1° Institution d'une caisse de retraites ; 2° d'une caisse de secours en cas de maladie, ces deux caisses étant, bien entendu, alimentées par la Compagnie seule ; 3° participation aux bénéfices de tous les employés attachés à cette exploitation, engagement verbal de fixer un salaire minimum suffisant pour permettre à l'employé d'élever

---

(1) M. Rebeillard a été élu, le 10 mai, conseiller municipal.

honorablement sa famille (cette clause ne pouvant figurer dans le
cahier des charges, le Conseil d'Etat la trouvant illégale).

Veuillez agréer, citoyen, l'assurance de ma considération la plus
distinguée.

E. REBEILLARD,

*Candidat présenté par le Comité radical socialiste
du IIe Arrondissement (quartier Bonne-Nouvelle).*

DÉCLARATION DE M. L.-H. PETIT

J'ai entendu avec grand plaisir le citoyen Paul Vibert, je suis
en tous points de son avis, j'admets tout ce qu'il demande pour
l'intérêt de la Ville de Paris et je dois ajouter que tout ce qu'il
désire, tout ce qu'il propose est dans notre programme depuis
longtemps. Nous avons tous et depuis longtemps réclamé et lutté
contre la Compagnie des Omnibus, qui ne veut absolument rien
faire dans l'intérêt de la population, qui n'a en vue que ses recettes.
Je crois que le seul moyen de la dompter serait de la forcer à
appliquer en entier son cahier des charges ; mais je sais, comme
l'a fort bien dit le citoyen Vibert, que nous nous trouverons
toujours en face de complaisances avérées, cependant il faut
essayer par tous les moyens possibles d'avoir raison d'elles et voilà
pourquoi j'admets absolument les propositions que le citoyen
Vibert a si bien développées. *(Applaudissements).*

DÉCLARATION DE M. BELLAN, CONSEILLER MUNICIPAL

Comme le citoyen Petit, je suis absolument satisfait d'avoir
entendu la conférence de M. Vibert, et si j'ai demandé la parole,
ce n'est pas pour exposer d'autres vues que celles du conférencier,
mais pour dire que je ne suis pas tout à fait d'accord avec le citoyen
Petit.

Je crois que nous aurions beau vouloir forcer la Compagnie à
appliquer strictement son cahier des charges, voter et revoter la
déchéance, cela n'avancerait à rien, nos délibérations seraient
nulles de fait, puisque l'autorité supérieure ne les appliquerait pas.
(Très bien). Si, voulant aller plus loin, nous engagions un procès,
ou elle le gagnerait ou elle le ferait traîner en longueur : d'un côté
comme de l'autre nous n'aurions aucune solution, par suite des
attaches puissantes de cette Compagnie. Il est facile de voir ce qui
se passe pour le Gaz, auquel nous réclamons une somme de

12 millions ! Le seul moyen possible, pratique, que je préconise, est celui qui vient d'être exposé par le conférencier, et j'ajoute, de plus, qu'il ne faut pas perdre son temps, qu'il faut de suite se mettre à l'œuvre.

M. Vibert a causé des sénateurs, je ne répèterai pas ce qu'il a dit, je dirai simplement : laissons ces derniers tranquilles, ne nous occupons pas d'eux, faisons ce que nous avons fait, c'est-à-dire votons de nouvelles lignes de tramways à bon marché comme celui de Montmartre, comme le funiculaire, etc. Pour ma part, comme j'ai l'honneur de représenter un quartier qui vient d'être doté d'une grande voie, j'ai demandé qu'un tramway à 10 centimes passe dans toute sa longueur. J'ai demandé à l'administration que cette ligne parte de la gare Saint-Lazare à la place de la République, mais il m'a été de suite répondu que l'on craignait pour la traversée des boulevards, que l'on redoutait l'encombrement, etc. Quoiqu'il en soit, je renouvellerai cette demande, de même que j'appuierai toutes les autres qui se présenteront. Il nous faut, il faut à la Ville de Paris des tramways à bon marché, à 10 centimes, sans impériale, je dis sans impériale, car les impériales nuisent à la rapidité, les dames ont quelquefois peur en descendant, elles font arrêter de leur place la voiture, d'où une longueur préjudiciable ; il faut donc de petits tramways très bas, confortables et qui se suivent à de courts intervalles.

Voilà, selon moi, l'idéal pour la population parisienne, et c'est ce que je ne cesserai de réclamer si j'ai l'honneur d'être réélu conseiller du quartier du Mail.

DÉCLARATION DE M. PRACHE, CONSEILLER MUNICIPAL
A LA RÉUNION DU 18 AVRIL 1896

Citoyens,

C'est pour moi un vif plaisir que d'avoir assisté à la conférence que vous venez d'entendre, car mon ami Vibert, que je qualifierai de soldat d'avant-garde, me permettra de le lui dire, a, d'une façon complète, absolue, exprimé devant vous les sentiments de la population parisienne tout entière, car il s'agit d'un intérêt qui est le même pour tous, à quelque classe de la société qu'on appartienne : il s'agit des transports dans Paris, il s'agit d'être transporté facilement, rapidement et commodément d'un point à un autre dans Paris..... des fortifications à tous les points intérieurs dans Paris. Nous autres, Parisiens, nous avons besoin de tout notre

temps et nous sommes forcés de le gaspiller en faisant nos courses
à pied, parce que la Compagnie des Omnibus ne nous donne pas
les moyens de transports qu'elle est cependant obligée de mettre à
notre disposition, soit comme nombre de voitures, soit comme
places. Sachons bien que les étrangers nous ont bien dépassés comme
moyens de transports. Voyez, en Amérique, on est arrivé à des
résultats bien supérieurs à ceux que nous avons obtenus : on a fait
moins grand, on a fait moins gros et l'on s'est occupé de la rapidité,
comme de la commodité. On a parfaitement réussi, car tout ce qui
a été créé était bien moins coûteux que ceux que nous avons, de
sorte qu'avec une somme égale on a pu faire le double et le triple.
On a créé ce que les Américains appellent la « Plate-Forme ambu-
lante », c'est-à-dire voitures simples, basses, contenant un nombre
restreint de voyageurs, mais qui passent à tout instant et trans-
portent un chiffre colossal de voyageurs. Chez nous, avec la
Compagnie des Omnibus, il est bien difficile de savoir exactement,
non seulement le temps que nous mettons pour faire telle ou telle
course, mais encore si nous aurons de la place. Il n'y a guère que
les dames qui se font des visites, dans la journée, qui ont le temps,
par conséquent, qui puissent utiliser les omnibus ; quant à nous
autres, hommes, il est plus facile et surtout plus rapide d'aller à
pied ! — On laisse la Compagnie faire ce qu'elle veut, on ne la
force pas à apporter dans ses services les améliorations utiles et
nécessaires à la Ville de Paris, et remarquez bien que ce manque
d'amélioration a une répercussion dans les finances de la Ville ; en
un mot, on lui laisse pleine et entière liberté. Cependant, il n'en
serait pas ainsi si nous avions un Préfet qui voulut bien appliquer
nos délibérations toujours prises en faveur de la population parisienne ; mais quand nous voulons faire quoi que ce soit, nous
sommes de suite en butte à des ennuis de toutes sortes, et, comme
suite, à ces refus de la part de l'autorité supérieure. Il est vrai que
le traité qui lie la Ville à la Compagnie, qui a été fait par M.
Haussmann, est d'une grande élasticité. On aurait pu s'arranger de
façon à ce que la Compagnie ne puisse creer une force, comme
elle l'a fait : on aurait pu l'empêcher de faire des véhicules lourds
et disgracieux. Nos prédécesseurs, comme nous également, nous
nous sommes occupés de ces points aussi bien que de l'augmentation de transports, mais nous n'avons obtenu aucun résultat.

On a alors cherché à biaiser, on a demandé de nouvelles lignes
concédées par le Conseil général, on a même donné des concessions directes..... (M. Prache cite alors plusieurs exemples, entre
autres le tramway de Saint-Sulpice, qu'on a appelé un tramway

joujou). Mais, dit-il, il est pour nous un auxiliaire puissant, parce que les départs sont plus nombreux, les voitures moins lourdes, moins coûteuses, et cependant il rapporte.

Il dit que les points tels que Saint-Germain-des-Prés, l'Opéra, la gare Saint-Lazare, devraient être reliés ensemble par des moyens de transports rapides et peu coûteux, et il ajoute encore que de ces mêmes points devraient partir d'autres lignes allant à la périphérie. J'estime que sinon avec 10 centimes, du moins avec 15, nous pourrions, nous devrions être transportés beaucoup plus rapidement et plus commodément.

Il faut donc avoir recours aux moyens préconisés par M. Vibert, mais, hélas ! cela ne se fait pas tout seul ! Je vois ici un demandeur en concession qui est venu nous trouver, il y avait aussi un autre demandeur en concession, M. Passedoit. Il nous a exposé des projets réalisables, des projets parfaits. Mais demandez-leur les difficultés qu'ils n'ont pas rencontrées ? Car non-seulement il faut s'adresser à la Ville, mais encore au département ou à l'Etat. Il ne faut pas frapper qu'à la porte de la Préfecture si vous vous adressez au département : il faut encore faire antichambre, attendre au ministère des Travaux publics ou au Conseil d'Etat.

Cependant, citoyens, j'estime qu'il faut toujours lutter, qu'il faut toujours demander et que nous, conseillers, nous devons être soutenus par la population. Comme preuve, permettez-moi de vous lire l'article relatif aux réclamations (M. Prache donne lecture de cet article, où il dit qu'un registre de réclamations est à la disposition du public dans chaque bureau, pour que ceux qui ont à se plaindre du service puissent transcrire leurs plaintes).

Vous le voyez, la chose peut se faire ; or quand vous tous auriez attendu de longs quarts d'heure et n'auriez pu trouver place, demandez ce registre, exigez-le et consignez votre réclamation. Je sais bien qu'il est difficile de l'obtenir, mais insistez et il faudra bien que vous obteniez satisfaction.

M. Prache montre alors une étude qu'il a faite sur les départs et prouve que malgré les horaires qui sont affichés, la Compagnie supprime des voyages, il en donne la preuve et les raisons données par la Compagnie.

Il faut donc, citoyen, que vous preniez tous la résolution de nous soutenir. Je ne vous ai indiqué qu'un faible moyen, mais suivez-le, parce qu'il est pratique. Et puisque M. Vibert s'occupe de cette question si impérieuse des transports, il faut qu'il enseigne à la population que le service est incomplet, qu'il est défectueux et qu'elle a des moyens de rémédier à un état de choses dont elle souffre. Je serai donc heureux d'être venu ici pour apporter mon faible concours et vous dire : Je suis absolument de votre avis. *(Applaudissements prolongés)*

DÉCLARATION DE M. GIROU, CONSEILLER MUNICIPAL
A LA RÉUNION DU 20 AVRIL 1896

Je suis venu à cette réunion, ou plutôt à cette conférence, parce que j'ai pensé que la question des transports en commun était une question capitale, une question intéressante qui avait besoin d'être sérieusement étudiée. Je ne vous parlerai pas de la comptabilité de la Compagnie des Omnibus, comme l'a fait le citoyen Vibert, puisque cette Compagnie a sa comptabilité à soi, qu'elle ne paie pas ce qu'elle devrait nous payer et qu'elle ne paie que ce qu'elle veut bien payer. Vous n'ignorez pas le différend que nous avons actuellement avec la Compagnie du Gaz, mais j'estime que la Compagnie des Omnibus est bien plus canaille et qu'elle nous vole beaucoup plus. Je suis de plus convaincu que pas un de vous, citoyens, que pas un Parisien même ne doit reconnaître ce monopole et qu'au contraire il doit tout faire pour le détruire. Pour mon compte personnel, je n'admets pas qu'une ville comme Paris, que n'importe quelle ville même se lie à une exploitation quelconque, je suis donc l'adversaire, l'ennemi de tout monopole.

On a parlé de la déchéance, mais nous l'avons votée et nous ne l'avons jamais obtenue. Pourquoi ? Parce qu'à la tête de la Compagnie ne se trouvent pas les premiers venus. Ils savent se ménager des amitiés sérieuses au détriment de la population parisienne. Pour certaines personnes, et je ne suis pas de celles-là, la Compagnie est extrêmement habile, elle pourrait avoir des administrateurs incomparables, des commerçants, des négociants, des personnes rompues aux affaires, etc. Non, elle préfère avoir des hommes à attaches nombreuses, des sénateurs disposant d'une influence, un ministère ou un Conseil d'Etat ; elle se sert de ces influences pour tenir en échec bien souvent de timides volontés pour continuer ses exactions et, en un mot, faire ce qu'elle veut.

Nous devons donc faire tout notre possible, citoyens, pour abattre ce monopole et, pour cela, vous me trouverez toujours sur la brèche.

Le citoyen Vibert vous a parlé de la clause de rachat relativement à ce que je propose ; je suis absolument de son avis, mais il ne faudrait pas que pour cela nous ayons un préfet semblable à celui que nous possédons. Est-ce que le préfet actuel n'a pas des armes dans la main contre cette Compagnie? Cependant il ne les emploie pas ! Bien plus, citoyens, qu'une contestation survienne entre un voyageur et la Compagnie, le Préfet intervient et donne toujours gain de cause à la Compagnie. Il dit donc qu'à l'heure actuelle, il est impossible de faire quoi que ce soit contre ce monopole et qu'il ne faut envisager contre elle que la nécessité de lui faire concurrence. Votons donc tout ce qui pourrait établir cette concurrence, et bien entendu que le droit de rachat soit inscrit dans le cahier des charges, la Ville ne pouvant exercer ou exploiter elle-même directement. Si donc la Ville doit être obligée de concéder à de nouvelles Compagnies, il faut que ces dernières aient moins de droits que la Compagnie des Omnibus actuelle, que la Ville puisse toujours avoir la haute main sur les transports à quelque époque que ce soit. Mais j'aimerais encore mieux que tous les moyens de transports publics, tous les services publics, tous les monopoles disparussent et devinssent des services publics communaux.

J'ai beaucoup étudié la question des tramways électriques, j'en ai vu plusieurs, de différents systèmes, et je puis affirmer qu'ils sont parfaitement réalisables. Je ne veux rien qui retire la perspective, qui dépare la beauté de Paris. Mais est-ce que le tramway de Romainville, qui bientôt va fonctionner, déparera l'avenue de la République ? certes non ! Mais ce que je ne veux pas, c'est ce qui a été fait, par exemple, à Clermont-Ferrand, où des fils mis au milieu des rues sont d'un aspect disgracieux. Par contre, on me présenterait un moyen de transport rapide, économique, pour lequel il serait nécessaire d'avoir des candélabres d'un superbe effet avec une lampe ; si l'on pouvait accrocher d'une façon sommaire par un simple crochet le fil à ce candélabre, de façon à prendre le contact, je ne m'y opposerais pas, s'il en résultait un abaissement de tarif. Il ne faut pas non plus que nous ayons de ces grandes voitures, que j'appellerai des maisons, que la Compagnie a créées. Il nous faut des véhicules légers, gracieux, qui partent rapidement et souvent ; la population parisienne ne pourra que gagner à ce qu'il ne sorte plus de ces grandes voitures à quarante places ; en effet, la Compagnie, quand elle a fait partir en intervalles de dix en dix minutes, dix de ces voitures, a transporté quatre cents voyageurs, tandis qu'avec le genre de voitures que nous demandons, qui contiennent, il est vrai, moitié moins de voyageurs, mais qui partiraient toutes les trois minutes par exemple, nous transporterons le double et plus de voyageurs. D'ailleurs, ces voitures permettront une allure plus rapide, sans gêner en rien la circulation ; il n'y a pas à craindre en ce moment d'être gêné, il faut le reconnaître, par la marche des voitures de la Compagnie des Omnibus, sa marche est antédiluvienne. Vous savez tout le temps qu'il faut pour monter le boulevard Saint-Michel avec le tramway de Montrouge. Je crois qu'il est inutile d'insister sur ce point.

Je suis donc un de ceux qui demandent la substitution de la traction mécanique à la traction animale. On m'a parlé tout à l'heure de M. Thiers, on a exprimé des craintes au point de vue de la réussite. Mais est-ce que les chemins de fer n'ont pas réussi et est-ce que M. Thiers lui-même ne devint pas un des plus gros actionnaires des Compagnies de chemins de fer ?

Laissons de côté le cas où les concessionnaires ne gagneraient pas d'argent, il est inutile d'en parler, puisque je suis absolument certain que le tarif à dix centimes sera suffisamment rémunérateur. Je ne citerai comme exemple, qu'une ville que le citoyen Vibert a nommée et que je connais : je veux parler de Rouen. Or, vous avez vu quel a été l'accroissement des recettes, malgré la diminution de tarif.

Je suis donc partisan de la traction mécanique, la Compagnie pourrait l'avoir déjà réalisée, mais elle fait ce qu'elle veut ; je comprends cela de sa part, elle ne veut pas charger la fin de sa concession, les quatorze années qui lui restent à courir. Cependant, si elle avait compris ses intérêts, elle l'aurait déjà fait et je suis certain que ses frais de premier établissement auraient été compensés et qu'elle aurait été remboursée de tous ses frais. Mais que voulez-vous, citoyens, c'est là le fait de toutes les Compagnies.

La Compagnie des Omnibus, comme la Compagnie du Gaz, a préféré se substituer à des Compagnies mobilières ; elle a acheté des terrains, avec des terrains dont aurait dû bénéficier la population parisienne et la Ville, et elle cherche à spéculer sur ces terrains, ce n'est pas cependant cela qui devrait nous arrêter dans la lutte entreprise contre elle, nous, les consommateurs de voitures. Ce que nous devons faire, c'est chercher à lui créer le plus de concurrences possible, afin qu'à l'expiration de son monopole elle soit forcée de faire quelque chose dont nous profiterons.

Comme conclusion, je dis donc que lorsque vous voudrez faire des Compagnies exploitant aux conditions que vous a si bien expliquées le citoyen Vibert, vous trouverez cent concessionnaires au lieu d'un.

Je suis donc résolu à appuyer tout projet qui aurait pour résultat de créer des transports rapides et bon marché. *(Applaudissements)*.

M. Chauray dit qu'il lui semble impossible d'établir des lignes

parallèles à celles de la Compagnie des Omnibus et parle des voies
qui sont trop exiguës.

M. Vibert lui répond et M. Girou cite ensuite les chemins de
fer Nogentais qui passent dans certaines rues du Perreux, beaucoup
plus étroites en général que celles de Paris.

DÉCLARATION DE M. RANSON (1)

M. Ranson, candidat au quartier Montparnasse, dit qu'il est
entièrement de l'avis de M. Girou, que les transports sont absolument insuffisants ; il estime que M. Vibert a fort bien expliqué
ce qu'il y avait à faire.

Il termine en disant que s'il devient le collègue de M. Girou, au
Conseil, il fera son possible pour autoriser la création de nouvelles
lignes à traction mécanique.

M. Adenot remercie, au nom des ouvriers, M. Vibert de la campagne qu'il mène.

Il explique qu'il faut bien créer des lignes venant non seulement
de la périphérie, mais encore de la banlieue, puisque par suite des
nouvelles voies qui sont ouvertes, les maisons démolies ont fait place
à de vrais palais. — Les ouvriers et employés sont obligés d'aller
demeurer loin, et le tarif de la Compagnie des Omnibus est par
trop cher.

Un ordre du jour conforme aux propositions de M. Paul Vibert
appuyées par MM. Girou, Ranson et plusieurs orateurs, est adopté
à l'unanimité.

---

(1) M. Ranson a été élu Conseiller municipal le 10 Mai.

MA CAM. GNE DANS LE DÉPARTEMENT DE LA SEINE

QUELQUES EXTRAITS DE LA PRESSE DÉPARTEMENTALE SUR MES CONFÉRENCES

Pantin

La question des tramways. — Ainsi que nous l'avons annoncé, une très intéressante conférence a eu lieu lundi soir dans la salle des fêtes, faite par M. Paul Vibert, sur la question des transports en commun ; l'orateur. dans une argumentation bourrée de faits et de chiffres a fait le procès de la Compagnie des omnibus qui se refuse à améliorer son matériel, à substituer la traction mécanique à la traction animale et qui paralyse par la légende de son monopole, le développement de l'industrie des transports économiques et suffisants.

Il faut que pour l'Exposition de 1900, nous ayions un réseau de tramways électriques permettant à la population urbaine et suburbaine de vaquer à ses affaires commodément et économiquement. Il faut que les représentants élus de la population agissent promptement pour faire aboutir ces questions.

M. Paul Vibert s'est étendu aussi longuement sur les deux projets de ligne intéressant la région Pantinoise, du Raincy à la place de la République. et de Charenton à Pantin. Des avis favorables ont été émis par les Conseils municipaux des communes intéressées, les demandes de concession des lignes ont été faites par des compagnies sérieuses, sans demande de garantie d'intérêt ni subvention.

Qu'attend-on donc pour commencer ?

Il est temps d'agir.

Le conférencier a été interrompu par des applaudissements répétés.

Et pour clore la séance, M. Desprat, adjoint au maire, qui présidait, assisté de MM. Kugler et Cottin, a mis aux voix l'ordre du jour suivant qui a été adopté à l'unanimité.

Les habitants des communes de Pantin et Pré-St-Gervais, réunis, le lundi 30 novembre 1896, salle communale des fêtes, à Pantin, après avoir entendu la conférence du citoyen Paul Vibert sur la question des TRANSPORTS EN COMMUN, persuadés que le seul moyen pratique de doter le département de la Seine des avantages que les grandes villes de province et de l'étranger possèdent, pour circuler facilement et à bas prix, est l'établissement de lignes nouvelles, *indépendantes des monopoles existants ;*

Décident :

Les représentants de la banlieue au Conseil général doivent poursuivre la réalisation immédiate des projets actuellement étudiés par l'administration et tendant à la création de lignes de tramways électriques, AU TARIF DE 10 CENTIMES, devant relier l'intérieur de Paris avec les communes suburbaines et ces communes entre elles.

Et considérant que la ligne de la Place de la République au Raincy, par le Pré-St-Gervais, Pantin, Noisy-le-Sec et Bondy, celle du Pont de Conflans à Pantin-Quatre-Chemins, par Charenton, St-Mandé, Vincennes, Montreuil-sous-Bois, Bagnolet, Les Lilas et Pré-St-Gervais, répondent aux besoins des populations intéressées, et aux *desiderata* du Conseil général.

Chargent leurs représentants à cette assemblée de faire toutes les diligences nécessaires pour que ces deux lignes soient votées et concédées au cours de la présente session, pour être exécutées dès le printemps prochain.

(*Journal de Saint-Denis*, 3 décembre 1896).

Les tramways. — Lundi dernier a eu lieu, à Pantin, une conférence de M. Paul Vibert, qui, avec une ardeur infatigable, entreprend une tournée dans la banlieue parisienne, en faveur du transport en commun et de la fixation uniforme à 10 centimes du prix des places.

Cette amélioration n'est pas un leurre, elle peut être réalisée promptement, puisque des sociétés très sérieuses ont fait des propositions dans ce sens, en offrant toutes les garanties désirables. Il n'y a donc qu'à vouloir, et, dans ce but, demander à tous nos élus, conseillers municipaux et généraux, d'agir sans retard auprès des pouvoirs publics, afin d'en enlever l'exploitation à la Compagnie des omnibus. En effet, la mauvaise volonté par trop évidente de cette Compagnie ne tend qu'à enrayer les progrès réalisés par les nouveaux systèmes de traction mécanique, dans l'intérêt de son monopole.

Un ordre du jour a été voté à l'unanimité par l'assemblée ; nous ne le reproduisons pas ici, il est à peu près identique à celui voté mardi à Noisy-le-Sec et mercredi à Bagnolet. On trouvera ce dernier reproduit dans son entier à l'article « Bagnolet ».

(*Pantin-Noisy*, 5 décembre 1896).

26

Noisy-le-Sec

Pour le tramway. — M. Paul Vibert continuant son infatigable
campagne en faveur de l'établissement des tramways dans toutes
les communes de la banlieue-Nord de Paris, a fait hier soir à la
Mairie de Noisy-le-Sec, une conférence des plus intéressantes
devant une assistance nombreuse et choisie et a soulevé à plusieurs
reprises les applaudissements de l'assemblée. Après avoir fait le
procès de la Compagnie des Omnibus qui, forte de son monopole, se
montre hostile à tout projet de réforme et condamné la traction
animale qui doit faire place à la traction mécanique, traction du
progrès, l'orateur a fait ressortir les avantages que les communes
suburbaines retireraient de la création de lignes de tramways au
prix unique de 10 centimes qui leur permettrait de communiquer
entre elles et les transporteraient pour un prix minime au centre
de Paris. M. Vibert a surtout insisté sur les avantages que compor-
teraient à leur profit les lignes projetées au moment de l'exposition
de 1900. Elles créeront des débouchés aux millions de visiteurs
qui viendront de la province et de l'étranger et, en amenant des
habitants temporaires dans les communes suburbaines, compenseront les impôts qu'une exposition entraîne toujours pour celles-ci.

M. Collardeau que l'assemblée avait élu à l'unanimité président
de la réunion a pris ensuite la parole pour assurer ses auditeurs de
son dévoûment et du dévoûment de ses collegues du Conseil général à la cause patriotique et nationale défendue avec tant de feu
par M. Vibert. Il a prié les conseillers municipaux des communes
présents à la réunion de lui indiquer les lignes de tramways les
plus urgentes afin qu'elles pussent être l'objet d'une recommanda-
tion particulière auprès de l'Administration.

Dans l'assistance, nous avons remarqué MM. Daniel et Maheut,
adjoints au maire de Noisy, représentant le maire empêché par une
indisposition. MM. Brot Eugène, Gouillard. Thibault, Prilleux,
Jarlat, Renault, Delargile, Dicop, Dittière, Espaulard, Antonin,
conseillers municipaux, l'agent voyer Michaud et un grand nombre
de conseillers de Bondy et de Romainville.

Un ordre du jour analogue à celui présenté avant-hier soir à
Pantin a été voté à l'unanimité. Il comporte une modification qu'il
n'est pas inutile de mentionner et qui est celle-ci :

« Les habitants de Noisy-le-Sec et Romainville, réunis le mardi
1er décembre à la salle des fêtes de la mairie de Noisy-le-Sec,
chargent leurs représentants à cette assemblée de faire toutes diligences nécessaires afin que les trois lignes projetées soient votées

et concédées au cours de la présente session pour être exécutées dès le printemps prochain, les travaux devant être commencés dans les six mois qui suivront l'obtention de la concession. »

(*Journal de Saint-Denis*, 3 décembre 1896.)

Bagnolet

La conférence Vibert. — Cent cinquante personnes environ avaient répondu à l'invitation de M. Paul Vibert. On remarquait bon nombre de conseillers municipaux de Bagnolet : MM. Bréjon, Robineau, Dauer, Jacob, Debonneetbeau ; M. Souchet, conseiller municipal du Pré-St-Gervais ; plusieurs membres du Comité d'Union socialiste des Lilas ; M. de Laëre, directeur du journal *La Rive Gauche ;* M. Grauce, directeur du *Journal de Saint-Denis*, etc.

A 9 heures, la séance est ouverte.

L'Assemblée acclame M. Auguste Graindorge comme président ; MM. Penet et Goulhot comme assesseurs.

Aussitôt, le Président donne la parole au conférencier.

La question des voies de communication est peut-être celle qui passionne le plus les communes suburbaines, jusqu'à présent si mal desservies. La commune de Bagnolet est, d'ailleurs, une des plus si ce n'est la plus déshéritée sous ce rapport.

Aussi, les citoyens venus pour entendre M. Paul Vibert, l'ont-ils écouté avec le plus grand intérêt développer ses idées sur le transport en commun, et le tarif uniforme à 10 centimes au moyen de tramways électriques de petit modèle, légers, et se succédant à intervalles très rapprochés. Il a montré avec une grande clarté l'économie de ce système qui a fait ses preuves, qui est adopté aujourd'hui un peu partout, excepté à Paris, où il est combattu par la puissante Compagnie des Omnibus, qui y voit un danger pour son monopole. Il faut qu'en 1900, Paris et le département de la Seine soient sillonnés par un réseau de tramways à traction mécanique qui puisse suffire à tous les besoins.

Le succès de notre grande exposition est à ce prix, car il est trop tard pour mener à bien le métropolitain d'ici cette époque.

Le conférencier parle ensuite des deux lignes projetées qui doivent traverser Bagnolet :

1° La ligne de la place Saint-Michel au Raincy, par Bagnolet et Noisy-le-Sec ;

2° Celle du Pont de Conflans à Pantin-Quatre-Chemins, par Charenton, Saint-Mandé, Vincennes, Montreuil, Bagnolet, Les

Lilas et le Pré-Saint-Gervais. Il nous annonce que cette dernière vient d'être, pour la troisième fois, renvoyée à la Commission pour supplément d'études. Il faut donc stimuler le zèle de nos élus au Conseil municipal et au Conseil général pour arriver à un prompt résultat.

Après quelques vibrantes paroles du citoyen Dépillier, du Comité *Union socialiste* des Lilas, M. Vibert donne lecture de l'ordre du jour suivant qui, mis aux voix par le président, est adopté à l'unanimité :

Les habitants des communes de Bagnolet et des Lilas, réunis le mercredi 2 décembre 1896, salle Colin, à Bagnolet, après avoir entendu la conférence du citoyen Paul Vibert sur la question des *Transports en commun* ;

Persuadés que le seul moyen pratique de doter le département de la Seine des avantages que les grandes villes de province et de l'étranger possèdent pour circuler facilement et à bas prix, est l'établissement de lignes nouvelles, *indépendantes des monopoles existants* ;

Décident :

Les représentants de la banlieue au Conseil général doivent poursuivre la réalisation immédiate des projets actuellement étudiés par l'administration et tendant à la création de lignes de tramways électriques *au tarif de 10 centimes*, devant relier l'intérieur de Paris avec les communes suburbaines et ces communes entre elles ;

Et, considérant que la ligne de la place Saint-Michel au Raincy, par Bagnolet et Noisy-le-Sec ; celle du Pont de Conflans à Pantin-Quatre-Chemins, par Charenton, Saint-Mandé, Vincennes, Montreuil-sous-Bois, Bagnolet, Les Lilas et le Pré-Saint-Gervais répondent aux besoins des populations intéressées et aux *desiderata* du Conseil général ;

Chargent leurs représentants à cette assemblée de faire toutes les diligences nécessaires afin que ces deux lignes soient votées et concédées au cours de la présente session, pour être exécutées dès le printemps prochain, les travaux devant être commencés dans un délai de six mois, après l'obtention de la concession.

(*Pantin-Noisy*, 5 décembre 1896.)

Saint-Mandé

Vendredi dernier a eu lieu à Saint-Mandé, sous la présidence de M. Gibert, conseiller général, la conférence de l'infatigable conférencier, M. Paul Vibert, sur les moyens de transports à bon marché. Il a répété avec non moins de succès les arguments qu'il avait déjà produits à Vincennes et dans d'autres communes de la banlieue.

Le nombre des auditeurs pouvait s'élever à environ 150, parmi lesquels, MM. Gourdault, maire, Quihou et Croizet, adjoints, quelques conseillers municipaux avaient tenu à assister aussi à cette intéressante conférence qui laissera un souvenir profitable à ceux qui y ont assisté.

Afin de donner une sanction à cette soirée, un ordre du jour a été voté, engageant les pouvoirs publics à s'occuper sans retard de donner satisfaction aux populations suburbaines, en permettant la construction immédiate de lignes de tramways à traction mécanique.

(*L'E.ho de Vincennes*, 13 décembre 1896)

Montreuil

Les moyens de transports à bon marché. — Nous avons eu jeudi dernier le plaisir d'assister à la conférence donnée au préau des écoles de la Route, rue des Ecoles, par M. Vibert, économiste, sur les moyens de transports à bon marché.

Le milieu était absolument favorable à une conférence de ce genre-là ; c'est qu'en effet, Montreuil est absolument privé de moyens de transports utiles et à bon marché et l'éloquence du conférencier aidant, le succès a dépassé les espérances des plus difficiles.

M. Vibert a commencé par faire le procès de la Compagnie des Omnibus qui, sous le fallacieux prétexte que son traité avec la Ville de Paris finit en 1910, c'est-à-dire dans quatorze ans, ne fait des réformes que quand elle ne peut plus faire autrement.

Elle s'en tient à la traction animale, condamnée aujourd'hui par tous ceux qui s'occupent de l'importante question des transports en commun.

Il fait ressortir combien la traction électrique par trolley est supérieure à tout autre mode de traction mécanique, car elle permet à la fois la rapidité et l'économie, dont forcément les voyageurs profiteront.

Il répond victorieusement aux questions qui lui sont faites, notamment par M. Royer, conseiller municipal, et par quelques autres citoyens dont nous ignorons les noms.

M. Chéreau, maire et M. Ripaux, conseiller d'arrondissement, prennent la parole à tour de rôle pour appuyer M. Vibert, en apportant quelques arguments nouveaux à l'appui de ses dires.

Finalement, un ordre du jour fortement motivé, lu par M. Langlois, conseiller municipal, est voté à l'unanimité. L'assemblée décide, en outre, qu'il devra être envoyé aux autorités compétentes et affiché en grand nombre dans la commune.

Cette réunion, présidée par M. Chéreau, maire, assisté de MM. Ripaux, conseiller d'arrondissement ; Lauriau, conseiller municipal ; Langlois, conseiller municipal, remplissant les fonctions de secrétaire, est appelée, croyons-nous, à faire faire un grand pas à la question des transports en commun.

Nous adressons tous nos remerciements à ces dévoués citoyens pour le concours désintéressé qu'ils ont bien voulu apporter aux organisateurs de la réunion.

Voici l'ordre du jour dont nous parlons ci-dessus :

« Les habitants des communes de Montreuil et Rosny, réunis le jeudi 10 décembre 1896, salle des Ecoles, à Montreuil, sous la présidence de M. Chéreau, maire de Montreuil, assisté de M. Ripaux, conseiller d'arrondissement, M. Lauriau, conseiller municipal de Montreuil, comme assesseurs, et de M. Langlois, conseiller municipal de Montreuil, comme secrétaire.

« Après avoir entendu la conférence du citoyen Paul Vibert sur la question des tramways en commun.

« Persuadés que le seul moyen pratique de doter le département de la Seine des avantages que les grandes villes de province et de l'étranger possèdent pour circuler facilement et à bas prix, est l'établissement de lignes nouvelles indépendantes des monopoles existants.

« Décident :

« Les représentants de la Banlieue au Conseil général doivent poursuivre la réalisation immédiate des projets actuellement étudiés par l'administration et tendant à la création de lignes de tramways à traction mécanique, au tarif unique de dix centimes, devant relier l'intérieur de Paris avec les communes suburbaines et ces communes entre elles ;

« Et confiants dans l'énergie de M. Pinet pour s'efforcer de faire triompher le bon droit, par l'application rigoureuse du cahier des charges, contre la prétention de la Compagnie des Omnibus d'empêcher la pénétration de ces nouvelles lignes dans Paris ;

« Ils prient leur dévoué conseiller général, ainsi que M. Gibert, conseiller général du canton de Vincennes et rapporteur de la Commission mixte des omnibus et tramways, de faire toutes les diligences nécessaires pour que les différentes lignes intéressant la région, et notamment celle de la Place Saint-Michel au Raincy-Villemonble, par Montreuil et Rosny ; celle de Montreuil à Boulogne-sur-Seine, qui reliera l'Exposition de 1900 aux annexes du Bois de Vincennes, soient votées et mises à l'enquête au cours de la présente session, les demandeurs en concession s'étant formellement engagés à construire immédiatement le tronçon suburbain de la ligne Place Saint-Michel-Villemonble, dans le cas où la pénétration dans Paris leur serait momentanément refusée.

« Et considérant enfin que l'expérience a démontré que, seule, la traction électrique permet l'application du prix de dix centimes, et le partage des bénéfices avec le personnel et le département, se déclarent partisans de ce mode de traction de préférence à tous autres ; mais avec quelques modifications aux itinéraires actuellement à l'étude, et ayant pour but de desservir d'une façon plus satisfaisante le quartier dit du Bas-Montreuil.

« Ils invitent, en outre les pouvoirs publics à accorder, dans le plus bref délai, les autorisations nécessaires pour l'établissement rapide des lignes dont il s'agit. »

(L'*Echo de Vincennes*, 13 Décembre 1896.)

Charenton

Les Tramways à 10 centimes. — Mardi dernier, M. Vibert, économiste, continuant le cours de sa propagande à travers la banlieue. a fait à Charenton, salle des Fêtes de la Mairie, une conférence sur le tramway à 10 centimes.

Après avoir fait le procès de la Compagnie des Omnibus, aux applaudissements de tous les auditeurs dont le nombre était de près de 300. il a prouvé la nécessité de multiplier les lignes de tramways à traction électrique, moyen rapide et bon marché.

La séance était présidée par M. Dussault, maire de Charenton ; la plupart des conseillers y assistaient.

L'ordre du jour suivant a été voté à l'unanimité :

« Les habitants de la commune de Charenton, réunis le mardi 15 décembre 1896, salle des Fêtes de la Mairie, après avoir entendu la conférence du citoyen Paul Vibert sur la question des TRANSPORTS EN COMMUN ;

« Persuadés que le seul moyen pratique de doter le département de la Seine des avantages que les grandes villes de province et de l'étranger possèdent pour circuler facilement et à bas prix, est l'établissement de lignes nouvelles, *indépendantes des monopoles existants ;*

Décident :

« Les représentants de la banlieue au Conseil général poursuivront la réalisation des projets actuellement étudiés par l'Administration et tendant à la création de lignes de tramways à traction mécanique, AU TARIF DE 10 CENTIMES, devant relier l'intérieur de Paris avec les communes suburbaines et ces communes entre elles ;

« Confiants dans l'énergie de leurs élus pour faire triompher le bon droit, par l'application rigoureuse du cahier des charges, contre la prétention de la Compagnie des Omnibus d'empêcher la pénétration de ces nouvelles lignes dans Paris ;

« Ils les prient de faire toutes les diligences nécessaires pour que les différentes lignes intéressant leur région soient exécutées dans le plus bref délai possible ;

« Et considérant que l'expérience a démontré que, seule, la traction électrique permet l'application du prix de 10 centimes et le partage des bénéfices avec le personnel et le département. se déclarent partisans de ce mode de traction, de préférence à tous autres. »

(*La Voix des Communes*, 19 décembre 1896).

Je pourrais citer ainsi tous les journaux de la banlieue et l'on sait s'ils sont nombreux ; je pourrais aussi ajouter une suite de noms de villes où je suis allé porter la bonne parole, à Vincennes, à Maison-Alfort, à Saint-Maur-les-Fossés, etc , etc., à quoi bon. Je crois en avoir assez fait pour rendre enfin un peu d'espérance aux pauvres Parisiens et aux plus pauvres habitants de la banlieue encore, si c'est possible, en leur démontrant qu'il était bien simple de se passer de la terrible Compagnie des Omnibus et de son soi-disant monopole, pour construire partout des Tramways électriques, au tarif unique de 10 centimes.

Aujourd'hui la démonstration est faite et je veux croire pour l'honneur de Paris et du département de la Seine que mes longues, persévérantes et fatigantes campagnes, par tous les temps, n'auront pas été vaines et que nous n'aurons plus longtemps à attendre les pieds dans la boue les Tramways libérateurs !

.*.

Et pour finir et donner un dernier argument, je ne saurais mieux faire que de citer ici les chiffres suivants que je trouve dans la presse Lyonnaise :

La Compagnie des Omnibus et Tramways de Lyon a publié des

chiffres qui serviront à nous édifier. Sur deux lignes de son réseau, elle a successivement substitué la traction électrique à la traction animale d'une part et la traction mécanique funiculaire d'autre part.

Le tramway de Lyon à Oullins et Saint-Genis était en 1893 actionné par des chevaux. Cette année a donné :

Recettes, 240.914 fr. 65.

Parcours fourni, 268.124 kil.

Recette par voiture-kilomètre, 898 fr.

Dépenses, 214.922 fr.

Bénéfice, 35 922 fr 40.

En 1895 la même ligne est livrée à la traction électrique.

Elle donne pour résultats :

Recettes, 439.218 fr. 85.

Parcours fourni, 532.040 kil.

Recette par voiture-kilomètre, 776 fr.

Dépenses, 313.426 fr. 35.

Bénéfice, 125 692 fr. 60.

La Compagnie a presque quadruplé ses bénéfices.

La ligne de Lyon à Saint Fons et Vénissieux, exploitée par la même Compagnie, donne du 1er janvier au 21 août 1895 (232 jours), avec la traction mécanique funiculaire :

Recettes, 110.852 fr. 35.

Parcours fourni, 159 716 kil.

Recette par voiture-kilomètre, 694 fr.

Dépenses, 81.716 fr. 20.

Bénéfice, 22.017 fr. 80.

La traction électrique a produit du 22 août au 31 décembre de la même année (183 jours) :

Recettes, 87.950 fr. 50.

Parcours fourni, 150.811 kil.

Recette par voiture-kilomètre, 573 fr.

Dépenses, 65.933 fr. 10.

Bénéfice, 22.017 fr. 80.

On remarquera qu'en 133 jours le parcours fourni par la traction électrique est presque égal à celui de 232 jours par la traction mécanique funiculaire et que les bénéfices sont presque égaux dans les deux cas.

Conclusion : La traction électrique étant plus rapide, peut faire plus de voyages et le public, trouvant un avantage réel à prendre le tramway, s'en sert plus fréquemment.

Et Paris, et le département de la Seine sont toujours, au point de vue des transports en commun, au-dessous de tous les pays civilisés ; espérons que cela va enfin cesser, malgré la mauvaise volonté de la Compagnie des Omnibus.

En tous cas, ce n'est pas de ma faute, si le progrès est si lent à venir, et je compte bien continuer ma campagne, si la chose est nécessaire !

.*.

J'aurais pu donner encore ici, d'après la presse locale, les comptes-rendus de mes conférences à Vincennes, Maison-Alfort, Saint-Maur-les-Fossés, etc., etc., comme je disais plus haut.

J'aurais pu rappeler ici les ordres du jour que j'ai fait voter dans tous les arrondissements de Paris et dans presque toutes les communes — les villes — du département de la Seine, contre la Compagnie des Omnibus qui ne veut rien faire, et en faveur de la traction électrique. Ces ordres du jour, identiques dans leur énergique teneur, se différencient cependant, en ce sens qu'ils défendent chacun des intérêts locaux également respectables, également impérieux.

Mais à quoi bon allonger ces notes outre mesure ?

D'autant plus qu'il est probable que je n'aurais pu exposer ici que la première étape de la rude campagne que je mène, depuis plus d'un an, pour arriver à doter enfin Paris et le département de la Seine de moyens de transports suffisants, commodes, rapides et bon marché.

En effet, le Ministre des Travaux publics ne vient-il pas d'inviter la Compagnie des Omnibus à présenter, *pour quelques lignes seulement,* des projets de traction mécanique *dans les six mois !*

Après, naturellement, les enquêtes et contre-enquêtes dureront jusqu'à la fin du siècle, jusqu'à l'Exposition de 1900.

Il me faudra donc reprendre encore la plume et la parole pour triompher du mauvais vouloir de l'*administration* et des *administrations.*

On oppose aux *desiderata* des Parisiens un enterrement de première classe ; mais c'est là une malice cousue de fil blanc.

On veut gagner du temps, lanterner ; mais c'est là une manœuvre que tout le monde connaît, et que nous saurons percer à jour et déjouer par nos infatigables revendications, parce que nous savons que nous avons derrière nous une brave et vaillante population de *quatre millions* d'habitants qui nous pousse, nous soutient et nous encourage dans notre campagne, ardente peut-être, mais juste entre toutes.

Enfin, avant de terminer, je veux remercier ici, publiquement,

M. J.-J. Roche, directeur des *Journaux des Vingt Arrondissements de Paris* et M. Ludovic de Laëre, directeur du journal *La Rive-Gauche* qui, avec un dévoûment incomparable et une énergie que l'on ne puise que dans la défense des bonnes causes, m'ont organisé mes conférences, le premier à Paris, le second dans le département de la Seine.

J'ai toujours trouvé, chaque soir, ces deux vaillants à mes côtés, dans la lutte contre la routine et le monopole et, certes, je suis heureux de pouvoir constater combien ils ont mérité tous deux la reconnaissance de tous les Parisiens et de tous les suburbains.

.....Et s'il n'en reste qu'un pour doter enfin Paris et le département de la Seine de Tramways à 10 centimes, je serai celui-là !

Non, je me trompe, nous serons encore trois, car J.-J. Roche et Ludovic de Laëre seront toujours là, et nous finirons par mener à bien l'œuvre la plus utile, non seulement pour Paris, mais pour la France entière, et qui était bien de nature à séduire et à passionner un économiste doublé d'un vieux Parisien comme moi.

CONCOURS POUR LE PRIX AYMAR-BRESSION
D'UNE VALEUR DE CINQ CENTS FRANCS

RÈGLEMENT

Article premier. — Le prix Aymar-Bression, dont la valeur est de cinq cents francs, sera affecté en 1895 à la question de la locomotion mécanique et fera l'objet d'un concours spécial exclusivement réservé aux Membres de l'Académie Nationale.

Article 2. — Le concours sera ouvert du 1er juin au 31 août.

Article 3. — Tout Membre de l'Académie Nationale désirant participer à ce concours devra informer la Direction de son intention, et fixer un jour précis, pendant la durée du concours, où il sera en mesure de soumettre à l'examen de la commission spéciale une voiture automobile en état de fonctionnement.

Article 4. — Aucun modèle réduit, projet ou dessin ne sera admissible au concours. Seules, les voitures entièrement construites et roulant effectivement seront examinées.

Article 5. — La force motrice employée à la propulsion des voitures pourra être de nature quelconque.

Article 6. — La commission d'examen jugera en toute souveraineté pour l'attribution du prix.

Article 7. — Pour décider de la voiture devant être considérée comme la meilleure, la commission tiendra compte des éléments suivants : vitesse devant être aisément variable, dans des limites assez grandes ; promptitude de mise en train, rapidité et sûreté d'arrêt, commodité et sensibilité de direction, régularité de fonctionnement, puissance de démarrage et de montée des rampes, facilité d'évolutions, économie de dépense, facilité d'approvisionnement du produit fournissant la force motrice, et simplicité du mécanisme.

Aucun de ces éléments ne devra être envisagé isolément pour déterminer la supériorité de telle ou telle voiture. La commission jugera d'après l'ensemble des avantages et des mérites présentés par chaque voiture, quelle est celle qui lui paraît être la plus

réellement pratique et celle dont l'usage semble être le plus
commode et le plus avantageux.

Article 8. — La décision de la commission sera rendue dans les
huit jours qui suivront la date de la clôture du concours, c'est-à-
dire au plus tard le 8 septembre.

Article 9. — La commission sera composée de M. Vayson,
président de la Société ; MM. Lair et Dard, vice-présidents ;
MM. Léonard Paupier, Robert d'Eshougues, Hurlot, Degoix,
membres du conseil d'administration ; M. Paul Vibert, membre de
comités ; M. Maurice Clermont, ingénieur-conseil ; M. Thiéry,
directeur.

CONCOURS POUR LE PRIX AYMAR-BRESSION

Le concours ouvert par l'Académie Nationale pour l'attribution, en 1895. du prix Aymar-Bression, dans les conditions du Règlement ci-desssus, a fait l'objet d'une déclaration de participation dans les délais réglementaires.

On sait qu'il s'agissait, le prix étant affecté à la question de la locomotion mécanique, de présenter une voiture automobile en état de fonctionnement, devant être soumise à l'examen d'une commission spéciale.

M. Tenting. constructeur-mécanicien, à Paris, 46, rue Curial, membre de l'Académie Nationale, s'étant fait inscrire pour le concours dans les délais de rigueur, a présenté à la commission convoquée à cet effet dans ses ateliers, le mardi 27 août 1895, à 2 heures, une voiture automobile, commandée par moteur à pétrole de son système, et semblable dans ses données principales à la voiture qui a été décrite en détail dans notre journal de janvier 1894.

Conformément au texte de l'article 7 du règlement, la commission a examiné la voiture et son fonctionnement, en tenant compte des éléments suivants :

Vitesse satisfaisante et aisément variable, dans des limites assez grandes ; promptitude de misé en train, rapidité et sûreté d'arrêt, commodité et sensibilité de direction, régularité de fonctionnement, puissance de démarrage et de montée des rampes, facilité d'évolutions, économie de dépense, facilité d'approvisionnement du produit fournissant la force motrice, et simplicité du mécanisme.

Sans réaliser la perfection désirable dans tous ces divers éléments, la voiture de M. Tenting a cependant paru, dans l'opinion générale des Membres de la Commission, assistant aux expériences, offrir à un degré suffisant l'ensemble des mérites qu'il y a lieu de rechercher dans une voiture automobile, étant donné que la construction de ces voitures est une industrie toute nouvelle.

En conséquence, la Commission a décidé, dans une réunion tenue le lendemain, 28 août, au siège de la Société, qu'il y avait

lieu d'accorder à M. Tenting, pour son système de voitures automobiles, le Prix Aymar-Bression de l'année 1895.

La valeur du prix, se montant à cinq cents francs, a été transmise
le jour même au titulaire.

———

NOTICE EXPLICATIVE DE LA MARCHE DU MOTEUR
DES VOITURES AUTOMOBILES

SYSTÈME DE LOUIS DAMIEN-TRIOULEYRE, INGÉNIEUR DES MINES

Appareil moteur. — Le moteur est un moteur horizontal à explosion, suivant cycle à quatre temps et marchant par l'air carburé.

Sa vitesse normale est de trois à quatre cents tours par minute.

Il se compose d'un cylindre A à double enveloppe, d'une boîte à explosion X et d'un bâti sur lequel est monté l'arbre manivelle.

L'introduction dans la boîte d'explosion et dans le cylindre, du mélange tonnant, se fait automatiquement par la seule aspiration du piston. Une soupape empêche le retour des gaz aspirés, pendant la période de compression et d'explosion.

L'échappement des gaz brûlés a lieu au moment de la levée d'une soupape : cette levée se fait pendant le dernier temps du cycle et est commandée par l'arbre de couche à l'aide des organes D C B E A.

L'allumage a lieu au moyen d'une bougie électrique. il est réglé automatiquement par un interrupteur calé sur la roue dentée C.

Carburation. — Un réservoir d'essence minérale V d'une capacité permettant une marche d'environ 120 kilomètres sert à alimenter le carburateur B, dans lequel l'essence est chauffée par une partie de l'échappement qui se rend dans son double fond. L'air s'introduit à l'intérieur par une ouverture ménagée à sa partie supérieure et s'y carbure déjà par son mélange avec les vapeurs d'essence. Ce premier mélange aspiré par le piston, pendant un temps du cycle, se charge d'une nouvelle quantité d'air à son passage dans le robinet C qui laisse passer une plus ou moins grande quantité d'air, suivant la richesse de l'essence employée. Le réglage s'obtient par la manœuvre du levier F, tournant autour d'un cercle gradué à portée de la main du conducteur. L'air carburé se rend ensuite dans la boîte d'explosion, après avoir traversé une série de toiles métalliques formant la crépine V pour empêcher l'explosion de se propager dans le carburateur, dans le cas d'une mauvaise fermeture de la soupape d'aspiration.

Un papillon F placé sur le parcours de l'air carburé, manœuvré par la tige K à la portée de la main du conducteur, permet de régler la quantité à introduire dans le cylindre.

Transmission du mouvement. — Sur l'arbre manivelle est calé un cône à deux vitesses L M, correspondant aux poulies folles N S et au cône T, coulé d'une seule pièce. Suivant que l'une ou l'autre des courroies est poussée sur le cône T, on obtient une vitesse plus ou moins grande de l'axe D qui porte les pignons d'entraînement des chaînes Galle de commande des roues motrices de la voiture.

A l'intérieur des cônes T e trouve un système d'engrenage différentiel qui permet à l'un des pignons E d'être à l'arrêt pendant que l'autre est en mouvement. Cette disposition a l'avantage de laisser les roues motrices indépendantes l'une de l'autre, condition essentielle pour empêcher tout ripage de l'une des roues dans les courbes.

Le déplacement des courroies s'obtient par la manœuvre de l'une ou l'autre des poignées G, — suivant que l'on veut obtenir la grande ou la petite vitesse, — qui commandent les fourches P par l'intermédiaires des leviers I.

Direction. — Le changement de direction est obtenu par une plus ou moins grande obliquité des plans verticaux des roues avant par rapport à ceux des roues arrière. A cet effet, les roues avant sont montées sur essieu brisé, dont le corps est relié aux ressorts de suspension et les fusées tournent sur pivot, elles sont manœuvrées par un ensemble de leviers, bielles et axes S J H, qui reçoivent leur mouvement de deux crémaillères G, actionnées par un pignon monté sur un axe qui porte la poignée O à la portée de la main du conducteur.

Un ressort à pincette continuant l'axe vertical de la direction. sert d'intermédiaire entre les pièces de manœuvre fixées sur la caisse et celles fixées sur les essieux pour permettre les oscillations verticales de la caisse.

Echappement. — Après l'explosion, les gaz brûlés, lorsque la soupape d'échappement est relevée, se rendent dans l'atmosphère, après avoir traversé le réservoir R, dans lequel se trouvent plusieurs chicanes destinées à amortir le bruit de l'échappement. Une partie de ces gaz se rend, comme nous l'avons dit plus haut, dans le double fond du carburateur B par le tuyau S.

Refroidissement du cylindre. — Le refroidissement du cylindre est obtenu par une circulation dans sa double enveloppe de l'eau contenue dans deux réservoirs H placés sur les côtés de la voiture. cette circulation s'établit naturellement par la différence de densité de l'eau chaude et celle de l'eau froide. Les vapeurs résultant de l'échauffement se rendent dans un condenseur J, où elles se condensent en traversant une série de tubes refroidis par une circulation de l'air extérieur. Les vapeurs qui n'ont pu y être condensées s'échappent à l'air libre par les réservoirs Q, placés à l'arrière de la voiture.

Freins. — Les voitures sont munies de deux freins (non représentés sur le dessin de montage) : un frein à ruban agissant à l'aide du pied, sur le moyeu des roues motrices ; l'autre, un frein ordinaire à levier, agissant sur les bandages de roues motrices et manœuvré à la main.

Mise en marche. — La mise en marche se fait du siège par la manœuvre du volant U qui, par l'intermédiaire des chaînes Galle et des pignons calés sur les arbres R R, commande un embrayage à dents de loup, monté sur l'arbre manivelle du moteur, qui se débraye seul lorsque le moteur est en mouvement. Deux ou trois tours de volant suffisent pour la mise en marche.

Arrêt. — L'arrêt de la voiture peut être obtenu de différents moyens :

1° En débrayant la courroie en action et en faisant fonctionner l'un ou l'autre des freins et laissant le moteur en marche ;

2° En supprimant l'arrivée du mélange dans le cylindre par la manœuvre du papillon au moyen de la tige K ;

3° Par la suppression du courant électrique au moyen du commutateur ;

4° En introduisant dans le cylindre de l'air non carburé, par la manœuvre du levier F ;

5° En faisant agir le frein à ruban par une pression énergique du pied ; quoique le moteur soit en pleine marche, ce frein est assez puissant pour l'arrêter.

Double suspension. — Le dessin du montage ci-joint (1) représente le système monté sous une voiture à six places, deux sur le siège du conducteur, quatre sur les sièges arrière, dont la caisse est suspendue sur le châssis qui porte le moteur.

Le système moteur de Louis Damien-Triouleyre peut se monter sur tous les types de voitures. La puissance du moteur seule varie suivant les charges à transporter.

---

(1) Voir le dessin dans le volume, au chapitre consacré aux voitures automobiles de L. Damien-Triouleyre.

A PROPOS DES BICYCLETTES

Toujours grotesques et féroces, les beautés de l'administration, et si je voulais en tenir compte chaque semaine, la simple nomenclature exigerait un supplément à ce journal. Citons-en donc deux ou trois au hasard.

Le *Petit Journal*, qui est toujours optimiste, ne peut cacher son étonnement en racontant la petite histoire suivante :

On sait qu'en matière de fisc on ne peut réclamer qu'après avoir payé.

Cette loi passablement draconienne peut donner lieu à des cas curieux.

C'est ainsi qu'un jeune homme possédant deux bicyclettes, légalement déclarées à Paris, allait dernièrement passer quelques temps chez des amis qui habitent dans une petite commune près de Montargis. Naturellement, il avait amené ses deux « bécanes » avec lui. Au bout d'un séjour d'une semaine, notre cycliste était avisé qu'il eût à payer 46 francs, pour non-déclaration de ses machines.

Il protesta en disant que celles-ci étaient déclarées à Paris.

— Soit, lui répondit-on, mais payez d'abord les 46 francs, et après nous verrons.

Et notre homme a été obligé de s'exécuter.

Seulement, il est fort inquiet, car il passe une partie de l'année à se promener ainsi à travers la France, séjournant quinze jours dans un endroit, trois semaines dans un autre et si, dans chaque localité, on lui réclame 46 francs, il prévoit le moment où il restera sans un sou vaillant.

Ce petit fait appelle deux réflexions : la première c'est qu'il serait fort simple de la part de l'administration de donner à tout homme qui a payé l'impôt pour sa bicyclette un petit reçu-carte, en l'invitant à le porter toujours sur lui, dans son porte-feuille ou porte-monnaie, comme un permis de chasse. C'est tellement simple que l'administration n'a pas pu arriver à cette organisation, qui l'aurait d'autant plus fatiguée qu'elle aurait été — cruelle nécessité — obligée d'étendre son horizon plus loin que le bout de son nez.

La seconde est plus grave : vous avez une contestation avec le fisc, commencez par payer, on verra après. C'est une mauvaise plaisanterie, étant donné qu'il faut plaider pour rentrer dans son argent et que la justice, grâce à la plaie des officiers ministériels et des parasites, coûte des prix fous en France.

Donc, lorsque l'on a payé au fisc une somme que l'on ne devait pas, surtout gardez-vous bien de la réclamer, si vous voulez réaliser une grosse économie de pas et démarches, de fatigue, de temps et d'argent.

Cette mesure draconienne prouve donc purement et simplement que notre société est encore dans un véritable état de sauvagerie.

— Mais ça a toujours été comme cela.

— C'est possible, mais une société démocratique qui ne réforme pas les lois de servitude monarchique qu'elle possède encore, est une société qui rétrograde, il ne faut pas l'oublier.

(*Avenir Républicain*, 17 décembre 1896.)

J'ai cru devoir placer ici, en notes, ce qui a trait à une partie de mes conférences dans le Nord et dans l'Est de la France. Il ne faut pas que le lecteur se méprenne sur le but que j'ai poursuivi et qui a toujours été le triomphe de *Paris Port de Mer*, suivant le projet de M. Bouquet de la Grye, qui est le seul possible et réalisable.

Mais avant tout, il fallait rendre populaire l'idée de Paris Port de Mer dans le Nord et dans l'Est, et il fallait se faire écouter de populations butées et jalouses de Paris.

Voilà pourquoi j'ai dû parler du canal du Nord, pour habituer à Paris Port de Mer des gens qui y étaient réfractaires par principe et de parti pris.

Je crois avoir pleinement réussi et avoir ainsi servi fort utilement la grande idée de la mer à Paris et le projet de mon vieil et éminent ami Bouquet de la Grye, qui reste enfin, comme la vérité, seul debout, seul populaire aujourd'hui.

C'est à ce point de vue de diplomatie économique, que ma campagne dans le Nord et l'Est était indispensable. Elle est venue à son heure et a porté ses fruits pour arriver à la réalisation du but final, et c'est à ce point de vue que je crois avoir le droit de m'en montrer fier.

Du reste, la situation commerciale de la France, au point de vue de notre marine marchande, est plus grave que jamais, et je conseille fort à ceux qui ne veulent pas se rendre à la cruelle évidence, de lire le remarquable rapport présenté à la Chambre des députés, à la fin de 1896, par M. Charles Roux, député de Marseille, sur le budget du Ministère du Commerce ; ils verront enfin combien notre situation économique est grave et comment, comme je le soutiens depuis vingt-cinq ans, Paris Port de Mer et le Canal des Deux Mers sont, dans cet ordre d'idées, notre dernière planche de salut.

Espérons que le Parlement voudra enfin s'en rendre compte et être à la hauteur de ses devoirs patriotiques, en votant les grands travaux de défense nationale, malgré l'opposition occulte et criminelle des amis et des agents de l'Angleterre !

« Une flotte marchande n'est pas seulement pour un pays un instrument de fortune, c'est encore une enseigne de crédit, un signe de force, la preuve affirmée, devant tous les peuples, de sa puissance. »

Que l'on médite ces paroles de M. Charles Roux et que l'on se décide à faire vite ces deux grands canaux, si nous ne voulons pas voir périr la France sous les coups répétés et coalisés de la concurrence étrangère.

Mais le temps passe, il n'y a plus une minute à perdre ; les Chambres vont-elles enfin le comprendre?

Je le souhaite pour le salut de mon pays !

PARIS PORT DE MER

Le 10 août a eu lieu à Neuilly une très intéressante conférence de M. Paul Vibert, l'éloquent et éminent économiste sur la question de Paris Port de Mer.

Cette conférence s'est terminée par le vote de l'ordre du jour suivant :

ORDRE DU JOUR :

Les électeurs du canton de Neuilly-sur-Seine réunis le jeudi 10 août, au préau de l'école communale des garçons, 125, avenue du Roule, après avoir entendu la conférence de M. Paul Vibert sur Paris Port de Mer ;

Déclarent qu'il importe à la prospérité du département de la Seine et à la grandeur de la République, que les électeurs exigent de leurs candidats l'engagement formel de demander, s'ils sont élus, dès l'ouverture de la prochaine législature, le vote d'une loi déclarant d'utilité publique, le projet de Paris Port de Mer.

(Les journaux d'arrondissement de Paris, 17 août 1893.)

LE CANAL DES DEUX MERS ET PARIS PORT DE MER

Tel a été le véritable sujet de la conférence qu'a faite le 19 courant à Bar-le-Duc, sous le patronage de la Ligue de l'Enseignement, M. Paul Vibert qui est un économiste et un patriote. Il s'est donné pour tâche de rechercher et de faire connaître, par la parole et par le livre, les moyens auxquels la France doit avoir recours pour soutenir victorieusement la lutte commerciale dans laquelle elle est engagée contre des pays plus étendus et plus peuplés qu'elle. M. Vibert parle avec facilité et avec entrain ; il sait rendre intéressantes pour le grand public des questions qui, au premier abord, semblent fort abstraites et ardues. C'est qu'il n'y applique pas seulement son intelligence ; il les traite en quelque sorte avec son âme de bon Français, et il en parle avec une passion qui échauffe et émeut son auditoire. Aussi a-t-il obtenu le plus vif succès.

Nous ne pouvons donner ici qu'un aperçu, et comme la trame, de l'instructive causerie que nous avons eu le plaisir d'entendre hier.

.·.

La situation économique de la France est très difficile, on ne saurait se le dissimuler. L'extension qu'ont prises les voies ferrées, qui datent d'une cinquantaine d'années seulement, et les perfectionnements apportés à la marine à vapeur, ont amené dans les relations des peuples entre eux un profond changement. Le monde tout entier est devenu, pour ainsi dire, un champ de bataille commercial, et chaque pays s'y précipite avec toutes les forces dont il dispose.

Or, le nôtre ne compte point parmi les plus considérables. La France, avec ses trente-huit millions d'âmes et son territoire strictement limité, est un petit peuple, à côté des soixante millions d'Allemands, des cent millions d'Anglo-Saxons, répandus dans le monde, à côté du géant russe, à côté des Etats-Unis d'Amérique, si prospères, et de ces Républiques de l'Amérique du Sud, qui disposent de territoires immenses.

Deux puissances surtout nous font, sur le terrain économique, une guerre sans merci : l'Angleterre et l'Allemagne. On n'a pas oublié le mot de M. de Bismarck, annonçant qu'avec l'article 11 du traité de Francfort, il nous conduirait à un Sedan commercial. Le chancelier de fer nous a depuis lors fait tout le mal possible, et il n'a pas dépendu de lui que sa menace ne se réalisât.

M. Vibert a cité plusieurs exemples bien caractéristiques, qui montrent que M. de Bismarck cherche à nous faire concurrence et à nous battre sur les terrains mêmes d'où il semblait impossible de nous expulser. Pour cela il puise à pleines mains dans les caisses de l'Etat, remplies par nos milliards.

Voici un fait entre beaucoup : il y a quelques années encore, nos journaux illustrés et nos journaux de mode étaient sans rivaux dans le monde ; ils pénétraient partout et donnaient le ton. En même temps, ils attiraient à plusieurs de nos industries françaises une nombreuse clientèle étrangère. M de Bismarck, à qui ce succès, comme tous les autres, portait ombrage, soutint de son influence et de ses subventions un organe berlinois de la mode, qui était presque inconnu alors, et qui aujourd'hui, avec un tirage de deux cent cinquante mille exemplaires, a supplanté, dans un grand nombre de pays, nos journaux français, et fait une réclame colossale à toutes les industries allemandes qui tiennent à la mode, de près ou de loin.

Autre exemple : en 1883, M. de Bismarck fit voter par le Reichstag, pour ainsi dire au pied levé, une loi à laquelle personne ne prêta d'abord grande attention, et qui devait permettre à l'Allemagne de faire entrer en France, par quantités énormes, ses horribles alcools mêlés aux vins d'Espagne.

Que de faits du même genre on pourrait citer, qui prouvent que M. de Bismarck poursuit son but avec une force de volonté inébranlable !

Est-ce à dire que nous devons renoncer à toute résistance, et nous déclarer vaincus d'avance ? M. Vibert n'est pas de cet avis, et il a grandement raison. Il estime que la France dispose de ressources assez puissantes, et a encore assez de ressort pour déjouer le plan du grand chancelier, et lui tenir tête, aussi bien qu'à l'Angleterre, dans ce « struggle for life », dans cette « lutte pour la vie » des nations.

Mais il importe de ne pas se tromper dans le choix des moyens, de ne pas faire fausse route, car ici la moindre erreur se paiera très cher.

M. Vibert ne croit pas à l'utilité du système protecteur. Ceci pourrait se discuter. En tous cas, nous sommes d'avis que le protectionnisme à lui seul, même si on lui reconnaît une réelle efficacité, serait insuffisant, et qu'il faut avoir recours aux procédés que M. Vibert appelle avec raison les procédés modernes, les procédés scientifiques.

Tout d'abord, il importe d'étendre beaucoup plus chez nous l'enseignement professionnel, et de réagir contre cette fâcheuse tendance qu'ont tant de commerçants et d'agriculteurs à faire de leurs fils des bacheliers d'abord, puis des fonctionnaires, des bureaucrates, des « ronds de cuir ». Il faut remplacer beaucoup de nos lycées actuels par des établissements où l'on donnera une instruction pratique, et où l'on substituera à l'étude du grec et du latin celles des langues étrangères. Dans cet ordre d'idées nous nous sommes laissés distancer, et de beaucoup, par la plupart des autres pays, par l'Angleterre et l'Allemagne principalement. Il importe de les rejoindre et de les dépasser.

A côté de ce moyen, tout intellectuel, il en est d'autres d'un caractère plus matériel, que M. Vibert a très heureusement mis en lumière.

Aujourd'hui, par suite des progrès de l'outillage industriel, la production comme prix et comme qualité est sensiblement la même dans tous les pays fabriquants. Mais où l'inégalité commence, c'est dans les moyens de transport pour conduire la marchandise dans les pays de vente. Et tout l'art de lutter contre la concurrence étrangère réside dans le perfectionnement extrême de ces moyens de transport. La France est, sur ce point, très inférieure à l'Angleterre, dont elle est presque constamment tributaire, même pour communiquer avec ses propres colonies, et à l'Allemagne, qui a fait des sacrifices considérables pour le développement de ses voies ferrées, qui transforme Cologne en port de mer, et qui a largement contribué aux travaux du magnifique port d'Anvers, devenu un véritable port allemand.

D'où vient notre infériorité ? D'une grave erreur économique que nous avons commise depuis longtemps en favorisant des entreprises étrangères, et en portant au dehors des capitaux qu'on aurait pu si bien utiliser à l'intérieur. C'est avec l'argent français qu'on a fait le canal de Suez, qui, grâce à l'indifférence coupable de l'Europe, va devenir la propriété des Anglais. C'est avec notre argent encore qu'on a entrepris l'œuvre gigantesque de Panama, qui, même si elle réussit, ne présentera jamais pour nous un intérêt national. Nous avons prêté à tous les pays : à la Turquie, à l'Italie, à l'Autriche, et nous avons fourni ainsi, à des peuples qui ne nous aiment pas, des verges pour nous battre. Trente milliards sont sortis de France en trente années.

Il est temps de renoncer à ces funestes errements, et de consacrer nos ressources à des œuvres exclusivement françaises et surtout à notre outillage de transport, qui seul nous permettra de lutter contre nos rivales commerciales.

Sous ce rapport, notre réseau de lignes ferrées est à peu près complet, et il ne reste plus beaucoup à faire pour qu'il réponde à tous les besoins. Mais on a beaucoup trop négligé nos ports de mer, et tout serait à faire au Havre, notamment, qui devrait lutter avantageusement avec Anvers.

Enfin, deux grandes voies navigables s'imposent à l'intérieur : le canal des Deux Mers qui reliera l'Océan à la Méditerranée, en traversant une des régions les plus riches du midi de la France, et un canal rattachant Paris à la mer, et faisant de notre capitale le plus grand port français et peut-être européen.

M. Vibert n'a pas insisté sur le côté technique de ces projets. On n'a pas oublié ici l'excellente conférence que M. Merceron a faite sur le canal des Deux Mers, dont la possibilité est aujourd'hui démontrée. Quant aux avantages immédiats qu'il presenterait, ils sautent aux yeux.

Comme il éviterait aux navires qui vont de l'Océan à la Méditerranée de contourner l'Espagne, et qu'il leur offrirait une grande économie de trajet et une bien plus grande sécurité, il les obligerait à l'utiliser, et l'on verrait passer ainsi à travers la France, par le canal des Deux Mers, tout cet immense commerce qui va du Nord de l'Europe à l'Extrême-Orient. Ce serait comme la continuation et la réparation du canal de Suez.

Au point de vue militaire, Gibraltar serait annulé, et nos flottes passeraient sans danger d'un océan à l'autre. ce qui leur assurerait une très grande supériorité. Et nous pourrions alors doubler notre territoire, et faire de l'Algérie et de la Tunisie, mises à l'abri de toutes les tentatives, comme une deuxième France.

Et ce canal, qui rendrait des services si considérables, ne coûterait que six cent millions, huit cent millions au plus, dont l'intérêt serait largement garanti par le produit de l'œuvre.

Quant à Paris Port de Mer, deux projets sont en présence : l'un, celui de M. Bouquet de la Grye, consisterait à canaliser et à approfondir la Seine, de manière à permettre aux navires du plus fort tonnage de remonter jusqu'à Paris. L'autre, celui de M. Irénée Leys, propose de creuser un canal à grande section, comme le canal projeté des Deux Mers, entre Boulogne-sur-Mer et Paris, avec embranchement sur Lille. Ce canal, outre qu'il mettrait Paris en relations directes avec l'Océan Atlantique, desservirait la région minière du Nord, et amènerait un abaissement considérable des tarifs de transport de la houille. (1)

Enfin, la création du canal de Paris à la Mer et du canal des Deux Mers aurait, au bout d'un certain temps, pour effet de favoriser le développement de notre marine marchande, ce qui nous permettrait d'exploiter nous-mêmes, directement, sans intermédiaires, c'est-à-dire avec un profit certain, notre domaine colonial.

Ces avantages sont si grands, et M. Paul Vibert a su si bien les mettre en lumière, que tout son auditoire s'est joint à lui par ses applaudissements, lorsqu'il a, en terminant, émis le vœu que l'effort de la France se tourne vers cette grave question de l'outillage national, et que les deux canaux dont il venait de démontrer la haute utilité soient inaugurés en 1901.

Nous ajouterons pour notre part, en remerciant M. Paul Vibert de sa conférence si nourrie de faits et si suggestive, que nous voudrions voir la Chambre des Députés et le Sénat s'occuper surtout d'affaires de ce genre.

Le pays leur en saurait un gré infini.

E. LONCHAMP,

Rédacteur en Chef de l'« Indépendant de l'Est ».

30 Janvier 1890

---

(1) Ce projet est abandonné depuis longtemps et le projet du canal de Paris à la Mer, par la Seine, suivant les plans de M. Bouquet de la Grye, est le seul qui reste debout, le seul réalisable immédiatement.

LA CONFÉRENCE DE M. VIBERT

C'est une excellente conférence que celle qu'a faite dimanche dernier M. Paul Vibert à Bar-le-Duc. Nous avons eu le plaisir d'y assister, et nous en revenons sous l'impression d'un exposé très clair, très lumineux de la situation économique de la France et des moyens qu'elle doit mettre en œuvre pour résister victorieusement à l'étranger.

Il y a dans cet ordre d'idées des vérités indiscutables, et qui, cependant, restent inconnues ou tout au moins à peine soupçonnées de la grande masse du public. C'est à la propagande de ces principes que M. Paul Vibert apporte le concours de sa parole éloquente et convaincue, de son infatigable activité. Lorsqu'il expose les faits, qu'il en fait toucher du doigt les conséquences, tout l'auditoire qui, grâce à ses explications si limpides, a pu le suivre pas à pas dans sa démonstration, approuve, non sans quelque étonnement : « Mais c'est absolument vrai, cela ! Comment se fait-il qu'il y ait encore en France quelqu'un qui ne s'en soit pas rendu compte ! »

Hélas ! le fait existe pourtant. On peut dire qu'en France, enracinés dans la routine des temps passés, nous ignorons d'une façon générale les procédés modernes, les procédés scientifiques, comme les appelle très justement M. Paul Vibert, en même temps que nous négligeons, avec une incroyable insouciance, de nous renseigner sur ce que font autour de nous sur ce même terrain les nations voisines, — ce qui revient à dire les nations rivales, les nations ennemies.

Il y aurait pourtant, de ce chef, de précieux enseignements à tirer. M. Paul Vibert, qui s'est consacré à cette tâche, nous a montré par de multiples exemples que pendant que la France s'obstinait dans ses vieux errements, l'Angleterre, l'Allemagne surtout, ne laissaient pas s'écouler un jour sans chercher une occasion nouvelle de nous supplanter au point de vue économique.

Les exemples abondent. M. Vibert nous en cite quelques-uns des plus topiques, où il nous a démontré la persévérance avec laquelle M. de Bismarck poursuit son but, annoncé dès 1871, d'infliger à la

France, après un Sedan politique, un Sedan commercial. Les moindres détails de cette lutte intéressent le ministre prussien. Personnellement, il subventionne nombre d'industries, dont la France s'était faite jusqu'alors une spécialité, et dans lesquelles, progressivement, l'Allemagne arrive à remplacer absolument nos produits.

C'est sur cet envahissement que M. Vibert cherche à nous ouvrir les yeux. Obligés de combattre, menacés par des adversaires puissamment organisés, nous devons entreprendre la lutte dans les conditions les plus favorables. Le système protecteur ne suffit pas à nous garantir. Sur ce chapitre, l'étranger, grâce aux prix infimes de sa production et de ses transports, arrivera toujours à régner sur nos marchés, tant que nos conditions de production ne seront pas modifiées. Le moyen le plus sûr de nous exempter de cette concurrence, est de cesser d'être ses tributaires, en nous suffisant à nous-mêmes. Nous le pouvons largement, à la condition d'employer les méthodes nouvelles. Et c'est pourquoi M. Vibert préconise la diffusion de l'enseignement professionnel, en s'élevant vigoureusement contre ce mouvement général qui, au grand détriment de notre agriculture et de notre commerce, pousse tant de jeunes gens, fils de producteurs, à encombrer les bureaux du gouvernement, à devenir des ronds-de-cuir. C'est pourquoi, encore, M. Vibert réclame la transformation radicale de notre système colonial, à l'exemple des autres nations qui concentrent tous leurs soins à faire de leurs consuls des agents utiles de renseignements commerciaux, préparés dès leur jeune âge à cette carrière, et instruisant leur gouvernement de tout ce qui peut l'intéresser, au lieu de jouer au diplomate, de donner des réceptions et des banquets.

Ce qu'a combattu surtout M. Paul Vibert, c'est cette folle prodigalité avec laquelle, nous autres, Français, nous plaçons notre argent dans des entreprises étrangères, donnant ainsi à nos rivaux des verges pour nous battre plus tard, alors que nous devrions exclusivement employer nos capitaux à des œuvres nationales.

De ce nombre, en première ligne, il faut citer le canal des Deux Mers et Paris Port de Mer.

M. Paul Vibert a d'abord fait ressortir la nécessité absolue de la première de ces entreprises, tant au point de vue économique et commercial qu'au point de vue de la défense nationale. Si nous avons laissé prendre par les Anglais le canal de Suez, construit avec de l'argent français, la compensation à cette faute peut se trouver dans l'achèvement du canal des Deux Mers. C'est par la

France, entre ses mains, que se fera le transit qui, jusqu'aujourd'hui, s'effectue par Gibraitar. Et mettant en comparaison le percement de ce canal avec les grands travaux exécutés jusqu'ici, M. Vibert fait ressortir que les capitaux employés à cette œuvre seront dépensés en France, alimenteront par conséquent le commerce français, au lieu d'aller enrichir des fournisseurs étrangers.

M. Vibert a ensuite abordé, pour terminer, la question de Paris Port de Mer, et en a fait ressortir toute l'utilité au point de vue de notre accroissement commercial. A côté de la canalisation de la Seine, il a remarquablement exposé le second projet, dû à M. Irénée Leys, et qui consisterait à joindre Paris à Boulogne par un canal maritime.

L'immense avantage d'un tel canal serait de desservir tous les bassins houillers de l'Artois et de la Flandre, de se relier avec tous les canaux du Nord de la France, et de créer, au profit de Paris et de la France entière, un immense mouvement commercial que cherchent à accaparer la Belgique, la Hollande et l'Allemagne.

Ce canal se dirigerait d'une part, par Arras, jusque vers Lille, ville à laquelle le rattacheraient de nombreuses voies navigables ; de l'autre, il desservirait Amiens, Montdidier, Pont-Saint-Maxence, Senlis, et aboutirait près de Paris, à Pantin, sur le canal de l'Ourcq, où il serait mis en communication avec toutes les grandes lignes de chemin de fer.

M. Paul Vibert a admirablement fait valoir les avantages de ce projet auquel, nous en sommes sûrs, sa parole ardente et convaincue amènera de nombreux adhérents. Quand on songe à la facilité avec laquelle le concours de nos compatriotes a été acquis à des œuvres cosmopolites, on peut être sûr qu'il ne manquera pas à des entreprises éminemment françaises qui, ainsi que l'a dit M. Vibert, en souhaitant de les voir réalisées pour la prochaine Exposition universelle de 1900, auront avant tout contribué à la grandeur de la France et de la République. (1)

G. LONG-SAVIGNY.

(*Le Patriote de l'Est*, 22 Janvier 1890.)

---

(1) Aujourd'hui, après m'avoir fait l'honneur de m'écouter, je suis heureux de constater que j'ai pu amener ainsi toutes les populations du Nord et de l'Est de la France à la seule idée du projet de M. Bouquet de la Grye, sans avoir eu à les brusquer, ni surtout à les buter, ce qu'il fallait éviter, à tout prix, si l'on voulait arriver au succès final.

CONFÉRENCE DE LA SOCIÉTÉ DE GÉOGRAPHIE

M. Vibert, le conférencier, qu'une assistance nombreuse était venue entendre mercredi soir, au théâtre, n'est pas un inconnu pour Bourges ; il a déjà prêté à la Société de Géographie du Cher le concours de sa parole autorisée.

Il y a deux ans il faisait, en effet, au Théâtre, une conférence intéressante sur la République Argentine, vers laquelle un fort courant d'émigration entraînait un grand nombre de nos compatriotes. M. Vibert s'efforçait de réagir en montrant à nos portes une de nos plus belles colonies qui manque de bras : l'Algérie.

La République Argentine n'est plus en faveur aujourd'hui ; beaucoup de Français voudraient bien n'y avoir jamais mis les pieds.

Deux autres questions sont aujourd'hui à l'ordre du jour. Elles ont pour la France une importance capitale, et de leur solution dépend peut-être l'avenir de notre pays. Nous voulons parler du canal des Deux Mers et de Paris Port de Mer.

Avant d'entrer dans le détail de ces deux vastes entreprises, le conférencier commence par se déclarer partisan du régime du libre-échange, mais d'un libre-échange raisonné, établi sur des bases loyales.

M. Vibert prévoit que le protectionnisme à outrance, tel que l'on semble l'entendre aujourd'hui, après le vote du tarif général des douanes, nous fermera pas mal de marchés.

Il ne voit qu'un moyen d'attirer vers nous le grand mouvement commercial qui tend de plus en plus à déserter nos ports, et que l'Angleterre et l'Allemagne paraissent devoir accaparer : Faire de notre pays, aujourd'hui tributaire des autres nations, un pays transitaire, en creusant les canaux des Deux Mers et de Paris — qui deviendrait le plus grand port commercial du monde.

Le Canal des Deux-Mers. — Cette immense voie commerciale irait de Cette à Bordeaux. Elle serait la continuation de la route qui mène aux Indes par le canal de Suez. Elle offrirait des avantages considérables : Nos propres navires et ceux d'une grande partie de l'Europe n'auraient plus à franchir le détroit de Gibraltar, que les canons de l'Angleterre peuvent leur fermer. Il en résulterait pour la marine marchande une économie de fret, de temps et de combustible.

Le transit par la France donnerait lieu à une activité commerciale colossale, car, comme le dit avec juste raison le conférencier, le mouvement attire le mouvement, et le commerce attire le commerce.

Pour les finances françaises ce serait enfin une magnifique affaire, car tous les navires payeraient, pour emprunter le canal, de 5 à 6 fr. par tonne.

La dépense serait de 6 à 800 millions de francs. Les travaux d'art ne seraient pas considérables.

Paris Port de Mer. — Toutes les raisons, dit le conférencier, qui militent en faveur du canal des Deux Mers, sont autant d'arguments en faveur de Paris Port de Mer.

Paris Port de Mer détournerait une grande partie de l'activité commerciale, qui s'est portée vers le port d'Anvers, lequel, avec ses vingt-et-un grands bassins, est le grand débouché du commerce allemand et d'une partie de l'Europe centrale.

Paris ne tarderait pas à devenir le plus grand port du monde. Actuellement, le commerce de Paris par la Seine, qui ne possède ni ports ni docks, s'élève à 7 millions de tonnes, bien supérieur au chiffre des plus grands ports français. Le tonnage de Paris Port de Mer pourrait atteindre 17 millions de tonnes, supérieur de trois millions à celui de Londres.

Le projet nécessiterait une dépense de 120 à 140 millions.

Cette somme n'est rien pour un grand pays qui a jeté 1 400 millions dans le Panama. Enfin, l'argent dépensé restera en France, sera dépensé chez nous ; le contrôle sera aisé. On aura semé peu pour récolter beaucoup.

Les projets de Paris Port de Mer et du Canal des Deux Mers, présentés sous ce jour séduisant, ont trouvé faveur, est-il besoin de le dire, auprès de l'auditoire qui a fort applaudi M. Vibert.

(*Journal du Cher*, 1er janvier 1892.)

CONFÉRENCE DE M. VIBERT

Malgré l'appoint des écoles, l'auditoire de M. Vibert était assez restreint, hier soir, à la conférence de la Société de Géographie.

M. Vibert, que nous avons entendu avec plaisir, il y a deux ans, nous faire le tableau de ce que pourrait, de ce que devrait être la colonisation de l'Algérie et du nord de l'Afrique, a parlé cette fois de deux sujets qu'il rattache à un ensemble de desiderata au bout desquels il entrevoit le triomphe de la France dans la lutte commerciale dont le champ de bataille est devenu, par le rapprochement des distances, le monde entier.

C'est d'abord le *canal des Deux Mers* mettant, par Cette, Toulouse et Bordeaux, la Méditerranée en communication avec l'Océan, au moyen d'un canal à grande navigation ; c'est ensuite l'aménagement de la Seine en un canal semblable aboutissant à *Paris Port de Mer*.

Préalablement et non sans laisser voir qu'il allait heurter bien des idées, M. Vibert a fait sa profession de foi de libre-échangiste convaincu et déterminé.

A vrai dire, il s'est empressé d'ajouter qu'il veut un libre-échange réciproque, synallagmatique, qui ne fasse pas la nation faible dupe de la nation plus forte, comme il nous est arrivé par le traité de Francfort.

Cette réserve n'est-elle pas la condamnation des principes absolus en matière économique et ne laisse-t-elle pas supposer, pour arriver à l'idéal rêvé par les économistes, une situation qui malheureusement ne se réalisera jamais, une pacification universelle, un équilibre tellement stable que dans leurs négociations les nations se trouveraient toutes en situation équivalente ?

La vérité est que les nations ne doivent pas se lier par des traités à longue échéance parce que leur intérêt peut être le libre-échange aujourd'hui ou la protection demain, suivant des circonstances variables qu'il est impossible à l'homme de supprimer.

M. Vibert, ayant ainsi fait sa confession en matière économique, nous a parlé de très intéressante façon du canal des Deux Mers, œuvre de défense nationale, instrument de prospérité commerciale, rendant inutile les canons de Gibraltar et ouvrant à toutes les nations commerçantes une grande voie de transit dont elles feront usage bon gré mal gré et dont le péage reviendra à la France.

Il n'a pas eu de peine à nous convaincre que l'épargne française se fut mieux utilisée à cette œuvre qu'à des entreprises dont l'étranger seul a profité et qui depuis 50 ans ont mis 30 milliards de la fortune publique hors de France.

Pour ce canal des Deux Mers, nous sommes complètement d'accord avec M. Vibert, mais il en est autrement pour Paris Port de Mer.

On comprend que des spécialistes tels que des ingénieurs et des économistes aient été séduits par cette difficulté à vaincre, mais pour juger des choses qui sont de nature à réagir si grandement sur le pays tout entier il faut se placer très haut, de manière à prendre des vues d'ensemble.

Le grand tort des économistes et des ingénieurs est de trop spécialiser et à ce point de vue les politiques leur sont supérieurs ; j'entends les politiques et non les politiciens et je prends le mot politique dans une acception très large et très étendue, qui ne veut en rien dire la lutte des partis, mais qui embrasse l'ensemble des conditions nécessaires à la prospérité, à la force d'une grande nation.

Dans cet ordre d'idées il est permis de considérer comme un danger, dont la France déjà ne souffre que trop, l'extension du monopole commercial de sa capitale ; il est permis de redouter la rupture d'un équilibre entre les forces productrices, les centres de fabrication et les points d'exportation et d'importation qui est l'œuvre même de la nature.

Que l'on perfectionne les instruments de travail que la nature met à notre disposition, oui ; qu'on les détruise, non.

Or, Paris Port de Mer, dans un pays qui se jette en aveugle sur Paris, qui déjà n'est que trop porté, aux dépens de sa prospérité intérieure, de sa grandeur morale et de sa force matérielle à tous les excès de la centralisation, c'est un danger dans un danger, c'est le dernier coup porté à la prospérité provinciale, c'est une idée absolument contraire à celle que l'on voit se faire jour dans les esprits éclairés, à quelque parti qu'ils appartiennent, et qui indique plutôt un retour vers l'affaissement moral.

Si l'Allemagne est aujourd'hui si forte en face de nous, en face de l'Europe entière, ne le doit-elle pas à cette longue période de décentralisation que lui imposa le système fédératif ?

Nous pensons donc qu'avant de se laisser séduire par les plans de MM Bouquet de la Grye et autres, la France doit mûrement réfléchir aux conséquences d'une entreprise qui annihilerait ses ports de la Manche et de l'Atlantique.

Cette réserve faite nous sommes heureux de rendre hommage à la clarté d'exposition et aux qualités oratoires de M. Vibert. (1)

R. DE M.

(*Le Messager du Cher* 2 Janvier 1892.)

(1) J'ai tenu à exposer ici ces idées rétrogrades qui ne sont pas les miennes, pour mettre toutes les pièces du procès sous les yeux des lecteurs ; d'ailleurs, les bonnes causes ne redoutent pas la contradiction et, certes, celle de Paris Port de Mer, plus que toute autre, est au-dessus des attaques des esprits attardés dans une routine provinciale, ignorante des besoins modernes et des conditions actuelles de la lutte économique entre les nations.   P. V.

SOCIÉTÉ DE GÉOGRAPHIE

C'est devant un public nombreux que M. Paul Vibert a fait hier, au théâtre, sous les auspices de la Société de Géographie, sa conférence sur le canal des Deux Mers et Paris Port de Mer.

Déjà, l'année dernière, M. Vibert nous avait entretenu de la première de ces deux questions. D'après lui la création d'un canal reliant les deux mers s'impose absolument. Il nous fait entrevoir les nombreux avantages, à tous les points de vues, qui en résulteraient.

Mais cette fois le conférencier s'est davantage étendu sur la question de Paris Port de Mer, question qui est liée si intimement aux intérêts généraux du pays, qu'il semble, *à priori*, étrange que, mise si souvent sur le tapis, étudiée sous tant d'aspects, elle n'ait point encore eu une solution.

Etablir un canal de Paris à Rouen en approfondissant le lit de la Seine et amener à Paris les navires marchands de fort tonnage, ce serait en effet faire de la capitale de la France un port maritime et le mettre en rapport direct avec tous les centres producteurs ; ce serait augmenter le trafic, supprimer les transbordements, diminuer le nombre des intermédiaires, abaisser les tarifs de transports, défendre le commerce français contre la concurrence du port d'Anvers qui nous a pris les marchandises à destination de l'Alsace, des provinces rhénanes et des Ardennes, — qui est en train de rendre ses tributaires la Franche-Comté, la Champagne et la Bourgogne ; ce serait enfin favoriser la défense nationale en unissant notre capitale à la mer par une ligne de défense permettant de ravitailler aisément le grand camp retranché de Paris.

Dans le cours de sa conférence, M. Vibert a eu l'occasion d'effleurer plusieurs autres questions également intéressantes. La place nous manque, malheureusement, pour le suivre dans toutes les explications qu'il nous a données.

Nous devons, pour cette fois, nous borner à enregistrer le grand succès qu'il a obtenu, succès qui vaudra certainement à la Société de Géographie du Cher de nouveaux adhérents.

(La Démocratie du Cher, 1er Janvier 1892.)

CONFÉRENCE DE M. PAUL VIBERT A SURESNES

PARIS PORT DE MER

Dans sa conférence, M. Paul Vibert s'est surtout appliqué à démontrer l'utilité d'un canal reliant l'Océan Atlantique à la Méditerranée.

Le canal, d'une largeur de 150 mètres, coûterait 600 millions, et en même temps qu'il pourrait servir de refuge à notre flotte en cas de guerre navale, abrégerait la route des navires qui se rendent des eaux du nord dans l'Extrême-Orient. Par exemple nous n'aurions plus à nous soumettre aux Anglais, dans le passage du détroit de Gibraltar, et notre navigation commerciale prendrait une extension considérable. Le canal des Deux Mers serait une voie maritime aussi prépondérante que le canal de Suez, si ce n'est plus.

Quant à Paris Port de Mer, le conférencier en a très peu parlé. Il a démontré seulement que le travail nécessaire à l'établissement du canal de Paris à la mer était presque fait, attendu qu'il suffisait de donner à la Seine un tirant d'eau plus fort, et de supprimer les boucles de Bezons et d'Elbeuf, pour que les navires de fort tonnage puissent arriver jusqu'à la capitale, où la navigation est fort importante, sans qu'il y paraisse.

M. Paul Vibert, en préconisant ces gigantesques travaux, a profité de l'occasion pour dauber sur ceux du canal de Panama.

M. Vibert a soutenu sa thèse hardiment, il a même eu des élans patriotiques qui lui ont valu de frénétiques applaudissements. (1)

(*L'Echo de la Seine*, 15 Janvier 1891.)

---

(1) Je pense qu'il est inutile d'ajouter ici que, depuis plus de vingt ans, j'ai fait des centaines de conférences sur Paris Port de Mer et le Canal des Deux Mers un peu partout en France, et plus particulièrement dans le Midi, l'Ouest, le Nord et la région parisienne, et qu'il m'est impossible d'en donner la nomenclature, encore moins les résumés publiés partout avec beaucoup de bienveillance par les journaux.

Cependant, je dois rappeler pour les lecteurs que cela intéresserait et qui voudraient entrer en relations avec les ligues et les groupes qui se sont formés un peu partout à la suite de mes conférences, qu'ils pourront trouver la liste d'un certain nombre d'entre elles, avec les dates et l'indication des villes où elles ont été faites dans l'*Annuaire de l'Association Nationale de Topographie* — dissoute depuis plusieurs années — de 1889-1890, publié en 1891 chez Gustave Océan, 22, rue des Boulangers.

P. V.

LES GARANTIES D'INTÉRÊTS

DES CHEMINS DE FER FRANÇAIS ET LES CONVENTIONS

DERNIER ÉTAT DE LA QUESTION
LES CONSÉQUENCES DE L'ABAISSEMENT DU LOYER DE L'ARGENT
LES CONSÉQUENCES NATURELLES ET LES HYPOTHÈSES VRAISEMBLABLES

La Commission du budget vient de consacrer — janvier 1897 — un rapport officiel à cette grosse question des garanties d'Etat, et je crois qu'il m'est impossible de clore ce second et dernier volume sans lui consacrer moi-même un chapitre spécial. (1)

Tout d'abord, le rapporteur établit les insuffisances auxquelles le Trésor a eu à faire face pour les années 1893, 1894 et 1895, en exécution des conventions de 1883.

Le tableau suivant donne ces insuffisances, en ce qui concerne les cinq grandes Compagnies qui sont obligées de faire appel à la garantie. On sait que la Compagnie du Nord n'y a pas recours :

	1893	1894	1895
Longueur exploitée (kilomètres) . . .	25.926	26.835	27.103
Recettes en milliers de francs	922.386	944.370	969.600
Produit net en milliers de francs . .	423.169	446.821	474.529
Charges du capital en milliers de francs.	520.377	524.327	525.998
Insuffisance à couvrir par l'Etat en milliers de francs	97.408	77.506	51.469

Voici les chiffres officiels de ces insuffisances pour chacune de ces Compagnies :

	1893	1894	1895
Est	17.005.000	15.573.000	14.419.000
Ouest	20.300.000	19.273.000	19.785.000
Orléans	12.557.000	11.881.000	6.971.000
Paris-Lyon-Méditerranée. .	29.809.000	16.383.000	348.000
Midi	17.737.000	12.396.000	9.916.000
TOTAUX.	97.408.000	77.506.000	51.469.000

(1) En effet, ce dernier volume était terminé et allait partir au brochage, quand le rapport de la Commission du budget et l'interpellation Monestier au Sénat sont venus, en quelque sorte, m'imposer le présent chapitre, en jetant des éléments nouveaux dans le débat, qui commandait impérieusement quelques commentaires et quelques réflexions.

Pour les Compagnies secondaires, la situation est moins favorable. Ces Compagnies sont au nombre de quatre, savoir : le Rhône au Mont-Cenis, le Sud de la France, la Compagnie des Chemins de fer départementaux, la Compagnie des Chemins de fer économiques. Pour ces quatre Compagnies, la situation a été la suivante, pour les années 1893, 1894 et 1895 :

	1893	1894	1895
Longueurs exploitées (kilom.).	720	720	720
Recettes (francs)	7.148.000	6.918.C00	6.872.000
Produit net	1.102.000	1.035.000	1.895.000
Charges du capital	9.955.000	10.100.000	10.373.000
Insuffisances demandées à l'E-tat (francs)	8.853.000	9.065.000	8.480.000

Pour ces sociétés, l'insuffisance de recettes a suivi la marche suivante :

	1893	1894	1895
Rhône-Mont-Cenis	2.718.000	2.853.000	2.427.000
Sud de la France	4.054.000	4.044.000	3.865.000
Chemins de fer économiques .	907.000	1.015.000	1.045.000
Chemins de fer départementaux	1.174.000	1.153.000	1.143.000
TOTAL.	8.853.000	9.065.000	8.480.000

Le Rhône au Mont-Cenis est en faible amélioration, les autres Compagnies se maintiennent à leurs chiffres précédents, et, si le Sud de la France a diminué, la cause en est à la Convention du 1ᵉʳ décembre, qui a modifié les conditions de la garantie, à la suite des incidents que l'on sait.

Pour 1896, les crédits demandés se sont élevés à 79 300.000 francs et pour 1897 les garanties prévues sont les suivantes :

Est	11.200.000
Ouest	18.200.000
Orléans.	8.700.000
Paris-Lyon-Méditerranée	300.000
Midi	8.100.000
	43.500.000
Mont-Cenis	2.400.000
Sud de la France	3.900.000
Economiques.	1.100.000
Départementaux	1.200.000
TOTAL.	55.100.000
Sur cette somme, le Trésor fournira une provision de . .	47.300.000
A ajouter solde après règlement pour les années antérieures à 1896	13.000.000
EN TOUT.	60.300.000

soit une diminution de 18.C00.000 de francs sur 1896.

Dans les chiffres ci-dessus ne sont pas comprises les garanties sur les lignes algériennes, dont les insuffisances ont été :

En 1893.	26.889.000
En 1894.	25.033.000
En 1895.	23.398.000
En 1896 (prévisions)	22.500.000
A la date du 31 août 1896, la dette des Compagnies de chemins de fer, signataires des conventions de 1883, s'élevait, du chef des garanties, en capital et intérêts, à . . .	782.647.724 24
Celles des autres Compagnies non soumises au régime des conventions, y compris l'Algérie et la Tunisie, à.	455.773.748 16
TOTAL.	1.238.424.472 40

Sans vouloir examiner, en détail cette série de chiffres je vais m'arrêter plus spécialement à l'examen du dernier, du chiffre global qui représente les sommes dues par les Compagnies à l'Etat ; mais auparavant, pour bien poser la question, il est nécessaire de s'arrêter un instant à la discussion de l'interpellation Monestier, à la séance du Sénat du jeudi 11 février 1897, et je crois que le plus simple est encore d'en citer ici un court compte rendu analytique :

M. Monestier interpelle le ministre des travaux publics sur les réformes qu'il serait nécessaire d'introduire dans les rapports financiers existant entre l'Etat et les grandes Compagnies de chemins de fer, en vue de sauvegarder les intérêts des contribuables et du Trésor public.

M. Monestier estime qu'une réforme des conventions de 1883 s'impose et que le gouvernement dispose des moyens nécessaires pour faire cesser les anomalies existantes. Le gouvernement peut, soit substituer aux Compagnies récalcitrantes des Compagnies similaires, soit racheter les réseaux pour les exploiter lui-même ou les faire exploiter par des Compagnies fermières.

L'option à faire entre ces solutions est un acte gouvernemental qui est aux mains du ministre des travaux publics.

L'orateur examine la situation des grandes Compagnies et, en particulier, celle de la Compagnie de l'Ouest. Il conclut en demandant au ministre d'étudier la question des mesures à prendre pour sauvegarder les intérêts du Trésor.

M. Turrel, ministre des travaux publics, déclare qu'il répondra en toute franchise. Tout d'abord on est aujourd'hui en présence de lois et de conventions qu'on ne peut changer, dont il faut tirer le meilleur parti possible.

Or, l'Etat en 1893 payait 97 millions de garantie d'intérêts. Il n'en paie plus que 34 millions. C'est une diminution de 63 millions.

Cela étant, et comme de plus l'Etat possède plus de gages que ne l'a dit l'interpellateur, il n'y a pas lieu de changer l'état de choses actuel.

Le ministre examine les diverses solutions proposées par M. Monestier et établit qu'elles ne seraient rien moins que profitables au pays. Ce qu'il faut c'est surveiller l'exploitation des Compagnies et leur réclamer des économies.

Tous les ministres des travaux publics l'ont fait et ils ont réussi à faire diminuer les dépenses d'exploitation des Compagnies.

Le ministre termine en disant : « L'Etat ne doit pas montrer d'impatience. Le réseau français est un outillage merveilleux qui met en valeur toutes nos côtes et qui assurera encore mieux ce résultat grâce aux améliorations projetées.

» Nous ne laisserons pas non plus les ports belges et hollandais faire à nos ports du nord la concurrence que l'on sait. Mais ce n'est pas par des lois que nous atteindrons ce résultat : c'est par une attention de tous les jours. » (*Vive approbation*).

Après une courte réplique de M. Monestier, M. Raynal intervient dans le débat. Il insiste particulièrement sur la diminution de la garantie d'intérêt qui, dit-il, est générale et qui porte sur toutes les Compagnies.

Il montre aussi que depuis 1894 les recettes des chemins de fer suivent une progression constante.

M Raynal, après avoir examiné la question du matériel roulant et celle des frais d'exploitation. conclut en disant que ce qu'il faut faire, c'est encourager l'œuvre des dernières années. réclamer des Compagnies les plus grandes économies possibles et se montrer très scrupuleux à l'avenir en matière de classement de lignes ferrées.

M. Buffet ayant dit qu'il désapprouve toujours les conventions parce qu'elles ont imposé la construction d'un grand nombre de lignes improductives, M. de Freycinet intervient à son tour dans la discussion. Il montre que les lignes dites improductives cesseront peu à peu de l'être ; ce sont aussi des affluents qui apportent des voyageurs et des marchandises aux lignes anciennes. (1)

Il ajoute que les chemins de fer ont un intérêt commercial, politique et militaire. Si l'on s'en était tenu aux premiers réseaux, ce triple intérêt aurait été insuffisamment satisfait.

L'orateur se prononce, lui aussi, pour des économies ; il en indique même quelques-unes et il conclut en ces termes : il considère

(1) Ce que j'ai démontré moi-même chiffres en moins, dans le premier volume de cet ouvrage, dans les chapitres consacrés aux conventions.

que la situation actuelle est satisfaisante et que le gouvernement de la République a fait ce qu'il devait faire.

Le réseau français est à la hauteur des réseaux étrangers. On a accompli une œuvre bonne, il peut le dire hautement, nous n'avons rien à regretter. (*Vifs applaudissements.*)

M. Monestier dépose un ordre du jour motivé, mais des voix nombreuses réclament l'ordre du jour pur et simple, qui est accepté seul par le gouvernement.

L'ordre du jour pur et simple est adopté à la presque unanimité.

Maintenant que l'état de la question est nettement exposé, il me sera facile d'en tirer les déductions et les conclusions qu'elle comporte. Je ne reprendrai pas l'argumentation de mon ami Turrel qui est irréprochable de tous points et qui est la logique même comme tout ce qui est l'expression de la vérité, je ne m'arrêterai point davantage aux assertions erronées de M. Buffet, pensant que c'est inutile, pour arriver de suite au nœud même de la question : les Compagnies doivent à l'Etat la somme de 1.238.424.472 fr. 40.

Voilà le fait, seul intéressant à examiner, à l'heure actuelle.

On sait qu'en vertu des Conventions de 1883, les Compagnies sont tenues à payer à l'Etat un intérêt de 4 o/o de ces sommes avancées par lui ; ce qui représente donc un intérêt annuel de près de cinquante millions.

Or, si l'on pense, comme je l'ai rappelé d'autre part, que le taux de l'intérêt pour les fonds d'Etat et les valeurs de premier ordre est tombé au-dessous de 3 o/o, et sera bientôt peut-être à 2 o/o, il apparaît clairement que l'Etat réalise plus de 1 o/o de bénéfice au détriment des Compagnies et par conséquent de leurs actionnaires.

En effet, à 3 o/o seulement, ce ne serait plus cinquante millions, mais trente-sept millions environ d'intérêt annuel qu'elles auraient à payer de ce chef.

Nous voici donc bien loin des Conventions *scélérates* et par une curieuse conséquence des transformations économiques de ces dernières années, ce sont les chemins de fer qui deviendront victimes des Conventions, en supportant des charges qui ne sont plus en rapport avec le loyer actuel de l'argent.

C'est alors où interviennent les combinaisons plus ou moins ingénieuses, mais qui ne sont pas toujours réalisables, et c'est ce qu'il importe d'examiner ici.

Je ne m'arrêterai pas à l'hypothèse, d'ailleurs hostile dans l'esprit de M. Monestier, qui voulait poser simplement sa candidature au Ministère des Travaux publics, de conclure de nouvelles Conventions ; comme l'a fait si judicieusement remarquer M. Turrel, nous

nous trouvons là en face d'un instrument synallagmatique qui a force de loi, et qui ne pourrait être modifié qu'avec l'accord réciproque des parties contractantes. Et d'ailleurs le moment ne semble pas venu de s'arrêter à une pareille éventualité.

La solution la plus conforme à l'équité et aux intérêts des actionnaires, qui dans l'espèce représentent plus qu'une parcelle importante de la fortune nationale, mais son avenir et son développement même, serait le remboursement pur et simple des sommes dues à l'Etat par les Compagnies. Rien ne serait plus simple, en effet, que d'y arriver par une émission d'obligations à 3 et peut-être même à 2 1/2 o/o, représentant le chiffre global des douze cent millions dus par les Compagnies.

Et c'est en vain que l'on objecterait que ces obligations ne seraient pas suffisamment gagées, car au fur et à mesure des remboursements des emprunts antérieurs, la valeur des réseaux resterait toujours de beaucoup supérieure aux sommes empruntées.

Mais la question n'est pas là, les conventions de 1883 sont précises, elles interdisent formellement ce mode de remboursement aux Compagnies. Pour celles qui ont signé les conventions, bien entendu, ce qui représente encore une somme de 782.647 724 fr. 24. Quant aux autres, les laisserait-on emprunter ? c'est douteux.

Un débiteur a toujours le droit de rembourser intégralement et à tout moment les sommes qu'il doit, c'est entendu ; et les Compagnies pourraient rembourser l'Etat immédiatement si elles avaient les sommes liquides entre les mains ; mais elles n'ont pas le droit de faire une émission libératoire à cet effet.

A ce point de vue spécial, elles apparaissent donc bien comme les prisonnières de l'Etat, et si l'on peut admettre qu'il serait d'une politique vraiment large et supérieure de favoriser le développement de nos chemins de fer, on ne conçoit guère d'un autre côté l'Etat renonçant bénévolement à cette rémunération de 4 o/o sur un capital de plus de douze cent millions, qu'il est en droit d'exiger, en exécution des conventions de 1883.

C'est donc ailleurs qu'il convient de rechercher la solution de ce problème si passionnant pour nous ; puisqu'il s'agit des intérêts de l'Etat ou des Compagnies, c'est toujours en définitive celui de la France qui est en jeu. Et dans l'espèce, le Conseil d'Etat lui-même paraît incompétent pour modifier des traités librement consentis et qui ont force de loi.

Il est bien entendu qu'il faudrait examiner chaque convention avec chaque Compagnie en détail pour arriver à des conclusions rigoureuses pour chacune d'elles.

C'est ainsi par exemple que le Nord n'a point besoin de recourir aux garanties de l'Etat, et que le Paris-Lyon-Méditerranée lui-même va pouvoir s'en passer dès le présent exercice ; et c'est ainsi enfin que la durée desdites conventions n'est pas la même pour toutes les Compagnies, et a donné lieu aux contestations dont j'ai parlé dans la première partie de cet ouvrage. Je n'ignore pas cette situation et c'est pourquoi sans vouloir entrer dans le détail, je m'en suis tenu au chiffre général dû par les Compagnies.

Je sais bien que si l'on renversait la proposition de M Turrel, les Compagnies n'auraient qu'à ne pas montrer d'impatience, tout comme l'Etat, et qu'au fur et à mesure de l'augmentation de leurs recettes elles arriveraient à se libérer petit à petit envers ce dernier. Mais hélas, la situation est tout autre pour elles, et elles n'en continûraient pas moins à payer régulièrement jusqu'à l'extinction de leur dette, un intérêt annuel de 4 o/o à l'Etat. Le moment est donc venu d'examiner deux nouvelles hypothèses. la première n'ayant malheureusement qu'une application possible, restreinte à certaine Compagnie.

Je veux parler de la possibilité de la conversion de leurs obligations. Il y aurait là évidemment un moyen très simple et très légitime de se créer de nouvelles disponibilités et de se libérer d'autant envers l'Etat.

La Compagnie de l'Est a voulu le faire. elle avait certainement le bon droit de son côté, comme j'ai cherché à le démontrer dans un chapitre spécial que l'on retrouvera dans le premier volume, et cependant elle a été condamnée par les tribunaux contre toute attente, à rapporter cette conversion parce qu'elle n'était pas explicitement spécifiée dans les autorisations antérieurement consenties par l'Etat.

Du reste le dernier mot n'est peut-être pas dit sur cette affaire.

Mais il n'en est pas de même de la Compagnie de Paris-Lyon-Méditerranée, par exemple qui a précisément l'autorisation formelle d'opérer quand bon lui semblera la conversion de certaines émissions de ses obligations. Comme nous venons de voir que dès cette année, non seulement elle n'avait pas besoin de recourir à la garantie d'Etat, mais encore qu'elle allait être en mesure de rembourser cinq à six millions sur la somme totale qu'elle doit à l'Etat, on en peut conclure que cette combinaison serait de nature à hâter sa libération dans une large mesure.

Jusqu'à présent je n'ai examiné que la question de droit, il convient également d'examiner la question de fait qui souvent, sous le coup de la nécessité, parle plus haut que la première. Et cela m'amène tout naturellement à formuler la seconde hypothèse.

Il n'est point de ministre et de parlementaire qui ne crie bien haut que le grand livre de la dette publique doive rester à jamais fermé ; cela n'empêche pas qu'un jour ou l'autre l'Etat ne se trouve dans la nécessité de faire appel au crédit public ; il faudra donc, cruelle nécessité, manquer à ses promesses les plus solennelles, faire faillite à ses engagements les plus précis.

Ce sera le moment psychologique où l'Etat sera trop heureux de se retourner vers les Compagnies seules capables de fournir une solution honorable pour les intérêts de tous ; elles rembourseront d'un seul coup les douze cent trente-huit millions qu'elles doivent à l'Etat, elles obtiendront naturellement la permission de faire leur émission libératoire d'obligations, et l'Etat aura réalisé les sommes qui lui étaient nécessaires, sans faire appel au crédit public.

Ce jour-là les Compagnies, par la force des choses, cesseront d'être les prisonnières de l'Etat, en lui rendant, du même coup, un service signalé.

Et c'est en vain que l'on objecterait que l'on se trouve là en face d'un mirage de comptabilité, et que ce nouvel emprunt de plus de douze cent millions, opéré par les Compagnies, leur imposant de nouvelles charges, les forcerait à recourir à la garantie d'intérêt de l'Etat dans une plus large mesure. En effet si la constatation pouvait être relativement vraie, d'un autre côté, il ne faudrait pas perdre de vue qu'elles bénéficiraient toujours de la différence du taux d'intérêt entre 2 1/2 à 3 et 4 o/o qu'elles paient actuellement. Enfin l'augmentation régulière de leurs recettes autorise à penser qu'elles compenseront largement et au-delà les charges afférentes à leur nouvel emprunt.

Il est bien entendu que l'amortissement total de ces obligations devra coïncider avec la fin des concessions et que la charge pourrait en être d'autant plus lourde ; mais cela, encore une fois, ne modifie pas ce que je viens de dire.

Et puis, les Compagnies se formant en syndicat, si l'on veut, pourraient créer un rouage nouveau, une société civile intermédiaire qui se chargerait de l'émission et rembourserait de suite l'Etat, sur le type des sociétés civiles du Suez, des Annuités Lérouville, Orléans à Châlons, etc., par exemple.

Rien ne serait plus simple, et ce ne sont pas là, en vérité, des objections qui méritent que l'on s'y attarde ; c'est tout au plus une question d'organisation et d'application matérielles.

Depuis quelques années la crise monétaire dans la plupart des pays du monde. et l'abaissement constant du loyer de l'argent ont eu des répercutions économiques dont on commence seulement à comprendre toute la portée, et dont le lecteur aura recueilli plus d'un écho au cours de cet ouvrage.

Le dernier de ces phénomènes semble placer les Compagnies dans une situation toute nouvelle vis-à-vis de l'Etat ; et malgré le respect légitime que doivent imposer les conventions librement consenties, on commence à se demander dans le monde économique s'il est bien juste d'en faire supporter tout le poids aux Compagnies, par une application légale sans doute, mais de plus en plus rigoureuse et léonine, en face d'un nouvel état de choses économique.

Cette dernière phase de la question semble clore définitivement les débats si ardents, sinon toujours équitables, auxquelles ont donné lieu dans ces dernières années et les conventions de 1883 et les garanties d'intérêts avancées par l'Etat aux Compagnies des chemins de fer français. Et c'est pourquoi j'ai pensé qu'il était bon de m'y arrêter ici, non seulement dans un but d'appaisement, mais encore pour constater que le développement normal de nos chemins de fer devait coïncider avec le développement de la fortune et de la prospérité nationales.

FIN DU TOME II ET DERNIER.

Table Alphabétique

29

Ouvrages de Théodore Vibert

POÉSIES

Les Girondins, poème national en 12 chants,
    3ᵉ édition. . . . .   1 vol.
Les Quatre Morts, poème, 7ᵉ édition . .   1 vol.
Rimes d'un vrai libre-penseur, poésies
    diverses . . . .   1 vol.
Martura, poème . . . .   1 vol.
Les Quarante, sonnets . . . .   1 vol.
Le Peuple, poème . . . .   1 vol.
Rimes plébéiennes, poésies diverses. . .   1 vol.

ROMANS

Edmond Reille . . . .   2 vol.
Le Conseiller Renaud . . . .   1 vol.

HISTOIRE UNIVERSELLE

I. — **Le Droit Divin de la Démocratie.**   1 vol.
II. — **La Race sémitique,** 3ᵉ édition . .   1 vol.

POUR PARAITRE :

III. — **La Race chamitique** . . . . .   1 vol.
IV. — **Les Races primitives de l'Amé-**
    rique (notes inachevées) . . . .   1 vol.

Ouvrages de Paul Vibert

POÉSIES

Sonnets Parisiens, 3ᵉ édition . . . . .   1 vol.

Sonnets Parisiens (traduction en sonnets
italiens) . . . .   1 vol.

POLÉMIQUE

Arsène Thévenot, sa vie, ses œuvres . .   1 vol.

Affaire Sardou, mémoire à la presse . . .   1 vol.

THÉATRE

L'Affairé, traduction de L. HOLBERG, par
A. FLINCH et Paul VIBERT . . . . . .   1 vol.

ROMAN

Le Péché de la Baronne, idylles nor-
mandes . . . .   1 vol.

ÉCONOMIE POLITIQUE

La Concurrence Étrangère, industries
parisiennes. — Politique coloniale. — Vins
et Alcools. — Musées commerciaux, etc.,
Thèmes de Conférences . . . .   1 vol.

L'Extinction du Paupérisme . . . .   1 vol.

Les Panoramas Géographiques à l'Exposition universelle de Paris de 1889. — Niagara. — La Baie de Rio-de-Janeiro. — Le Pétrole. — Les Transatlantiques. — Jérusalem. — Le Monde Antédiluvien. Edition illustrée . . . . 1 vol.

Le Musée Commercial, Universel, Colonial et Métropolitain de Paris et l'Exposition universelle . . . . 1 vol.

L'Électricité à la portée des Gens du Monde, ouvrage de vulgarisation . . . 1 vol.

Mon Berceau, histoire anecdotique des curiosités ignorées du Iᵉʳ Arrondissement de Paris . . . . 1 vol.

Situation Économique de l'Amérique Centrale . . . . 1 vol.

La République d'Haïti, son présent, son avenir économique, édition illustrée . . . 1 vol.

Explorations aux Antilles, par M. Paul Vibert, chargé de missions économiques aux Antilles (extrait du Bulletin de la Société Normande de Géographie, 3ᵉ cahier de 1895), plaquette . . . . 1 vol.

Les Industries Nationales, Celles qui naissent et grandissent, Celles qui meurent ou se transforment . . . . . . 1 vol.

Conférence sur les Transports en commun dans Paris, plaquette . . . . . 1 vol.

Les Transports par Terre et par Mer, documents pour servir à l'histoire de la troisième République. . . . . . . 2 vol.

Table des Matières

— 466 —

ISSOUDUN. — IMPRIMERIE EUGÈNE MOTTE

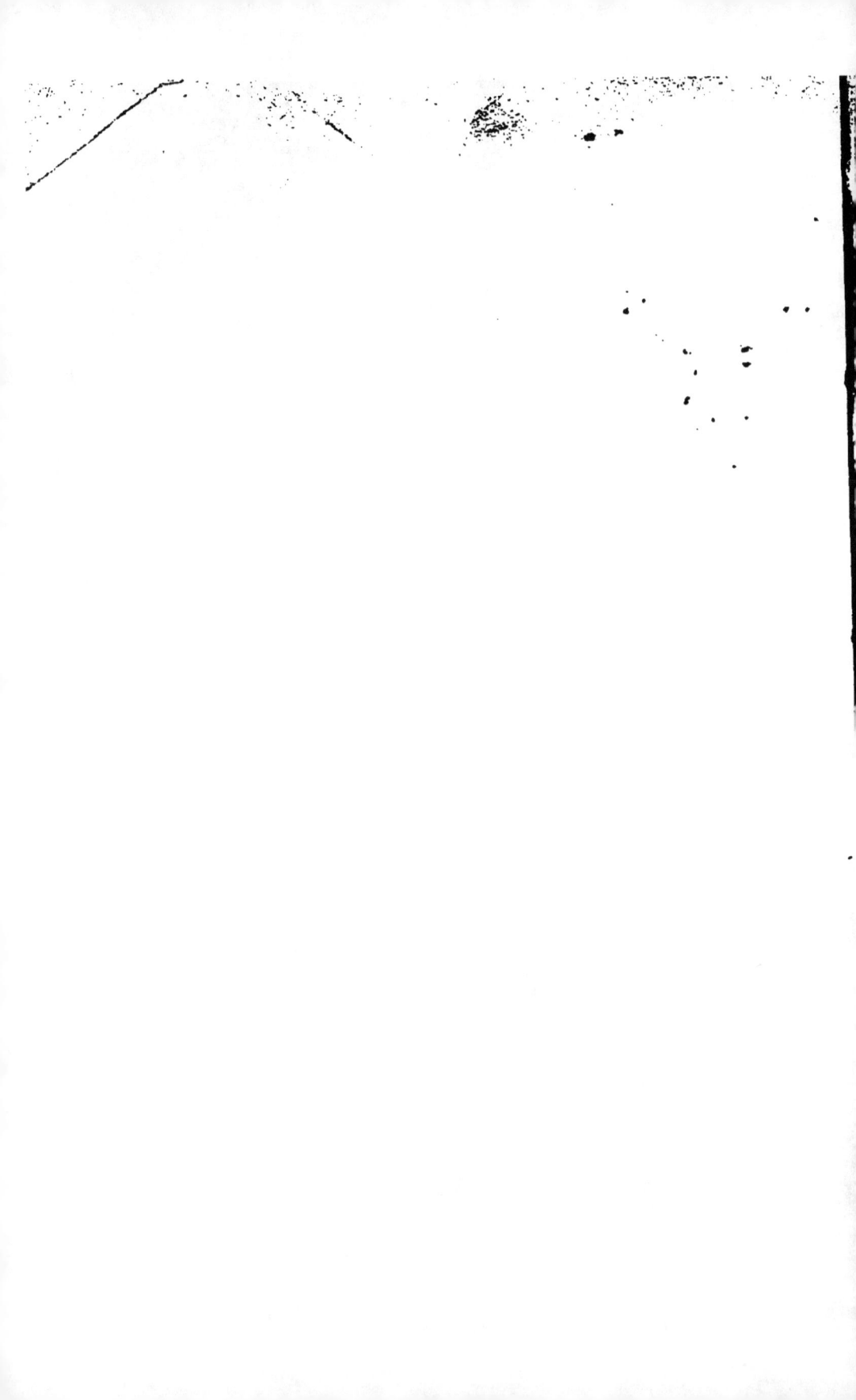

BERGER-LEVRAULT & C⁰, LIBRAIRES-ÉDITEURS

A PARIS, 5, RUE DES BEAUX-ARTS

ET A NANCY, 18, RUE DES GLACIS

BIBLIOTHÈQUE DU MARIN

Service administratif à bord des navires de l'État,
Manuel du commandant-comptable et de l'officier d'administration,
par C. NEVEU et A. JOUAN, commissaires de la marine. 2ᵉ édition. 1895,
mise à jour par un appendice jusqu'au nᵒ 24 du *Bulletin Officiel* de 1896.
Un volume grand in-8ᵒ de 600 pages.......................... **10 fr.**
Relié en percaline..................................... **11 fr. 50 c.**
(Ouvrage rendu réglementaire à bord des navires de l'État et adopté
pour les bibliothèques des divisions).

Théorie du Navire, par E. GUYOU, capitaine de frégate, membre
de l'Institut. Suivie d'un Traité des évolutions et allures par le contre-
amiral MOTTEZ. 2ᵉ édition, 1894. Un volume in-8ᵒ de 440 pages, avec
151 figures.................................... **7 fr. 50 c.**
(Ouvrage couronné par l'Académie des Sciences).

Cours élémentaire d'Astronomie, par E. GUYOU, capitaine
de frégate, membre de l'Institut, et WILLOTTE, ingénieur des ponts et
chaussées. 1896. Un volume in-8ᵒ de 574 pages, avec 170 figures dans
le texte et 2 planches................................. **10 fr.**

Éléments de Navigation et de Calcul nautique, pré-
cédés de notions d'astronomie, par J.-B. GUILHAUMON, ancien officier
de vaisseau, professeur d'hydrographie. 1ʳᵉ partie : *Astronomie et
navigation,* in-8ᵒ. 2ᵉ partie : *Types de calculs nautiques,* in-4ᵒ. 1891.
2 volumes, avec 145 gravures et 2 planches................. **12 fr.**

Traité d'Artillerie, à l'usage des officiers de marine, par E. NICOL,
lieutenant de vaisseau. 1891. Un volume in-8ᵒ de 336 pages, avec
86 figures...................................... **6 fr.**

Éléments de Météorologie nautique, par J. DE SUGNY,
lieutenant de vaisseau, membre de la Société météorologique de
France. 1890. Un vol. in-8ᵒ de 500 pages, avec 57 fig. et planches **6 fr.**

**Précis du Droit maritime international et de Diplo-
matie,** d'après les documents les plus récents, par A. LE MOINE,
capitaine de vaisseau, licencié en droit. 1888. Un volume in-8ᵒ de
360 pages..................................... **6 fr.**

Histoire des Flottes militaires, par Ch. CHABAUD-ARNAULT,
capitaine de frégate de réserve. 1889. Un volume in-8ᵒ de 512 pages,
avec 10 plans de batailles......................... **6 fr.**
(Ouvrage adopté par l'École navale).

Cours élémentaire d'Électricité pratique, par H. LE-
BLOND, professeur d'électricité à l'École des officiers torpilleurs. 2ᵉ édition, revue et corrigée. 1896. Un volume in-8ᵒ de 471 pages, avec
164 figures, broché................................. **7 fr.**

Électricité expérimentale et pratique. Cours professé à
l'École des officiers torpilleurs, par H. LEBLOND, agrégé des sciences
physiques, ancien élève de l'École normale supérieure. 2ᵉ édition. 1894-
1895. 4 volumes in-8ᵒ, 1.330 pages, avec 410 fig. et 3 planches. **26 fr.**

Les Moteurs électriques à courant continu, par le
même. 1894. Un volume in-8ᵒ de 500 pages, avec 120 figures. **10 fr.**

Torpilles et Torpilleurs des nations étrangères,
suivis d'un *Atlas des flottes étrangères,* par H. BUCHARD, lieutenant de
vaisseau. 1889. Un volume in-8ᵒ de 254 pages et 114 planches. **6 fr.**

Marines étrangères. Situation. Budget. Organisation. Matériel.
Personnel. Troupes. Défenses sous-marines. Armement. Défenses du
littoral. Marine marchande (*Allemagne, Angleterre, République Argentine, Autriche-Hongrie, Brésil, Bulgarie, Chili, Chine, Danemark,
Espagne, États-Unis, Grèce, Hollande, Italie, Japon, Norvège, Portugal,
Roumanie, Russie, Suède, Turquie*), par H. BUCHARD. 1891. Un volume
in-8ᵒ de 636 pages, avec 30 planches d'uniformes et d'insignes. **10 fr.**